할리우드
장르

cinelook 001

Hollywood Genres

토머스 샤츠 지음
한창호 · 허문영 옮김

내러티브 구조와 스튜디오 시스템

할리우드
장르

토머스 샤츠Thomas Schatz는 할리우드 스튜디오 시스템 연구의 권위자로 현재 텍사스대학교(오스틴 소재) 영화학과 교수다. 널리 알려진 저서로는 고전기 할리우드의 스튜디오 시스템을 다룬 《시스템의 천재성The Genius of the System》, 《1940년대의 미국 영화Boom and Bust: American Cinema in the 1940s》 등이 있다. 〈필름 코멘트〉, 〈프리미어〉, 〈네이션〉, 〈뉴욕 타임스〉와 같은 여러 매체에 글을 게재했다. PBS의 〈미국 영화〉 시리즈, 데이비드 셀즈닉과 알프레드 히치콕에 대한 다큐멘터리인 〈미국의 거장〉 등 많은 영화와 TV 다큐멘터리에 자문(인터뷰)을 해 왔다. 미국의 영화와 텔레비전에 대하여 외국에서도 강의한 바 있으며, 최근에도 로스앤젤레스 영화학교의 자문위원을 맡는 등 활발하게 활동하고 있다.

옮긴이

한창호는 한국외국어대학교 독일어과를 졸업하고, 〈월간중앙〉 등에서 기자로 일했으며, 이탈리아 볼로냐대학교에서 영화학을 전공했다. 책으로는 《영화, 그림 속을 걷고 싶다》, 《영화, 미술의 언어를 꿈꾸다》, 《영화와 오페라》 등이 있다.

허문영은 서울대학교 인류학과를 졸업했으며, 〈월간중앙〉 기자와 영화 주간지 〈씨네21〉 편집장을 지냈다. 부산국제영화제 프로그래머였으며, 현재 영화의전당 프로그램 디렉터다. 책으로는 《세속적 영화, 세속적 비평》 등이 있다.

🕮 cinelook 001
할리우드 장르
내러티브 구조와 스튜디오 시스템

지은이 토머스 샤츠
옮긴이 한창호 · 허문영

펴낸이 이리라
편집 이여진 한나래
편집+디자인 에디토리얼 렌즈
표지 디자인 엄혜리

2014년 3월 10일 1판 1쇄 펴냄
2020년 9월 20일 1판 3쇄 펴냄

펴낸곳 컬처룩
등록번호 제2011-000149호
주소 03993 서울시 마포구 동교로 27길 12 씨티빌딩 302호
전화 02.322.7019 | 팩스 070.8257.7019 | culturelook@daum.net
www.culturelook.net

Hollywood Genres: Formulas, Filmmaking, and The Studio System, 1/e by Thomas Schatz
Copyright © 1981 by McGraw-Hill, Inc.
All rights reserved.
This Korean edition was published by Culturelook in 2014 by arrangement with McGraw-Hill
Global Education Holdings, LLC through KCC(Korea Copyright Center Inc.), Seoul.
Korean Translation Copyright © 2014 Culturelook
Printed in Seoul

ISBN 979-11-85521-01-5 93680

* 이 도서의 국립중앙도서관 출판시도서목록(CIP)은 e-CIP홈페이지(http://www.nl.go.kr/ecip)와
  국가자료공동목록시스템(http://www.nl.go.kr/kolisnet)에서 이용하실 수 있습니다.
  (CIP제어번호: CIP2014004358)
* 이 책은 (주)한국저작권센터(KCC)를 통한 저작권자와의 독점 계약으로 컬처룩에서 출간되었습니다.
  저작권법에 의해 한국 내에서 보호를 받는 저작물이므로 무단 전재와 무단 복제를 금합니다.

일러두기

· 한글 전용을 원칙으로 하되, 필요한 경우 원어나 한자를 병기하였다.

· 한글 맞춤법은 '한글 맞춤법' 및 '표준어 규정'(1988), '표준어 모음'(1990)을 적용하였다.

· 외국의 인명, 지명 등은 국립국어원의 외래어 표기법을 따랐으며, 관례로 굳어진 경우는 예
  외를 두었다.

· 사용된 기호는 다음과 같다.

  영화, 신문 및 잡지 등 정기 간행물: 〈 〉

  책(단행본):《 》

· 본문에 있는 주(*, [ ])는 독자들의 이해를 돕기 위해 옮긴이와 컬처룩 편집부에서 넣었다.

· 영화 가운데 일부는 감독과 제작 연도를 보충하였으며, 한국에서 개봉되었을 때의 제목으로
  표기하였다.

이 책의 중심 주제는 할리우드 영화를 이해하고 분석하고 감정하는 데 있어 장르적 접근이 가장 유용하다는 것이다. 극영화의 형식적, 미학적 측면뿐만 아니라 여타의 문화적 측면까지 고찰함으로써 장르 연구는 영화 제작을 영화 산업과 관객과의 역동적인 상호 작용으로 다룬다. 할리우드 스튜디오 시스템에서 구현된 이 과정은 주로 장르, 즉 웨스턴이나 뮤지컬, 갱스터 영화 같은 대중적 내러티브 정형*popular narrative formulas*을 통해 유지되어 왔다. 이 장르들이 사실상 금세기 영화 예술을 지배해 왔다.

영화 비평가들과 영화사가들은 물론 이러한 정형들의 폭넓은 대중성이란 성격을 인식했지만 장르 연구는 대개 보다 '문학적인' 비평적 연구, 특히 영화의 '작가성*authorship*'을 연구하며(주로 감독이란 관점을 통해) 영화를 개별적이고 고립된 텍스트로 다루는 접근법에 의해 가려져 왔다. 이런 유형의 비평 작업은 반드시 필요하며 칭찬할 만한 것이지만, 우리가 상업 영화 제작을 더 많이 이해할수록 그런 비평이 가진 한계도 점점 뚜렷이 부각되어 온 것이 사실이다. 영화란 창작적 열정이나 문화 가운데 어느 한쪽의 고립된 산물이 아니며 고립적으로 소비되지도 않는다. 개별 영화들은 우리에게 강하지만 각각 다른 방식의 영향을 미친다. 그러나 개별 영화들은 대중 시장에 맞게 고안된 내러티브 전통(혹은 관습convention)을 존중하는 집단적 제작 시스템에 의해 생산된다. 따라서 우리는 극영화 제작의 기초적 관습뿐만 아니라 영화의 제작-소비 과정을 내포한 비평 이론적 틀을 확립하지 않고는 개별 영화들을 탐구할 수 없다.

장르 접근법은 이런 틀을 제공한다. 그 이유는 다음의 네 가지다. 첫째, 장르 연구는 영화 제작이 하나의 '상업' 예술이며 이에 따라 영화 창작자는 경제적, 체계적 제작을 위해 이미 검증된 공식들에 의존한다고 가정한다. 둘째, 장르 연구는 스토리 공식들의 점진적 발달과 표준화된 제작 공정에 영향을 미치는 관객과 영화의 밀접한 상호 작용을 인식한다. 셋째, 장르 연구는 영화를 하나의 '내러티브'(스토리를 전하는) 매체로 취급한다. 즉 지속적인 문화적 갈등을 바탕으로 한 드라마적 갈등을 담고 있는 친숙한 이야기들의 매체로 취급하는 것이다. 넷째, 장르 연구는 이미 확립되어 있는 형식과 내러티브 관습을 재창조하는 감독의 능력이란 관점에서 영화의 '예술성'을 평가하는 컨텍스트를 확립한다.

이 책은 대체로 1930년부터 1960년에까지 걸쳐 있는 할리우드 스튜디오 시스템의 '고전기'에 초점을 맞추고 있다. 이 시기 이후로도 장르 제작은 영화와 텔레비전 모두에서 지속되어 왔는데, 이는 장르 제작의 본질과 기능에 대한 체계적이고 깊이 있는 연구의 필요성을 재확인시킨다. 이 책은 문학적, 영화적 관심사뿐만 아니라 문화적, 사회 경제적, 산업적, 정치적, 인류학적 관심사까지 포괄함으로써, 미국 영화 예술에서의 장르 연구에 역사적, 이론적 토대를 제공하기 위한 노력의 일환으로 쓰여졌다.

이 책은 두 부분으로 나뉘어져 있다. 1부는 장르 영화 제작의 본질적 성격과 문화적 역할이란 일반론을 통해 이론적 접근을 시도했다. 이 부분에서는 개별 장르나 장르 영화들을 탐구하는 것이 아니라 '장르적인 것genreness'이라고 부를 수 있는 것의 개념을 살펴보고자 한다. 다시 말해 모든 장르들이 공유하고 있는 형식상, 내러티브상의 특징 및 문화 일반과 장르와의 관계가 전반부의 관심사다.

2부는 6개의 장으로 이루어져 있다. 각 장은 할리우드 주류 장르인 웨스턴, 갱스터, 하드보일드 탐정, 스크루볼 코미디, 뮤지컬, 가족 멜로드라마에 대한 개별적 탐구를 시도한다. 각 장은 해당 장르의 역사적 고찰과 주요 영화들의 비평적 분석을 담은 두 섹션으로 나뉘어 있다. 웨스턴에 대한 고찰은 이 장르의 진화에 대한 분석으로 보완된다. 여기선 존 포드가 감독한 웨스턴 네 편을 탐구한다. 갱스터 장은 제작 규정(영화의 산업적 성격에 기반한 검열 도구)의 영향에 관한 소론을 담고 있다. 하드보일드 탐정물에 대한 고찰은 특정한 스타일(필름 느와르)과 이 장르의 발전에 지대한 영향을 미친 하나의 영화(《시민 케인》)에 대한 분석으로 시작된다. 스크루볼 코미디 장은 감독 프랭크 카프라와 시나리오 작가 로버트 리스킨의 공동 작업에 대한 소론을 포함한다. 뮤지컬에 대한 고찰은 곧바로 MGM의 아서 프리드가 이끈 이 장르의 '황금기'에 대한 탐구로 시작된다. 가족 멜로드라마는 이 장르의 완벽한 스타일리스트 더글러스 서크의 영화 세 편에 대한 분석을 담고 있다.

이 여섯 가지 장르가 할리우드의 모든 장르를 포괄하지 못하는 것은 분명하다. 그러나 이 장르들이 할리우드의 가장 중요한 장르들이라고 믿는다. 또한 이 장르들은 장르의 역사적 고찰에 적합한 모델을 제공한다. 나는 이 장르들을 동일한 컨텍스트 안에서 다룸으로써 할리우드 고전기에 대한 역사적, 비평적 조망을 진전시킬 수 있게 되었다. 갱스터 연구는 1930년대 초중반에 집중되어 있고, 스크루볼 코미디는 1930년대 중후반, 하드보일드 탐정물은 1940년대에 주로 초점을 맞추었다. 또한 뮤지컬은 1940년대 후반과 1950년대 초반, 가족 멜로드라마는 1950년대 중후반, 그리고 웨스턴은 스튜디오 시대 전 기간에 걸쳐 집중 연구했다.

아카데미상 시상식에서 감정을 주체하지 못하는 수상자의 말처럼 들릴지도 모르겠지만 내가 이 책을 쓰는 데 직접적 혹은 간접적으로 기여한 많은 사람들을 떠올리며 그들에게 감사하고 싶다.

미국 영화와 장르 연구에 관한 나의 관심은 내가 아이오와대학에 있을 때 시작됐는데, 그곳에서의 현명한 조언자들인 릭 알트만, 프랭클린 밀러, 더들리 앤드루, 리처드 다이어 매켄, 샘 베커에게 고마움을 표한다. 나의 대학원 동료들, 그중에서도 특히 제인 퓨어, 조 휴먼, 바비 앨런, 마이클 버드, 필 로즌, 밥 배실럭에게도 많은 도움을 얻었다. 본인들은 물론 나도 당시에는 의식하지 못했지만 대학 초년병 시절의 몇몇 교수들도 이책에 기여한 바가 크다. 특히, 노터데임대학의 제임스 버트클과 카벌 콜린스, 네브래스카대학의 준 리바인과 리 레먼에게 감사한다.

이 책에 담겨 있는 내 생각이 모양을 갖추기 시작한 것은 내가 텍사스대학의 강단에 선 이후인데, 지난 몇 년간 후원을 아끼지 않았던 봅 데이비스와 다른 동료 교수들에게 고마움을 전한다. 또한 텍사스대학의 모든 제자들, 특히 대학원생들에게도 빚을 졌다. 그들은 학생으로서, 비평가로서, 혹은 친구로서, 이 책을 쓰는 데 도움을 줬다. 그레그 빌, 데이비드 로도윅, 마이크 셀리그, 캐롤 호프너, 루이스 블랙, 재키 바이어스, 에드 로리, 스테파니 새뮤얼에게는 특별한 감사의 마음을 전한다.

마지막으로 맥그로힐 출판사의 편집자들에게 감사한다. 그들은 이 책이 세상에 나올 수 있도록 해 주었다. 특히, 리처드 개리스턴과 마릴린 밀러의 도움은 이루 말할 수 없이 컸다. 그들은 내 글을 손질하고 학술적 언어를 내가 바란 대로 평이한 문장으로 풀어 줬다. 맥그로힐은 또한 영화 분야의 뛰어난 독자들을 많이 알려주었는데, 그들은 이 책의 초고를 읽고 건설적 비평을 해 주었다. 특히 존 카월티, 프랭크 매커넬, 릭 알트만의 비평은 인상 깊었다.

스틸 사진들에 대해서 한마디 덧붙여야겠다. 나는 애당초 카메라의 시점으로 촬영되지 않은 제작 스틸 대신에 영화 프레임을 확대해 쓸 생각이었다. 실제 영화 필름 중 한 컷이라는 이미지를 확실히 전달하기 위해서였다. 그러나 프레임 확대에 따른 기술적 문제와 스튜디오들의 다소 비협조적인 태도 때문에 대부분 제작 스틸에 만족해야 했다. 그렇다 해도 모든 스틸들은 텍스트에 부합하고 독자들로 하여금 그 영화를 가장 선명히 되살릴 수 있는 것들로 골랐다.

오스틴에서

1980년 8월

nvood

Genres

part 1

chapter 1

시스템의 천재성

영화가 하나의 예술 작품이 된다면 그것은 의심할 여지없이 사람 덕택이다. 그러나 영화는 사람이 아니라 기업에 의해 태어났고 양육됐다. 기업은 이젤을 설치했고 물감을 샀으며 풍경을 정돈했고 뛰어난 예술가들을 고용했다. 적어도 예술가들이 등장할 때까지는 기업은 자기의 부분합보다 컸다. 여하튼 우리의 시인들은 아직 기업이 우리를 위해 존재하는 것이라고 정의하지 않지만, 하나의 기업은 인간의 삶과 운명의 외부에서 하나의 삶을 살고 하나의 운명을 찾는다.

— 〈포춘*Fortune*〉, 1932년 겨울[1]

역설적이게도, 작가 정책의 지지자들은 미국 영화를 찬미한다. 미국은 어느 곳보다 제작의 제한 요소가 많은 나라 아닌가? 한편 가장 큰 기술적 가능성들이 감독에게 제공되는 곳 또한 이 나라임이 사실이다. 물론 후자의 요소가 전자의 요소를 상쇄하지는 못한다. 그러나 그 표현법을 제대로 발견하기만 한다면 할리우드에서의 자유는 알려져 있는 것보다 더 크다는 것을 보여 줄 수 있다. 나는 나아가 장르의 전통은 창조의 자유를 위한 작업의 토대라고까지 말하려 한다. 미국 영화는 고전적 예술이다. 그렇다면 왜 가장 찬미할 만한 것, 즉 이런저런 감독들의 재능뿐만 아니라 그 시스템의 천재성을 찬미하지 않는가?

— 앙드레 바쟁André Bazin[2]

스튜디오 시스템

나중에 영화 작가로 변신한 프랑스 비평가 프랑수아 트뤼포François Truffaut는 이렇게 말한 적이 있다. "어떤 영화가 성공을 거둔다면 그것은 우선 사회학적 사건이 된다. 영화의 질 문제는 부차적인 것이 된다"(Truffaut, 1972).[3] 영화의 성공은 예술적 질에 의존할 수도, 그렇지 않을 수도 있다. 이것은 존 사이먼John Simon 같은 엘리트주의자를 폴린 케일Pauline Kael 같은 대중주의자와 영원히 갈라 놓는 비평적 관점의 뼈대다. 그러나 최종 분석 단계에서의 영화의 질이란, 그것이 주관적인 비평의 합의에 기반하긴 하지만 사회적, 경제적 영향이라는 '사실'보다 부수적인 위치에 놓인다. 트뤼포의 통찰은 "영화 상영은 이윤을 위해 시작되고 수행되는 단지 하나의 사업일 따름이다"라는 1915년 미국 대법원 판결과 일치한다. 트뤼포와 대법원은 상업 영화 제작의 기본적 교의를 인식한 것이다. 즉 제작자는 예술에 대해 잘 알지 못할 수도 있으나 무엇이 팔리는지는 알고 있으며 어떻게 체계적으로 작업해 나갈지를 안다. 제작자의 작품이 비평적 관점에 의해 예술로 평가받는다면 그만큼 더 좋은 일일 뿐이다.

할리우드 제작사들은 트뤼포가 사회학적 사건이라고 이름 붙였던 일을 항상 해 왔다. 가능한 한 많은 관객을 끌어들이기 위해 초기의 영화 제작자들은 관객의 잠재적인 요구를 조사했고 이미 반응을 통해 드러나 있는 요구를 표준화했다. 영화 제작 사업이 점차 발달함에 따라 실험은 표준화에 차츰 자리를 내주었다. 1915년과 1930년 사이에 스튜디오들은 영화 제작의 사실상 모든 면을 표준화하고 이에 따라 경제적 효과를 높여 갔다(Balio, 1976).[4] 이같이 꽉 짜여진 편제 때문에 할리우드의 '고전' 시대(대개 1930년에서 1960년까지)를 '공장' 제작 시스템으로 비유하기도 한다. 둘의 유사함은 실제 산업 활동의 토대에서도 분명하다. 즉 스튜디오 시스템은 대량 생산과 대량 유통(배급) 기능을 행한 것이다. 스튜디오들이 독립적으로 만들어진 영화의 배급 기능을 주로 맡는 '뉴 할리우드'와 이 점에서 크게 다르다.

1950년대까지 메이저 스튜디오들(MGM, 20세기 폭스, 워너브러더스, 파라마운트, RKO)은 영화 제작뿐 아니라 직영 배급 회사를 통해 자신들의 통제 아래 있던 극장에 작품을 공급하는 역할도 했다. 컬럼비아, 유니버설 인터내셔널, 리퍼블릭, 모노그램 같은 주요 '마이너'들은 말할 것도 없고 '메이저'들은 미국 극장의 6분의 1 이상을 지배한 적이 없었지만 대부분의 주요 개봉관들을 장악했다. 할리우드의 관객 동원이 정점에 달했을 때인 1940년대 중반 무렵, 5대 메이저들은 25개 대도시의 163개 개봉관 중 126개를 통제했다. 이들 극장을 드나드는 관객은 스튜디오들에 막대한 수입을 제공했을 뿐만 아니라 영화 제작과 영화 자체의 일반 경향도 결정했다. 파라마운트사와의 10년에 걸친 싸움 끝에야 미국 대법원은 1948년 전 세계적인 '수직 구조'를 해체했다. 이것은 텔레비전의 출현 및 다른 문화의 발전과 함께 스튜디오 시스템의 '종말'에 핵심적인 요인으로 작용했다. 이 무렵 할리우드는 극영화의 표현에 있어 관객의 호흡을 읽어내는 데 가장 유용한 수단을 보유하고 있었다. 즉 극영화의 제작 관습이 확고하게 설정되었다.

이에 따라 예술가와 기업가는 필수적이며 매우 생산적인 관계를 맺게 되었다. 한편으론 서로 싸우면서도 상업 예술의 성공을 위해 상호 의존했다. 영화 작가들이 자기 자신과 관객의 욕구를 영화라는 매체에 수용하는 방법을 배우는 동안, 사업가들은 이 매체의 광범한 전파와 소비 능력을 이용하는 방법을 배웠다. 영화 작가들이 연극과 문학에서 발전되어 온 내러티브 전통을 세련화시키는 동안 제작자와 상영업자들은 이전 시대의 대중 오락에서 개발되어 온 상업적 잠재 능력을 진전시켰다. 따라서 영화 산업이 10대 후반의 나이에 이르러 장편 극영화의 표준화를 완성했을 무렵 이 매체가 물려받은 유산이 매우 복합적이라는 사실이 분명해졌다. 이제 영화는 그 뿌리를 고전 문학과 베스트셀러 펄프*pulp* 애정 소설에 두었고, 보드빌*vaudeville***과 뮤직홀뿐만 아니라 정통 연극에 두었으며, '진지한 예술'과 미국 '대중 오락'의 전통 양쪽에 두게 되었다.[5]

　　우리 시대의 관객은 궁극적으로 스튜디오 시스템의 발전에 대부분 책임이 있다. 그들의 여가와 돈 쓰기가 사회사학자 아놀드 하우저Arnold Hauser의 말처럼 예술의 역사에 있어 '결정적인 요인'이 되었던 바로 그 관객이다(Hauser, 1951: 250).[6] 영화의 매력에 이끌려 관객은 영화 제작의 관습을 확립토록 했을 뿐만 아니라 영화의 대량 배급을 촉진시켰다. 대부분의 대중 매체 제작과 마찬가지로 극영화 제작은 돈이 많이 드는 사업이다. 메이저 스튜디오에서부터 분투하는 독립 영화 제작사에 이르기까지 돈을 투자한 사람들은 기묘한 구속 아래 놓인다. 한편으로는 그들의 생산물이 새로움을 기대하는 관객의 요구를 만족시키고 주의를 끌 만큼 충분히 창조적이어야 하며, 다른 한편으로는 그들이 투자한 돈이나마 건지기 위해서 이전의 반복된 경험을 통해 검증된 기존의 관습에 어느 정도 의

---

* 　값싼 종이에 인쇄된 통속적인 내용을 다룬 책이나 잡지를 일컫는다.
** 　　노래와 춤을 섞은 희가극.

존해야 한다.

여기서 영화 제작에 있어서 — 사실상 어떤 대중 예술 형식에 있어서도 — 성공적인 작품 생산은 관습에 얽매이게 된다는 것을 지적할 수 있다. 영화의 성공은 반복을 고무시키기 때문이다. 스튜디오의 제작-배급-상영 시스템은 영화 작가로 하여금 관객의 반응에 따라 자신의 작업을 측정 가능케 하기 때문에 할리우드 시스템의 확립된 '피드백' 순환은 성공적인 스토리와 테크닉의 반복을 촉진시킨다. 스튜디오들은 개별적인 상업적 노력과 함께 영화의 기존 관습에 또 다른 변형을 보여 주고, 관객은 그 창조적 변형이 반복적 사용을 통해 관습화될 것인지의 여부를 지시하는 셈이다.

또한 이것이 예술가와 관객의 상호 작용 관계라는 것을 지적해야 한다. 영화 작가의 창조적 충동은 특정한 관습과 관객의 기대에 의해 둔화된다. 관객은 친숙한 내러티브 관습의 컨텍스트 안에서만 창조성과 다양성을 요구하기 때문이다. 다른 종류의 예술적 경험과 마찬가지로 예술가나 관객이 한 예술의 어떤 요소에 반응하는지 정확히 짚어 내기는 힘들다. 요컨대 영화의 관습이란 변용과 반복을 통해 세련화되어 온 것이다. 이런 맥락에서 할리우드 고전 시대 동안 한 해에 약 400~700편의 영화가 상영됐다는 것과 스튜디오들이 정형화된 스토리와 테크닉에 점점 더 많이 의존하게 되었다는 사실은 중요하다. 따라서 할리우드 영화 제작에 관한 이론은 반드시 생산, 피드백, 관습화의 필수적인 과정을 설명해야 한다.

스튜디오 시스템이 극영화 제작의 발전에 기여한 역할은 극영화의 국내, 국제적인 대중성 면에서 그리고 영화의 표현을 체계적으로 갈고 닦아 효과적인 내러티브 관습을 만들어 내었다는 점에서 매우 컸다. 국제 영화 시장은 공황과 전쟁으로 스튜디오 시대 내내 동요했다. 그러나 유럽과 라틴 아메리카 대부분의 나라에서 영화 상영 시간의 70~90%가량을 할리우드 영화들이 장악했다. 덧붙여 미국영화협회의 '주제에 따른 분류' 1950년 자료를 보면 할리우드 영화의 60% 이상이 웨스턴(27%), 범죄/탐정 영화(20%), 로맨틱 코미디(11%), 뮤지컬(4%)이었고 미스터리/스파이, 전쟁물 등까지 합치면 약 90%가 이미 정형화된 분류에 편입돼 있다 (Sterling & Haight, 1978).[7]

이런 통계 자료가 의미하는 바는 이중적이다. 첫째 국내, 국제적 제작 및 배급에 대한 할리우드의 지배가 미국의 영역을 훨씬 넘어선다는 것이다. 둘째 더 중요한 것은 할리우드가 하나하나의 제작 기술과 내러티브 장치뿐만 아니라 정형화된 스토리와 웨스턴이나 뮤지컬 같은 장르까지 끌어안게 됐다는 사실이다. 그리고 이런 장르들은 이제 세계를 돌아다닌다. 이탈리아의 '스파게티 웨스턴'이나 일본의 사무라이 영화 혹은 프랑스 누벨 바그의 하드보일드 탐정 영화들을 생각해 보라. 이런 영화들은 할리우드 스튜디오 시스템에서 발전된 장르에 빚지고 있다.

장르 영화와 장르 감독

간단히 말하면 장르 영화는 그것이 웨스턴이든 뮤지컬이든 혹은 스크루볼 코미디건 간에 익숙한 상황 설정 아래 예상 가능한 스토리를 만들어 나가는 친숙하고 일차원적인 캐릭터들을 그리고 있다. 스튜디오 시스템이 지배하는 기간에 가장 대중적이고 흥행에 성공적이었던 대부분의 영화는 장르 영화였다. 이런 경향은 스튜디오 시스템의 종말 이후에도 계속됐다. 대조적으로 비장르 영화들은 스튜디오 시대 동안 큰 비평적 관심의 대상이었다. 예컨대 존 포드John Ford의 〈분노의 포도*The Grapes of Wrath*〉(1940), 찰리 채플린Charles Chaplin의 〈살인광 시대*Monsieur Verdoux*〉(1947), 빌리 와일더Billy Wilder의 〈잃어버린 주말*The Lost Weekend*〉(1945), 장 르느와르Jean Renoir의 〈하녀의 일기*Diary of a Chambermaid*〉(1946) 같은 영화다.

이런 비장르 영화는 대개 '중심 인물' 혹은 주인공의 개인적, 심리적인 변화를 추적한다. 그런 중심 인물들은 이전의 장르 영화에서 볼 수 있었던 친숙한 패턴이 아니다. 오히려 그들은 이전의 영화적 경험에서보다는 '실재 세계'의 경험에서 발견될 수 있는 독특한 인물들이다. 비장르 영화의 구성은 관습화된 갈등이 예상 가능한 해결로 이어지는 방식을 채용하지 않는다. 대신에 여러 가지 사건이 연대기적 사슬로 얽혀 있고 중심 인물들의 관점에 의해 짜여진 선형적*linear* 구성을 개발한다. 이런 구성에서의 결말은 주인공의 체험이 지닌 중요성이 주인공 혹은 관객에게, 또는 둘 다에게 분명해질 때 이루어진다.

비장르 영화는 할리우드의 영화 제작에서 한정된 부분만을 차지했고 우리가 예상할 수 있듯이 많은 수의 비장르 영화들이 와일더나 르느와르 같은 외국 출신 작가들에 의해 연출됐다. 물론 할리우드 장르 시스템에 적응했던 외국 출신 감독들도 똑같이 중요하다. 예를 들어 프리츠 랑Fritz Lang의 웨스턴과 범죄 영화들, 에른스트 루비치Ernst Lubitsch의 뮤지컬과 로맨틱 코미디, 더글러스 서크Douglas Sirk와 막스 오퓔스Max Ophüls의 사회성 멜로드라마 등이 대표적인 예다.

실제로 몇몇 뛰어난 미국 감독들이 정형화된 영화 장르에 의존한다는 사실은 중요하지만 종종 간과되고 있다. D. W. 그리피스D. W. Griffith의 멜로드라마, 버스터 키튼Buster Keaton의 슬랩스틱 코미디, 존 포드의 웨스턴, 빈센트 미넬리Vincente Minnelli의 뮤지컬 등을 논의한다면, 예술가로서 그리고 창의적인 영화 작가로서의 명성이 사실상 대중화된 장르 영화 제작으로 쌓이게 된 할리우드 감독을 다루고 있는 것이다. 스튜디오 시대가 저물어 감에 따라 대부분의 '작가' 감독들이 고도로 관습화된 형식 안에서 대부분의 주요 작품들을 만들었다는 사실이 점점 뚜렷해졌다.

🎥 작가 정책

이상의 논의만으로 지난 25년간의 영화 연구에서 가장 생산적 개념인 '작가 정책politique des auteurs'을 끝내고 넘어갈 수는 없다. 물론 작가 정책의 자산뿐만 아니라 한계도 알아야 하지만 말이다.[8] 감독이 통제력을 발휘하는 창조자이며 그 영화의 '작가'라는 관념은 필연적이고 논리적인 비평 방법이다. 1930년대의 '루비치 터치'나 1940년대의 '히치콕 스릴러'를 논하는 사람이라면 누구든 이런 비평의 방법을 취하고 있다.

본래 '작가' 연구는 프랑스의 영화 잡지 〈카이에 뒤 시네마Cahiers du Cinema〉에 글을 발표했던 프랑수아 트뤼포, 에릭 로메르Eric Rohmer, 장뤽 고다르Jean-Luc Godard 등의 비평가들이 형식을 갖추었다. 편집장인 앙드레 바쟁 아래 1950년대 내내 활동하면서 〈카이에〉 비평가들은 내용 중심적인 구성-분석의 대안으로 '작가 정책'을 내세웠다. 의미심장하게도 작가 연구는 영화 제작에 큰 통제력을 발휘하던 유럽의 감독들을 다루면서 발전된 게 아니었다. 오히려 스튜디오 시스템의 압박 아래서도 자신의 작품에 '개인적 스타일'을 주입할 수 있었던 할리우드 감독들을 재해석하는 데 사용되었다.

작가주의 비평가들의 주장에 따르면 상업 영화의 예술성을 이해하기 위해서는 영화의 '주제'라는 지배적인 비평적 관심사에다 시각적 스타일, 카메라워크, 편집, 그리고 감독의 '내러티브 속에 담긴 목소리 *narrative voice*'를 구성하는 여러 요소를 정교하게 보완해야 한다. 알프레드 히치콕Alfred Hitchcock은 "나는 스토리보다는 그것을 말하는 방식에 더 흥미 있다"고 말한 적이 있다(Sadoul, 1972: 117).[9] 작가주의 분석은 사실상 영화 제작의 이런 특정한 관념에 대한 대응 과정에서 모양을 갖추게 된 비평 방식이다.

작가주의 비평이 세련화되고 앤드루 새리스Andrew Sarris 등에 의해 영미 비평가들에게 소개됨에 따라 할리우드 영화 산업은 점진적으로 재평가됐다. 교양과는 거리가 먼 작품을 만들었다는 이유로 많은 미국 비평가들에게 외면당했던 히치콕과 미넬리 같은 감독들의 명성이 실질적으로 재점검됐다. 게다가 미국 비평가들의 눈에서 벗어나 있던 많은 감독들(하워드 혹스가 대표적 예)이 저예산의 B급 영화를 감독했던 많은 예외적인 스타일리스트들(새뮤얼 풀러Samuel Fuller, 앤터니 만 등)과 함께 이제 주요한 영화 작가로 인식되기에 이르렀다. 흥행과 비평 모두에서 오랫동안 명성을 떨쳤던 존 포드 같은 감독조차도 할리우드 영화 제작의 근본적 재점검을 통한 재평가 과정을 거쳤다. 작가주의 비평가들은 〈그들은 소모품이다*They Were Expendable*〉(1945) 같은 전쟁 영화, 〈수색자*The Searchers*〉(1956), 〈리버티 밸런스를 쏜 사나이*The Man Who Shot Liberty Valance*〉(1962) 같은 웨스턴 등 포드의 장르 영화들이 〈밀고자*The Informer*〉(1935)와 〈분노의 포도〉 같은 포드의 '진지한' 영화들의 계산된 기교나 사회 의식보다 미학적으로 우월하고, 스타일상의 풍부함과 주제의 모호성을 보여 준다고 설득력 있게 주장했다.

작가주의 비평가들은 경험을 통해 상업 영화의 대중적이고 산업적인 성격 때문에 진지한 영화 예술가들은 종종 뒷문을 이용한다는, 즉 우회적이며 간접적 어법을 통해 자신의 예술적 의도를 드러낸다는 사실을 깨달았다. '진지한 사회성 드라마'는 포드의 웨스턴이나 미넬리의 뮤지컬 혹은 히치콕의 스릴러같이 '현실 도피적 오락물'처럼 보이는 작품보다 덜 진지하고 덜 사회적이며 확실히 덜 드라마틱하다. 작가주의 비평가들은 영화 감독에게 부과되는 대중적, 산업적 요구를 인식하면서도, 예술과 오락의 인위적 구분을 거부했다. 이를 통해 그들은 감독과 관객과 비평가들의 영화에 대한 사고방식을 대대적으로 진전시켰다.

돌이켜보면 작가주의 비평과 장르 비평이 할리우드 영화 연구 경향을 지배한 것처럼 보인다. 장르 비평이 정립된 영화 형식을 다루는 반면 작가주의 비평은 그 형식 안에서 효과적으로 작업한 감독을 연구한다는 점에서 이 두 가지 비평 방법은 서로 보완하며 상호 균형을 잡아 왔다. 이는 상업 영화의 관습화 경향에 대해, 비평이 점차 민감하게 반응했다는 사실을 반영한다. 실제로 작가주의 비평은 형식과 표현에서의 감독의 일관성을 주장함으로써, '작가'를 사실상 감독에게 주어진 장르로, 또한 그의 작품을 자리 매김하는 관습 체계로 해석한다. 나아가 장르의 일관성과 마찬가지로 감독의 일관성은 영화 매체의 경제적, 물질적 요구와 그의 대중적 인기에 토대를 제공한다. 영화 연출을 '항상 직업적인 일'이라고 생각했던 존 포드는 이렇게 말한 적이 있다. "감독에게는 꼭 지켜야 할 상업적 규칙이 있다. 우리의 직업에서 예술적 실패는 아무것도 아니다. 그러나 상업적 실패는 중대하다. 비결은 대중을 즐겁게 하면서 동시에 감독이 자신의 개성이 드러나도록 영화를 만드는 것이다"(Sadoul, 1972: 89).[10]

작가주의 분석의 필수적인 속성 중 하나가 구조적인 접근법이다. 그 방법은 '표층 구조'(감독의 영화)를 해석하고 평가하기 위해 '심층 구조'(감독의 퍼스낼리티)를 밝혀 내는 것이다. 그러나 할리우드 영화 제작의 사회 경제적 규범은 제작 과정의 성격을 규정짓는 수많은 심층 구조 — 산업적, 정치적, 기술적, 스타일적, 내러티브적인 것 등 — 가 있음을 보여 준다. 나아가 감독이 정형화된 장르 안에서 작업하고 있는 점을 고려한다면, 감독의 퍼스낼리티 구조보다 훨씬 '더 깊은' 또 다른 구조를 대면해야 한다. 이미 확립된 장르의 문화적 의미는 감독이 그 장르를 다룰 때의 표현 영역과 실질적 내용을 결정한다.

한 감독이 다른 감독보다 어떤 장르를 더 효과적으로 다룬다는 사실은 영화 비평가들의 비평 의욕을 부추긴다. 이들은 형식과 내러티브와 주제의 관습을 감독들이 어떻게 조작하고 변형하는가를 연구한다. 일반적으로, 특히 잘 발전된 장르 안에서 일하는 감독에 관해서라면 더욱 그렇다. 유능한 비평가라면 영화의 질적 수준에 대한 감독의 공헌과 장르의 공헌을 분명히 구분해야 한다. 샘 페킨파Sam Peckinpah의 〈와일드 번치 *The Wild Bunch*〉(1964)를 예로 들면 페킨파가 어떻게 웨스턴이라는 장르의 관습들을 재창조하는지 알기 위해서는 웨스턴의 역사와 페킨파의 경력에 익숙해야 한다.

장르 자체와 함께 성장한 장르 감독의 작품 분석은 훨씬 더 어려운 비평적 도전 작업이다. 1917년 두 편의 무성 웨스턴으로 시작해 1960년대 초까지 웨스턴 장르에서 가장 대중적이고 의미 있는 작품을 지속적으로 만들었던 존 포드를 생각해 보라. 어떤 의미에선 심리 스릴러를 창조하고 1920년대부터 1960년대까지 이 장르를 완전히 장악했던 알프레드 히치콕 같은 감독은 또한 어떠한가? 이 이슈들에 대해서는 뒷 장에서 논의하겠지만 여기서는 할리우드 장르 영화 비평의 복잡성을 드러내는 몇 가지 문제들을 제시하려 한다.

장르 영화 제작의 테마 변주곡적인 성격을 위해 고안된 스튜디오 시스템 그 자체는 이런 비평이 가진 딜레마의 심장부에 놓여 있다. 세트 디자인, 시나리오 등 실제로 예산이 소요되는 작업 때문에 스튜디오들은 영화 장르의 발전을 적극 추진했다. 분명히 성공적이었던 공식을 반복하면 비용은 최소화된다. 흥행의 성공은 그 장르를 계속 제작하는 데 충분한 근거를 제공한다. 스튜디오들은 특정 내러티브가 '왜' 관객에게 호소력을 가지는지 이해할 필요가 없다. 그들은 그 호소력이 계속 존속하고 돈 버는 데 도움이 될 수 있다는 것만 확신하면 그만이다. 따라서 스튜디오 영화 제작의 여러 요소들은 장르 영화 제작의 편의를 위해 세련화됐다. 특정한 패턴의 영화에 한정된 일만 하는 작가와 기술진, 특정 장르를 위해 고안된 스튜디오 세트와 사운드 스테이지, 그리고 친숙하며 단순하게 영역화된 연기를 행하는 배우들을 이용하는 '스타 시스템' 등이 바로 그 사례다. (예를 들어 존 웨인과 진저 로저스의 열정적인 키스를 상상해 보라. 그 상상이 제대로 되지 않는 이유는 스타의 영화 속 이미지와 장르 관습으로서의 스타의 지위 사이에 밀접한 관련이 있기 때문이다.)

🎥 장르와 내러티브 관습

위의 예가 보여 주듯 모든 장르의 '내러티브 컨텍스트'는 자신의 관습에 '의미'를 불어넣는다. 이러한 '의미'는 이제 반대로 개개의 영화들에서 관습의 용도를 결정짓는다. 일반적으로 상업 영화는 사실상 모든 작품에 공통적인 형식과 내러티브의 요소들에 의해 구분될 수 있다. 다시 말해 할리우드 영화는 프로타고니스트*protagonist**에 초점을 두는 일정한 길이를 가진 이야기다. 그것은 표준화된 제작, ('보이지 않는') 편집 스타일, 음악 작품의 사용 등을 포함한다. 그러나 장르 영화는 상상의 세계를 만들어 내는 데 사용된 이러한 일반적인 영화적 장치에 의해서만 구분되지 않는다. 이 상상의 세계는 이미 예정된 세계이며 누구도 손대지 않은 본래대로의 것이라는 점 또한 중요하다. 비장르 영화에서 인물들, 세트, 플롯, 테크닉 등의 내러티브 구성 요소들은 영화 자체 속으로 통합될 때 비로소 의미 있는 것이 된다. 그러나 장르 영화에서 이런 구성 요소들은 특정한 장르의 공식화된 요소로서 선험적 중요성을 지닌다. 장르 영화와 관객의 교섭은 장르의 예정된, 그리고 일정한 가치가 부과된 내러티브 시스템에서 영화적 변주를 얼마나 잘 이끌어 내느냐의 문제와 결부되어 있다.

이런 과정의 한 예가 웨스턴 영화의 관습적인 결투 장면에서 보인다. 등장인물들의 의상, 태도, 총에서부터 미국 개척 공동체의 먼지 나는 거리에 선 인물들의 자세 등에 이르기까지 이 모든 것은 표면적인 영화 내

---

* 주인공, 중심 인물을 말한다.

러티브와의 관련을 뛰어넘는 의미를 지닌다. 이 의미의 토대에는 관객 자신의 세계라기보다는 장르 그 자체의 '세계'와의 친숙함이 있다. 로버트 워쇼Robert Warshow가 갱스터 장르를 분석할 때 말했듯이 "이 패턴(장르 영화)은 궁극적으로는 관객의 실제 경험에 호소하지만 일차적으로는 이전에 경험한 패턴 자체에 호소한다. 그것은 자기 자신의 준거 영역을 창조한다"(Warshow, 1962: 130).[11] 장르적 요소에 선험적 의미를 부여하는 것은 단순한 반복이 아니라 관습화된 형식과 내러티브와 주제의 컨텍스트 안에서의 반복이다. 어떤 영화 스토리가 대중적 성공을 거두면 그것은 이후의 영화에서 재생되고 반복된다. 그것이 균형 상태equilibrium profile에 이르기까지, 즉 익숙한 행위와 관계들에 관한 공간과 상황과 주제의 한 패턴이 될 때까지 말이다. 그러한 반복은 스튜디오와 관객의 상호 작용에 의해 생겨나고 그것이 관객의 욕구와 기대를 만족시키는 한 지속되며 스튜디오의 재정이 허락하는 한 살아남게 된다.

🎥 사회적 힘으로서의 장르

관객이 어떤 장르에 친숙해지는 것은 물론 '누적 과정'의 결과다. 웨스턴이나 뮤지컬을 처음 보면 비장르 영화를 보는 것보다 어렵고 까다롭게 느껴질 것이다. 그 장르의 특정한 논리와 내러티브 관습 때문이다. 그러나 반복해서 보면 장르의 내러티브 패턴이 눈에 들어오며 이와 함께 관객의 '기대'라는 것이 형성된다. 장르의 패턴이 내러티브적 요소뿐만 아니라 주제적 요소까지 포함한다는 점을 염두에 둘 때 장르의 '사회화하는' 영향력이 확연하게 포착된다.

게다가 영화 장르를 탐구해 보면, 플롯과 캐릭터와 주제가 대중 매체에서 반복적으로 사용됨으로써 세련화된 이 대중적인 내러티브들이 어떤 전통 예술 형식보다도 직접적으로 관객을 사로잡는 예술 표현 형식이라는 생각에 이르게 된다. 영화 장르의 이러한 발전을 예고했던 그 이전 시대의 형식들이 있다. 특히 그리스 혹은 로마의 연극 같은 공연 예술이 그 단적인 예다. 그러나 대중적 내러티브의 정형들이 함축하는 사회 경제적 의미가 구체적 내용을 갖추기 시작한 것은 인쇄 매체의 발명과 싸구려 소설, 펄프 문학, 그리고 비들 북스Beadle books(발행인의 이름인 에라스터스 비들Erastus Beadle에서 비롯된 명칭)의 대중화 이후의 일이다. 헨리 내시 스미스Henry Nash Smith는 《처녀지*The Virgin Land*》라는 '서부 신화' 연구서에서 이 점에 주목하고 있다. 특히 스미스는 열렬한 독자를 위한 서부 소설을 생산하고 재생산한 펄프 작가들이 갖추고 있던 창조적인 태도에 흥미를 느꼈다. 스미스의 기본적인 생각은 이 작가들이 책의 발행인, 독자와 함께 서부 확장 정책과 연관된 가치와 이상을 찬미하는 데 기여했으며, 결과적으로 서부 신화를 탄생시키고 지속시켰다는 것이다. 펄프 작가들이 자신을 독자 대중의 수준으로 끌어내려 시장 논리에 영합한 게 아니라 독자 대중과 힘을 합쳐 집단적 가치와 이상을 형성시키고 강화했다는 것이 스미스의 주장이다. 그는 이렇게 말한다. "이런 상황에서 만들어진 소설은 자동 기술*automatic writing*의 성격을 띠며, 그 소설은 구체화된 대중의 꿈이 되게 마련이다. 오늘날의 비들 소설이라 할 만한 영화, 솝 오페라*soap opera*,* 만화책이 그러하듯 말이다. 개개의 작가들은 자신의 퍼스낼

---

* 주부들을 위한 연속 텔레비전 드라마로, 주로 멜로물이며 비누 회사가 스폰서를 많이 맡았

리티를 버리고 자신을 독자와 동일시한다"(Smith, 1950: 91).[12]

　물론 존 포드나 샘 페킨파 같은 장르 감독들에 비유될 수 있는 제임스 페니모어 쿠퍼James Fenimore Cooper*나 제인 그레이Zane Grey** 같은 펄프 소설가도 있었다. 그들은 독자적인 형식과 표현 기법을 통해 서부 소설을 만들었으며 그들의 작품은 결코 자동 기술적인 것으로는 보이지 않는다. 독자 대중에 대한, 나아가 미국의 민속에 미친 펄프 웨스턴의 영향을 강조하는 스미스의 연구는 이 논의에 중요한 논제 하나를 덧붙여 준다. 그는 이 소설들이 독자 대중을 위해 쓰였을 뿐만 아니라 독자 대중 스스로에 의해 쓰였다고 지적한다. 집단성과 익명성을 속성으로 지닌 대중의 탈개인화된 표상에 의해 만들어져 기본적 신념과 가치를 찬미한다는 것이다. 이 점에서 그 소설들의 정형은 대중 예술 혹은 엘리트 예술일 뿐만 아니라 '문화적 의례cultural ritual'로 간주될 수 있다. 다시 말해 대중 테크놀로지의 시대, '말 없는 다수silent majority'의 시대에 쓸모없이 된 것처럼 보이는 집단 표현 형식으로 간주될 수 있다.

　대중 소설의 본질과 기능에 대한 이러한 관점은 동일한 원칙이 많이 적용되는 상업 영화 제작의 영역에까지 확장된다. 앙드레 바쟁은 자신의 에세이 〈작가 정책〉에서 연출뿐만 아니라 개별 영화의 작가성에 공헌하는 요소들인 영화 제작의 다른 여러 측면들에까지 눈을 돌려야 한다고

던 데서 비롯된 명칭이다.
*　제임스 페니모어 쿠퍼(1789~1851)는 백인과 인디언의 관계를 다룬 《모히칸족의 최후》 등의 소설로 유명하다.
**　제인 그레이(1872~1939)는 주로 서부를 다룬 대중 작가로 《최후의 평원아》 등이 알려져 있다.

'작가주의' 비평가들에게 경고하고 있다.

> 할리우드를 이 세상의 어떤 것보다 그토록 멋지게 만드는 것은 몇몇 감독의 자질
> 만이 아니라, 전통의 활력이며 어떤 의미로는 전통의 탁월함이다. 할리우드의 우
> 월성은 말하자면 기술적인 성격의 것일 따름이다. 즉 우리가 미국 영화의 천재성
> 이라고 부르는 것, 다시 말해 영화 제작에 대한 사회학적 접근으로 분석되고 정의
> 될 수 있는 어떤 것에 그 우월성이 있는 것이다. 미국 영화는 비교할 수 없을 정도
> 로 뛰어난 방식으로, 스스로 보고 싶은 미국 사회 그대로를 보여 주는 능력을 유
> 지해 왔다(Bazin, 1968: 142~143).[13]

이러한 관점의 바탕에는 상업 영화 형식의 형성에 있어 '능동적이지
만 간접적인 관객의 참여'라는 문제 인식이 깔려 있다. 그리고 그 참여 자
체가 관객이 집단적 반응을 통해 선택한 이야기를 반복하고 약간의 변형
을 가하며 조작하는 스튜디오 시스템의 기능에 속한다.

19세기에는 전체 독자층의 협소함과 수용자의 제한된 피드백 참여
때문에 펄프 작가들이 독자와 협력한 정도는 할리우드 영화 감독들과 크
게 달랐다는 점이 언급돼야 한다. 더욱이 싸구려 펄프든 베스트셀러 소
설이든 소설은 개별 의식의 산물이며 개인적 표현 매체를 통해 소통된다
는 점도 염두에 둬야 한다. 이와는 달리 할리우드 장르 영화는 생산과 소
비가 모두 집단적으로 이루어진다. 여기서는 지속적이며 광범한 대중적
성공을 거둔 시기의 스튜디오 시스템을 다루고 있다. 이 시기는 유성 영
화 시대 초기부터 스튜디오와 제작 시스템이 상업 텔레비전 산업에 점차
밀려날 때까지의 약 40년간이다. 이때까지는 미국 영화 제작자들이 요즘
처럼 관객 시장이나 연령을 나눠 그에 맞게 영화를 만들지 않았다. 할리

우드 스튜디오들과 장르 영화는 같은 시기에 자신의 전성기를 맞았다. 이 것은 결코 우연의 일치가 아니다. 일주일에 한 번은 규칙적으로(어떤 사람의 표현을 빌리면 '종교적으로') 영화를 보러 가던 일반 대중이 1940년대 후반에 는 9000만 명에까지 이르렀다. 이런 대중에 의해 영화가 대중 오락으로 간주되던 그런 시대였다.

집단적인 문화적 표현으로서의 장르 영화 제작을 탐구하기 전에 영 화의 특정한 상업적, 과학 기술적 측면이 이 같은 접근법의 타당성을 보 증한다는 점을 인식할 필요가 있다. 드와이트 맥도널드Dwight MacDonald 는 〈대중 문화 이론Theory of Mass Culture〉이란 논문에서 이렇게 지적한다. "고급 문화 혹은 민속 문화와의 대립 개념으로서의 대중 문화의 본질적 성격은 그것이 지배 계급이 고용한 기술자들technicians에 의해 대량 소비 를 목적으로 생산된다는 점에 있다. 개별적 예술가나 민중 자신의 표현이 아니다"(MacDonald, 1964).[14] 이 관점에서 보면 셰익스피어조차도 개별적인 예술가라기보다 기술자인 것이다. 그럼에도 불구하고 맥도널드의 통찰은 상업 영화 제작과 엘리트 혹은 민중의 자기 표현과의 연관성에 대한 어 떤 극단적인 단정도 피할 수 있게 한다는 점에서 의미가 있다.

탈개인화된 제작 시스템(작가가 속한)을 인식함으로써 영화의 작가주 의적 관점을 보완해야 하듯이, 장르 영화를 동시대의 세속적인 문화 의 식으로 보는 관점 역시 보완해야 한다. 영화의 상업적 피드백 시스템 은 관객에게 어떤 직접적이고 즉각적인 창조적 입력자의 지위도 부여하 지 않는다. 단지 관객에게는, 지금의 영화에 대한 집단적 긍정 혹은 부정 의 목소리를 통해 변형된 모습으로 등장할 미래의 영화를 사랑하는 것 만이 허용된다. 그러한 반응은 누적 효과를 가진다. 영화 스토리를 처음 엔 선택한 다음 점진적으로 세련화시킴으로써 친숙한 내러티브 패턴으로 안착시키는 과정인 것이다. 로버트 워쇼도 갱스터 장르 연구에서 이렇게 지적하고 있다. "그러한 장르가 성공한다는 것은 그 장르의 관습이 일반 대중의 의식을 불쑥 찾아간 다음 일련의 특정한 태도들과 특정한 미학 효과의 장치들을 수용하게 된다는 것을 의미한다. 관객은 매우 명확한 기대를 가지고 장르 영화를 보러 간다. 여기서 독창성은 그것이 그 기대를 근본적으로 변형시키지 않고 강화하는 범위 안에서만 허용된다" (Warshow, 1962: 130).[15]

한정된 의미로 말하면, 어느 장르 영화도 개별 작가와 감독의 독창적 창작물이라고 할 수 있다. 그러나 그 독창성의 성격과 영역은 장르 영화의 제작 과정에 얽혀 있는 관습과 기대에 의해 결정된다. 따라서 그 독창성의 분석은 장르의 이해와 개별 장르 영화를 산출해 내는 제작 시스템의 이해에 명확히 근거해야 한다. 결국 엘리트주의적 비평 태도를 보다 광범하며 보다 문화적이고 산업적인 반응 탐구의 접근법*responsive approach*으로 보완할 필요가 있다. 어떤 의미에선 이 같은 접근법은 영화 연구에 있어 엘리트주의적 '고급 예술' 편향들을 상쇄하기 위한 하나의 대중주의적 '저급 예술' 편향의 형성 정도로 치부될 수도 있다. 그러나 나는 이 책에 전개된 논지들의 가치가 비평적 논쟁의 컨텍스트 안에서가 아니라 논지들의 구체적 적용 속에서 실현되기를 바란다. 아무리 '작가주의*auteurism*'에 반대하더라도, 어떤 감독의 영화들을 연출 기법의 세밀한 연구를 통해 정교하게 분석하는 것은 단순히 비평적 편향 이상의 중요한 의미를 작가 정책에 부여하며, 영화 제작과 영화 예술에 관한 얼마간의 근본적 진실을 밝혀 낸다는 사실을 부정할 수는 없다. 장르 접근법 역시 지각 있고 조심스럽게 적용될 때, 상업 영화 제작의 근원적 진실을 밝혀 내 영화 예술에 대한 이해와 감상을 더 풍부하게 할 것이다.

영화 장르와 장르 영화

나는 정말 영화 학교로 다시 돌아가고 싶다…… 그게 아니라면 나는 인류학

으로 석사 학위를 따고 싶다. 영화는 어쨌든 그런 것에 관한 것이다. 문화적

자취 말이다.

― 조지 루카스George Lucas, 〈스타 워즈Star Wars〉에 대해 말하면서[1]

지금까지 할리우드 영화를 상업 예술 형식으로 결정짓는 질적인 면을 살펴보았다. 그것을 통해 대중 영화 스토리의 정형, 즉 영화 장르들은 할리우드 영화 제작자뿐만 아니라 관객의 사회적, 미적 감수성을 반영하고 있다는 가설을 세울 수 있었다.

현대 상업 영화를 보는 이러한 관점은 영화가 비사회적인 궁극적 가치를 지니며 사회 문화적 환경에서 파생되는 세속적 굴레로부터 자유롭다는 엘리트주의적 관점과 여러 면에서 대립된다. 흔히 전통 예술을 연구할 때에는 창작 과정에서의 사회적 영향력이란 요소를 거의 고려하지 않기 때문에 고급 예술을 다루는 학술적인 맥락에서 보면 이런 엘리트주의적 관점은 타당한 것처럼 보인다. 기술 관료 사회의 구성원으로 살아가는 우리에게 예술 작품이 지니는 의미심장함 때문에, 예술 작품이 자신을 둘러싸고 있는 문화를 초월한다고 우리는 쉽게 단정해 버린다. 호머의 서사시나 셰익스피어의 희곡을 감상할 때 엘리자베스 여왕 시대의 대중 연극이나 그 작품들이 관여한 일련의 대중 소설 등의 구비 문학 전통과의 연관성을 극히 한정된 범위에서만 염두에 둘 뿐이다. 예술 전통의 이러한 '수호*gatekeeping*' 기능*은 후대에 전해질 위대한 걸작을 낳아 왔던 게 사실이며 이 때문에 예술 작품들의 형식적, 미학적 요소에 비해 그것의 사회 문화적 측면을 등한시했다. 그러나 그와 같은 비평적, 역사적 관점으로 우리 시대의 문화를 연구하거나 진화시킬 수 있다고 믿는 것은 피해야 한다.

영화 비평가 로빈 우드Robin Wood는 〈이데올로기, 장르, 작가Ideology,

---

* 사회 문화적 영향력으로부터 예술 작품의 순수성을 지키는 것을 의미한다.

Genre, Auteur〉라는 글에서 장르 연구에서의 잘못된 관점을 이렇게 기술했다.

> 장르에 관해 지금까지 이루어진 연구들은 여러 장르들을 주어진 것으로 그리고 분리된 것으로 간주하고 모티프 등에 따라 장르를 설명하고 정의했다. 우리에게 지금 필요한 물음은 '무엇이냐'가 아니라 '왜'다. 우리는 장르에 너무 익숙해서 장르라는 현상 자체의 특성에는 거의 주의를 기울이지 않았던 것이다(Wood, 1977: 47).[2]

우드가 지적했듯이 장르 연구는 장르를 그것이 제작되는 조건으로부터 분리시키기 십상이며, 장르를 관습적으로 주어진 자동적인 체계로 다루기 쉽다. 이에 따라 장르의 관습이 형성되고 진화 발전되는 과정에서 관객과 제작 시스템이 차지하는 역할은 놓치기 쉽다.

우리가 더 넓은 사회 문화적 시야를 가지고 지금까지 이루어진 협소한 장르 연구 성과를 보완한다면 장르 연구는 보다 생산적인 것이 될 수 있다. 따라서 하나의 장르를 영화 감독의 예술 표현으로뿐만 아니라 예술가들과 관객들이 자신들의 집단적 가치관과 이념을 찬미하기 위한 협력으로 이해할 필요가 있다. 사실 장르를 의례적인 내러티브 체계로 이해한다면 미학적 결점이라고 여겨 온 많은 요소들, 예컨대 심리적으로 흔들림 없는 주인공이나 뻔한 줄거리 등이 의미심장한 별도의 가치를 지닌 것으로 이해될 수 있다. 우리가 할리우드 장르를 '왜'라는 관점에서 설명하려 한다면, 장르 영화들이 공유하고 있는 사회적 기능과 형식의 관습을 고찰해야 한다. 이런 점들을 살펴보고 나서야 특정한 장르와 장르 영화들을 언급할 수 있다.

시스템으로서의 장르

영화 장르 연구와 그것의 선조뻘인 문학 장르 연구 사이의 차이점을 살피는 데서 우리의 논의를 시작해 보자. 문학 연구에서 장르의 범주는 작품 자체에 부과된다. 비평가나 역사가는 그들의 주관적 기준에 따라 내용을 구성하는 것이다. 문학 연구는 이 때문에 작품이 생산되고 소비되는 과정에는 아무런 주의를 기울이지 않는다. 그러나 연구 대상이 상업 영화라면 그럴 수 없다. 영화 제작과 소비의 고유한 성격 때문에 영화 장르 연구는 문학 연구와는 달리 주관적, 해석적 작업과는 거리가 멀다. 영화 장르는 분석자가 발견하고 창안해 내는 게 아니라 상업 영화 제작 그 자체의 물질적 조건의 결과다. 대중적인 영화 스토리는 그것이 관객의 요구를 만족시키고 제작사에 이윤을 보장해 주는 한 계속 변주되고 반복된다.

이 차이점의 의미는 이중적이다. 첫째, 영화 장르는 하나의 '특권적' 영화 스토리의 정형이라는 것, 즉 한정된 영화 스토리들만이 고유한 사회적, 미학적 특성에 힘입어 세련화 과정을 거친 뒤 정형이 된다는 것이다. 둘째, 관객과 제작사의 상호 작용 산물인 영화 장르는 장르라고 명명될 수 있을 정도로 친숙한 의미 체계가 될 때까지 점차 그 자체가 자신이 속한 문화의 한 부분을 구성해 가는 것이다. 관객과 제작자와 비평가들은 어떤 영화를 웨스턴 혹은 뮤지컬이라고 부를 때 그것이 무엇을 의미하는지 알고 있다. 이것은 결코 자의적인 혹은 역사학적인 해석의 결과는 아니다.

대중 영화의 스토리 정형이 된다는 것은 그것이 일관되게 특정한 가치를 반영한 내러티브 체계로서의 지위를 인정받는다는 의미다. 대중 영화를 생산하고 소비하는 사람들에게 이 점이 지닌 중요성은 너무나 명백하다. 개별적인 장르 영화들을 반복해서 보면 특정 캐릭터들과 장소와 사건들의 정형을 발견하게 된다. 이를 통해 우리는 그것의 체계와 의미를 이해하게 된다. 이렇게 해서 우리는 그 장르의 정형화된 행위와 태도가 구축한 이미지인 일종의 내러티브 영화적 '게슈탈트gestalt'* 혹은 '심적 경향mind set'을 점차 쌓아 간다. 반복된 웨스턴 영화 관람이란 행위를 통해 우리는 특정한 유형의 행동과 태도 체계에 관한 즉각적인 지각과 온전한 인상을 갖는다.

하나의 영화 장르는 그것이 하나의 내러티브 체계일 수밖에 없기 때문에 플롯, 캐릭터, 무대(배경), 주제, 스타일 등의 기본 구성 요소들로 분석될 수 있다. 하지만 '영화 장르'와 '장르 영화'의 구별에 주의를 기울여야 한다. 장르는 영화 제작자와 관객 간의 일종의 묵계로 존재하는 반면, 장르 영화는 그러한 묵계를 구현하는 실제적 사건(이벤트)이다. 웨스턴이란 장르를 논의한다는 것은 하나의 웨스턴 영화를 이야기하는 것이 아니며 모든 웨스턴 영화를 이야기하는 것도 아니다. 오히려 그것은 웨스턴이란 장르를 그렇게 명명하도록 하는 관습의 체계를 말하는 것이다.

어떤 의미에서 영화 장르는 정적이면서 또한 동적이다. 한편으로 장르는 근본적인 문화적 갈등을 끊임없이 재확인시켜 주는 상호 연관된 내러티브와 영화적 구성 요소들의 낯익은 정형이다. 이런 정적 요소 때문에 모든 웨스턴 영화는 근본적으로 동일한 주제(개척 정신 찬미, 주인공의 소박

---

* 형태 심리학 혹은 게슈탈트 심리학의 중심 개념으로, 경험적 사실을 구성하는 요소들의 총화로부터는 도출되지 않는 통일성, 전체성을 의미한다. 흔히 '형태'로 번역된다.

우리는 장르적 '계약'을 그것이 위반될 때 가장 잘 알아본다. 그러한 위반은 이미 이미지가 확립된 배우를 '그의 타입에 거스르게against type' 기용하는 경우를 포함하는데, 이를테면 〈살인, 내 사랑〉에서 뮤지컬 스타인 딕 파웰을 사립 탐정 필립 말로로 기용하는 것 같은 경우다(제목도 원래는 〈안녕, 내 사랑〉이었으나 뮤지컬로 오해받지 않기 위해 고친 것이다). 또 이러한 위반은 단순히 한 장르의 도구를 다른 장르로 옮기는 것일 수도 있는데, 이런 경우로는 웨스턴의 세트에 자동차가 등장하는 것 같은 것이다.

한 개인주의 칭송, 서부의 개척 마을과 주인공과의 갈등 등)를 취급함으로써 미국의 건국 신화를 만들 따름이며 영화의 정형을 약간 변주시켜 본들 그 고정된 주제 의식을 바꾸지는 못한다고 주장하는 사람이 있을 수 있다. 다른 한편으로 문화적 태도, 영향력 있는 장르 영화들, 산업 경제 등의 변화는 어떤 장르 영화라도 끊임없이 변화시킨다. 다시 말해 장르의 본성은 늘 진화의 과정 속에 있다. 예컨대 웨스턴의 주인공은 법 질서의 수호자에서 도망 다니는 범법자와 직업적 살인자로 변화했다. 이 장르의 중대한 변주인 것이다. 따라서 웨스턴이란 용어가 뜻하는 바가 오늘날 20~30년 전에 비해 크게 바뀌었다고 말하는 것마저 가능하다.

인간의 다른 체험들과 마찬가지로 장르 체험도 특정한 지각 과정에 따라 구성된다. 같은 유형의 체험을 반복해 감에 따라 우리는 계속적인 보강을 통해 규칙으로 굳어지게 마련인 기대감을 키우게 된다. 이런 과정에 관한 가장 명료한 사례는 게임에서 볼 수 있다. 게임은 불변의 규칙(야구의 삼진과 같은)과 시합의 성격을 결정짓는 구성 요소들의 체계다. 한 스포츠에서 어떤 두 경기도 같을 수 없으며 이론적으로 그 게임의 규칙이 허용하는 범위 내에서는 무한대의 서로 다른 시합이 있을 수 있다. 마찬가지로 어떤 특정한 스타일의 전통 음악 혹은 대중 음악은 한 주제의 수많은 변주들이 가능하다. 예를 들어 포크와 블루스의 경우 대부분의 곡들은 몇 안 되는 코드 진행에서 나온 것이다.

영화 장르와 다른 문화 체계의 유사점은 사실 수없이 많다. 그러한 예의 대표적인 것이 '종*species*'(혹은 장르라는 말의 어원인 '유*genus*')의 이중적 성격이다. 말하자면 그것은 규칙과 구성 요소와 기능(고정된 심층 구조)에 의해 정의될 수도 있고, 정반대로 그 종을 이루고 있는 요소(역동적인 표층 구조)에 의해 정의될 수도 있다.

웨스턴과 뮤지컬과 갱스터 영화를 머리에 떠올려 보라. 아마도 당신은 개개의 웨스턴, 뮤지컬, 갱스터 영화를 떠올리기보다는 뭉뚱그려진 상태로나마 어떤 특정한 스타일의 연기, 태도, 인물, 장소를 떠올리게 될 것이다. 사람들이 장르 영화를 보면 볼수록 개개의 영화에 의해서가 아니라 이 영화가 웨스턴이다, 혹은 저 영화가 뮤지컬이다라는 식의 지각을 전해 주는 심층 구조와 규칙과 관습에 의해 그 장르와 만나게 된다. 심층 구조와 표층 구조(달리 말하면 장르와 그 장르의 영화들)의 이러한 차이점은 장르 연구에 인식의 기초를 제공한다. 이 차이점을 더 잘 이해하기 위해 사용할 수 있는 모든 유사 문화 체계들 중에서 가장 확연한 것이 인간의 가장 '심층적' 구조인 언어다.

언어와의 유사성

> 인간의 본질에 가까운 것은 말하는 것이 아니라 언어 구성 능력, 즉 명백한 관념
> 에 조응하는 명백한 기호 체계다.
>
> — 페르디낭 드 소쉬르Ferdinand de Saussure[3]

상업 영화도 하나의 소통 체계다. 그것은 의미를 구성하고 전달한다. 영화사를 논할 때 흔히 인용되는 '영화의 문법'과 '영화 언어 체계' 같은 어구들은 영화의 소통이 말의 소통에 비유된다는 것을 환기시켜 준다. 물론 그 비유의 영역이나 유용성에는 한계가 있긴 하지만 말이다. 최근 인

간의 상호 작용을 사회적인 그리고 개인 간의 광범위한 소통 체계로 이해하려는 학문인 기호학(*semiology* 혹은 *semiotics*)의 영역 확대와 더불어 영화와 언어의 유사성도 흥미로운 주제로 새롭게 떠오르고 있다. 기호학은 언어가 문화 연구에 '기본적 패턴*master pattern*'을 제공한다고 주장한 스위스 언어학자 소쉬르가 확립한 학문 영역이다. 소쉬르에 따르면 언어는 모든 문화가 공유하고 있는 의미 체계이며 언어의 기본 구조는 모든 사회적 소통 체계를 알려 준다는 것이다.

언어 연구와 그 용어들*jargon*(특수 영역에서 사용되는 언어)이 장르 연구의 메타포라는 것은 명백하다. 영화 흥행의 '피드백'을 포함하는 '교환의 회로*circuit of exchange*'를 통해 제작사와 관객은 영화적 '담론'의 '문법'을 점차 세련화시켜 가면서 실제적인 '대화'를 나눈다. 따라서 문화적 합의를 통해 그 규칙이 의식적 혹은 무의식적으로 동화되어 온 정형화한 기호 체계로서의 언어와 같은 방식으로 장르도 연구될 수 있다. 영문법 지식에 의해 문장을 쓰고 그것을 해독할 수 있듯이 영화 장르에 관한 지식에 의해 개별적인 장르 영화들을 이해하고 발전시킬 수 있다. 표층 구조와 심층 구조의 구분과 유사한 '문법*grammar*'과 '용법*usage*'의 구분은 소쉬르가 구분한 언어에서의 '랑그*langue*'와 '파롤*parole*'의 구분에서 유래한다. 말하는 사람과 듣는 사람은 언어 체계를 구축하는 문법 규칙(랑그)을 같이 알고 있음으로써 무한한 영역의 개별적 발화*utterances*(파롤)를 개발하고 서로 이해할 수 있게 된다. 미국 언어학자 노엄 촘스키Noam Chomsky는 이 구분을 '언어 능력*competency*'과 '수행*performance*'이라는 개념을 사용해 설명했다. 그는 말하고 이해할 수 있는 능력과 실제로 말하고 이해하는 것을 구분해야 한다고 주장했다(Chomsky, 1964).[4]

이런 발상을 장르 연구에 확대하면 영화 장르를 하나의 문법 혹은 표현과 구문의 규칙 체계로 보고 개별적인 장르 영화를 이런 규칙들의 표현체라고 간주할 수 있다. 물론 우리의 말하는 능력은 상대적으로 보편화되어 있는 반면 장르적인 능력은 천차만별이란 면에서 영화와 언어는 서로 다르다. 우리 각자가 할리우드의 수많은 장르 영화를 똑같이 본다면 비평 이론을 세우기는 더 쉬울 것이다. 그러나 1960년대의 해변가 로맨스 *beach-blanket* 영화나 1970년대의 카 체이스*car-chase* 영화 같은 '하위 장르들'은 차치하고라도 가장 대중적이고 널리 사랑받는 장르 영화들조차도 모든 사람이 보는 건 아니라는 사실은 명백하다.

게다가 언어 체계는 중립적이고 그 자체로는 의미를 담고 있지 않은 반면 영화 장르는 그렇지 않다. 체계로서의 영문법은 역사적으로도 사회적 맥락으로도 의미를 담고 있지 않다. 의미는 내레이터가 그 문법을 조작해 만들어 내는 것이다. 반대로 영화 장르는 의미가 담긴 내러티브 체계로서 명확하게 문화적 의미와 함축을 드러낸다. 다시 말해 발화된 말은 내레이터가 중립적 요소[문법의]를 의미가 담긴 유형으로 구성하는 것인 반면 장르 영화는 독특한 방법으로 친숙한 의미 체계를 재구성하기 위한 노력에 의해 탄생되는 것이다.

언어와의 유사성에서 또 다른 흥미로운 점은 문법과 용법 사이의 긴장 관계에 있다. 언어의 문법은 일상적 용법에서는 절대적으로 고정되어 있으며 변하지 않는다. 그러나 영화에서는 개별적인 장르 영화들이 장르 자체에 영향력을 행사한다. 비유적으로 말하자면 말이 자신을 지배하는 문법을 변화시킬 수 있는 능력을 보유하고 있다는 것이다. 영화 기술(예를 들어, 웨스턴의 와이드 스크린이나 뮤지컬의 테크니컬러 등)에서조차 개별적 용법[개별적 영화]이 관객과 다른 영화 제작자들에게 영향을 미치며 장르의 계약[장르의 문법]을 재조정하도록 한다. 한 장르를 규정하고 시간의 흐름과 변주 속에서도 유지되는 고정된 심층 구조의 유무에 상관 없이 형식과 장르의 표면에 드러나는 점진적인 변화(개별 장르 영화들에서 드러나듯이)를 간과해서는 안 된다. 장르는 진화하며 상업적 대중 매체의 요구 때문에 더욱 빠르게 진화한다. 그러나 이러한 진화가 표층 구조의 외양만의 변화인지(언어의 유행어구나 속담처럼), 심층 구조(장르 시스템 자체)의 변화인지는 아직 더 연구되어야 할 것이다.

영화-언어의 유사성에서 얻을 수 있는 최종적인 성과는 일종의 방법 혹은 방법론적 모델이다. 즉 소통 체계로서의 언어와 장르의 유사성은 언어학자가 개인의 발화를 연구하는 접근 방법과 같은 방식으로 영화학자가 개별적인 장르를 연구하도록 고무한다. 모든 기호 체계와 마찬가지로 영화와 장르는 그 사용자의 관념 안에서 존재한다. 영문법이나 한 장르를 연구하는 것만으로는 그 체계를 온전히 그려 낼 수 없다. 이런 의미에서 영화 장르 연구는 똘똘한 여섯 살짜리가 학교에 가서 영문법을 배우는 것과 다르지 않다. 두 경우 다 우리는 능력의 기초가 되는 시스템을 공부하는 것이다.

하지만 우리는 장르 비평가의 존재 이유인 비평적, 진화적 시각을 잃어서는 안 된다. 그런 시각은 언어학자와는 물론 무관하지만 말이다. 언어학자의 관심사는 말로 의미를 소통하는 과정이다. 소통의 질에 대한 관심은 언어학자에게는 수사의 영역에 속한다. 그러나 장르 비평가는 언어학자이면서 또한 수사가가 되어야 한다. 즉 장르 비평가는 장르적 소통의 과정과 함께 그 질의 문제에도 관심을 가져야 한다. 비평가는 영화를 보고 유사성을 인식함으로써 그 소통 체계를 이해하는 능력을 키워 나가는 것이다. 궁극적으로 비평가는 장르 영화들 간의 '차이'를 인식하고 감정하며 분류하는 것이다. 비평가로서 우리는 장르 영화들을 다른 영화들과의 유사성 때문에 이해하게 된다. 그러나 우리는 또한 그들의 차이점 때문에 장르 영화들을 이해한다. 따라서 장르 영화 제작의 기초 문법 개요를 개별 장르 영화를 분석하기 전에 살펴봐야 한다.

장르 영화의 문법을 향하여

이 장에서 우리의 위치는 출발 지점(영화 보기)과 도착 지점(차이를 감정하고 분류하는 것, 즉 비평) 사이의 어딘가에 있다. 영화를 체계적으로 분석하고, 개별 영화들이 의미를 생성하는 체계를 고찰할 때 비로소 영화를 평가할 수 있다. 지금까지 약간은 피상적 시야를 가지고 할리우드 영화 제작의 상업적 체계와 형식 체계를 살펴봤다. 할리우드 장르들이 어떻게 작동하는지의 문제로 초점을 좁혀 보면, 실제 제작 과정에서 그 상업적 체계와 형식 체계가 어떻게 현실화하는지 이해되기 시작할 것이다. 장르 제작은 서로 다른 세 가지 차원에서 언급되어야 한다. 모든 장르 영화(그리고 모든 장르들)가 공유하는 성격, 개별 장르 내의 모든 영화가 공유하는 성격, 그리고 하나의 장르 영화를 그 장르의 다른 영화들과 구별되도록 하는 성격이 그것이다.

우리의 궁극적 목표는 한 장르 영화의 질과 사회적, 미학적 가치를 판별하는 것이다. 이를 위해 하나의 장르 영화가 관계를 맺고 있는 다양한 체계들을 살펴보려 한다. 예컨대 〈수색자〉를 분석할 경우, 이 영화가 특정한 장르에 속한 것임을 알 수 있게 하는 형식상의 특징을 끄집어 내는 것만으로는 충분하지 않다. 또한 이 영화를 탁월한 작품으로 만드는 요소들을 끄집어 내는 것만으로도 충분치 않다. 먼저 이 영화의, 웨스턴 형식 그 자체의 장르적 특징을 판별해야 한다. 로빈 우드의 지적을 반복해 보자. 친숙한 내러티브 체계로서의 장르들에 너무 익숙해서 이런 장르들을 서로 고립된 것으로 보기 쉬우며, 이 때문에 장르들이 공유한 사회적, 미학적 특징을 지나치기 쉽다. 개별적 내러티브 체계로서의 웨스턴, 갱스터, 뮤지컬과 그 밖의 할리우드 장르들을 고찰하기 전에 이 형식들을 해당 장르의 것으로 판별할 수 있게 하는 특성들을 논의해야 한다.

　　이야기를 가진 다른 예술 작품과 마찬가지로 장르 영화도 기본적인 내러티브의 구성 요소들, 예컨대 플롯, 배경, 캐릭터로 분석될 수 있다. 이런 구성 요소들은 관객의 가치관과 태도를 드러내고 재확신시키는 익숙한 정형의 틀 내에 존재하기 때문에, 관객에 대해 특권적 지위를 지닌다. 따라서 장르 영화의 내러티브 구성 요소는 비장르 영화와 달리 이미 예정된 주제까지 함축할 정도로 중요한 역할을 떠맡는다. 각 장르 영화는 친숙한 공동체의 특정한 문화적 컨텍스트 — 워쇼가 '준거 영역*field of reference*'이라고 부른 — 를 담고 있다. 이 장르의 컨텍스트는 물리적 배경 이상의 의미를 지닌다. 몇몇 비평가들은 물리적 배경 그 자체로서 장르를 정의 내리기도 하지만, 미국의 개척지나 도시의 뒷골목은 웨스턴이나 갱스터 영화를 구분짓는 물리적 장소 이상의 것이다. 그것은 내재한 갈등이 친숙한 성격의 인물들과 행동 패턴에 의해 생성되고 강화되며 해결되는 문화적 공간이다. 모든 드라마는 갈등에 의해 교란당하는 공동체를 설정하지만, 장르 영화에서는 공동체와 갈등 양자가 관습화된다. 결국 우리가 어떤 장르에 익숙해지는 것은 특정한 배경을 인지하는 것에 의해서가 아니라 특정한 유형의 행위와 캐릭터와 연관된 드라마상의 갈등을 인지하는 것에 의해 이루어진다. 뮤지컬이나 스크루볼 코미디같이 주로 행위와 태도의 관습에 의해 해당 장르로 인식되며 같은 장르인데도 배경이 개별 영화마다 천차만별인 장르도 있다.

이런 점들로부터 유용한 예비적 가설을 세울 수 있다. 영화 장르를 구분하는 결정적 특징은 문화적 컨텍스트이며, 행위와 가치관과 태도가 공동체의 고유한 갈등을 끌어 내는 상호 연관된 캐릭터 유형들이다. 장르에서의 공동체는 특정한 장소라기보다는 (비록 웨스턴이나 갱스터 영화는 특정한 장소도 똑같은 비중을 갖지만) 캐릭터와 행위와 가치관과 태도의 네트워크다. 문화적 공동체로서의 장르의 이런 성격은 할리우드의 스튜디오 시스템에 의해 더 강화된다. 각 장르의 컨텍스트는 전문화된 일군의 감독, 작가, 제작자, 연기자, 무대 촬영장 그리고 스튜디오 그 자체까지 참여해 만들어지는 것이기 때문이다. (워너브러더스가 1930년대 초에 만든 수많은 갱스터 영화와 MGM이 1940년대 말에 만든 숱한 뮤지컬들을 생각해 보라.)

따라서 장르는 영화 제작자들에겐 '표현의 범위'를, 관객에겐 '체험의 범위'를 나타낸다. 영화 제작자와 관객 양자는 장르를 통해 일정한 가치가 부과된 관습의 체계를 경험하기 때문에 장르의 표현 범위에 민감하다. 장르의 내러티브 컨텍스트와 유의미한 문화적 공동체를 표현하는 건 바로 이 관습의 체계 — 친숙한 캐릭터가 친숙한 가치관을 찬양하는 친숙한 행위를 하는 것 — 다.

🎥 도상: 이미지와 의미

여러 장르에서의 공동체들 — 옛 서부에서부터 도시의 뒷골목, 그리고 우주에 이르기까지 ― 은 극이 펼쳐지는 시각적 영역과 함께 특정한 행동과 가치가 찬미되는 내재적 의미의 영역을 제공한다. 장르의 공동체 속에 등장하는 사물과 인물이 지닌 고유한 의미나 중요성을 이해하기 위해서 장르의 도상*iconography*을 고찰하려 한다. 이 도상은 대중 영화의 스토리를 반복함으로써 이루어지는 내러티브 및 시각적 약호화 과정을 포함한다. 웨스턴에서의 흰 모자나 뮤지컬에서의 실크 모자는 내러티브 체계 내에서 상징적 기능을 갖기 때문에 중요하다.

영화의 스토리 전달의 본질이 스토리가 진행됨에 따라 뚜렷한 이미지들을 통해 의미를 드러내는 것이기 때문에 이 약호화 과정은 모든 영화에서 이루어진다. 예컨대 〈시민 케인*Citizen Kane*〉(오슨 웰스, 1941)의 마지막 시퀀스에서 불타는 썰매의 반사광과 '출입 금지'라는 표지판은 이 영화의 내러티브 과정의 누적 효과들에 의해 최종적으로 의미가 부여된다. 〈시민 케인〉에서 이러한 효과들은 이 한 영화 속에서 누적되지만 이 영화를 관람하는 행위보다 우선적 중요성을 갖는 것은 아니다.*

이와는 반대로 장르의 아이콘은 개별적 장르 영화들 내에서의 용법을 통해서뿐만 아니라 그 용법이 장르 체계 자체와 갖는 연관성 때문에 중요한 의미를 지닌다. 서부 사나이의 하얀 말과 모자는 하얀 모자를 쓰고 하얀 말을 탄 사람을 그 이전에 다른 웨스턴 영화를 통해 우리가 경험했기 때문에 그가 말하고 행동하기 전에라도 하나의 캐릭터를 전해 준다. 물론 보다 흥미로운 장르 영화는 1930년대의 천편일률적인 B급 웨스

---

* 즉 이 효과들은 비장르적인 것으로, 이 영화를 관람하는 것에 의해서만 의미를 부여받는 종속적 위치에 있다. 장르적 효과들처럼 독립적인 의미를 가진 게 아니란 뜻이다.

대부분의 장르 영화는 〈밴드 웨건〉의 경우에서 볼 수 있다시피 오프닝 크레딧 시퀀스에서 이미 그 영화가 어느 장르인가를 알 수 있게 하는 도상적 신호를 제시해 준다.

턴처럼 약호들을 그대로 전달하는 데 그치지 않고 주제를 효과적으로 전달하기 위해 약호들을 정교하게 조작한다.

〈리버티 밸런스를 쏜 사나이〉(존 포드, 1962)에 등장하는 주요 인물들의 옷을 생각해 보라. 이 영화에서 제임스 스튜어트는 신본이란 서부 마을을 문명화하는 데 헌신한 동부 출신의 법률가 랜섬 스토다드 역으로 나온다. 영화 초반부에 스토다드는 접시닦이로 일하며(그 마을에서 법률가가 필요한 경우란 거의 없으므로), 항상 하얀 앞치마를 두르고 나타나는데 심지어 리버티 밸런스와의 결투 장면에서도 그렇다. 한편 지역 목축업자들이 주 정부의 간섭을 막고 자신들의 땅을 지키기 위해 고용한 전형적인 서부의 무법자 리버티 밸런스 역의 리 마빈은 검은 가죽옷을 입고 은 손잡이가 달린 검은 채찍을 들고 다닌다. 주 정부에 호의적이며 카리스마적인 목장주 톰 도니폰(존 웨인)이 상반되는 두 인물을 중재하는 역할을 맡는다. 도니폰은 결국 스토다드를 구하기 위해 밸런스를 죽이며 이로 인해 스토다드는 정치적 명망을 얻게 되어 마을의 지도자 역을 떠맡는다. 이 영화에서 도니폰은 검은색과 흰색 옷을 계속 섞어 입고 등장한다. 그의 옷은 사회 질서 유지를 위해 살인을 해야 하는 그의 모호한 역할을 반영한다. 물론 존 포드는 도니폰의 비극적 역할을 표현하기 위해 옷만이 아니라 여러 가지 아이콘을 동원하지만 말이다. 이 예는 영화 작가들이 복합적인 내러티브와 상황을 창조하기 위해 한 장르의 정형화돼 있는 약호들을 어떻게 사용하는지 보여 준다.

장르의 아이콘은 내러티브의 시각적 기호화를 포함할 뿐만 아니라 주된 가치 체계도 나타낸다(흰색-문명-선과 검은색-무정부-악의 대립, 모호함의 표현으로서의 흰색과 검은색의 혼합). 우리는 웨스턴에서 흰 옷과 검은 옷을 입은 사람들의 캐릭터를 구분하며 뮤지컬에서 노래하고 춤추는 사람과 그렇게 하지 않는 사람의 캐릭터를 구분한다. 이 구분은 이들 공동체에서의 고유한 갈등을 반영한다. 시각적 약호화는 내러티브와 사회적 가치관을 지녔기 때문에 장르 영화 제작의 비시각적인 측면들에까지 확대된다. 대화와 음악, 심지어 캐스팅 같은 요소들도 장르의 아이콘에서 핵심적인 인자가 될 수 있다.

예컨대, 이 영화의 캐스팅이 얼마나 적절한지 생각해 보라(이상주의자 역의 스튜어트, 위협적인 무정부주의자 마빈, 금욕적인 중재자 웨인). 혹은 영화 스타들이 특정한 장르와 맺고 있는 관계를 떠올려 보라. 캐서린 헵번, 프레드 아스테어, 조운 크로포드, 험프리 보가트는 장르의 의미 생성에 있어 주요 구성 요소다. 우리가 보가트를 하드보일드 탐정으로 여기고 아스테어를 활기 넘치고 확신에 찬 뮤직맨으로 생각하는 것은 이들을 특정 인물이나 한 영화에서의 배역이 아니라 스크린 '페르소나persona,' 즉 개별 영화에서의 배역을 초월하는 틀 잡힌 하나의 태도로 떠올리기 때문이다.

장르의 도상은 특정한 문화 공동체를 규정하고 공동체를 구성하는 사물과 사건과 인간 유형들을 특징짓는 가치 체계를 반영한다. 각 장르의 함축된 가치와 신념 체계 — 그 공동체의 이데올로기 혹은 세계관 — 는 캐릭터의 기용과 문제 설정(극 중 갈등)과 이 문제들의 해결책까지 규정한다. 사실 영화 장르를, 특히 장르 발전의 초기 단계에서는 사회 문제의 해결 작업으로 정의할 수도 있다. 영화 장르들은 특정한 문화 공동체 내에서 끊임없이 이데올로기적인 문제에 직면하며 주요 인물들을 통해 다양한 해결책을 제시한다. 따라서 각 장르의 문제 해결 기능은 그것의 형식과 내용적 정체성identity에 영향을 미친다.

🎥 캐릭터와 배경: 갈등 빚는 공동체

할리우드 영화 장르의 문법(혹은 관습들의 체계)을 논의하는 데 있어 '물질 경제*material economy*'*가 제작사들로 하여금 스토리 정형을 세련화하도록 함으로써 영화 제작자들과 관객 대상의 '내러티브 경제*narrative economy*'로 전환된다는 것에 주목할 필요가 있다. 각 장르는 극 중 갈등이 강화되고, 정형화된 유형의 행위와 낯익은 캐릭터 유형들에 의해 해결되는 일종의 축약된 내러티브를 채용한다. 이런 극 중 갈등은 그 자체가 한 장르를 특징짓는 성격이다. 즉 그 갈등은 미국 문화의 특정한 사회적, 역사적, 혹은 지리적인(웨스턴처럼) 요소가 일련의 사건과 캐릭터로 변형됨을 나타낸다.

극 중 갈등이 장르의 '공동체'에 기본 요소로 존재하긴 하지만 물리적 배경만으로 그 공동체가 어느 장르에 속하는지를 알 수는 없다. 영화 장르들이 배경만으로 판별된다면 갱스터 영화들과 백스테이지(무대 뒤) 뮤지컬들과 탐정 영화들처럼 근본적으로 다른 장르들을 '도시' 장르로 다루어야 하는 어려움에 부딪힌다. 배경은 그 속의 인물들의 행위와 태도에 의해 결정되는 갈등의 공간을 제공하기 때문에 우리는 장르의 캐릭터 유형과 특정한 장르임을 드러내는 갈등을 살펴봐야 한다. 그런 다음 장르의 공동체와 문제들을 규정하고 해결책을 제시하는 가치 체계와의 관련 아래 그것의 캐릭터 유형들을 고찰해야 할 것이다.

한 장르에서 사회적 문제(혹은 극 중 갈등)로 등장하는 것이 다른 장르

---

* 물질적 경제 논리를 의미한다.

에서도 반드시 문제되는 것은 아니다. 법과 질서는 갱스터와 탐정 장르에서는 문제가 되지만 뮤지컬에서는 그렇지 않다. 반대로 구애와 결혼은 뮤지컬에서는 주요 문제지만 갱스터와 탐정 장르에서는 그렇지 않다. 개인주의가 탐정 장르(주인공의 직업과 세계관을 통해)와 갱스터 영화에서(주인공의 이력과 궁극적 죽음을 통해) 칭송되는 반면 뮤지컬의 주요 인물들은 자신의 개별성을 결국 낭만적인 포옹을 통해 퇴색시키며 공동체적 결합의 열망을 보여 준다. 각 장르에서 인물의 정체성이나 내러티브상의 역할(혹은 '기능')은 그들이 공동체와 그 공동체의 가치 체계와 맺고 있는 관계에 의해 결정된다. 따라서 장르의 캐릭터는 심리적으로 정적이다. 이 캐릭터란 결국 일정한 태도와 스타일과 세계관의 육체적 구현체이며, 예정된 따라서 근본적으로는 변하지 않는 문화적 가치 체계의 구현체다. 카우보이건 인디언이건, 갱이건 경찰이건, 남자건 여자건 간에 그 공동체 안에서의 기능과 지위에 의해 정체성이 결정된다.

한 장르의 주인공의 — 모든 친숙한 캐릭터 유형들의 — 정적인 비전은 공동체를 규정하고 그것의 문화적 갈등을 작동시키는 데 일조한다. 예를 들어 웨스턴의 주인공은 법적 혹은 사회적 지위에 관계 없이 미개지 개척에서 반드시 문명의 전령사 노릇을 한다. 그는 사회 질서와 서부라는 환경을 특징짓는 위협적인 야만성을 동시에 나타낸다. 따라서 그는 공동체의 고유한 역동적인 측면을 활성화시키고 관객이 장르의 갈등을 만날 수 있도록 극적인 매개체를 제공한다.

이런 접근 방법을 통해 갱스터와 탐정 장르처럼 외관상 비슷해 보이는 '도시 범죄' 정형들을 구분할 수 있다. 대체로 두 장르는 다 동시대의 도시라는 공간을 무대로 하며 사회 질서와 혼돈, 개인적 윤리와 공동 선 사이의 갈등을 다룬다. 그러나 주요 인물들의 특징적 태도와 가치관 때

이 두 장의 스틸 사진이 전해 주는 이미지의 복합성을 검토해 보라. 의상, 행동, 도구 그리고 연기자 자신이 특정한 장르적 정보를 관객에게 제공해 줌을 알 수 있을 것이다.

문에 이 갈등들은 각각의 장르에서 다른 지위를 지니며 해결 방식도 다르다. 물론 이 두 세력은 얼마간 분리된 채로 남아 있지만 탐정은 서부 사나이와 마찬가지로 질서와 혼돈의 세력을 중재하는 중간적 인간형을 나타낸다. 탐정은 사회 질서를 지키는 세력들과 (종종 거의 우연히) 일치하는 가치 체계와 행동 규율을 만들어 낸다. 그러나 영화의 마지막 대목에서 탐정이 자신의 사무실로 돌아오고 그가 봉사한 바로 그 사회의 가치관과 생활 방식에 동화되기를 거부하는 것은 그의 — 그 장르의 — 모호한 사회적 입지를 재확인시킨다. 반대로 갱스터 영화는 주제의 모호성을 거의 드러내지 않는다. 갱은 범죄 세력과 사회적 무질서 속에 자기를 위치시킨다. 그 때문에 그가 사회와 맺고 있는 갈등 관계는 결국 그의 죽음을 요구한다.

모든 영화 장르들은 폭력적인 것이든 아니든 간에 사회 질서에 대한 위협을 다룬다. 그러나 한 장르를 다른 장르와 최종적으로 구분시키는 것은 주요한 인물의 태도와 그들의 행위로 이루어지는 문제 해결 방식이다. 그럼에도 장르의 갖가지 배경과 갈등 사이에는 명백한 차이가 있다. 어떤 장르들(웨스턴, 탐정, 갱스터, 전쟁 장르 등)은 주변 상황으로부터 발생하게 마련인 물리적, 이데올로기적 투쟁을 갈등의 내용으로 담는다. 이런 갈등은 개별적인 남자 주인공이나 집단에 의해 생성되고 해결된다(전쟁, SF, 기병대 영화들과 최근의 몇몇 웨스턴들). 다른 장르의 갈등은 주변 상황으로부터 필수적으로 발생되는 것이 아니라 주요 인물들의 가치관, 태도, 행위와 그들이 거주하는 문명화된 공간 사이의 갈등의 결과다. 이런 장르들(뮤지컬, 스크루볼 코미디, 멜로드라마)에서의 갈등은 대체로 서로의 구애가 성사되지 않고 꼬이다가 이데올로기 문제가 해결된 낭만적 커플류의 '결합된 doubled' 주인공에 의해 생겨난다. 뮤지컬의 배경은 남태평양의 섬이거나 브로드웨이 극장의 무대 뒤겠지만 그 영화가 취급하는 성적, 직업적 갈등과 '스타'들이 연기하는 인물들의 유형에 우리가 친숙하다는 점에 의해 그 영화와 관계 맺는다.

따라서 이 영화들을 뮤지컬로 구분짓는 본질적 요소는 노래가 아니다. 예를 들어 많은 웨스턴 영화와 갱스터 영화에는 노래가 나오지만(〈닷지 시티〉[마이클 커티즈Michael Curtiz, 1939]와 〈리오 브라보〉[하워드 혹스, 1959] 같은 웨스턴, 〈포효하는 20년대〉[라울 월시, 1939]와 〈렉스 다이아몬드의 흥망The Rise and Fall of Legs Diamond〉[버드 뵈티처, 1960] 같은 갱스터 영화), 뮤지컬로 오인되지 않는다. 개척 마을의 주점과 갱들의 주류 밀매점은 각각의 공동체에서 관습화된 장소일지 모르지만 그것들의 오락적 기능은 중심 주제에 비해선 부차적인 것이다. 그러나 〈오클라호마Oklahoma!〉(프레드 진네만, 1955), 〈하비 걸즈The Harvey Girls〉(조지 시드니George Sidney, 1946), 〈애니여, 총을 들어라 Annie Get Your Gun〉(조지 시드니, 1950) 같은 '뮤지컬 웨스턴'에서는 성격화뿐만 아니라 극적 갈등의 본질과 해결이 뮤지컬의 공식을 통해 이루어진다. 예를 들어 〈하비 걸즈〉에서는 내러티브가 수십 명의 여인들의 활약상을 중심으로 이루어져 있다. 이 여인들은 서부로 이주해 식당에서 일하며, 이들 가운데에는 장르 배우로 각인된 주디 갈런드와 시드 채리스도 포함되어 있다. 처음에는 몇몇 웨스턴의 관습이 등장한다. 예를 들면 서부로 향하는 기차에서 여인들은 이런 이야기를 듣는다. "당신들은 문명을 가지고 가는 것이다. [……] 당신들은 사명을 가지고 서부로 가는 것이다." 나중에 이 여인들은 지방의 술집에서 일하던 여자들과 우스꽝스런 싸움이 벌어지기도 한다. 그러나 웨스턴 장르의 기본적 특징(남자 주인공이 야만적인 폭력의 위협에 맞서는 것)이 이 영화에서 중요한 의미를 지니지는 않는다. 일단 캐릭터와 갈등이 설정되고 나면 무대는 파리나 뉴욕, 심지어 오즈

유사성과 차이: 스크루볼 코미디(《어느 날 밤에 생긴 일》)와 갱스터 영화(《인민의 적》)의 특정한 내러티브적인 국면은 이 두 장면의 표면적인 유사성을 명백히 압도한다.

Oz*라도 괜찮다.

　　이런 예들이 보여 주듯이 많은 할리우드 장르들은 캐릭터와 사회적 배경을 서로 판이하게 다르게 조작해 드라마의 갈등을 발전시킨다. 이제 '한정 공간*determinate space*' 장르와 '비한정 공간*indeterminate space*' 장르 간의 구분, 그리고 이데올로기적으로 경쟁적인 장르와 이데올로기적으로 안정된 장르 간의 구분을 살펴보겠다. 한정 공간 장르(웨스턴, 갱스터, 탐정 등)에서는 행위의 상징적 영역이 발견된다. 그것은 근본적 가치가 끊임없는 갈등의 상태로 존재하는 문화적 영역이다. 이런 장르들에서는 경쟁 그 자체와 그것이 필요로 하는 영역이 '한정'되어 있다. 다시 말해 특정한 사회적 갈등이 지정된 규칙 체계와 행동 규범에 따라 친숙한 공간 내에서 폭력적으로 펼쳐지는 것이다.

　　한 사람 혹은 집단화된 영웅이 처음엔 이 한정 장르들의 도상화된 영역으로 들어가 그 속에서 행동하다가 마침내 떠난다. 이 들어감−떠남의 모티프는 개별자적 영웅이 성격화되어 있는 거의 모든 장르들에서 나타난다. 예를 들어 보자. 서부의 사나이가 개척 마을에 도착한다. 마을 사람들의 생존을 위협하는 세력을 제거한다. 그리고 마침내 '석양 속으로' 말을 달린다. 탐정이 사건을 맡는다. 사건을 조사한다. 자신의 사무실로 돌아온다. 갱이 도시의 범죄에 뛰어든다. 권력을 얻는다. 그리고 결국 죽거나 수감된다. 이 장르들에서 개별자적 영웅은 아주 역동적이며 경쟁적인 세계를 헤쳐 나가는 데 있어 엄격하고 흔들림 없는 태도를 취한다.

　　이와는 반대로 비한정 공간 장르들에는 뮤지컬, 스크루볼 코미디, 사

---

* 〈오즈의 마법사〉의 무대.

회성 멜로드라마에서처럼 대체로 '문명화된' 세계에 사는 낭만적 커플 같은 결합된(따라서 역동적인) 주인공이 등장한다. 웨스턴, 갱스터, 탐정 장르에서 행위의 범위를 한정시켰던 물리적, 이데올로기적 '경쟁'은 여기서는 더 이상 문제되지 않는다. 대신에 비한정 공간 장르들은 문명화되고 이데올로기적으로 안정된 세계를 채용한다. 이 세계는 엄격하게 규범화된 장소라기보다는 고도로 관습화된 가치 체계의 세계다. 여기서 갈등은 주변 상황을 제어하기 위한 싸움에서 비롯되는 게 아니라 자신의 관점을 다른 사람들, 혹은 더 큰 공동체의 관점과 일치시키려는 주요 등장인물들의 분투에서 비롯된다.

한정 공간 장르와는 달리 이 장르들은 낭만적인 반항에서 궁극적인 화해로의 이행을 담아 낸다. 키스나 포옹은 두 사람이 합쳐져 보다 넓은 공동체로 나아간다는 것을 암시한다. 게다가 이 장르들은 사회적 배경을 설정하기 위해 아이콘의 관습들을 사용한다. 예를 들면, 뮤지컬에서 낯익은 배우들이 늘어서 있는 극장 무대를 사용한다든가 멜로드라마에서 억압적인 분위기의 작은 마을이나 집을 등장시키는 것 따위다. 그러나 이 장르들의 갈등은 실제적인 갈등이라기보다 개인적인(주로 남자/여자) 대립에서 나오기 때문에 영화들의 약호가 덜 시각적이며 더욱 이데올로기적이고 추상적이다. 이 장르들이 폭넓은 대중적 인기를 누리면서도 장르 연구가들로부터 거의 주목받지 못했던 것은 이 점 때문일지도 모른다.

궁극적으로 비한정적이고 문명화된 공간의 장르들(뮤지컬, 스크루볼 코미디, 사회성 멜로드라마)과 한정적이고 경쟁적인 공간의 장르들(웨스턴, 갱스터, 탐정)은 그들의 의례적 기능의 차이에 의해 구분된다. 전자는 '사회적 통합'이란 가치를 찬미하는 반면, 후자는 '사회 질서'라는 가치를 지지한다. 전자는 개인적으로 불안정한 커플이나 가족을 미국 사회의 축도로 설정한다. 그들의 정서적 혹은 낭만적 '결합'은 안정적인 세계로 그들이 통합되었음을 의미한다. 후자는 개인적이고 난폭하며 흔들림 없는 남자를 친숙하고 예정된 공간으로 끌어들여 지배권을 차지하기 위해 싸우는 적대자들에게 다가가도록 한다. 이런 차이점들이 있긴 하지만 이 장르들이 공유하고 있는 사회적 기능을 놓쳐서는 안 된다. 보편적인 문화 갈등을 이야기하고 이 갈등을 해결하는 가치와 태도를 찬미함으로써 모든 영화 장르들은 우리의 일상 생활을 위협하는 실재의 그리고 상상 속의 야수들을 길들이려는 영화 제작자와 관객의 협력을 보여 준다.

🎥 플롯 구성: 갈등에서부터 해결까지

대중 영화의 관객은 그들이 공유하는 욕구와 기대 때문에 극장으로 향한다. 어떤 장르 영화에 이끌려 극장행을 결정한다면 우리는 이미 그 '의식'에 익숙해 있는 것이다. 근본적인 문화적 갈등의 생성과 해결을 통해 장르 영화는 우리의 집단적 감수성을 찬미하고 사회적 갈등 중재를 위한 일련의 이데올로기적 전략을 제공한다. 갈등 그 자체만으로도 극장행의 유혹을 제공하기에 충분할 정도로 의미가 있다(그리고 드라마틱하다). 한 장르에 속한 영화들은 해결에 이르는 다양한 경로를 보여 주지만 그 결말은 해당 공동체와 그 캐릭터만큼이나 친숙한 것이다. (영화의 마지막 장면에서, 아니 초반부라 하더라도 제임스 캐그니가 연기하는 갱 자신이 원하던 모든 것을 얻는다든지 스펜서 트레이시와 캐서린 헵번이 흥미진진한 앙숙 관계를 청산하고 서로 포옹한다면 얼마나 점점하겠는가?)

모든 장르 영화의 내러티브에서 가장 중요한 특징은 해결, 즉 공동체의 질서를 교란하는 갈등의 해소 노력에 있다. 예컨대 웨스턴은 관객과의 역사적, 지리적 거리에도 불구하고, 개인 대 사회(공동체), 도시 대 황야, 질서 대 무질서 등의 현실감 있는 사회적 갈등을 보여 준다. 이런 내러티브들에 도피주의적인 요소가 있다면, 그것은 이런 갈등이 반드시 해결될 수 있고 외관상 초시대적으로 보이는 문화적 충돌이 보다 큰 공동체의 질서에 순응적으로 해결될 수 있음을 반복하는 주장이다.

다른 할리우드 장르에서와 마찬가지로 할리우드 웨스턴에서는 플롯의 발전이 배경과 캐릭터에 의해 효율적으로 대치된다. 즉 우리가 (영화의) 문화적 공간과 배우들을 낯익은 것으로 인지하고 나면 이 게임이 어떻게 펼쳐지고 어떻게 끝맺을지 환하게 알 수 있다. 비장르 내러티브의 캐릭터와 갈등과 결말은 우리에게 낯설고 뻔하지 않기 때문에 이전의 영화적 체험에 의해서라기보다는 이전의 '실재 세계'의 체험(개인적인 그리고 사회적인)에 의해 영화와 만난다. 장르와 비장르 내러티브 양자가 어느 정도까지는 실재 세계와 이전의 내러티브-영화 체험에 의존해야만 이해될 수 있다는 것이 명백하다. 그러나 장르 영화에서는 갈등과 결말이 예상 가능하기 때문에 단선적인 인과 관계보다는 갈등 그 자체와 영화에서 부정되는 가치 체계에 오히려 더 주의를 기울이게 된다. 개별화된 주인공의 변화하는 지각에 의해 구성되는 단선적인 사건의 연쇄 대신 장르 영화의 플롯은 궁극적으로 예상 가능한 방식을 통해 해결되는 특정한 문화적 충돌을 집중적으로 추적한다.

따라서 장르 영화의 플롯 구조를 다음과 같이 나타낼 수 있다.

● 고유한 드라마적 갈등을 지닌 장르적 공동체의 (다양한 내러티브와 아이콘화된 신호들을 통한) 설정*establishment*.

- 일련의 장르적 캐릭터들의 행위와 태도를 통한 갈등의 작동*animation*.
- 갈등이 위기 단계에 이르기까지의 관습화된 상황과 드라마적 대결에 의한 갈등의 고조*intensification*.
- 물리적인 그리고/혹은 이데올로기적인 위협을 제거하고 현재의 질서 잡힌 공동체를 찬미하는 방식의 결말*resolution*.

이러한 플롯 구조에 있어 단선적인 사건 전개는 대립 구도의 내러티브 전략에 종속되며 그 전략에 의해 한정된다. 부정적 가치 체계들은 개인 혹은 집단에 의해 그중 하나가 제거됨으로써 중재된다. 그렇지 않으면 이 부정적 가치 체계들은 결합된 주인공에 의해 육화되는데, 이 두 주인공의 결합이 바로 (긍정적 가치 체계와 부정적 가치 체계의) 통합을 알리는 신호인 것이다. 어느 경우든 관객의 집단적 감수성을 자극하는 방식으로 해결이 이루어진다. 바로 이런 컨텍스트 내에서 문화적 의례로서의 장르 영화의 기능이 가장 명백하게 드러나는 것이다.

공식화된 내러티브를 통해 장르 영화들은 가장 근본적인 이데올로기적 관념들을 찬미한다. 즉 장르 영화들은 갈등과 모순과 모호성으로 가득 찬 '아메리카니즘'을 해부해 보인 다음 긍정한다. 장르 영화들은 우리의 문화적 과거와 현재 사이의 (혹은 SF 영화에서처럼 현재와 미래 사이의) 연속성을 확신시킬 뿐만 아니라 양자 사이의 구분을 제거하려 한다. 사회적 의례로서 장르 영화는 시간을 정지시키고, 우리의 문화를 고정적이며 변용될 수 없는 이데올로기적 위상을 지닌 것으로 묘사한다. 이러한 태도는 장르적 영웅을 통해 — 그리고 할리우드 스타 시스템 그 자체를 통해 — 육화되며 그 영웅의 행위가 촉진한 해결을 통해 의례화한다. 웨스턴 시대물이건 아니면 미래를 그린 SF 영화이건 간에 장르 영화는 손상

되지 않는 문화적 속성을 찬미한다.

요컨대 한 장르가 지속적으로 성공을 거두는 데는 두 가지 요인이 있다. 영화가 반복해서 다루는 갈등의 주제적 호소력과 중요성, 그리고 그 갈등을 향한 관객과 영화 제작자들의 변화하는 태도에의 탄력적 적응 여부다. 이 같은 점은 예를 들면, 남루한 개인주의자이면서 동시에 그 개인주의에 끊임없이 저항하는 문명의 전령 역할을 하는 웨스턴의 주인공에게서 발견할 수 있다. 지난 75년 동안 그 대립이 진화된 정도에 따라 문화적 감수성의 변화가 이루어졌다. 혹은 1940년대 말과 1950년대 초에 널리 인기를 얻은 문학, 영화 장르인 SF 영화를 생각해 보라. 이 장르는 원자력의 발달과 우주 여행에의 밝은 전망에 동반되는 갈등과 우려를 포착했다. SF 영화는 매우 특수한 문화적 갈등을 다루기 때문에 — 인간의 지식과 과학적 실험의 한계와 가치 내에서 — 웨스턴에 비해 훨씬 비탄력적이지만 더 시사적이다. 그럼에도 불구하고 각 장르는 주제의 대립과 반복되는 문화적 갈등을 명시하는 고정된 핵이 있다. 그리고 각 장르는 개개의 영화가 그 대립을 다루는 방식에서 보이듯, 지난 세월 동안 역동적으로 진화했다. 장르를 문제 해결 전략으로 간주한다면, 그 고정된 핵은 역동적인 표층 구조로서의 문제와 다양한 해법(내러티브의 결말)으로 포착될 수 있을 것이다.

이런 의미에서 한 장르의 기본적인 문화적 대립 혹은 고유한 드라마적 갈등은 그 장르의 가장 기본적인 결정적 특징을 보여 준다. 또한 어떤 장르가 지속적인 인기를 얻고 있다면 그것은 그 장르가 보여 주는 대립이 본질적으로 해결 불가능하며 화해될 수 없다는 것을 뜻한다. 이때의 결말은 타협과 일시적 갈등 해소가 문화적, 역사적으로 초시대적 성격을 띠는 종결을 동반한다. 경쟁적인 공간에서 외부의 위협적인 힘은 하나의 이데올로기적인 위협으로 간주되어 폭력적으로 파괴되고 제거된다. 비경쟁적인 공간에서는 활기 넘치는 연인의 자발성과 사회적 금제禁制의 부재로 인한 자유로움이 낭만적 사랑이란 이름으로 상대방을 길들임으로써 속박된다. 각각의 경우에서 철학적, 이데올로기적인 갈등은 감성적인 용어 — 폭력적이거나 성적인 혹은 양쪽 다인 — 로 번역되며 해결 역시 감성적으로 이루어진다. 전자의 경우 감성적인 해결은 외향화하고, 후자의 경우에는 내면화한다. 그러나 그런 결말이 근본적인 문화적 갈등의 해결 기능을 갖진 못한다. 항상 논리적이지는 않지만 신속한 해결이 가능한 감성적 컨텍스트 안에서 그 갈등은 개조될 따름이다.

대개의 경우 장르적 결말은 축소reduction 과정을 밟아 가며 이루어진다. 대립하는 세력 중 하나를 제거함으로써(한정적, 경쟁적 공간의 장르) 혹은 대립하는 세력들을 하나의 단위로 통합해 냄으로써(비한정적이고 문명화된 공간의 장르) 극한적인 갈등이 축소된다. 한정 공간에서의 경쟁은 물리적으로 격렬하다. 결말에 이를 때까지 실제적 긴장이 행동에 앞선다. 폭력적인 해결이 대개 공동체를 돕는 방향으로 작용하지만, 주인공이 공동체의 가치 체계에 동화되는 경우는 거의 없다. 사실 주인공이 자신의 개별성을 고집스럽게 지켜 나가는 것은 의미심장한 주제의 진술로 이해될 수 있다. 요컨대 이 영화들은 이중적 찬미를 담고 있다. 즉 주인공의 완고한 고립주의가 사회 질서에 대한 장르의 찬미를 상쇄하고 있다.

갱의 죽음, 서부 사나이가 석양 속으로 사라지는 것, 탐정이 자신의 사무실로 돌아와 또 다른 사건을 기다리는 것에는 나름대로의 논리와 대칭적 의미가 있다. 이러한 각각의 정형화된 에필로그는 장르의 모순된 가치를 함축적으로 수용한다. 이 장르들은 모두 개인주의와 공동선 사이의 갈등을 문제의 중심에 두고 있는 것처럼 보인다. 이 정형화된 이중 찬

모든 장르 영화에는 일종의 상실감이 감돈다. 〈셰인〉의 마지막 장면에서 후계자–영웅(브랜든 드 와일드)은 자신의 영웅(앨런 라드)과 헤어져야만 한다.

미의 모호성은 해결될 수 없는 문화적 갈등을 해결하려는 노력에서 비롯되는 내러티브의 균열을 최소화하는 데 부분적으로나마 기여한다. 이 같은 내러티브 논리의 위반은 '해피 엔딩'에의 요구가 갈등의 복잡성 및 뿌리 깊은 본질과는 상충된다는 점에서 그 자체가 모든 할리우드 영화의 스토리 공식에 보편적으로 나타난다고 볼 수 있다.

사회 질서를 주제로 하는 장르들은 주인공 개인에게 사회적 통합으로부터의 그리고 자신의 개별성을 포기하는 행위로부터의 탈출을 허용하기 때문에 사회적 통합을 주제로 한 영화보다 내러티브의 균열이 덜 표면화된다. 통합 장르들에서 문화적 갈등은 주요 인물들의 결합을 통해서, 즉 보통 낭만적 대항으로 표현되는 그들의 대립적 관계를 통해 드러난다. 그들의 대립적 태도가 끈끈한 하나의 단위(결혼한 커플, 가족)로 통합되면서 갈등이 해결되고 공동체적 이상이 의식화한다. 그러나 이 영화들에서 통합을 방해하는 문화적 모순들 — 예컨대 개인의 자발적인 표현과 사회적 예의범절 사이의 — 은 등장인물들의 신뢰성과 동기화를 뒤엎지 않고는 해결될 수 없다.

스크루볼 커플의 무모한 사회적 행동과 상호 대립이, 그들이 결혼한다고 해서 마술처럼 녹아 없어진다는 걸 상상할 수 있겠는가? 혹은 연습 기간 내내 뮤지컬의 공연 팀을 갈라 놓았던 갈등이 클라이맥스를 이루는 한 번의 공연 이후에 사라진다는 걸 상상할 수 있겠는가? 이런 어려움을 피하고 내러티브 균열을 최소화하기 위해 해당 장르 영화들은 축하연 혹은 사회적 의식, 즉 브로드웨이 쇼, 약혼식, 결혼식 등의 형식을 통해 대립을 해소한다. 이처럼 그들은 갈등을 실제로 해결하지는 않는다. 단지 이 장르 영화들은 감정적인 클라이맥스에서, 정확히는 주인공 커플이 서로의 요구에 응하는 바로 그 순간에 내러티브를 마무리지음으로써 갈등을 재조정할 따름이다. '그 후론 행복하게 살았다'고 제시하는 것은 각 캐릭터가 양보함으로써 발생한 불가피한 손실을 가리거나 얼버무리기 십상이다. 찬미되는 것은 이상화된 사회적 단위로 그들을 통합시킨 집단적 가치다.

　모순되고 화해할 수 없는 갈등(장르 영화들에서 제시하는) 때문에 이런 손실감은 모든 장르 영화의 결말에 동반된다. 폭력적인 축소 혹은 낭만적 결합을 통해 그 손실은 가려진다. 감정적 클라이맥스에서 손실은 효과적으로 재치장된다. 영화가 끝나고 나서 우리 자신에게 이렇게 물어 보자. 콧대 높고 자존심 강한 여인과 결혼한 자유분방한 뮤직맨에게 무슨 일이 벌어질까? 그리고 그녀에게는 무슨 일이 벌어질까? 미개지를 개척한 변호사에게는 그가 정착시키려 한 사회 질서가 마침내 자리 잡고 나면, 어떤 일이 생길까? 이런 질문은 영화 그 자체가 제기하지 않는다 해도 우리가 더 잘 알고 있는 것들이다. 장르 영화들은 이상화된 문화의 자아상 *self-image*을 제출할 뿐만 아니라 그것을 역사적 무시간성의 영역으로 던져 놓는다. 일반적으로 장르 발전의 후기에 제작된 영화들은 초기 장르 영화들의 정연하며 순진해 보이는 결말에 도전하려는 경향을 갖는다. 장르의 진화를 분석할 때 이 경향성을 자세히 논할 것이다. 여기서 짚고 넘어가야 할 것은, 그런 결말로 인해 은폐되는 것이기도 한데, 드라마상의 갈등을 벌이는 양자가 가진 뿌리 깊은 호소력이다. 장르 영화들에서 우리가 탐구해 온 어떤 대립도 ― 개인 대 공동체, 남자 대 여자, 노동 대 유희, 질서 대 무질서 ― '긍정적' 가치와 '부정적' 가치를 동시에 표현하고 있다. 장르가 대중적 인기를 얻는 이유 중 하나는 장르가 반복해 언급하는 '문제'가 지속적으로 중요한 의미를 갖기 때문이다. 따라서 장르의 갈등과 해결은 가치와 태도의 대립적 체계를 담고 있으며 대립하는 양자는 둘 다 동시대 미국인들에 의해 의미심장하게 받아들여지고 있는 것이다.

🎥 내러티브 전략과 사회적 기능: 모순, 해피 엔딩, 현상 유지

할리우드 장르 영화의 배경, 성격화, 플롯 구조를 살피면서 질서의 장르
와 통합 장르 간에 몇 가지 구분을 했다. 나는 이 두 유형의 장르가 장르
영화 제작의 두 가지 지배적인 내러티브 전략을 나타낸다고 주장했다. 이
런 전략들을 정리하는 것이 아마도 유용할 것이다.

몇몇 장르들(웨스턴, 갱스터, 탐정 등)은 해결사 노릇을 하는 한 명의 남자
주인공에게 중심을 두는데, 그는 경쟁적 공간에서의 갈등의 초점이 된다.
그 주인공은 자신에게 주어진 공간에서의 고유한 문화적 갈등을 중재한
다. 이런 장르들에서의 갈등은 밖으로 터져 나와 폭력으로 전환되며 대개
사회 질서에의 위협을 제거함으로써 해결된다. 이 영화들에서 결말은 때
때로 다소 모호하다. 주인공은 영화의 끝부분에서 죽거나 떠나감으로써
공동체의 가치관과 생활 방식에 동화되지 않고 자신의 개별성을 지킨다.
이런 내러티브 전략을 채택하는 장르들을 나는 '질서의 의례*rites of order*'
라고 이름 붙였다.

또 다른 장르들(뮤지컬, 스크루볼 코미디, 멜로드라마 등)은 '문명화된' 공간
을 배경으로 하며 중심 인물들이 공동체 안으로 통합되는 과정을 추적한
다. 이 장르들에는 결합된(낭만적 커플) 혹은 집단적(대개 가족) 주인공이 등
장한다. 그들의 개인적, 사회적인 갈등은 내면화하고 감성적 용어들로 번
역되며 개인 간의 대립이 질서 잡힌 공동체의 요구에 굴복한다. 통합은
낭만적 사랑을 통해서도 변함 없이 발생한다. 초기의 대립기가 지난 다음

커플은 마침내 포옹한다. 이런 내러티브 전략을 채택하고 있는 장르들을 나는 '통합의 의례rites of integration'라고 이름 붙였다.

물론 두 의례 사이에는 상당한 공통점이 있다. 모든 질서 장르들이 사회적 통합의 전망을 언급하며, 또한 모든 통합 장르들이 현존 사회 질서 유지에 관여한다는 점에서 그러하다. 그러나 이런 일반 구분은 분석의 출발선을 제공한다. 개별 장르들과 장르 영화들을 분석하는 동안 우리는 발전시키고 세련화시킬 일련의 가정들을 갖게 된다. 단순 명료하게 이를 나타내는 데는 다음의 표가 유용할 것이다.

두 가지 유형의 장르를 분석하는 데 있어 우리의 관심사 중 하나는 내러티브 전략과 사회적 기능의 관계다. 각 장르들이 기본적인 문화적 갈등을 반복해 제기하며 뚜렷한 문제 해결 전략을 보여 준다고 언급한 바

질서 장르와 통합 장르의 특징

	질서 (웨스턴, 갱스터, 탐정)	통합 (뮤지컬, 스크루볼 코미디, 멜로드라마)
주인공	개인(남성 지배적)	커플/집단(여성 지배적)
배경	경쟁적 공간 (이데올로기적으로 불안정한)	문명화된 공간 (이데올로기적으로 안정된)
갈등	외향적-폭력적	내향적-외향적
결말	제거(죽음)	화해(사랑)
주제	중재-회복 남성적 규율 고립된 자존 약속으로서의 유토피아	통합-순치 모성적-가족주의적 규율 공동체적 협력 실재로서의 유토피아

있지만, 장르들이 맹목적으로 지금 그대로의 문화를 지지하지는 않는다. 장르 영화의 결말은 상위 사회의 이데올로기를 강화할지 모르지만 클라이맥스로 진전돼 가는 드라마적 갈등의 본질과 정체성은 무시될 수 없다. 만일 장르들이 문화적 갈등을 제기하고 반복해 탐사한다는 이유로 발전하고 살아남는다면 장르들이 기존의 가치관을 강화하는 만큼이나 그것을 비판하고 그것에 도전하는 기능을 지니고 있을 가능성을 고찰해야 한다.

종종 지적되듯이, 할리우드 영화는 질문에 답하는 능력보다 질문을 제기하는 능력이 훨씬 뛰어나다. 이 지적은 장르 영화들에 특히 유효한 것 같다. 장르는 미국적 이데올로기의 교의를 끊임없이 수정하려는 충동을 기본적으로 지닌다. 할리우드 장르 영화의 매우 매혹적이면서 혼란스런 점이 '동시에 두 방향으로 작용하는' 능력, 즉 동일한 내러티브 컨텍스트 내에서 문화의 가치 체계와 믿음과 이상을 강화하기도 하고 비판하기도 한다는 점이다.

1930~1940년대 멜로드라마의 내러티브 결말에 관한 몰리 해스킬 Molly Haskell의 지적을 생각해 보자. "강제된 열정과 숱한 해피 엔딩의 교묘한 얼버무리기는 어둠과 절망이 결혼의 뒤를 따를 것이라는 의구심만 키울 뿐이다. '여성 영화'가 그럴싸하게 다른 것으로 위장함으로써 강화시킨 그 의구심 말이다"(Haskell, 1974: 124).[5] 해스킬의 말에는 관객이 '행복한 결말'을 그대로 믿을 정도로 어리석지는 않다는 뜻이 함축돼 있다. 관객은 의식적으로든 무의식적으로든 갈등에서부터 해결까지라는 멜로드라마의 진행 과정에 담긴 내러티브의 균열을 감지한다고 그는 믿는다. 물론 정반대로 관객이 실제로는 의식적으로든 무의식적으로든 '숱한 해피 엔딩의 교묘한 얼버무리기'를 통째로 받아들였다고 주장하는 것도 가능

할 것이다.

장르가 발전함에 따라 결말이 더욱 모호해지고 아이러니컬해지는 반면, 장르의 갈등은 더욱 효과적으로 다뤄지는 게 사실이다. 이 점은 해스킬의 주장을 뒷받침하는 것처럼 보이는데, 여기서 한 걸음 더 나아가면 관객을 지극히 단순한 존재로 보고 할리우드 장르 영화를 단순한 현실 도피적 오락으로 보는 관점은 여지없이 무너지게 된다. 간단하게라도 갈등을 다루는 데 있어 장르의 점증하는 역량이란 문제, 즉 장르의 진화 과정과 밀접하게 연관된 역량을 살펴보자.

🎥 장르의 진화: 커 가는 자의식의 유형

이미 장르 영화 제작자들이 묘한 굴레에 갇혀 있음을 살펴봤다. 그들은 장르의 공식을 끊임없이 변주하고 재창조한다. 동시에 그들은 최초로 그 장르를 대중화시켰던 속성을 이용해야만 한다. 로버트 워쇼는 이렇게 말했다. "(장르의) 변주는 장르가 불모화되지 않도록 하는 데 절대적으로 필요하다. 우리는 같은 영화를 반복해서 보기를 원하지 않는다. 다만 같은 형식을 원할 뿐이다"(Warshow, 1962: 147).[6] 그가 강조하는 바는 명백하다. 문화의 특정한 근본 이슈들에 대한 장르의 깊은 관심은 고스란히 남아 있더라도 생명력을 유지하기 위해서는 장르 영화가 이런 이슈들에 대한 관객의 변화하는 관념에 보조를 맞춰 가야 하며, 관객이 해당 장르에 점점 더 익숙해져 가는 현실에 적응해야 한다는 것이다. 그렇다면 장르는 어떻게 진화하는가? 또 그 진화는 일관성 있고 예상 가능한 패턴을 따르는가? 형식의 그리고 주제의 어떤 특징이 항상 발전 도상에 있는 한 장르를 구분짓도록 한다면 형식이 진화함에 따라 바뀌는 것은 무엇인가?

우선, 한 장르의 진화는 내적인(형식의 면) 요소와 외적인(문화, 주제의 면) 요소를 포함한다. 영화 스토리의 주된 내용은 '실제 세계'의 특정한 캐릭터, 갈등, 배경으로부터 추출된다. 그러나 일단 스토리가 반복되고 세련화를 거쳐 정형이 되고 나면 그것의 경험적 토대는 그 스토리의 내적 내러티브 논리에 의해 밀려난다. 이 때문에 최초의 웨스턴들(많은 경우 당시의 실제 사건을 묘사했다)은 분명히 사회적이며 역사적인 리얼리티를 갖고 있었다. 그러나 장르가 발전함에 따라 웨스턴은 점차 자신의 '고유한' 리얼리티를 갖게 되었다. 아마 가장 순진한 관객조차도 이 점을 이해할 것이다. 서부 사나이들이 흰 모자를 쓰거나 박차가 달린 가죽 구두를 신지 않았고 대로에서의 결투는 거의 벌어지지 않았으며 웨스턴 영화에 등장하는 마을의 모습, 복장, 여타의 장식물들이 미국의 실제 서부와 전혀 다르다는 사실을 알게 되어도 전혀 놀라운 일이 아닌 것이다. 이런 의미에서 서부의 이야기를 반복해 들려 줌으로써 진화되어 온 명백한 문법 — 스토리 전달의 관습 체계 — 을 알게 되고 수용한다.

그러나 우리는 동시에 장르의 드라마적 갈등에 기초를 제공한 실제 세계라는 요소들 자체가 변화하고 있다는 것 역시 알고 있다. '명백한 운명Manifest Destiny,'* 서부 정착, 문명의 포위에 의해 자신들의 문화가 압도당한 이들을 취급하는 방식 등에 대한 문화의 관점 변화가 아메리카 원주민들('인디언')의 이미지 변화에 어떻게 영향을 미쳤는지 생각해 보라. 혹은 원자탄과 우주 여행이 2차 세계 대전 이후 SF 장르에 어떻게 영향

---

* 주로 19세기 후반에 지지를 얻었던, 미국의 확장 정책을 옹호하는 신념 및 주의를 말한다.

을 미쳤는지 생각해 보라. 또 조직 범죄가 1950년대의 갱스터와 탐정 장르에 끼친 영향을 생각해 보라. 이러한 외적인 사회 요인들의 효과는 각 사례에서 가장 잘 나타난다. 그러나 장르의 내적인 형식의 진화는 특히 우리가 그것에 점점 더 익숙해져 간다는 점에서 볼 때, 일관된 발전 유형을 따르고 있는 것처럼 보인다.

크리스티앙 메츠Christian Metz는 《언어와 영화Language and Cinema》의 "텍스트성과 일반성"이란 장에서 웨스턴의 내적인 진화를 살피고 있다. 메츠는 존 포드의 〈황야의 결투My Darling Clementine〉가 나왔던 1946년경 이미 '고전' 웨스턴은 "강렬한 패러디를 장르의 필수 불가결한 요소로 채용하고 있으나 그것은 여전히 웨스턴으로 남아 있다"고 밝힌다. 그는 계속해서 1950년대의 '슈퍼웨스턴superwestern'*이 "패러디를 거쳐 논쟁contestation으로 나아갔지만 그것은 역시 전적으로 웨스턴"이라고 주장한다. 그런 다음 그는 "최근의 많은 웨스턴들에서 논쟁이 '해체deconstruction'에 자리를 내줌으로써 이제 완성도 높은 웨스턴 영화는 그 자체가 웨스턴의 규범, 그리고 웨스턴과 역사와의 관련성에 관한 설명이 된다. 이제 웨스턴은 패러디를 거쳐 비평에 이르렀다. 그러나 그 작품은 여전히 하나의 웨스턴이다"라고 지적한다. 메츠는 진화 과정의 모든 '단계'에서 웨스턴은 그 본질과 장르로서의 정체성을 유지한다고 단언한다. 그는 이 논의의 결론을 이렇게 맺는다. "그런 것이 장르라 불리는 무한한 텍스트다"(Metz, 1974: 148~161).[7]

* 니콜라스 레이나 앤터니 만 등이 만든 자의식적 웨스턴을 가리키는 것으로 앙드레 바쟁이 만든 용어다.

메츠는 웨스턴을 개별적 영화들의 체계일 뿐만 아니라 하나의 복합적 텍스트로 본다. 그의 핵심적 주장은 웨스턴이 결코 완벽하게 이야기되지 않지만 다양한 방식으로 재탐구되고 재진술되는 하나의 근원적 이야기*basic story*를 의미한다는 것이다. 이러한 변주들 내에서 메츠는 역사적 발전의 유형을 발견한다. 그가 제시한 고전-패러디-논쟁-해체-비평이란 진행 과정은 영화 제작자와 관객 양자가 장르 형식의 특징과 사회적 주기능에 관한 자의식을 점차 키워 가고 있음을 보여 준다. 실제로 웨스턴의 형식 진화에 관한 메츠의 관점은 다른 예술의 스타일과 장르의 발전을 연구해 온 여러 역사학자들의 관점과 매우 비슷하다. 가장 압축적이고 효과적인 이런 종류의 연구 사례가 헨리 포실론*Henri Focillon*의 《예술 형식의 일생*The Life of Forms in Art*》이다. 여기서 포실론은 문화의 형식이 갖는 '수명'에 관한 하나의 틀을 개발한다.

> 형식은 자신의 규칙 — 형식 자체 내에서, 혹은 형식이 놓여 있고 모여 있는 마음의 영역에서 고유한 규칙을 따른다. 우리가 그것의 일생이라고 부르는 기간에 이 위대한 앙상블이[즉 형식이] 어떻게 행동했는지의 연구를 떠맡지 말아야 할 아무런 이유가 없다. 형식이 살아가며 거쳐 가는 각 단계들은 스타일 자체에 따라 다소 길기도 하고 다소 강렬하기도 하다. 실험적 시기, 고전적 시기, 세련화 시기, 바로크 시기가 그 단계들이다(Focillon, 1942: 10).[8]

포실론의 관점은 메츠보다 더 포괄적이다. 하지만 그 역시 관습화된 형식 — 그것이 건축의 스타일이건 아니면 회화 장르건 간에 —의 끊임없는 재가동이 관습 자체에 대한 지식을 점차 키워 가고 있음을 지적한다. 하나의 형식은 관습들이 떨어져 나와 확립되는 실험적*experimental* 단계, 관습들이 '균형'에 도달해 예술가와 관객에 의해 상호 이해되는 고전적classic 단계, 형식과 스타일의 특정한 요소가 형식을 장식해 가는 세련화refinement 단계, 마지막으로 형식과 형식의 장식 그 자체가 '실체'이며 '내용'이 될 정도로 중요해지는 바로크(혹은 '매너리스트mannerist' 혹은 '자기 반영적인self-reflexive') 단계를 거쳐 간다.

영화 장르에 대한 이러한 분석 전략을 사용해 논의를 다음과 같이 시작해 보자. 장르는 그 일생의 최초 단계에서 영화라는 매체를 '하나의 매체로서' 이용하려는 경향을 지닌다. 만일 장르가 스스로를 향한 집단적 발언을 일삼는 하나의 모임이라면 스타일상의 풍부함이나 형식에 대한 자의식은 메시지의 전달을 방해만 할 것이다. 이 단계에서 장르 영화들은 가능한 한 '형식의 간섭'을 최소화하고, 이상화된 특정한 문화적 자아상을 전한다. 장르가 관습이 확립된 실험적 단계를 일단 통과하고 나면, 고전적 단계로 진입한다. 이 단계를 '형식의 투명화formal transparency' 단계로 간주할 수 있다. 내러티브의 정형과 영화라는 매체가 힘을 합쳐 관객에게 가능한 한 직접적으로 사회적 메시지 — 이데올로기 혹은 문제 해결 전략 — 를 전달하고 강화한다.

레오 브로디Leo Braudy는 장르의 진화 과정을 이렇게 설명한다. "장르 영화는 '당신은 이것을 믿는가?'라고 관객에게 반드시 묻는다. 인기가 바로 관객들의 긍정적 대답이다. 장르의 변화는 관객이 '믿어 주기에는 형식이 너무 유치하다. 보다 복잡한 것을 보여 달라'라고 말할 때 생겨난다" (Braudy, 1976: 179).[9] 언뜻 단순해 보이는 이 진술은 의외로 깊은 통찰을 담고 있다. 특히 그것이 영화 제작자와 관객의 '대화'를 시사한다는 점에서, 그리고 관객의 '믿음'에 관해 언급한다는 점에서 그러하다. 장르 영화는 관객이 개인적으로, 동시에 공통적으로 믿고 있는 것을 재확신시킨다. 장르의 변주에 대한 관객의 요구는 이 믿음의 변화를 의미하는 게 아니라, 믿음이 재탐구되어야 하며 형식과 주제가 더 복잡화해야 하고 더욱이 스타일이 더 화려해져야 함을 의미한다.

따라서 고전적 단계의 종말은 장르의 직선적 메시지가 관객들을 흠뻑 젖어들게 하는 것이 이제 더 이상 가능하지 않게 된 지점에 위치한다고 볼 수 있다. 형식과 주제의 구조를 스스로 점점 더 많이 의식해 감에 따라 장르는 포실론이 세련화 시기라고 이름 붙인 단계로 이행한다. 장르의 고전적 관습들이 세련화되며, 궁극적으로 패러디되고 전복됨에 따라 투명성도 사라진다. 이제 우리는 형식을 통해서 (혹은 아마도 거울을 쳐다보듯) 이상화된 자아상을 보는 게 아니라 형식 그 자체를 보면서 그 형식의 구조와 문화적 호소력을 탐색하고 감상한다.

장르의 투명성에서 불투명성으로의 이행 — 직선적인 스토리텔링에서 자의식적 형식주의로의 — 은 자기 스스로를 설명하려는 합치된 노력, 즉 대중적 형식으로서의 자기 위상을 알리고 평가하려는 노력을 포함한다. 어떤 할리우드 장르라도 대강 살펴보면 이 같은 점이 분명히 드러난다. 특히 뮤지컬이나 웨스턴같이 수명이 긴 장르에서는 더욱 뚜렷하다. 예컨대 1950년대가 되면 이 두 장르는 형식의 자의식을 명백하게 보여준다. 〈브로드웨이의 바클리가*The Barkleys of Broadway*〉(찰스 월터스, 1949), 〈파리의 미국인*An American in Paris*〉(빈센트 미넬리, 1951), 〈사랑은 비를 타고 *Singin' in the Rain*〉(스탠리 도넌·진 켈리, 1952), 〈밴드 웨건*The Band Wagon*〉(빈센트 미넬리, 1953), 〈언제나 푸른 하늘*It's Always Fair Weather*〉(스탠리 도넌, 1955) 등과 같은 자기 반영적인 뮤지컬에서 내러티브의 갈등은 대중적 엔터테인먼트 형식으로서의 뮤지컬 코미디의 본질 및 가치와 충돌한다. 장르의 관습에 따라 이 영화들의 갈등은 남자/여자의 대립 구도 아래 놓여 있지

확립된 장르의 패러디는 우리가 장르의 관습에 얼마나 친숙하고 그리고 이러한 관습이 전복되는 것을 얼마나 잘 이해하는지를 말해 주는 지표다. 〈밴드 웨건〉의 모던 댄스 시퀀스에서 프레드 아스테어와 시드 채리스는 하드보일드 탐정 장르를 패러디한다.

만 남자가 여자를 얻는다는 통상적 결말은 진지한 예술과 단순한 오락 사이의 긴장에 의해 복잡해진다. 이 영화들은 성공적인 구애와 공연의 성공 등을 포함하는 모티프들을 비틀어 버린다. 성공은 위협받으며 대중 예술로서의 뮤지컬을 위한 '변명'을 제공하는 것으로 결말이 이루어진다.

예컨대 〈브로드웨이의 바클리가〉에서 진저 로저스는 '정통 연극'을 하기 위해 뮤지컬 코미디를 버리지만 결국에는 뮤지컬(무대)과 이전의 파트너(프레드 아스테어)에게로 돌아온다. 〈파리의 미국인〉에서 진 켈리는 돈 많은 귀족 과부 나나 포치가 후원해 주는 직업적 화가가 될 것인지, 아니면 젊은 레슬리 캐런과 함께 춤추고 노래하는 '자연적' 삶을 누릴 것인지 결정할 때 고민한다. 이런 영화들에서는 이전에 장르의 암묵적 이데올로기의 구성 요소였던 관습들이 이제는 내러티브의 중심적 요소가 되었다. 장르는 이제 더 이상 음악과 춤과 대중적 엔터테인먼트의 가치를 찬미하지 않고 그것을 '비평'하고 '해체'한다(Feuer, 1978).[10]

1930년대 후반, 고전기에 돌입한 웨스턴 장르(〈역마차〉[존 포드], 〈유니언 퍼시픽〉[세실 B. 드밀Cecil B. Demille], 〈닷지 시티〉, 〈데스트리, 다시 말을 타다〉[조지 마셜George Marshall], 〈서부의 보안관〉[앨런 드완Allan Dwan] 등은 모두 1939년 작품)는 1950년대까지 동일한 형식과 주제에 대한 자기 탐구를 보여 준다. 〈레드 리버Red River〉(하워드 혹스, 1948), 〈나는 제시 제임스를 쏘았다I Shot Jesse James〉(새뮤얼 풀러, 1949), 〈백주의 결투The Gunfighter〉(헨리 킹, 1950), 〈윈체스터 73Winchester 73〉(앤터니 만, 1950), 〈하이 눈High Noon〉(프레드 진네만, 1952), 〈벌거벗은 박차The Naked Spur〉(앤터니 만, 1953) 등과 같은 영화들은 장르가 이제 자기의 관습, 특히 사회적 역할과 주인공의 심리적 구성에 관해 의문을 제기하기 시작했음을 보여 준다. 예를 들어, 이 기간에 존 웨인과 제임스 스튜어트의 스크린 페르소나가 실제로 얼마나 변했는지를 생각해 보라. 〈레드 리버〉와 〈수색자〉(존 웨인), 〈윈체스터 73〉과 〈벌거벗은 박차〉와 〈라라미에서 온 사나이*The Man from Laramie*〉와 〈말 위의 두 사람*Two Rode Together*〉(제임스 스튜어트) 같은 바로크적 웨스턴에서 웨인의 금욕적인 남성 우월주의나 스튜어트의 투덜거림 많고 순박한 성격은 전도되어 정신 이상적이며 반사회적인 면을 드러낸다.

당연하게도 〈역마차*Stagecoach*〉의 링고 키드 같은 고전적 서부 사나이가, 후기 웨스턴의 심리적 복잡성과 '반영웅적' 성향을 드러내리라고 우리는 기대하지 않는다. 〈역마차〉 같은 영화에 관심을 기울이는 것은 그것이 서부 신화를 명료하고 직선적으로 포착하고 있기 때문이다. 고전적 풍모의 서부 사나이 대신 보다 젊은 인물(몽고메리 클리프트)을 채용한 〈레드 리버〉 같은 후기 웨스턴은 장르의 근본적 가치를 회의하고 세련화하는 데 기여한다. 〈수색자〉, 〈와일드 번치〉 그리고 코믹 패러디인 〈내일을 향해 쏴라*Butch Cassidy and the Sundance Kid*〉(조지 로이 힐George Roy Hill, 1969) 같은 후기 영화들에서는 이 가치들이 전복되거나 심지어 거부된다. 일정한 갈등과 이데올로기를 함축한 '서부의 규율'은 드라마의 초점을 제공하지만, 주요한 캐릭터들의 행위와 태도가 변함에 따라 그 규율에 대한 우리의 관심도 변화한다.

웨스턴과 뮤지컬은 진화의 '주기'를 비교적 완전하게 보여 주는 것 같다. 그러나 모든 장르가 주기를 완전한 모습으로 보여 주거나 예정된 과정을 반드시 밟아 가는 건 아니다. 예를 들어, 갱스터 장르에서는 갖가지 외적 압력(주로 정부의 검열이나 종교 단체의 보이콧이 주는 위협)이 장르의 내적인 진화를 방해한다. 그리고 전쟁 장르에서는 전쟁 노력을 지지하는 친사회적 측면이 주인공의 전복적[즉 반전적] 태도는 물론이고 진지한 회의조차 깨끗이 제거해 버린다. 전쟁의 가치에 의문을 제기하는 전쟁 영화는 전쟁이 끝난 다음에 만들어지며 대개는 하위 장르로 간주된다. 1970년대에 인기를 끈 '재난disaster' 장르나 '오컬트occult' 장르 같은 중간 주기의 장르들도 있다. 〈포세이돈 어드벤처The Poseidon Adventure〉(1972)와 〈에어포트Airport〉(1970)를 비롯해 고전적 시기를 맞은 재난 장르는 매우 빠르게 진화해 이 장르의 패러디인 〈대형 버스The Big Bus〉(1976)가 불과 수년간의 형식 정형화 기간을 거친 끝에 등장했다. 흥미롭게도 관객들은 이 영화를 어떻게 받아들여야 할지 모르는 것처럼 보였다. 흥행 성적도 극히 저조했다. 패러디가 수용될 수 있을 정도로 재난 장르가 관객들에게 충분히 각인되지 못했던 것이 그 원인 중 하나다.

요컨대 명백한 사회적 재확신에서 불투명한 자기 성찰에로의 장르 진화 과정을 통해 내러티브의 강조점이 사회적 가치에서 형식의 미학적 가치로 점차 이행한다고 볼 수 있다. 계속된 변주로 인해 관객들이 한 장르의 사회적 메시지에는 민감해지기 쉬우므로, 관객들과 영화 제작자들의 관심사는 메시지 자체에서 분절화articulation로, 이야기에서 스토리텔링을 위한 시각적이며 내러티브적인 예술성으로 확장된다. 그렇다면 후기의 장르 작품들을 만들었던 많은 감독들이 '작가'로 간주되는 것은 전혀 우연의 일치가 아니다. 흔히 초기의 장르 영화 감독들을 이야기 전달자 혹은 기능공으로 간주하고, 후기의 장르 영화 감독들을 예술가로 간주한다. 물론 존 포드의 초기 웨스턴과 버스비 버클리Busby Berkeley의 1930년대 뮤지컬 그리고 히치콕의 모든 스릴러가 보여 주듯이 예외는 존재한다. 이들을 포함한 몇몇 예외적인 감독들은 자신의 모든 작품 활동 기간을 통해 내러티브를 꾸미는 데 뛰어난 예술적 기교를 발휘했고 장르의 주제가 가진 복잡성을 잘 이해하고 있었다.

일반적으로 말하자면, 내러티브의 예술성과 연관된 그러한 특성, 즉 모호성, 주제의 복잡성, 아이러니, 형식에 대한 자의식 등은 초기의 장르 영화에서는 거의 발견되지 않는다. 장르가 진화함에 따라 정형 자체 내에 그러한 특성들이 진입하게 된다. 여기서 다루고 있는 것은 장르가 성장하고 발전함에 따라 고유한 것으로 되어 가는 내러티브의 예술적 기교다. 사회적 의식으로서의 신생 장르는 내러티브의 메시지를 전달하는 데 있어 모호성이나 과도한 복잡성을 거부한다. 하지만 영화 제작자와 관객들이 변주되고 세련화되어 가는 메시지에 점차 익숙해짐에 따라 변주 그 자체가 내러티브의 예술성을 보여 준다.

그렇다고 해서 초기의 장르 영화들이 미학적 가치가 전혀 없으며 후기의 장르 영화들이 어떤 사회적 가치도 지니지 않는다는 것은 아니다. 하나의 문화적 기능(사회적, 의식적)에서 다른 문화적 기능(형식의, 미적인)에로 이행한다는 의미다. 이 양자는 모든 장르 영화에서 뚜렷하게 나타난다. 한 장르가 지속적인 인기를 얻는다면 그것은 주로 사회적 기능 때문일 가능성이 크다. 그러나 가장 최초의, 혹은 가장 명백한 친사회적 장르 영화에서조차도 상당한 정도의 미학적 호소력이 존재할 수 있다. 각 장르들은 시각적인, 그리고 구성상의 명확한 정체성을 갖고 있다. 웨스턴은 무한한 공간과 끝없는 지평선에의 조망을, 갱스터 영화는 다큐멘터리를 방불케 하는 도시의 리얼리즘을, 필름 느와르와 하드보일드 탐정 영화는 '미국적 표현주의'를, 뮤지컬은 춤과 노래를 통한 인생의 찬미를 자기 정체성의 요소로 구비하고 있는 것이다.

이 미학적인 잠재 요소들은 훌륭한 영화를 만든 영화 제작자들인 감독은 물론이고 시나리오 작가, 제작자, 연기자, 촬영 기사, 편집자들에 의해 개발되었다. 그들은 자신의 영화에 예술성 — 장르의 발전 과정에서 일반화됐건 그렇지 않던 간에 — 을 불어넣은, 내러티브적인 그리고 영화적인 갖가지 예술 기법을 능숙하게 조작했다. 장르 초기의 예외적인 예술적 영화든 아니면 후기의 더욱 자기 반영적인 영화든 어느 쪽을 염두에 두더라도 할리우드 장르가 가진 형식의 탄력성과 이데올로기적인 탄력성을 인정하지 않는다는 것은 쉽지 않다. 할리우드 장르의 스토리 정형들은 사회의 근본 가치를 명료화해 끊임없이 재탐구해 왔고, 문화적 태피스트리를 더욱 정교하고 화려하게 그리고 더욱 아름답게 엮어 왔다.

nwood

Genres

part 2

chapter 3

The Western 웨스턴

"이것이 서부입니다, 선생님. 전설이 사실이 될 때는 전설을 기록합니다."

— 〈리버티 밸런스를 쏜 사나이〉에서 신문사 편집장

장르로서의 웨스턴

웨스턴은 의심할 여지없이 할리우드의 레퍼토리 중 가장 풍부하고 생명력이 긴 장르다. 응축된 영웅 이야기와 기본 요소로 들어 있는 시각적 매력은 웨스턴으로 하여금 가장 탄력적인 내러티브 형식을 갖게 했다. 그리고 웨스턴은 할리우드 그 자체만큼 수명이 길고 많은 변화를 겪었다. 실제로 웨스턴 장르와 미국 영화는 함께 발전하며, 할리우드 스튜디오 제작 시스템의 기본 토대를 만들었다. 에드윈 S. 포터Edwin S. Porter의 1903년 작품 〈대열차 강도The Great Train Robbery〉를 최초의 웨스턴이자 상업적 내러티브를 가진 미국 최초의 영화로 보는 것은 통설이다. 그리고 1910년대 윌리엄 하트 주연의 카우보이 오페라horse opera를 영화로 대량 생산한 토머스 인스Thomas Ince의 작업을 스튜디오 시스템의 원형으로 간주한다.

웨스턴 형식의 원천은 물론 영화보다 앞선다. 그 계보는 식민지 시절 민속 음악, 인디언 포로 이야기, 제임스 페니모어 쿠퍼의 시리즈물《가죽양말 이야기Leather-Stocking Tales》, 19세기 통속 연애물, 그리고 다양한 문화 형식을 포함한다. 이런 이전 시대의 형식들은 서부로의 팽창주의와 서부 길들이기 또는 서부 문명화와 관련된 가치, 태도, 이상 등을 점검할 수 있는 역사적인 사실의 정확성은 희생시키면서 미국 서부의 이야기를 대중의 신화로 발전시키기 시작했다. 그러나 서부의 불멸성을 영화에 담기 시작하자마자, 웨스턴 장르는 서부에 대한 신화적 믿음을 확인시켰다. 미국의 건국 의례foundation ritual로서의 웨스턴의 의미와 충격은 20세기의 기술과 도시화의 매체인 영화에서 가장 분명하고 효과적으로 나타났다.

그리고 웨스턴이 내러티브 형식의 점차적인 세련화와 발전에 적극적으로 참여하는 대규모 관객을 끌어 모을 수 있었던 것도 영화 매체를 통해서 였다.

🎥 초기 영화

미국 최초의 인기 있고 산업화된 대중 예술 형식으로서의 상업 영화는 서부의 신화를 발전시키는 데 특별하지만 역설적인 기능을 했다. 다시 말해 내러티브를 가진 대중 매체로서 상업 영화는 웨스턴 형식을 문화 전반에 대량으로 보급하는 아이디어 단지 역할을 했다. 그리고 이윤을 추구하는 산업으로서 상업 영화는 사회 경제적, 기술적 가치들을 갖고 있었다. 이런 가치들은 웨스턴이 미국 문명의 지속적인 진보를 그리는 과정에서 예견했던 것이다. 1930년대 후반에서 1950년대에 걸친 웨스턴의 황금기는 근대에 의해 위협받고 대체되었던 미국 서부와 그 전통적인 가치들을 연장시켰다. 20세기의 기술과 산업, 중남부 지대를 황폐화시킨 공황, 도시로의 이주, 연속적인 세계 전쟁, 핵무기의 등장, 냉전, 한반도 분쟁 등과 그 밖의 역사적인 사건들은 미국의 옛 서부를 압도했다. 동시에 이런 사건들은 서부의 신화적 위치를 더욱 굳게 하기도 했다. 웨스턴 장르는 과거의 행동과 태도들을 와이드 스크린에 구축하고, 점차 형식화하면서 신화적 사실을 역사 속의 서부 그 자체보다 더욱 의미 있고 설득력 있게, 어떤 면에선 더욱 '사실적'으로 창조했다.

문화적, 역사적 기록물이었던 초기의 무성 영화 웨스턴은 후기의 웨스턴과는 달랐다. 사실 이런 초기 영화는 독특하고 약간 역설적인 위치에 있다. 다시 말해 초기 웨스턴들은 근대의 초입에 만들어졌지만, 그것들은 서부로의 팽창주의가 시들어 가는 시기에 발표됐던 것이다. '브롱코 빌리' 앤더슨'Bronco Billy' Anderson,* 윌리엄 하트 같은 초기의 카우보이 영웅들은 웨스턴의 영웅적이고 양식화된 신화에 기초를 다지는 역할을 했다. 그러나 다른 많은 영화들, 이를테면 〈포장마차The Covered Wagon〉(1923), 〈철마The Iron Horse〉(1924) 등은 서부로의 팽창주의라는 역사적 사실을 가능한 한 정확하게 묘사한 역사물 드라마였다(사실 〈대열차 강도〉는 제작 몇 해 전에 일어난 사건과 관련 있는 세기 전환기의 갱스터 영화였다). 그러나 결론적으로 말해 현대 문명의 지속적인 침범에 직면하던 당시 웨스턴의 집적된 스토리텔링 효과는 이 장르의 역사적 기능을 신화적 기능 아래 종속시켰다. 다시 말하자면, 영화로 서부의 역사를 기록하려던 노력은, 현대 미국의 가치와 태도를 점검하는 수단으로서 과거를 탐험하려는 충동에 점차 그 자리를 내놓았던 것이다.

이런 점에서, 1910년대와 1920년대에 걸쳐 웨스턴 영화 제작의 주류를 형성했던 역사적 서사극이 할리우드에 사운드가 도입된 공황 시절 스크린에서 사라졌고, 웨스턴이 저예산의 B급 제작 형태로 겨우 살아남았다는 사실에 주목하는 것은 아주 중요하다. 이런 B급 웨스턴들은 당시 새로 도입된 두 편 동시 상영 시스템을 통해 배급됐다. 그런데 이런 영화들은 수십 편의 B급 웨스턴에 출연했던 존 웨인에게 상당한 연기 경험을 제공하기도 했다. 예외적으로 〈황혼의 결투The Virginian〉(1929), 〈시머

---

* 미국의 배우이자 감독이자 작가이기도 한 앤더슨(1880~1971)은 에드윈 S. 포터의 〈대열차 강도〉 등에 출연하는 등 웨스턴 장르의 최초 배우로 유명하다.

론*Cimarron*〉(1930), 〈평원의 주민*The Plainsman*〉(1936) 등의 웨스턴이 대규모 관객의 관심을 끌기도 했다. 그러나 초기 유성 영화의 기술적 한계와 1930년대에 할리우드가 도시에 관련된 현대적 주제로 제작 방향을 돌리는 등의 두 가지 이유로, 웨스턴은 제작 주류에서 밀려나게 됐다.

웨스턴은 1930년대 후반에 폭넓은 인기를 다시 얻었다. 실제 서부와 점차 멀어지는 역사적 거리는 영화 기술, 특히 소음이 적고 이동이 쉬운 카메라, 정교한 녹음 기술 등의 발전과 함께 웨스턴에 새 생명을 불어넣었다. 오늘날에는 존 포드의 1939년 작품 〈역마차〉를 웨스턴의 형식을 재생시킨 유일한 작품으로 찬미하는 경향이 있다. 이 작품은 1939년과 1940년 사이에 제작된 인기 있는 많은 주류 웨스턴의 하나다. 당시에 만들어진 주류 웨스턴으로는 〈제시 제임스*Jesse James*〉, 〈닷지 시티*Dodge City*〉, 〈데스트리, 다시 말을 타다*Destry Rides Again*〉, 〈유니언 퍼시픽*Union Pacific*〉, 〈서부의 보안관*Frontier Marshal*〉(모두 1939), 〈산타페로 가는 길*Santa Fe Trail*〉, 〈버지니아 시티*Virginia City*〉, 〈위대한 서부인*The Westerner*〉, 〈프랭크 제임스의 귀향*The Return of Frank James*〉, 〈애리조나*Arizona*〉, 〈돌턴 가족이 말을 탈 때*When the Daltons Rode*〉(모두 1940) 등이 있다. 이런 시기 바로 다음의 전쟁 기간은 웨스턴에 분수령을 이루는 시기였다. 할리우드 영화 제작 전반에 걸친 것이기도 하지만 말이다. 그러나 전쟁 바로 전 시기에 이미 웨스턴의 기본 구조 설계는 훌륭히 구축됐고 점진적인 세련화도 시작되었다.

🎥 서부의 풍경

더욱 폭넓게 사진을 보기 위해 뒤로 물러서면, 웨스턴이 불안정한 균형의 세계를 묘사하고 있음을 알 수 있다. 또 그 세계 속에서 문명과 야만의 두 힘은 우위를 점하려고 서로 투쟁하고 있음도 볼 수 있다. 미국의 건국 의식으로서 웨스턴은 국가의 무한한 가능성과 막힘 없는 전망에 대한 형식화된 비전을 투사한다. 그렇게 함으로써 웨스턴은 서부로의 팽창주의 정책과 '명백한 운명'을 '자연스럽게' 하는 데 기여했다.[1] 이런 점에서 엘리게이니 산맥과 미시시피 강 저 너머 '신세계'에서의 정착에 관련된 이야기를 문화로 받아들인다는 점은 흥미롭다. 정착 이야기는 식민 시대나 독립전쟁 그 자체보다 더 억압적이었는데 말이다. 웨스턴을 만들 때 가장 먼저 생각나는 유일한 장소이며, 그래서 이 장르의 가장 친숙한 아이콘(존 웨인의 이미지와 더불어)이 된 장소가 바로 애리조나주의 모뉴먼트 밸리Monument Valley라는 사실은 아이러니컬하다. 모뉴먼트 밸리의 기괴하고 거대한 암석들은 하늘에 닿을 듯 높이 늘어서 있으나, 암석 주위의 황량한 흙들은 미국의 사회 경제적 토대를 이루는 농촌 지역에 부적합한 것 같기 때문이다. 할리우드가 옛 서부를 실제 역사와는 달리 농촌과 별 관계 없는 것 ― 농촌의 가치와는 상당히 관계 있지만 ― 으로 해석하는 것이 사실이다. 서부의 광대한 황야와 고립된 공동체는 화면상에서 친숙한 공간으로 변형된다. 그곳에서 문명은 끊임없는 신화적 경쟁을 벌이며 야만을 만난다.

웨스턴에서 문명과 야만의 기본 갈등은 여러 대립 요소로 표현된다. 즉 동부 대 서부, 정원 대 사막, 미국 대 유럽, 사회 질서 대 무정부, 개인 대 공동체, 마을 대 황야, 카우보이 대 인디언, 여선생 대 댄스 걸 등이 그

서부의 풍경: 〈수색자〉의 오프닝 시퀀스에서 프레임을 확대한 이 사진은 모뉴먼트 밸리를 보여 줄 뿐 아니라 저 멀리로 방대한 미국 서부를 바라보는 여인의 시점을 택함으로써 '내부의 문명'에서 서부를 바라다보는 관객의 시점을 강화한다.

런 것이다. 웨스턴에 내포된 실제 역사 시기는 남북 전쟁 이후부터 문명화되기 전의 서부 미국이 현대 사회 조건의 기본으로 간주되는 법과 질서라는 약호를 막 형성하기 시작했던 20세기 초엽까지다. 대부분 웨스턴들은 실제로 이런 대립 요소들을 우리들에게 암시하는 것으로 영화를 시작한다. 예를 들면 이런 식이다. 소들을 이동시키다가 멀리 있는 고립된 공동체를 바라보려고 카우보이들이 언덕 위에서 쉬고 있다(《황야의 결투》). 외로운 카우보이가 목가적인 계곡으로 말을 타고 간 이후 땅 소유욕이 강한 이 지역 목장주를 위해 총싸움도 벌이는 의심 많은 개척민들에 의해 고발된다(《셰인》[조지 스티븐스, 1953]). 산으로 말 타고 가는 사나이가 자기 위쪽에서 철도 노동자들이 터널을 폭파하는 것과, 아래쪽에서 무법자들이 역마차를 강탈하는 장면을 동시에 본다(《자니 기타》[니콜라스 레이, 1954]). 멀리서 기관차의 기적 소리와 총 소리가 들리고 엔진의 증기가 스크린을 가득 채울 때 넓은 평원을 통해 검은 뱀 모양의 기관차가 우리 쪽으로 다가온다(《리버티 밸런스를 쏜 사나이》).

🎥 존 포드의 〈역마차〉

포드의 1939년 작품 〈역마차〉에서도 이런 대립 요소들은 압축적으로, 그리고 효과적으로 나타난다. 포드는 모뉴먼트 밸리를 웨스턴에 처음 등장시켰는데, 이곳은 2차 세계 대전 이전에 만들어진 웨스턴 중 가장 매력적이고 주제가 복잡한 이 영화에 가장 어울리는 장소였다.

　이 영화는 모뉴먼트 밸리를 보여 주는 숏으로 시작된다. 하늘이 스크린을 거의 다 채우고, 모뉴먼트 밸리는 맨 아래에 등장하는 독특한 프레임이다. 이어 사막 저편에서 두 사람이 말을 타고 오는 소리가 들려 오고, 곧 그들이 다가오는 것이 보인다. 말 탄 사나이들이 카메라 쪽으로 다가올 때, 포드는 이 광활하고 파노라마적인 장면을 컷하고, 곧바로 기병대 캠프의 외부를 보여 준다. 지평선은 갑자기 텐트, 깃발, 군인들로 어지러워진다. 말 탄 사나이들은 캠프로 올라와 말에서 내린 뒤 전신국으로 뛰어들어 간다. 다음 숏에서 제복을 입은 군인들은 전보기 옆에 몰려든다. 전신이 끊어지기 직전 전보기는 '제로니모Geronimo'라는 오직 한 단어만을 뱉어 놓는다.

이 시퀀스는 먼저 절제된 연기와 인상적 시각 효과라는 포드 영화의 특성에 주제적, 시각적 분위기를 더했다. 그리고 전통적으로 웨스턴 형식을 결정 지었던 기본적인 문화적, 물리적 갈등을 반영하고 있다. 할리우드의 관점에서 보면 서부는 개척 마을, 기병대, 고립된 캠프 등의 오아시스로 연결된 광대한 황야다. 그 오아시스들은 다른 오아시스들과 연결돼 있기도 하고, 철도나 역마차 그리고 진보에 대한 사회의 촉수인 전보에 의해 문명화된 동부와 연결돼 있다. 각 오아시스는 소우주 속의 실제 사회다. 소우주는 외부의 위협적인 난폭함과, 내부의 무정부적이거나 사회적으로 부패한 조직원들 간의 갈등으로 병을 앓고 있다. 예를 들어 〈역마차〉는 적대적인 인디언 지역을 통과해 로즈버그Lordsburg*(광대한 버려진 땅에 있는 질서의 오아시스의 이름으로 로즈버그만 한 게 어디 있을까?)로 가는 여행을 그린 것이다. 역마차의 승객들은 인디언의 공격뿐만 아니라 그들 사이를 분열시키는 갈등과도 싸워야 한다. 역마차에는 정직한 보안관, 겁쟁이 승

---

* 영주의 성城이라는 뜻이다.

무원, 알코올 중독자 의사, 횡령범인 은행 간부, 술 판매상, 돈에 눈먼 창녀, 점잔 빼는 도박사, 동부 혈통의 처녀 그리고 주인공이 타고 있다. 그 주인공은 동생을 죽인 살인자에 대한 복수심에 불타는 탈옥한 죄수다. 또 그는 자신의 투옥이 잘못된 것임을 증명하려고 한다.

웨스턴에서는 보통 그렇듯, 이 영화에서도 공동체 내의 갈등은 공동체와 공동체를 둘러싼 야만 간의 갈등을 반영하고 강조한다. 〈역마차〉의 드라마적인 압축미는 주인공의 기질과도 연관돼 있다. 주인공의 반사회적인 신분(죄수로서)은 캐릭터의 기본 요소가 아니라, 효과적인 질서와 정의를 상실하고 있는 사회의 결과물이다. 존 웨인은 사회와 윤리 간의 불균형을 바로잡으려는 임무를 스스로에게 부과한 순진하고 도덕적인 남자 링고 키드를 연기한다. 그는 또한 웨스턴이 지닌 기본적인 갈등의 살아 있는 재현이다. 상황에 따라 법을 왜곡하는 보안관, 자신의 은행에서 돈을 훔치는 은행가, 상냥한 창녀, 위스키를 파는 소심한 도덕가들처럼 링고 키드는 모순과 모호한 요구가 가득 찬 환경을 뚫고 나가기 위해선 자기만의 방법을 반드시 찾아 내야 한다.

공동체의 갈등, 모순되는 가치들을 지휘하는 포드의 능력으로, 〈역마차〉는 진정으로 뛰어난 영화의 반열에 올랐다. 이것이 〈역마차〉를 드라마와 주제 면에서 초기 웨스턴과 구별짓는 점이다. 기병대가 구조대가 되고, 대로에서 총격전이 벌어지는 등의 단순한 형식 속에 포드는 사회에서 추방된 사람들을 배치함으로써 알코올 중독부터 화이트칼라 범죄, 그리고 자기 과신에 빠진 개인 등 포괄적인 사회 문제를 제시한다. 이런 인물들을 통해 포드는 동시대의 인간 조건과 공통되는 가치와 모순을 구체화시켰다.

역마차 승객들의 매력은 그들의 모호한 사회 신분에서 나온다. 주로 그들은 공동체의 주변부에 있고, 때때로 공동체의 가치 체계와 갈등을 일으킨다. 아마도 웨스턴에서 가장 중요한 갈등은 타협과 협조를 통해 질서를 잡으려는 공동체의 요구와 적자생존식 사고방식과 거친 개인주의를 요구하는 물리적 환경 사이에서 생긴 갈등일 것이다. 〈역마차〉에 나오는 세 사람의 주요 인물인 링고, 닥 분(토머스 미첼), 댈러스(클레어 트레버)는 살아남기 위해 사회의 규범을 위반했던 버림받은 자들이다. 즉 살인자로 고발된 링고는 직접 법을 바로잡겠다고 맹세한 뒤 탈옥한 죄수이며, 닥 분은 알코올 중독에 빠졌고, 댈러스는 개척지에서 살아남기 위해 몸을 팔았다.

청교도적이고 시민 정신에 충실한 여성들이 공동체의 규범을 바로잡기 위해 조직한 '법과 질서를 위한 부인 연맹' 소속원들이 댈러스와 닥 분을 마을에서 쫓아낼 때, 우리는 그들을 처음 본다. 이 장면은 코믹하고 드라마적인 효과도 있으나, 그보다는 질서가 잘 잡힌 사회의 기본 요소로서 순응과 빅토리아 시대의 도덕을 분명히 드러낸다. 그러나 공동체가 억압적이고 탈인격적이라고 여겼던 처음의 시각은 영화의 종결 부분에서 수정된다. 보안관은 마지막에 링고와 댈러스가 국경을 넘어 링고의 목장으로 함께 도망가는 것을 허용한다. 새로운 삶을 살기 위해 두 사람이 함께 말을 타고 떠날 때 카메라는 철학자 같은 닥 분에 초점을 맞춘다. 그는 "음, 그들은 문명의 축복에서 벗어나게 됐군"이라고 말하며 생각에 잠긴다. 그러나 그의 냉소 뒤에는 낙관적인 전망이 숨어 있다. 즉 문명화되지 않은 무법자-영웅과 사회에서 가장 오래된 직업[매춘]을 가진 여자가 결합했으며, 약속의 땅인 미국의 서부, 즉 신세계에서 함께 떠났다는 사실이 그것이다.

🎥 서부에 대한 변화하는 시각

다른 어떤 것보다 이런 낙관적인 시각의 쇠퇴가 웨스턴 장르의 진보를 특징짓는다. 형식은 반복 제작을 통해 세련화되어 가는 데 반해, 개척지의 공동체와 규범적인 윤리주의자들은 점차 복잡하고 모호하며 드러나지 않게 묘사되어 갔다. 주위 환경에 대해 육체적으로 적응하고 문명에 대해 윤리적으로 단호한 웨스턴의 영웅은 이런 모호성을 함축하고 있다. 그래서 영웅의 존재 그 자체가 종종 갈등을 빚는다. 영웅은 행동이 과감하지만 말수가 적다. 그는 명예율code of honor에 집착하는데, 이 때문에 불안정한 서부 공동체에 봉사하지만 또 그것으로 인해 공동체에서 떨어져 있다. 장르가 발전되면서 문명 촉진자로서의 영웅의 역할은 우연한 것이 된다. 결국 영웅의 윤리적 규율은 그 자체가 목적으로 제시된다.

서부 사나이의 캐릭터의 고정화는 ― 그의 스타일도 그렇지만 ― 장르와 함께 진보된 것은 아니다. 대신 그가 보호하는 공동체에 의해 점차 세련화됐다. 영웅과 공동체 모두 야만적인 환경과 관계를 맺으면서 가치관과 세계관을 형성한다. 그러나 공동체가 문명화될수록 그래서 더욱 법치화되고 자본주의화되며 부패해 갈수록 공동체는 자신의 근원인 자연과의 접촉을 점차 잃는다. 영웅은 공동체와 야만의 주변부에 존재하기 때문에 두 세계 모두와의 접촉을 잃지 않는다. 사회가 더욱 고립되고 자급자족화함에 따라 공동체와 야만을 잇는 중재자로서의 영웅의 기능은 점차 복잡해지고 더욱 중요해진다.

자연의 환경과 문화적 환경 바깥에 머무르며 그 둘을 중재하는 고전적 서부 사나이의 이미지는 1940년대 중반이 돼서야 주류 관습으로 자리잡았다. 초기 웨스턴에서 내러티브의 갈등은 영웅이 폭력과 총 실력으로 보호할 수 있었던 공동체에 결국 자신도 정착한다는 제안을 함으로써 해결됐다. 링고와 댈러스 간의 결혼 약속이 이런 경향을 암시했다. 비록 그들이 무법자 입장에 머무르고, 마지막에 멕시코로 도피한다는 사실 등으로, 이 영화가 친사회적 결론을 맺고 있다고 단순하게 읽을 수는 없지만 말이다. 이런 경향의 전형적인 예는 윌리엄 와일러William Wyler의 1940년작 〈위대한 서부인〉이다. 이 영화에서 영웅 콜 하딘(게리 쿠퍼)은 무정부적인 목동들과 힘 없고 이상적인 개척 이주민 간의 폭력적인 대립을 중재한다. 이런 구별되는 두 공동체는 두 가지 내러티브의 전개로 묘사된다. 먼저 하딘의 도착과 무법의 목장 마을에서 벌어지는 린치를 보여 준다. 이 마을은 스스로를 '웨스트 피코스의 법'이라고 부르는 성질이 난폭한 저지 로이 빈(월터 브래넌)에 의해 운영된다. 둘째, 하딘이 개척 이주민 공동체로 점차 동화되고, 개척민의 딸 제인 엘런(도리스 대번포트)에게 구혼하는 식으로 전개된다.

빈과 제인 엘런의 세계는 땅을 놓고 목동−개척 이주민들이 벌이는 상투적인 투쟁에 닫혀 있다. 하딘은 두 진영에서 효율적으로 기능할 수 있는 유일한 인물이다. 따라서 와일러의 〈위대한 서부인〉(각본 존 스웰링)은 여성과 가정의 문명화된 세계와 남성적인 야만의 무정부적인 세계 사이의 고전적인 대립을 전개한다. 영웅적인 서부 사나이는 두 진영 사이에 서 있다. 대립되는 이데올로기가 제시되는 영화 전반부에서 두 진영은 완벽한 균형을 이룬다. 그러나 결국 하딘이 여성−개척 이주민들 쪽으로 기울고, 빈에게 대항함으로써 내러티브의 안정된 균형은 깨진다. 하딘은 클라이맥스 부분의 총싸움에서 빈을 제압한 뒤 '약속의 땅'에서 제인 엘런과 함께 정착할 수 있게 된다.

그러나 이는 영웅의 이미지에 흠집을 내는 것이다. 거세와 탈인격화

〈위대한 서부인〉에서 게리 쿠퍼는 고전적인 중개자–영웅인 콜 하딘 역을 맡는다. 그는 소박한 개인주의 때문에 자기 스타일로 서부의 법을 자처하는 저지 로이 빈(월터 브래넌, 쿠퍼의 뒤쪽)과 연합하지만 결국에는 농부의 딸과 함께 '약속의 땅'에 정착한다.

를 요구하는 문명에 굴복함으로써 영웅은 자신의 스타일이 된 반항적인 세계관을 타협의 대상으로 삼았던 것이다. 초기의 무성 웨스턴과 이후의 저예산 웨스턴들은 클라이맥스의 총싸움이 끝난 뒤, 서부 사나이를 왜 '황혼 속으로' 보내야 하는지에 대한 논리를 알고 있었다. 그래야만 영웅의 기본적인 개성을 재확인하면서 장르의 친사회적 기능도 유지됐던 것이다. 존 포드는 〈역마차〉를 종결지으며 결혼의 가치와 공동체의 가치를 조율했는데, 그 동기는 아마 무성 영화 웨스턴의 제작 경험에서 나왔을 것이다. 아니면 무엇이 웨스턴 장르를 기능하게 하는가에 대한 그의 직관적인 이해에서 나왔음에 틀림없다. 그러나 포드 영화의 대체적으로 모호한 종결은 웨스턴의 전성기 시절의 다른 영화보다 그의 영화가 더 큰 영향력을 미치게 하는 데 결정적으로 기여했다. 그렇지만 서부라는 환경 속에서의 웨스턴의 영웅과 그의 특별한 역할이 이미 〈역마차〉에서 확립된 것을 토대로 하여 근본적으로 재인식될 수 있었던 것은 2차 세계 대전이 끝나고 전후에 몇몇 작품들이 제작된 뒤의 일이었다.

🎥 〈역마차〉와 〈최후의 총잡이〉

예를 들면, 〈역마차〉의 줄거리는 거의 40년 이후에 비슷한 스토리로 만들어진 돈 시겔Don Siegel의 〈최후의 총잡이The Shootist〉(1976)와 비교될 수 있다. 두 영화에서 존 웨인은 거칠게 말해 똑같은 종류의 영웅(〈역마차〉의 링고 키드, 〈최후의 총잡이〉의 J. B. 북스)으로 나온다. 또 두 영화 모두에서 그는 살아 생전에 전설이었다. 그는 공동체로 들어가 거기에서 가장 부패한 시민 중 세 명을 찾아 낸 뒤 특유의 재빠른 총솜씨로 그들을 제거한다. 두 영화는 외형만 보면, 등장인물과 플롯이 비슷하다. 그러나 두 영화는 근본적으로 다른 영화다. 〈역마차〉는 자연과 문화를 통합하는 서부의 잠재력에 대해 긍정적인 시각을 투사하고 있다. 이런 낙관주의는 영웅의 양면적인 사회적 책임 의식과 문명화가 덜 된 사회 등에 민감한 포드와 시나리오 작가 더들리 니콜스Dudley Nichols에 의해 실현된 것이다. 그러나 이런 점은 〈최후의 총잡이〉에 나타난 영웅과 영웅의 환경을 점검할 때면 아주 사소한 것으로 보인다.

시겔은 영웅을 그 어떤 할리우드 영화보다 가장 자기 성찰적인 시퀀스로 소개한다. 젊은 내레이터(론 하워드)가 화면 밖 대사로 영화 스토리를 말하는 동안, 최후의 총잡이 북스의 폭력적인 '경력'은 플래시백으로 그려진다. 그런데 영웅적인 총싸움을 벌이는 플래시백은 모두 존 웨인이 출연했던 웨스턴에서 그대로 발췌한 것이다. 이런 내러티브 장치는 웨인/북스를 역사적인 인물이 아니라, 과거 웨스턴 영화 속의 인물들을 합쳐 놓은 것으로 만들었다. 다시 말해 웨스턴은 자기만의 참고 목록을 창조했던 것이다. 그러나 영화의 배경이 이런 신화적인 영웅의 소개를 훼손한다. 1901년의 카슨시티가 아주 리얼리즘적으로 세밀하게 묘사돼 있어서, 실제보다 더 크게 보였던 서부 사나이 웨인은 그곳에 어울리지 않는 것 같다. 포장된 도로, 자동차들, 전화선들, 그리고 일간 신문들이 있는 카슨시티는 더러운 거리와 시끄러운 술집들이 즐비한 로즈버그와는 별 공통점이 없고, 오히려 지금 우리의 환경과 더욱 공통점이 많다.

현실에 존재하는 신화적 인물로서의 존 웨인의 묘사 — 나중에 나온 많은 웨스턴의 낯익은 주제 — 는 그가 암으로 죽어 가고 있다는 사실로 강조된다. 다시 말해 그의 물리적, 메타포적 존재의 바로 그 핵심이 썩어 가는 것이다. 이제 사회 발전의 선진 단계에 있는 공동체는 그의 봉사를 더 이상 원치 않는다. 그는 나이 들고 힘없는 보안관(해리 모건)에게 자신이 살 날이 얼마 남지 않았다는 것을 확인시킨 다음에야 카슨시티에 남아 있을 수 있다.

북스는 침대에서 약이나 먹으며 죽어 가기보다는 공동체의 질서를 위협하는 지역 시민 세 명(그들 중 두 명도 자기 반영적인 방법으로 묘사되는데, 이전의 TV 드라마 속 서부 사나이인 리처드 '팰러딘' 분과 휴 '와이어트 어프' 오브라이언의 모습으로 재현된다)을 제거하기로 계획을 세운다. 이 영화의 종결에서는 우리의 영웅을 위한 황혼이나 멕시코 목장 등이 나오지 않는다. 대신 북스는 세 악당을 죽인 뒤 바텐더가 등 뒤에서 쏜 총을 맞는다. 그는 자신의 삶이 그랬던 것처럼 죽음도 폭력적이기를 (그리고 직무 수행 중이기를) 갈망했는데, 이제 충족된 것이다. 이어서 바텐더는 내레이터인 후계자-영웅 길럼에 의해 사살된다. 그리고 길럼이 자신의 무기를 옆으로 던지고 북스(자신의 시대와 장소를 뛰어넘어서까지 살았던 바로 그 영웅) 쪽으로 등을 돌렸을 때, 그는 서부 사나이의 종말을 재확인하는 것이다.

언젠가 프랑스 영화 감독 장 르느와르는 이렇게 말했다. "웨스턴 영화에서 가장 놀랄 만한 일은 그 영화들이 모두 같은 것이라는 사실이다. 이런 점은 감독들에게 무한정한 자유를 준다." 〈역마차〉와 〈최후의 총잡이〉 간의 대립 관계는 르느와르의 이 말을 반영한다. 시겔은 영웅적 구원자가 공동체 속으로 들어가 자신의 힘을 이용하여 공동체의 위협을 제거한다는 근본적으로 똑같은 이야기를 하고 있다. 그러나 그의 웨스턴은 과거 포드가 근본적으로는 공동체와 구원자를 긍정적으로 묘사했던 것을 재점검하고 훼손하고 있다. 〈최후의 총잡이〉의 전복 효과는 내레이터를 사용함으로써 최고조에 이른다. 후계자-영웅인 내레이터의 충성심은 공동체와 자신이 추앙했던 영웅 사이에서 찢겨져 버린다.

돈 시겔이 1976년에 만든 서부극인 〈최후의 총잡이〉는 존 웨인을 금세기 초의 네바다주 카슨시티에 나타난
왕년의 신화적인 영웅 J. B. 북스로 캐스팅한다. 이 장면은 북스가 그의 후계자-영웅인 길럼(론 하워드)에게
권총 사용법을 가르쳐 주는 장면이다.

길럼은 어머니(로렌 바콜)의 영향과 신화적인 구원자-영웅의 영향 사이에 놓여 있다. 두 사람은 웨스턴의 기본적인 대립과 갈등을 대표한다. 영웅 웨인/북스의 폭력적이고 유랑민적인 라이프스타일은 여자이며 어머니이고 가정주부인 바콜에게 매력적으로 비치기도 하고, 동시에 무시당하기도 한다. 그녀와 그녀의 아들은 사회 질서의 약속과 아메리칸 드림을 좇고 있으며, 따라서 그들의 세계에는 죽어 가는 총잡이를 받아 줄 여지라곤 없다. 〈역마차〉에서의 결혼 약속은 서부 사나이와 가정주부가 공존할 수 있다는 법칙을 제안한 것이 아니라 하나의 예외였다. 댈러스와 링고 간의 결합을 믿게 하는 것은 가정으로 돌아갈 수 있는 링고의 잠재력이 아니라, 사회에서 추방된 댈러스의 반역적인 입장 때문이었다. 이런 점은 두 사람이 공동체에 포용되지 않고 도피하는 것으로 종결됨으로써 강조돼 있다.

장르의 갈등을 젊은 후계자-영웅의 개념을 통해 수정하는 내러티브 장치는 다음과 같은 2차 세계 대전 이후 웨스턴에서 자주 발견된다. 〈레드 리버〉(1948), 〈셰인*Shane*〉(1952), 〈수색자〉(1956), 〈양철 별*The Tin Star*〉(앤터니 만, 1957), 〈리오 브라보*Rio Bravo*〉(1958), 〈황야의 7인*The Magnificent Seven*〉(존 스터지스John Sturges, 1960), 〈하오의 결투*Ride the High Country*〉(샘 페킨파, 1962), 〈엘 도라도*El Dorado*〉(하워드 혹스, 1967), 〈작은 거인*Little Big Man*〉(아서 펜, 1970), 〈카우보이들*The Cowboys*〉(마크 라이델Mark Rydell, 1972) 등이 그것이다. 이들 영화들과 그 밖의 다양한 웨스턴들도 공동체 내외부의 대립적인 라이프스타일을 반영하며, 젊은이의 교육이라는 모티브를 자주 채택했다. 후계자-영웅이 선택할 수 있는 대안은 웨스턴 장르가 발전함에 따라, 또 공동체와 서부 사나이가 덜 낭만적으로 그려짐에 따라 점점 더 협소해졌다.

🎥 〈셰인〉: 후계자–영웅과 적대 요소의 통합

이런 모티브가 가장 효과적으로 사용된 것은 아마 〈셰인〉일 것이다. 스토리는 어린 소년(조이 스타레트 역의 브랜든 드 윌드)의 양심을 통해 전달된다. 이 영화의 분명한 비전과 이상화된 단순성은 소년의 순진한 전망에서 나온 것이다. 주요 등장인물들의 행동, 싱그럽고 푸른 계곡과 심지어 멀리 로키 산맥까지 묘사한 세트 등은 꿈 같은 수준을 확보하고 있는데, 이는 감독 조지 스티븐스George Stevens와 촬영 기사 로열 그리그에 의해 실현된 것이다.

이 영화는 목장주와 개척 이주민들이 반목 관계에 있는(〈위대한 서부인〉에서 '광야'와 울타리 쳐진 농장이 이 장르의 자연/문화의 대립을 선언했듯) 전원의 계곡으로 셰인(앨런 라드)이 말을 타고 오는 것으로 시작된다. 과거가 의혹에 싸인 셰인은 조 스타레트(밴 헤프린)의 농장에서 일하려고 자신의 총을 버렸다. 조 스타레트는 악당 라이커 형제들과 갈등 관계에 있는 개척 이주민들의 대변인이다.

이 영화는 대립 요소들의 집합이다. 그것은 모두 조이의 시각에서 인식된다. 이런 대립 요소들은 조이가 — 그리고 우리가 — 사회적으로 성숙하기 위해서는 반드시 거쳐야 하는 것들이다. 다음의 표는 이런 대립 요소들을 도해한 것이다.

먼저 이 표는 내러티브의 정교한 이중 구조를 암시한다. 그리고 목동–개척 이주민 간의 갈등 사이를, 또 이상적인 아버지상에 대한 소년의 혼란스런 개념 사이를 중재하는 영웅의 역할을 지적하고 있다. 스타레트가 개척 이주민들 중 가장 용감하고 가장 능력 있는 사람이라 할지라도 (목동들이 존경하고 두려워하는 유일한 사람), 그는 기본적으로 농촌의 정서와 순

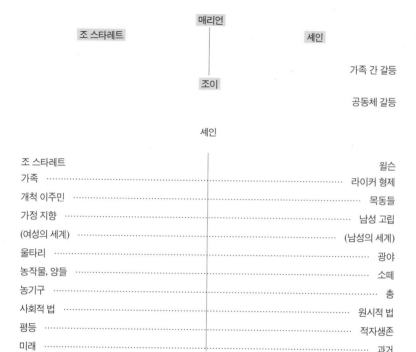

매리언		셰인
조 스타레트		
		가족 간 갈등
조이		공동체 갈등

셰인

조 스타레트	윌슨
가족	라이커 형제
개척 이주민	목동들
가정 지향	남성 고립
(여성의 세계)	(남성의 세계)
울타리	광야
농작물, 양들	소떼
농기구	총
사회적 법	원시적 법
평등	적자생존
미래	과거

박한 가치를 지닌 농부일 따름이다. 스타레트는 조이나 그의 아내(진 아서)의 눈에는 셰인을 대체할 수 있는 사람으로 비치지 않는다. 비록 그의 가족이 훼방꾼들에게 대항할 만큼 충분히 용감하다는 것이 증명됐다 할지라도 말이다. 영화 종결 부분에서 매리언은 비록 그녀의 가족과 어머니-부부로서의 일차적 역할에 머무르고 말지만 셰인에게 매력을 느끼는데, 이는 그녀의 아들이 그에게 매력을 느끼는 사실을 보완한다. 그녀 아들이 (그리고 이 장르가) 성적으로 단순한 것처럼, 셰인과 매리언이 로맨틱한 관계를 갖는다는 생각은 애초부터 불가능한 것이었다. 영화의 종결 부분에서 셰인이 말을 타고 떠나갈 때, 그를 향해 조이가 울부짖으며 하는 대사

중에는 "어머니는 당신을 원해요"라는 것도 있다.

그러나 이런 성적, 가족적 갈등은 울타리 쳐진 농장과 광야로 구별된 이 영화의 중심적 대립 요소와는 거의 관련이 없다. 그럼에도 불구하고 이는 셰인이 권력과 자본보다는 가족과 가정의 가치에 헌신함을 재확인하는 것이다. 영화의 중간 부분에서 셰인은 다른 농부들에게도 봉사한다. 그러나 그의 과거와 금욕적이고 제삼자적인 태도 때문에 어느 농부도 그의 헌신을 진정으로 받아들이지 않는다. 술집에서 술이나 퍼마시고 남을 괴롭히기나 하는 못된 목동들이 농부들보다 오히려 더 셰인을 존경하고, 높은 임금을 줘서 그를 고용하려고까지 한다. 셰인은 거절한다. 그래서 라이커 형제들은 셰인이 과거 총잡이였을 때 그의 맞수였던 윌슨(잭 팰런스)을 데려온다. 폭력과 방랑적인 영웅이 등장하는 많은 다른 웨스턴 영화들처럼, 여기에서도 주인공(셰인)과 적대자(윌슨) 간의 실질적이고 유일한 차이점은 사회 질서와 인간의 가치에 대한 그들의 다른 태도에 많은 관계가 있는 것이다.

이 영화는 이렇게 끝난다. 셰인은 스타레트와 격렬한 주먹다짐을 벌인 뒤 권총으로 그의 머리를 때려 쓰러뜨린다. 그는 윌슨과 라이커 형제를 반드시 혼자서 상대해야 한다는 것을 알고 있기 때문이다. 조이는 사막에 있는 술집에서의 대결을 지켜 보기 위해 셰인을 뒤따라 마을로 간다. 셰인은 악당들을 물리치지만 부상을 입는다. 그리고 그는 말을 타고 산 속으로 가고, 조이의 부르는 소리가 메아리로 그를 뒤쫓는다. 셰인의 의문스럽고 폭력적인 과거가 영화 전체를 통해 배경으로 깔려 있듯이, 배경으로 있던 그 산은 이제 셰인의 올림푸스 산으로, 또 더러운 농장과 불안한 마을이라는 현실 너머에 존재하는 서부 사나이의 신화적 제국으로 모습을 드러내는 것이다.

살아 있는 전설과 후계자-영웅: 레이먼드 챈들러는 앨런 라드를 가리켜 "비록 강하고 신랄하며 때로 매력적이기도 하지만 결국 그는 어린아이가 생각하는 터프 가이의 전형에 지나지 않는다"고 쓴 적이 있다. 후계자-영웅인 조이 스타레트의 관점에서 전개되는 조지 스티븐스의 〈셰인〉은 챈들러의 견해를 잘 뒷받침해 준다.

그러나 셰인의 영웅적 위치가 확인됐지만, 거기에는 여전히 그런 위치를 누그러뜨리는 모호한 그림자가 있다. 어두운 술집에서 윌슨과의 총싸움이 있기 바로 직전 셰인은 라이커에게 "그의 수명은 얼마 남지 않았어"라고 말한다. 라이커는 "너는 어때, 총잡이?"라고 묻는다. "다른 점은 내가 알고 있다는 거지"라고 셰인은 대답한다. 그리고는 검은 옷을 입은 윌슨에게로 돌아선다. 결투의 시작을 알리는 의례적인 대사가 있기 전에 두 사람은 서로를 노려본다. 영화 전반부에서 둘이 처음 만났을 때 서로 아무 말없이 상대방 주위를 맴돌았던 것처럼, 폭력적이고 타협할 수 없는 정면 대결을 벌이지만 두 사람이 교환하는 눈길 속에는 상대방에 대한 이해와 존경이 포함돼 있다. 결투 후 셰인은 조이에게 "사람을 죽이는 걸로 먹고살 수는 없지"라고 말한다. 살인을 하며 살아 왔던 셰인과 윌슨 사이에 구축된 관계에서 보면 그 말은 아주 명백한 것이다. 수십 년 후 카슨시티 술집에서의 J. B. 북스와 그의 희생자들처럼 이들은 자신들의 운명을 너무나 잘 알고 있다. 그들은 자신들이 통제할 수 있고, 객석에 있는 우리가 예상할 수 있는 방식으로 그들의 삶을 의도적으로 끝맺는다.

　　이런 다양한 사례가 암시하듯, 서부 사나이의 개인적인 명예율이 문명화를 촉진하는 동기로 기능한다. 그 명예율은 실존적으로 생겨난 것이다. 종종 이 명예율은 그를 복수의 행위로 이끈다. 복수심에 가득 찬 영웅은, 그의 과거 — 과거 전체이거나 고립된 어떤 사건 — 가 아주 중요하고, 명확한 임무 의식을 부여한다는 점에서 고전적 웨스턴의 영웅과 다르다. 그러나 그의 캐릭터적 기능은 고전적 웨스턴 영웅의 그것과 같다. 즉 그는 소외돼 있으며, 심리적으로는 안정된 사람이다. 또 그는 존엄성을 가진 개인이다. 사회가 너무 허약하여 존엄성을 유지할 수 없을 때, 그 자신이 직접 행동한다는 점 등이 고전적 웨스턴의 영웅과 같은 것이다.

그리고 그가 최종적으로 사회 질서를 강화하지만, 자신이 구한 공동체로부터 반드시 떠나야 하는 것도 바로 그런 행동 때문이다. 〈역마차〉, 〈윈체스터 73〉, 〈수색자〉, 〈애꾸눈 잭One-Eyed Jacks〉(말론 브란도, 1961), 〈네바다 스미스Nevada Smith〉(헨리 해서웨이Henry Hathaway, 1966) 등 셀 수 없이 많은 복수 웨스턴에서 영웅은 사회의 위협을 제거한다. 그러나 그렇게 행동함으로써 자신은 기본적으로 공동체의 가치와 양립해 살 수 없다는 사실을 재확인한다.

때때로 영웅은 〈닷지 시티〉나 〈황야의 결투〉에서처럼 자신의 복수를 수행하기 위해 법 집행자 같은 직업을 받아들인다. 그러나 그는 자신의 개인적인 충동을 만족시키면 공동체 스스로 살아갈 수 있도록 그 공동체를 떠난다. 그런 영화들에는 영웅이 권력에 굶주린 마을의 두목과 그의 부하들을 제거하는 것이 공동체를 정화하며, 그렇게 함으로써 사회 질서를 영원히 유지할 수 있다는 암시가 깔려 있다. 〈황야의 결투〉에서 어프 형제와 닥 할러데이가 OK 목장의 결투에서 클렌튼 집안을 파멸시키는 것은 우선 막내 제임스 어프의 살인자에 대한 복수가 수행된 것이고, 두 번째는 이제 질서가 잡힌 툼스톤 마을의 이미지를 무한한 미래로 투사하는 것이다. 총싸움을 벌인 후 와이어트 어프와 그의 동생(헨리 폰다와 워드 본드)이 모뉴먼트 밸리를 가로질러 갈 때 동부 출신의 여선생이 그들에게 손을 흔드는 장면이 나오는데, 이 장면은 끝없이 광활한 사막과 하늘을 배경으로 롱 숏으로 찍혔다. 이런 이미지로 포드는 웨스턴의 주요 캐릭터와 또 그들의 대립적이며 보완적인 이상을 발굴해 냈고, 계속해서 고정시켰다. 마치 그리스 항아리에 새겨진 영국 시인 존 키츠의 나이 먹지 않는 모습처럼 말이다.

🎥 변화하는 영웅: '심리적' 웨스턴과 '전문가' 웨스턴

웨스턴은 민족 설화의 요소로서 미국 문화를 재현한다. 웨스턴은 과거를 통해 현재를 설명하고, 과거를 현재에 맞게 재규정한다. 할리우드 영화 속에 나오는 웨스턴 공동체의 이미지는 우리 자신의 신념과 선입견을 반영하는 경향이 있다. 그리고 장르로서의 웨스턴의 발전은 웨스턴 자체의 법칙을 건설하고 표현하는 반복 작업을 통해, 그리고 현대 미국 사회의 변화하는 신념과 태도를 반영하는 작업을 통해 이뤄졌다.

2차 세계 대전 이후 미국의 관객들이 고전적 웨스턴 형식에 식상하고, 사회 정치적 현실에 더욱 냉정해짐에 따라 웨스턴 공동체의 이미지도 변해 갔다. 즉 영웅의 동기와 임무 의식은 재규정됐다. 사회의 비합리적인 기대에 따를 수 없고, 문명과 공존할 수 없는 사실 등에서 유래한 서부 사나이의 신경증(그리고 경우에 따라선 정신병)을 묘사하는 웨스턴이 1940년대 후반부터 1950년대에 걸쳐 주로 발표됐는데, 이를 '심리적 *psychological*' 웨스턴이라고 한다.

이러한 발전의 주목할 만한 사례 중 하나가 프레드 진네만Fred Zinneman의 〈하이 눈〉이다. 마을 보안관(게리 쿠퍼)은 무법자들이 도착하기를 기다린다. 그들은 자신들의 두목을 감옥으로 보낸 보안관에게 복수하려고 이 마을로 오는 것이다. 무법자들의 도착을 기다린다는 사실이 이 영화에 극적 긴장감을 주는데, 이는 도움을 요청하는 쿠퍼의 호소를 마을 사람들이 무시하거나 회피하는 행동에 의해 더욱 고조된다. 쿠퍼는 종교적 이유로 폭력을 쓰는 데 반대하던 퀘이커교도 아내(그레이스 켈리)와 마지막에 무법자들과 맞대결하고 그들을 처치한다. 그런 이후 쿠퍼는 자신의 보안관 배지를 땅바닥으로 던져 버리고, 공동체 스스로 살아갈 수 있도록 공동체를 떠난다.

아마도 진네만의 '조건 반사적인 자유주의'에 대한 대답은 하워드 혹스Howard Hawks의 〈리오 브라보〉(1958)일 것이다. 이 영화는 더 폐소공포증적이고 무기력한 공동체에서의 비슷한 상황을 그리고 있다. 그러나 혹스는 그 특유의 남성 우월적인 시각을 드러낸다. 지역 보안관(존 웨인, 보좌관들인 딘 마틴, 월터 브래넌, 리키 넬슨과 함께)은 겁먹은 시민들의 협조 제안을 "이것은 아마추어들이 할 일이 아니다"라며 계속 거절한다. 웨인과 그의 동료들은 우위에 있어, 영웅들과 공동체는 서로 간섭하지 않는 것으로서 맞선다. 〈하이 눈〉과 〈리오 브라보〉는 공동체와 공동체의 구원자인 영웅에 대해 본질적으로 서로 다른 시각을 보여 주고 있지만, 동시에 두 영화는 모두 영웅이 공동체와 공존할 수 없다는 사실을 강조하고 있다. 결론적으로 말해 영웅을 사회 질서의 수호자로 행동하게 하는 것은 그가 법 집행자라는 자신의 직업에 대해 갖고 있는 전문가로서의 존엄성과 책임의식이다.

혹스의 영화가 진네만 영화의 대답인 것처럼, '전문가professional' 웨스턴은 심리적 웨스턴에 대한 할리우드의 대답이다. 일반적으로 심리적 웨스턴은 다음과 같은 질문을 제기한다. 즉 윤리적으로 올바르고 사회적으로 자립적인 서부 사나이가 어떻게 억압적이고 제도화돼 있으며 겁에 질려 있고 감사할 줄 모르는 공동체를 미치지 않은 채 계속 보호할 수 있는가 하는 것이다. 전문가 웨스턴은 이 질문에 대한 대답으로 다음 두 방법 중 하나를 선택한다. 첫째, 서부 사나이는 돈을 받고 일을 하는 것이다. 즉 서부 사나이는 자신의 특별한 재능을 공동체가 평가한 대로 파는 것이다. 둘째, 그렇지 않으면 무법자가 되는 것이다.

윤리적으로 올바른 고전적 서부 사나이가 자기 고유의 명예율에서 방향을 전환한 것은 웨스턴에 나오는 공동체의 시각이 변화하는 것과 밀접한 관계가 있다. 법과 질서에 대한 공동체의 개념이 그러한 질서를 가능하게 했던 거친 개인주의자들을 점차 몰아 냄에 따라 개인주의자 서부 사나이들은 서로 의지하거나 이전에는 적대시했던 무법자들에게로 방향 전환한다. 이런 점에서 서부 사나이들에게는 그들이 다른 무법자 유형에서 발견해 낸 '도둑의 명예honor among thieves'가 그를 거세하려는 공동체의 요구에 굴복하는 것보다는 낫다.

결과적으로 이때의 많은 웨스턴들은 나이 들었지만 여전히 카리스마적인 영웅이 이끌어 가는 그룹을 등장시킨다. 카리스마적인 이 영웅은 전문 살인자 아니면 무법자로 일하든 대가를 요구하는데, 이는 고전적 서부 사나이의 명예율을 훼손하는 것이다. 과거 20년 동안에 발표된 전문가 웨스턴 중 주목할 만한 작품은 다음과 같다. 〈리오 브라보〉, 〈황야의 7인〉, 〈프로페셔널The Professionals〉(리처드 브룩스Richard Brooks, 1966), 〈엘도라도〉, 〈와일드 번치〉, 〈진정한 용기True Grit〉(헨리 해서웨이, 1969), 〈내일을 향해 쏴라〉, 〈카우보이들〉, 〈미네소타 대습격The Great Northfield Minnesota Raid〉(필립 카우프만Philip Kaufman, 1972), 〈컬페퍼 소몰이 회사The Culpepper Cattle Company〉(딕 리처즈Dick Richards, 1972), 〈미주리 브레이크The Missouri Breaks〉(아서 펜, 1976) 등이다.

이런 영화들에서 사라진 것은, 어떤 생계 수단도 갖고 있지 않았던 영웅적이고 소외된 카우보이다. 과거에 그는 윤리적인 시각과 정신적인 가치의 문제로 자신이 보호했던 공동체와 떨어져 — 근본적으로는 그 위에 — 있었다. 이제 그는 냉소적이며 자의식적인 사람이 되었고, 특히 '편입'됐다. 바로 이런 특질이 그를 점차 비영웅적으로 만들며, 우리와 같은 평범한 사람으로 만든다. 비록 서부 사나이가 초기 웨스턴의 반신半神 같은 영웅(많은 면에서 다른 사람들이나 자연보다 우월한)에서 점차 전락하여 정신적으로 더욱 복잡하며 일반적으로 말해 더욱 동정적인 인물이 됐음에도 불구하고 그는 자신만의 구별되는 행동, 즉 소외된 명예 의식을 유지한다. 그는 죽음에 직면해서도 낭만적인 입장을 취한다.

예를 들어 샘 페킨파의 〈와일드 번치〉(1969)는 1차 세계 대전 발발 직전 미국 남서부와 멕시코에서 폭력을 자주 행사했던 무법자 집단(윌리엄 홀든, 어니스트 보그나인, 워런 오츠, 에드먼드 오브라이언, 벤 존슨 등)의 행적을 묘사한다. 무법자 집단은 신, 인간, 자연의 법칙들을 똑같이 무시하며 위반하는데, 그 위반의 원인 제공자는 사회의 진보다. 은행과 철도로 특징 지을 수 있는 대규모 사업이 이 집단을 미국에서 몰아냈고, 그들은 도둑이나 다름없는 멕시코의 부패한 군대와 정면 대결을 벌인다. 집단 중 한 명이 멕시코의 도둑들(대장은 자신의 말을 자동차와 교환하고, 전쟁 도발자 독일군과 거래를 한다)에게 포로로 잡혀 고문을 당할 때 그들은 자살 행위나 다름없는 최후의 영웅주의적 행동(바로 미국의 '국민적 이해'에 다름 아니다)을 한다. 영화화된 것 중 가장 스펙터클한 총격전 중 하나에 속하는 이 장면에서, 와일드 번치와 도둑 군대는 서로를 파괴한다. 급속한 컷과 슬로 모션으로 구성된, 피와 죽음의 꿈 같은 장면이다.

이런 역설적인 결말은 〈황야의 7인〉과 〈내일을 향해 쏴라〉에서도 발견된다. 두 영화 모두에서 무법자 집단은 시간과 문명에 의해 미국 밖으로 밀려 나가 그곳에서 자신들의 사업을 수행한다. 그러나 그들은 그렇게 함에도 불구하고, 미국의 이데올로기에 기본이 되는 영웅의 약호에 충실한 자세를 견지한다. 그리고 세 영화 모두에서 무법자 집단은 미국 개척지에서 진보된 문명에 의해 전복됐던 집단의 임무 의식을 재생해 냈다. 이런 임무 의식은 여전히 집단의 행동과 태도를 결정한다. 그리고 집단의

궁극적인 전문가 웨스턴이라 할 만한 샘 페킨파의 〈와일드 번치〉는 1차 세계 대전 당시의 사라지는 서부를 보여 준다. 여기서 그들(벤 존슨, 워런 오츠, 윌리엄 홀든, 어니스트 보그나인)은 멕시코 군대와 자살 행위나 다름없는 최후의 대결을 벌이러 나선다.

임무 의식은 대개 그 자체로 종말을 맞는다. 다시 말해 영웅적 중재자로 서의 사회적 기능은 자기 도취적이고 정형화된 의식으로 나타난다.

샘 페킨파는 존 포드 이후 그 어떤 웨스턴 감독보다 자신들의 역할 과 환경이 끝난 뒤에까지 살아남았던 서부 사나이들의 개념을 더 잘 이 해했고 정확히 표현했다. 특히 〈하오의 결투〉, 〈던디 소령*Major Dundee*〉 (1964), 〈와일드 번치〉, 〈케이블 호그의 발라드*The Ballad of Cable Hogue*〉 (1970) 같은 영화에서 페킨파는 나이 든 부적격자 영웅을 기용함으로써 강렬한 역설과 향수의 개념을 불러일으켰다. 그의 남자들은 무기력하게 도 역사의 냉혹한 흐름에 적응하지 못한다. 비극적이게도 말이다. 이런 영화 중 가장 생생한 것은 존 포드의 〈리버티 밸런스를 쏜 사나이〉와 같 은 해(1962년)에 만들어진 〈하오의 결투〉다(두 영화 모두 옛 서부와 옛 서부의 가 치가 사라지는 데 대한 안타까움을 표현한 것이다). 랜돌프 스콧과 조엘 매크리어 는 이제 술집에서 바텐더로 일하거나 와일드 웨스트 쇼에서 총솜씨나 선 보이며 살 정도로 전락해 있다. 랜돌프 스콧과 조엘 매크리어, 두 배우는 1940년대와 1950년대의 수많은 웨스턴에 출연했던 다른 카우보이들처 럼 친숙한 카우보이 이미지를 가진 그런 인물들이다. 〈하오의 결투〉의 오 프닝 숏은 새로운 서부에 영웅이 잘못 놓여 있음을 설정한 뒤, 그가 그 런 새로운 서부에서 살아남기 위해서는 무엇을 해야 하는지를 보여 준 다. 매크리어(스티븐 저드 역)는 광물 선적을 보호하는 일을 하기 위해 자신 의 바텐더 직업을 그만두고 이 마을에 도착한다. 즉 그의 전성기 시절 자 신을 지탱했던 그런 종류의 직업으로 행복하게 돌아온 것이다. 마을은 이제 자동차, 경찰, 심지어 와일드 웨스트 쇼까지 있을 만큼 현대적이다. 그 쇼에서 저드는 자신의 전 보좌관이고, 이제는 막간을 이용해 쇼나 하 고 지내는 길 웨스트럼(랜돌프 스콧)을 만난다. 이런 오프닝 시퀀스는 옛 서부를 새로운 서부에 대비시킬 뿐만 아니라, 매크리어/저드와 스콧/웨스트럼 사이의 대립 요소를 구축한다. 매크리어/저드는 사회 질서의 수호자라는 역할을 계속하려는 자신의 이상적인 욕망을 유지하고 있다. 반면에 스콧/웨스트럼은 자신의 보안관 보좌 경력으로 수입을 올리려는 실용주의적인 의지를 선언한 것이다. 저드는 광물 선적으로 웨스트럼을 도울 수 있다고 생각하고 그를 고용한다. 그러나 웨스트럼은 자신이 마지막에 광물을 독차지할 수 있을 것이라는 다른 이유로 그 고용을 받아들인다. 저드의 시대 역행적인 이상주의와 웨스트럼의 이기적인 순응은 영화전체를 통해 중심 갈등으로 기능한다. 이런 분열은 후계자-영웅(헤크 롱트리 역의 론 스타)의 등장으로 더욱 증폭된다. 그는 두 사람의 대립되는 세계관 중에서 반드시 하나를 선택해야 한다. 후계자는 선적물을 강도질하려는 웨스트럼의 계획을 결국 거부한다. 그리고 마지막에 웨스트럼은 클라이맥스를 이루는 다른 무법자들과의 막판 대결에서 저드와 롱트리 편을든다. 융통성 있고 실제적인 웨스트럼과 후계자 롱트리는 총싸움에서 살아남지만, 저드는 치명적인 상처를 입고 쓰러진다.

　마지막 장면은 오버 더 숄더로, 지면에서 시점 숏으로 촬영되었는데, 우리는 죽어 가는 저드의 시각에서 저 멀리 있는 '하이 컨트리'를 바라보게 된다. 〈셰인〉의 마지막 장면(이 영화는 물론 〈셰인〉보다 훨씬 더 황량했다)에서처럼, 이 영화 속의 서부 사나이의 입장은 신화적으로 재확인되고 있다. 그러나 셰인이 문명의 한계를 넘어 영원한 공간 같은 산 속으로 말을 타고 간 것과는 달리, 저드는 죽어 가며 그 산들을 바라보는 것만으로 만족해야 했다.

　그러나 페킨파의 지친 듯한 시각도 1972년의 주목할 만한 웨스턴인 〈매케이브와 밀러 부인McCabe and Mrs. Miller〉에 드러난 로버트 알트만

Robert Altman의 시각에는 적수가 되지 못한다. 알트만의 영화에서는 은둔해 있던 영웅이 기적적으로 세 명의 살인자를 물리치고, 상처 입은 채 땅 위에 누워 있는데 내리는 눈이 그를 덮어 얼어 죽을 판이다. 알트만 영화의 플롯은 〈셰인〉과 비슷한 감이 없지 않다. 폭력적이었고 숨기고 싶은 과거가 있는 카리스마적인 인물은 공동체 안에서 결국 자신의 존재를 드러낸다. 그리고는 마지막에 마을을 통제하려는 권력에 굶주린 세력과 혼자 힘으로 대적한다는 내용이 그렇다.

그러나 두 영화는 사실 공통점이 별로 없다. 셰인이 술이 달린 사슴 가죽 옷을 입고, 6연발 권총을 가진 채 푸른 숲 계곡을 말을 타고 들어오는 것에 반해, 매케이브(워런 비티)는 정장과 경마용 모자를 쓰고, 데린저 권총을 숨긴 채 장로교 교회가 있는 음울하고 비에 젖은 마을로 말을 타고 들어온다. 매케이브는 땅에서 일하는 대신, 광산 마을에서 최초의 철물점을 연다. 〈매케이브와 밀러 부인〉에서는 반드시 보호받아야 할 것은 땅이 아니라, 이런 특수한 공동체에서는 생명의 피가 된 비즈니스다. 즉 매케이브의 매음굴이 그것이다. 매리언 스타레트*의 정숙한 가정주부는 이 영화에서 경험 많은 여자이고 창녀(섹스는 단지 교환의 필수품)인 콘스탄스 밀러(줄리 크리스티)에 의해 대체된다. 밀러는 매케이브의 빈약한 사업을 대규모 사업으로 확장시킨다.

마지막 대결투는 매케이브가 그 '집'의 몫을 팔라는 보이지 않는 기업의 요구를 거부할 때 이미 예상된다. 매케이브가 기업에 고용된 세 명의 킬러와 거리에서 총으로 가지고 놀듯 싸움을 벌일 때, 마을의 다른 사

---

* 〈셰인〉에 나오는 조이의 어머니.

〈매케이브와 밀러 부인〉에서 특이한 서부 사나이인 존 매케이브(워런 비티)는 역시 특이한 살림꾼인 밀러 부인(줄리 크리스티)을 맞아들인다. 그녀는 매케이브의 사업 계획을 도와 주러 시골 마을에 도착한다.

람들은 반쯤 건설된 교회에서 불과 싸움을 벌인다. 햇빛 속에서 교회의 기공을 축하했던 존 포드의 〈황야의 결투〉(1946) 속 공동체 주민들과는 역설적으로 다르게, 여기에선 마을 주민들이 교회를 구하기 위해 함께 작업하고 있지만 그들 가운데 교회에 다닐 사람은 거의 없을 것같이 보인다. 실제로 〈매케이브와 밀러 부인〉에 나오는 교회는 텅 빈 조개껍질 같은 것이다. 공동체 자체의 가치와 미래가 공허한 것처럼, 교회는 앞면만 있다. 매케이브의 진정한 영웅주의적 행동은 마을 사람들이 정신적 실체가 없는 형식적인 건물을 구해 내려고 헛되이 일하듯이 눈에 띄지 않는다. 매케이브는 마지막에 가서 수많은 서부의 일반적인 영웅들과 합류한다. 이는 자신의 판단에, 그리고 사랑했던 밀러 부인의 이의 제기에 반대되는 행동이다. 그럼으로써 그는 자신의 개인적인 정체성을 재확인하고, 그 자신이 개척 이주민이 되어 자신의 재산을 보호하고, 그리고 '남자는 해야 할 일을 반드시 해야 한다'는 서부의 기본적인 주제를 강조했다.

🎥 이상화된 과거: 웨스턴

웨스턴은 갱스터나 하드보일드 탐정물 장르와 마찬가지로 사회 진보의 필연성과 사회 진보와 관련된 개인의 희생을 인식했다. 문명과 역사의 냉혹한 흐름과 그에 따른 웨스턴 영웅의 필연적인 변모, 혹은 아마도 그것 때문에도 불구하고 주인공의 영웅적인 모습은 살아남았다. 영웅의 개인적인 특성과 자세에 관련된 가치들은 관객에게 그가 제공한 사회 질서만큼이나 중요하다. 영화의 마지막에 나오는 폭력적인 종결과 서부 사나이의 떠남은 그것이 황혼 속이든 무덤 속이든 간에 사회 질서를 보장할 뿐 아니라, 서부 사나이에 의해 실현된 금욕적인 자립심과 폭력의 의지를 영원하게 만들었다. 수정주의 역사학자들은, 영웅적 전형은 할리우드 영화가 만들어 낸 와이어트 어프나 빌리 보니 같은 남자들과는 달랐다고 주장할지 모른다. 그러나 바로 이것이 장르 영화의 신화적 용량을 나타내는 것이다. 다시 말해 이런 영화들은 과거 자체를 찬미하진 않는다. 대신 과거에 대한 현재의 이상화된 비전을 찬미한다. 바로 그 비전이 우리의 현재 태도와 가치에 관련된 토대를 형성하고, 그 모델로서 기능한다.

존 포드와 웨스턴의 진화

질문 〈리버티 밸런스를 쏜 사나이〉에서 당신은 존 웨인과 옛 서부에 동정심을 갖고 있는 듯하다.

포드 글쎄, 웨인이 실제적으로 주역을 했다. 제임스 스튜어트가 많은 장면에 등장했지만 웨인이 중심 인물이고, 그가 모든 일의 동기였다. 나는 잘 모르겠다. 둘 다 좋아하며 그들 모두가 좋은 배우라고 생각한다. 그러나 나는 스토리를 더 좋아한다. 그뿐이다……

질문 그렇지만 영화의 끝부분에서는 베라 마일스는 여전히 웨인을 사랑하고 있는 것 같았다.

포드 물론, 우리는 그런 식으로 만들었다.

질문 서부를 담은 당신 영화는 최근 수년 사이에 비극적 정조를 띠고 있다. 예를 들어 〈웨건 마스터〉(1957)와 〈리버티 밸런스를 쏜 사나이〉 간의 분위기가 다르듯이 말이다.

포드   그럴 수도 있겠지만 잘 모르겠다. 나는 심리학자가 아니다. 아마 내가 늙어
       가기 때문일 것이다.

— 피터 보그다노비치Peter Bogdanovich와의 인터뷰에서[2]

우리 모두는 점점 늙어 간다. 나이를 먹으며 우리는 우리의 꿈, 우리의 신
화을 형성했던 것에 점차 예민해지는 것 같다. 나는 다른 사람들보다 약
간 조숙한 편이었다. 나는 1950년대와 1960년대에 성장했다. 앤터니 만
Anthony Mann, 버드 뵈티처Budd Boetticher, 샘 페킨파의 '반웨스턴'을 보며
철이 들었다. 그리고 그중에서 포드의 웨스턴은 가장 전복적인 것 같았
다. 그의 영화는 전통적인 카우보이 영화 같으면서도 애석함과 향수를 불
러일으키는 감정을 남기고 있었기 때문이다. 내 영화 체험에 있어 전환
점이 되었던 순간은 아마도 〈리버티 밸런스를 쏜 사나이〉의 마지막 장면
을 보다 내 눈에 눈물이 일렁이는 것을 알았을 때일 것이다. 사실 당시 순
진한 풋내기였던 나로서는 왜 결말이 그렇게 되는지 이해되지 않았다. 우
선, 제임스 스튜어트와 신본 마을 그리고 아메리칸 드림은 승리했는가?
전형적인 악당인 리 마빈은 파멸됐는가? 그리고 영웅적인 존 웨인은 평
화롭게 잠들었는가? 하지만 이런 흥미롭기 그지없는 질문에 대한 답은
그리 쉽게 나오지 않았다.

조셉 맥브라이드Joseph McBride와 마이클 윌밍턴Michael Wilmington은
포괄적인 포드 연구서에서 이렇게 주장했다. "포드 영화는 신화를 수용
한 역사를 보여 주면서 신화의 순수성을 훼손한다."[3] 대립적인 충동과 모
호한 종결에 대한 내 혼동된 반응이 그 증거인 〈리버티 밸런스를 쏜 사나
이〉의 풍부한 복잡성은 웨스턴 장르가 반세기 전의 '카우보이 오페라'와

'서부 멜로드라마' 이래로 긴 여정을 걸어 왔음을 암시한다. 포드의 경력은 그 반세기 전부터 시작됐다. 그리고 다른 어떤 감독들보다 그는 웨스턴을 이해했으며 이 장르의 점진적인 발전에 영향을 끼쳤다. 웨스턴은 단순하고 간단한 건국 의식에서부터 미국의 역사와 이데올로기 — 그리고 웨스턴 장르 그 자체까지 — 가 반영되고 세밀하게 점검되는 세련된 형식으로까지 성장했다.

🎥 포드와 웨스턴의 세련화

존 포드는 1917년(〈폭풍*The Tornado*〉)부터 1964년(〈샤이엔족의 가을*Cheyenne Autumn*〉)까지 웨스턴을 감독했다. 그는 100편 이상의 할리우드 영화를 감독했고, 그중 반 이상이 웨스턴이다. 비록 6개의 아카데미상이 그가 만든 '진지한' 영화에 수여됐지만, 포드의 영화 유산 중 웨스턴이 가장 중요한 위치를 차지한다는 사실은 명백하다. 사실 포드는 사운드의 도입 이후 예산과 기술의 한계 때문에 웨스턴을 거의 포기했다. 그러나 그는 1939년 〈역마차〉와 함께 웨스턴으로 돌아왔고, 할리우드의 웨스턴을 대중에게 가장 사랑받는 것으로 재생해 냈다(전하는 바에 따르면 포드의 〈역마차〉 제작 제의를 받은 폭스사 책임자의 첫 반응은 "우리는 더 이상 웨스턴을 만들지 않는다"는 것이었다고 한다). 〈역마차〉에서 포드는 과거의 어떤 감독도 이룩하지 못했던 형식의 주제적 긴장, 시각적인 스펙터클, 생래적인 신화적 매력을 완성했다. 그는 자신은 물론 그가 만들었던 수많은 무성 영화들조차 초월했던 것이다. 사실 웨스턴에 끼친 포드의 영향이 너무 본질적이기 때문에 〈역마차〉를 웨스턴의 잠재적 아름다움과 주제적 복잡성을 전면으로 이끈 영

〈리버티 밸런스를 쏜 사나이〉의 촬영 현장에서 주연인 제임스 스튜어트, 존 웨인과 함께한 존 포드 감독.

화로 간주해야 할 것이다. 그리고 더 나아가 만일 포드의 웨스턴이, 특히 더욱 최근에 만들어진 그의 영화들이 없었다면, 웨스턴 장르를 더 이상 논의할 수도 없을 것이다.

1968년 앤드루 새리스는 이렇게 말했다. "포드 영화, 특히 후기 포드 영화는 스토리나 성격 묘사 그 이상이다. 다시 말해 그의 영화는 자신의 환경과 그 행동 수칙에 대한 감독의 태도다."[4] 이런 간단한 문장으로 새리스는 포드가, 그리고 웨스턴 장르가 단순한 이야기를 그대로 전달하는 수준에서 이야기의 본질과 전달하는 행동에 대해 점차 관심을 가지는 수준으로까지 발전한 것을 강조했다. 〈역마차〉 이후 계속해 성공적인 웨스턴을 발표하면서 고전적 웨스턴 형식에 대한 포드의 태도는 스타일이나 주제 면에서 점차 자의식적으로 변해 갔다. 점진적으로 그는 자신의 영화적, 내러티브적 강조점을 웨스턴의 '주제 문제'에서 웨스턴 내러티브의 형식과 문화적 기능으로 옮겨 갔다. 한 감독이 장르에 미친 영향력을 따지는 것은 항상 어려운 법이다. 심지어 아주 창의적인 감독이 굉장히 인습적인 형식 내에서 작업하는 것을 고려할 때도 그렇다. 그러나 웨스턴 장르에 대한 포드의 기여를 점검할 때면, 그가 웨스턴 영화 감독들 중 가장 영향력 있는 감독들 중 한 명(최고로 영향력 있는 감독이 아니라면)이라고 결론짓는 것은 아주 간단한 일이다. 더 나아가 웨스턴을 다루는 포드의 발달 과정을 설명하는 것은 곧 웨스턴 전체의 발달 과정을 설명하는 것이된다. 이런 발달을 세밀하게 점검하기 위해서 10년 단위로 연속하여 제작된 포드의 웨스턴 4편을 비교하고 대조할 것이다. 네 작품은 공개될 때 모두 폭넓은 인기를 얻었고, 지금은 할리우드의 가장 위대한 웨스턴 가운데 하나로 여겨진다. 즉 〈역마차〉(1939), 〈황야의 결투〉(1946), 〈수색자〉(1956), 〈리버티 밸런스를 쏜 사나이〉(1962)가 바로 그것이다.

🎥 웨스턴 장르의 선구 〈역마차〉

앞에서 논의했던 대로 〈역마차〉는 고전적 웨스턴과 유사한 직선적인 내러티브를 갖고 있다. 즉 전설적이고 심리적으로 복잡하지 않은 안정된 영웅(링고 키드 역의 존 웨인)이 인디언의 공격으로부터 역마차의 승객들을 보호한다. 그렇게 함으로써 그는 로즈버그에 도달하고 동생을 죽인 살인자에게 복수한다. 플러머 형제들에게 위협받던 마을에 혼자 들어온 뒤, 링고는 댈러스와 함께 말을 타고 황혼 속으로 떠난다. 그는 한계 없는 지평선 너머에서의 새로운 삶을 약속했던 것이다.

〈역마차〉는 종종 상투적이며 인습적이라고 비판받기도 하지만, 그 이전이나 당시의 주류 웨스턴보다 이미지에 있어서, 그리고 주제에 있어서 상당히 진보된 모습을 보였다. 비록 〈역마차〉의 등장인물이 기본적으로 일차원적인 캐릭터에 머무르고, 결말에서 기병대가 구조대가 되는 클라이맥스의 상투성을 보이며, 링고를 '도피자'로 설정하여 무법자 신분을 해결하는 방식 등의 인습적인 면이 보이지만 말이다. 이 영화는 두 가지점에서 시각적으로 전례가 없는 것이었다. 웨스턴의 전형적인 환경으로 모뉴먼트 밸리를 묘사한 점, 그리고 감각적이고 통제된 포드의 카메라워크가 그것이다. 포드는 계곡의 광대함을, 닫혀 있고 사회적 의미를 지닌 역마차 공간과 중간 역 그리고 다른 실내 장소와 대조하며 교묘하게 균형을 이루었다. 그는 시각적인 대립 요소들을 구축했다. 이 요소들은 영웅의 분리된 자아(비문명화된 반항자 대 사회 질서의 수호자)와 웨스턴의 기본적인 자연/문화 간의 대립을 강조한다.

〈역마차〉는 포드가 내러티브와 시각적인 면에서 공동체 의식에 대해 관심을 갖고 있음을 보여 준다. 이 점은 그의 후기 웨스턴에서 더욱 분명히 드러난다. 포드가 잘 이해하고 있었듯이, 이런 의식들, 즉 춤, 결혼, 장례식 그리고 〈역마차〉에서처럼 아기의 탄생 등이 사실 웨스턴 장르 자체를 구별짓는다. 형식적인 면에서 이 의식들이 공동체와 그 집단적인 가치를 분명히 드러내고 정의한다.

포드는 아주 친숙한 사건에 여행자들이 어떻게 반응하는가를 추적함으로써 캐릭터와 지배적인 주제를 설정한다. 사회의 많은 가치를 더욱 굳건하게 하는 게 친숙한 사건이다. 예를 들면 이런 것들이다. 인디언의 공격에 직면하여 강제 징집할 것인가의 여부를 결정하는 '민주적' 투표, 좌석 배열과 제스처가 식사 참석자의 사회적인 위치와 태도를 암시하는 집단적인 식사, 여행자 중 한 명에게 일어나는 예상치 못했던 아기의 출산 등이다. 아기의 출산 시퀀스는 특히 중요하다. 이는 여행의 진행을 복잡하게 할 뿐만 아니라, 미래 세대를 잠재적인 유토피아인 야만적인 황야에 위치짓는 것이다. 링고의 동료인 반항자 닥 분과 댈러스가 그들에게 내재된 영웅성을 입증하는 것도 바로 이런 위기 때다. 그들은 소우주 같은 역마차 세계에 윤리적이고 인간적인 차원을 첨가했다. 다른 승객들은 문명화된 사회의 더욱 전통적인 역할을 대표한다. 그러나 이들 두 사람은 사회 신분이나 물질적인 부에 대한 관심으로 성격지어진 그런 문명을 초월했던 것이다.

분이 술기운에서 깨어나 성공적으로 아기의 분만을 도운 이후 댈러스는 밤새도록 산모와 아기를 보살핀다. 그녀가 새로 탄생한 아기를 다른 사람들에게 보여 줄 때, 그녀와 링고는 무언의 결합(효과적으로 두 사람을 번갈아 가며 클로즈업한다)을 이루고, 이는 나중에 실현된다. 무언의 대화를 통해 포드는 링고, 댈러스, 아기를 개척지의 진실로 신성한 가족으로 구분짓는다. 이에 대한 모티브는 영화 마지막에서 이들 커플이 사막 속으로

도주하는 것으로 강조된다. 따라서 서부 사나이와 여성을 하나로 묶고, 개척지의 이상적인 공동체로의 약속을 제공하는 것은 바로 사회 단위의 핵인 가족인 것이다.

🎥 〈황야의 결투〉: 유토피아 웨스턴

〈황야의 결투〉(1946)는 〈역마차〉처럼 서부 사나이와 여성 간의 비유적인 결합을 보이며 종결된다. 그러나 여기서는 구원자–영웅은 혼자 말을 타고 떠난다. 단지 그는 클레멘타인(캐시 다운스)에게 공동체로 다시 돌아올 수도 있다는 모호한 암시만을 남긴다. 사실 〈황야의 결투〉는 〈역마차〉와 비교할 때, 영웅은 개인적인 역할과 사회적인 역할을 기본적으로 융합하지 못한다는 사실을 인식하고 있다는 점에서 덜 순진한 영화다. 그러나 금욕적이고 자립적인 구원자로서 와이어트 어프(헨리 폰다)를 이상적으로 묘사한 점은 더욱 순진한 것으로 간주될 수 있다.

링고의 캐릭터는 기본적으로 일차원적이고 정적이다. 그러나 링고의 무법자 신분(정당화되지 않았지만)은 그의 친사회적이고 구원자적인 행동에 모호한 구석을 남긴다. 그러나 〈황야의 결투〉의 영웅과 공동체는 애리조나의 태양이 만들어 낼 수 있는 가장 긍정적인 빛깔로 묘사돼 있다. 이런 점에서 보면, 두 영화 중 보다 신화적이고 고전적인 웨스턴은 〈황야의 결투〉다. 포드가 〈역마차〉에 도입한 요소인 사운드, 도상(모뉴먼트 밸리와 존 웨인), 통일된 주제, 가치, 캐릭터 등은 〈황야의 결투〉에서 반드시 설정되는 의례적 형식으로 굳어졌다. 이 형식이 바로 서사적이고 영웅적인 인물과 유토피아 공동체를 찬미한다.

링고(후에는 〈수색자〉의 이산 에드워즈)처럼 어프는 복수로 동기화돼 있다. 즉 클랜튼 집안이 자신의 동생을 죽이고 소들을 훔쳐 간 뒤, 어프는 툼스톤 마을의 보안관(이전에 그가 거절했던) 직업을 받아들이고, 동생의 무덤 위에서 죽음의 복수를 맹세한다. 영화 전반부에서 어프는 동생의 무덤에서 이렇게 말한다. "아마 우리가 이 마을을 떠날 때 너와 같은 아이들은 안전하게 자라고, 살 수 있을 것이다." 그에겐 가장 중요한 동기가 피를 부르는 것을 내포하고 있지만, 법적 신분 때문에 그는 비난에서 벗어나 있다. 〈황야의 결투〉의 오직 한 가지 사실만이 어프의 냉정하고 세련된 태도와 균형을 이루고, 내러티브에 모호한 구석을 부여하는데, 그것은 바로 닥 할러데이(빅터 마추어)의 존재다. 그는 툼스톤의 술집 주인이며 카리스마적인 권위의 상징이다.

영웅의 친사회적 충성에는 동의하나 그의 동기나 세계관과는 다른 입장에 있는 또 다른 중심 인물을 등용하는 장치는 웨스턴에서 자주 발견된다. 일반적으로 이런 '맞수'는 영웅과 그의 환경에 관련된 원시적 특성과 문화적 특성을 지적해 낸다. 어프와 할러데이는 여러 면에서 대립되는 인물로 나온다. 예를 들면, 어프는 전형적인 서부 사나이인 반면 할러데이는 교육받은 동부 출신 의사다. 어프는 무인武人 같은 인물이지만 오직 필요한 경우에만 무력을 사용하는 금욕적이고 말수 적은 사람인 반면, 할러데이는 교양 있고 똑똑하지만 자주 폭력적으로 성질을 부리는 인물이다. 두 사람 모두 자기 과신적인 권위로 마을을 통제한다. 그러나 어프는 할러데이의 잦은 총질을 경멸한다. 어프는 본능과 상식에 따라 일을 하는 자연스런 남자다. 반면 할러데이는 실연과 직업상의 어려움에서 벗어나고자 서부에 피난처를 찾은 문명화된 남자다.

할러데이는 포드가 배치한 등장인물 가운데 흥미롭고 약간 비정상

'새 보안관과 그의 연인': 〈황야의 결투〉에서 와이어트 어프(헨리 폰다)와 클레멘타인 카터(캐시 다운스)는 툼스톤에 교회 건물이 세워지자 함께 춤을 춘다.

적인 사람이다. 그는 〈역마차〉의 닥 분이나 이후의 〈리버티 밸런스를 쏜 사나이〉의 더튼 피보디처럼 셰익스피어를 암송할 정도로 문명화돼 있지만, 술 없이는 혹은 야만적인 환경에서는 도저히 혼자 살지 못한다. 그러나 〈역마차〉나 〈리버티 밸런스를 쏜 사나이〉의 술 취한 철학자와는 달리 이 영화에서 할러데이는 나이와 신체적 능력에서 영웅의 그것과 대적되는 인물로 나온다. 그래서 그는 예의의 수준 이상으로 어프를 상대한다.

어프와 할러데이 사이의 가장 첨예한 차이점은 물론 영화 제목과 같은 이름의 여성 클레멘타인 카터와 관련돼 있다. 클레멘타인은 보스턴에서부터 할러데이를 따라왔다. 사실 그녀는 신경질적인 의사 닥 할러데이가 이동하며 죽인 건맨들의 시체를 따라온 것이다. 툼스톤에서 할러데이를 찾아냈을 때 클레멘타인은 자신의 '원시적' 맞수와 부딪친다. 치후아후아(린다 다넬)라는 인물로, 그녀는 혈통이 의심스런 술집 여자다. 클랜튼 집안에 대항해 어프와 할러데이는 함께 맞서 싸웠는데, 이는 법과 질서라는 이 영화의 지배적인 주제를 대립 요소로서 강조한 것이다. 이런 강조는 와이어트, 닥, 클레멘타인, 치후아후아로 구성된 4인조가 함께 클랜튼 집안에 맞서는 것으로 보강된다. 4인조는 매혹적인 상호 관계의 망을 형성한다.

어프의 캐릭터를 조절하는 사람은 바로 클레멘타인이다. 그녀는 어프의 딱딱한 태도에 인간미를 불어넣고, 그의 신화적 위치도 무디게 한다. 동부 출신 여자든 나이 들고 철학적인 알코올 중독자(이는 포드 영화에서 변하지 않고 나온다)든, 그 혹은 그녀는 황야라는 무대 장치에 기여하는 바가 있다. 한편 할러데이의 캐릭터는 영화 초반부에 이미 운명지어져 있다. 그보다 더 빠른 속사수나 폐병이 그의 생명을 끝낼 것이라는 사실은 시간이 흐르면 저절로 확인된다. 어프와 그의 임무 수행을 도움으로써 할러데이는 클라이맥스의 총싸움에서 영웅적으로 죽을 수 있다. 그래서 그는 수술 때 자신의 과실로 먼저 죽었던 여성 상대역인 치후아후아와 저 세상에서 결합한다.

〈역마차〉와 마찬가지로 〈황야의 결투〉도 모뉴먼트 밸리에서 촬영된 흑백 영화다. 〈황야의 결투〉의 시각 스타일은 이전의 영화보다 더욱 서정적이고 표현력이 풍부하다. 포드가 사막과 모뉴먼트 밸리를 화면에서 마을 너머에 정교하게 배치한 낮 장면은 특히 그러하다. 이 영화에서는 공동체 너머의 지평선에 대한 정서는 별로 없다. 부분적으로는 우수한 밤 장면 때문이기도 한데, 밤 장면의 대부분은 닥의 알코올 중독적 분노나 클랜튼 집안 사람들의 광적 행동에 초점이 맞춰 있다. 낮 장면에서 우리는 단지 울타리의 말뚝, 거리의 복도 등 남자들이 만든 구조물을 통해서만 지평선을 언뜻 볼 수 있을 뿐이다.

마치 내러티브 전체가 단 하나의 이미지에 집중된 것 같은 아주 드문 장면 중 하나가 교회 시퀀스다. 내러티브가 단 하나의 이미지에 집중된 예로 자주 인용되는 이 시퀀스에서 포드는 수많은 시각적 대립 요소들을 배치했다. 땅과 하늘, 지평선을 배경으로 한 거친 지형, 반쯤 지어진 교회의 서까래와 깃대들로 프레임된 화면 속의 광활한 모뉴먼트 밸리, 그리고 인간과 자연 등의 대조를 볼 수 있다. 마을 사람들이 주일을 맞아 춤을 추는 유려한 의식 시퀀스는 툼스톤 술꾼들이 밤에 보이는 무정부적인 태도와 흥미로운 대조를 이룬다. 어프는 클레멘타인과 함께 춤추는 장소로 걸어가고, 목사는 마을 사람들에게 '새 보안관과 그의 아름다운 숙녀를 위해' 옆으로 비켜 달라고 요구한다. 하늘을 배경으로 두 사람이 춤출 때, 웨스턴 장르의 친사회적인 가치와 이상은 극단적으로 단순한 그러나 영원히 기억될 만한 이미지와 결합됐던 것이다.

그런 이상들은 어프 형제들이 마치 링고가 로즈버그를 청소하듯이 툼스톤 마을을 클라이맥스에서 폭력적으로 청소했을 때 입증된다. 그러나 〈역마차〉에서의 대결투가 화면 밖(포드는 링고가 높은 곳에서 뛰어내리며 총을 쏘는 것을 로 앵글로 보여 준 뒤, 카메라를 근심에 가득 찬 댈러스에게로 옮긴다)에서 일어나는 반면, 〈황야의 결투〉에서의 마지막 총싸움은 정교하며 사람을 죽이는 발레같이 묘사되어 있다. 포드는 '진짜' 와이어트 어프가 전설적인 전투를 직접 묘사한 것을 읽고 OK 목장 시퀀스를 연출한 사실에 만족했다. 전설적인 전투 장면의 갈등은 마치 군사 작전처럼 구성돼 있다. 역사와 연계되어 있는데도 불구하고 — 영화의 신화적 이야기에는 역사적인 게 별로 없지만 — 총싸움 장면은 자연스런 방법으로 연출되지 않았다. 차라리 그것은 육성, 총성, 먼지로 이루어진 꿈 같은 것이었다.

총싸움은 역마차가 먼지 구름을 일으키며 목장을 지나갈 때 시작된다. 6명의 총싸움 참가자들은 프레임의 안과 밖으로 들어왔다 나갔다 하고, 먼지와 총소리는 와이어트와 그의 형제 모간(워드 본드)만이 최후에 남아 서 있을 때까지 계속된다. 이런 의례적인 죽음의 무도는 앞에 나왔던 반쯤 지어진 교회에서의 춤과 대조되고, 그 춤을 보완한다. 다시 말해 사회적 통합은 오직 공동체의 질서가 유지될 때만 생명력을 갖는다는 것을 의미한다. 그런 질서가 확보됐을 때 와이어트 어프는 학교의 새 선생이 된 클레멘타인에게 언젠가는 돌아오리라고 약속한다. 그런 뒤 그와 그의 형제는 모뉴먼트 밸리를 가로질러 서부로 말을 타고 감으로써 공동체를 떠난다.

🎥 2차 세계 대전 이후의 포드의 웨스턴

〈황야의 결투〉와 〈수색자〉 사이의 10년 동안 웨스턴 장르 자체와 그 장르에 대한 포드의 태도는 본질적인 변화를 보인다. 웨스턴 장르의 발전에 결정적 시기였던 2차 세계 대전부터 1950년대 초반까지, 포드는 이상하게도 주류 웨스턴인 '심리적,' '성인' 웨스턴들과는 거리를 두었다. 다른 할리우드의 감독들이 웨스턴과 그 영웅을 어지럽게 수정할 때 — 예를 들어 〈레드 리버〉, 〈백주의 결투〉, 〈원체스터 73〉, 〈악명 높은 랜초*Rancho Notorious*〉(1952), 〈하이 눈〉, 〈벌거벗은 박차〉, 〈자니 기타*Johnny Guitar*〉 — 포드의 웨스턴 만들기는 분명히 시대에 맞지 않았다. 1940년대 후반 그는 '기병대 3부작'인 〈아파치 요새*Fort Apache*〉(1948), 〈황색 리본*She Wore a Yellow Ribbon*〉(1949), 〈리오그란데*Rio Grande*〉(1950)를 감독했는데, 이 영화들은 기병대 대 인디언 간의 대립 관계를 더욱 직설적으로 묘사한 것으로 군국주의 시각에서 서부의 승리를 그리고 있다. 1948년 포드는 1920년의 무성 영화 〈낙인 찍힌 남자들*Marked Men*〉을 〈죽음의 사막*Three Godfathers*〉이라는 제목으로 다시 만들었다. 1950년 그는 서부 팽창주의의 서사극 〈웨건 마스터*Wagon Master*〉를 감독했다. 이 영화는 두 명의 젊은 말 장사꾼들(벤 존슨과 해리 커레이 주니어)이 개척지에 유토피아 같은 공동체를 건설하려는 퀘이커교도들을 인도해 적대적인 인디언들과 무법 약탈자들의 지역을 무사히 지나간다는 내용이다.

재미있는 점은 이런 영화들이 서부 사나이가 속한 환경과 관련된 자연의 세력과 문화의 세력 간을 중재하는 개인주의적이고 자립심 강한 고전적 서부 영웅을 기용하지 않는다는 것이다. 실제로 이런 영화들에는 개인주의적 영웅의 발전된 모습은 보이지 않는다. 비록 존 웨인이 기병대

〈황색 리본〉(1949)은 존 포드의 기병대 3부작 중 두 번째 작품이다. 이 '군사 웨스턴'을 만드느라 존 포드와 그의 단골 출연진들은 계속 모뉴먼트 밸리에 머물러야 했다. 당시 그 장르의 변경에서는 웨스턴의 공식들이 2차 세계 대전 이후 급격한 변화를 겪었다.

3부작에 모두 출연했지만, 그의 군인 신분과 공동체에 대한 무조건적인 헌신은 소외되고 자기류의 강한 구원자라는 그의 더욱 친숙했던 역할을 심각하게 손상시켰다. 웨스턴과 전쟁 영화의 혼합물로서의 기병대 영화는 경쟁적인 공간 내에서 개인 단위로 기능하는 남성 집단을 묘사한다. 임무는 법과 질서를 세우고 미국 동부의 이데올로기를 서부 전역으로 전파하는 것이다. 포드의 '단골 출연진,' 특히 존 웨인, 벤 존슨, 빅터 매래그런, 워드 본드, 해리 커레이 주니어, 존 애거가 이런 집단을 형성한다. 그들의 남성 동지애와 노골적인 친사회적 임무 등으로 인해 개인주의적인 영웅이나 문명과 야만 간의 미묘한 균형은 내러티브에서 거의 고려돼 있지 않다.

군대 집단의 고급 장교로서 웨인이라는 인물은 이 영화에서 가장 중심이 되는 존재이며 아버지 같은 존재다. 웨인이 연기한 완고한 장교들은 그들이 나이 든 인물임이 잘 나타났지만 연기 자체는 그다지 자의식적이진 못했다. 비록 포드가 이런 역에는 반드시 웨인을 기용하려 했고, 배우의 연기도 눈에 띄게 발달했지만 말이다(하워드 혹스의 〈레드 리버〉에 출연한 웨인을 보고 포드는 "나는 덩치 큰 그놈이 연기를 할 수 있을 거라곤 전혀 몰랐다"고 말한 것으로 전해진다). 존슨, 커레이, 본드를 비롯해 포드 영화에 고정적으로 나오는 다른 배우들이 〈웨건 마스터〉에 출연하지만 웨인은 출연하지 않는다. 이 영화는 미국 개척 정신에 경의를 표하는 사탕 같은 낙관적인 작품이다. 포드는 중심 캐릭터나 유도하는 정서 등을 내세우지 않고 웨스턴 내러티브를 다시 발전시킨다. 다시 말해 중심 캐릭터 같은 것 대신에 그는 집단적인 영웅을 선택한 것이다. 그 영웅들이 영화의 임무를 나누어 수행한다.

기병대 3부작 이후 포드는 1950년대 초반 웨스턴 장르에서 5년 동안 안식년을 가졌다. 그리고 그는 웨스턴과 웨스턴의 영웅을 매혹적으로 재해석한 뒤 이 장르로 다시 돌아왔다. 1956년 역작 〈수색자〉로 개선한 포드는 서부와 서부 사나이에 관련된 가장 복잡하고, 가장 비판적이며, 가장 생생하게 기억되는 그림을 창조했다. 이는 영화 관객들이 과거에는 전혀 보지 못한 것이었다.

🎥 포드의 걸작: 〈수색자〉

〈수색자〉는 편집광적이고 방랑적인 영웅(이산 에드워즈 역의 웨인)의 이야기다. 그는 3년간의 잠적 끝에 집에 돌아온다. 에드워즈는 남북 전쟁에서 싸웠고, 그리고는 멕시코의 어디론가로 사라졌다. 그가 나타난 다음 날 인디언 반란 무리들이 그의 가족들을 살육한다. 이산의 과거 애인이며 이제는 그의 형수인 마사(도로시 조던)는 살해되기 전에 인디언들에 의해 능욕당했고, 그녀의 두 딸은 납치됐음을 우리는 알게 된다. 이 살육이 이산과 젊은 후계자 – 영웅 마틴 폴리(제프리 헌터)로 하여금 서부(모뉴먼트 밸리) 전역에 걸쳐 서사적이고 10년 동안이나 이어진 긴 여행을 출발하게 한다.

그들의 수색 대상은 인디언 반란 무리의 두목인 스카(헨리 브랜든)다. 그는 살육에서 살아남은 포로들을 모두 첩으로 데리고 있다. 어릴 때 이산에게 발견되어 이산이 없는 동안 그의 가족들에 의해 길러진 체로키족의 8분의 1 혼혈아인 폴리는 자신의 수양 자매를 문명으로 다시 데려오려 한다. 이산의 의도는 폴리에 비해 덜 이타적이다. 그는 형수의 죽음을 복수하기 위해 스카를 죽이려고 마음먹는다. 그리고 포로로 잡혀 있는 첩(조카딸)도 죽일 계획인데, 그녀가 백인 남자들의 세상으로 돌아오기에는 부적합하다고 여기기 때문이다.

이산과 마틴의 수색 전 과정에 걸쳐, 복잡한 내러티브의 직선적이고 연대기적인 면은 이산이라는 인물에 집중된 내러티브의 대립적인 구조에 종속돼 있다. 수색 자체는 스토리 진행을 위한 시간적인 프레임워크다. 그런데 묘사된 사건들은 원인과 결과의 패턴에 맞지 않는다. 대신 그 사건들은 서부 사나이의 대립적이고 다양한 모습을 가진 인격을 드러내고 입증한다. 사실 영화 전체는 이산이 1인 다역을 하듯이 묘사한 캐릭터들의 나열로 읽힐 수 있다.

돌아오자마자 이산은 형 아론과 대립적인 입장에 놓인다. 텍사스에 남은 순박한 남자 아론은 이산의 애인과 결혼했고, 가족들을 양육했으며, 문명을 위해 황야를 경작했다. 이런 방랑자/개척 이주민의 대립 관계는 이산이 돌아온 다음 날 오전, 신부이자 대위인 새무엘 존슨 클레이튼(워드 본드)이 스카의 반란 집단을 추적하는 일에 아론과 마틴을 징집하려고 에드워즈 집의 문을 박차고 들어올 때 강조된다. 클레이튼도 대립 관계의 혼성물이다. 비록 그가 법 집행자와 성직자라는 두 가지의 제도적 역할에 상당히 편안해하는 것처럼 보인다 할지라도 말이다. 그의 친사회적 신념과 기능은 이산의 방랑적, 반사회적 천성과 정신적으로 또 사회적으로 대립항을 이룬다. 두 사람은 한때 남부 연맹의 장교였지만, 이제 그들은 이데올로기적으로 울타리 쳐진 반대 진영에 속해 있다. 클레이튼과 달리 이산은 남부 연맹의 투항에 참가하지 않았고, 여전히 반군으로서의 신분을 풍긴다. "남자는 한번 한 맹세에 충실해야 한다고 생각한다"고 클레이튼에게 말한 그는 이런 말도 덧붙인다. "나는 아직도 나의 칼을 갖고 있어. [……] 절대로 그것을 보습 만드는 데 넘기지는 않겠어." 이런

탕아의 귀환: 〈수색자〉의 오프닝 시퀀스에서 프레임을 확대한 이 사진은 거친 서부 사나이 이산 에드워즈(존 웨인)가 텍사스의 그의 형 집에 돌아와 따뜻한 환영을 받는 것을 보여 준다.

태도로 이산은 아래 두 사람과 반대 입장에 선다. 먼저 그는 여자와 땅에 의해 가정에 길들여진 아론과 대립된다. 둘째, 그는 인간의 법과 신의 법을 위해 싸우는 전사 클레이튼과도 대립된다.

이산의 유일한 법은 황야와의 오랜 친밀 관계에서 형성된 자기 자신이다. 이산은 시종일관 문명을 무시하고, 문명에 냉담한 인물로 비친다. 그러나 광활한 사막과 자연 환경에 대한 그의 이해는 영화 속의 그 어떤 백인이 보여 주는 이해의 폭보다 훨씬 넓다. 그는 자신의 주변 환경과는 접촉을 하지만, 자신의 주변 사람들과는 접촉을 끊고 있다. 그리고 그는 명백하게 그렇게 하는 것을 좋아한다.

이산의 문명과의 유일한 연결은 마사를 향한 자신의 감정이다. 그에게 그녀는 문명과 야만의 구별을 초월한 존재다. 이산이 사막을 가로질러 오는 것을 보고 가족의 품으로 돌아온 것을 마사가 환영하는 이 영화의 첫 숏에서부터, 포드는 이산이 돌아온 진짜 이유가 바로 그녀 때문이라는 것을 교묘히 암시한다. 살육이 끝난 뒤 이산이 불타 버린 집으로 돌아와서 소리쳐 부르는 유일한 가족은 바로 그녀다. 그녀의 시신을 발견했을 때, 이산의 깊은 공포와 불안이 노정되고 그의 편집광적인 수색은 개시된다.

〈수색자〉의 주제적 핵심은 성적 결합, 성적 금기, 성적 폭력을 포함하는 수많은 남성/여성 간의 관계 주위를 맴돈다. 즉 이산과 마사, 아론과 마사, 스카와 마사, 더 나아가 스카와 마사의 딸 루시(스카는 살육 이후 그녀를 강간하고 죽인다) 그리고 또 다른 딸 데비(스카는 그녀를 첩으로 데려갔다) 간의 관계다. 마사와 그녀의 딸들에 대한 스카의 성적 폭력, 스카뿐 아니라 조카딸도 죽임으로써 복수를 완수하려는 이산의 광적인 욕구, 이 두 가지는 이산과 스카를 긴장되고 도착적인 관계로 끌어들인다.

서부 사나이와 여성 간의 관계는 중요했음에도 불구하고, 이전의 영화에선 일반적으로 종속적인 주제였다. 그러나 여기에서 이 관계는 내러티브의 지배적이고 주제적인 요소로 나타난다. 〈황야의 결투〉 같은 고전적 웨스턴에서 영웅이 자신의 성적, 가정 지향적 성향을 억압하는 것은 캐릭터의 긍정적인 특성이었다. 다시 말해 서부 질서의 최고 수호자로서 영웅은 자선과 자기 억압적인 고독이라는 무언의 약호에 헌신했다. 〈수색자〉에서 영웅의 성적 억압 ― 마사와 조카딸들에 가해진 폭행에 대해 그가 느끼는 죄책감에 근거한 ― 은 정신질환적인 면을 함축하고 있으며, 이산이 마지막에 스카의 머리 가죽을 벗길 때 그 억압은 해소된다. 임무가 완성되고, 그의 편집광이 잠재 의식의 세계로 다시 돌아갔을 때, 이산은 백인 문화와 인디언 문화 모두에 등을 돌리고 사막을 가로질러 망각의 세계로 떠나간다.

스카와 그의 반역 무리들이 문명화된 개척 이주민들에게 전통적인 위협 이상으로 비쳐지는 반면, 포드는 인디언 문화에 대한 묘사와 스카와 이산 간의 관계에 대한 묘사로서, '붉은 피부*Redskins*' 인디언들을 비인간적인 것으로 그렸던 웨스턴의 전통을 근본적으로 변형시켰다. 인디언들은 단순히 자연의 위협이며, 개인적인 정체성 혹은 문화적인 정체성도 갖고 있지 않은 것으로 그려진 〈역마차〉와는 다르게, 여기에서 그들은 백인들의 문명과 병렬되는 자치 문명의 창조자로 그려져 있다. (포드는 한때 〈역마차〉에 대해 토론하면서 이렇게 말했다. "관객들은 인디언들이 살해되는 것을 보고 싶어 한다. 그들은 인디언들을 인간으로 생각하지 않는다. 인디언들이 자신들만의 위대한 문화를 갖고 있음에도 불구하고 말이다. 또 그들의 문화를 우리의 것과는 아주 다른 것으로 간주한다. 그러나 만일 당신이 그들의 문화를 자세히 분석해 보면, 그들의 종교가 우리의 종교와 상당히 유사하다는 것을 발견할 것이다.")[5]

인디언 문화에 대한 이런 동정적인 묘사 때문에, 스카와 이산은 사회적 신분이 아주 비슷한 것으로 비친다. 두 사람 모두 폭력적으로 자기 가족에 대한 복수를 했고, 그들 각자의 문명에는 반역자들이다. 스카의 두 아들은 몇 해 전 백인에 의해 살해됐고, 이산 가족을 살육한 것은 단순히 수많은 보복의 하나에 불과하다. 이산처럼 스카는 적의 언어와 문화적 약호를 안다. 또 이산처럼 그는 적에 대한 증오를 아주 강렬하게 키워 왔기 때문에, 그 증오는 궁극적으로 복수를 하려는 원래의 동기를 초월해 있는 것 같다.

포드는 푸른 눈(그러나 피부는 갈색인)의 앵글로색슨 계통인 헨리 브랜든을 스카로 캐스팅했는데, 이는 스카와 이산 간의 형제로서의 관계를 피부색으로서 강조한 것이다. 포드는 자신의 웨스턴에 진짜 미국 인디언들을 캐스팅한 사실에 자부심을 갖고 있었다. 그러나 〈수색자〉에서 그 진정성은 사실적 측면보다는 수사적 내지는 상징적 표현의 측면에 강조점을 둔다. 육체적인 특징으로 스카는 자기 사람들과 구별되고, 반면에 서부 사나이와의 관계는 강조된다. 스카와 이산이 육체적으로 비슷한 점을 갖고 있으며, 비슷한 동기도 갖고 있다는 사실은 영화의 후반부에서 그들이 만날 때 재확인된다. 머리가 쭈뼛해지도록 긴장감이 도는 스카 캠프에서 두 사람의 만남에서 포드는 그들의 대화를 통해 둘이 서로 거울을 보듯 마주 보고 있다는 것을 암시하고("당신은 영어를 잘하는군"/"당신은 코만치 어를 잘하는구만"), 또 두 사람에 대한 우리들의 개념도 거울 보듯 서로 같다는 것을 암시한다. 두 사람 간의 이 대결 장면을 찍으며 포드는 오버 더 숄더 숏의 시점을 아주 약간만 이동했는데, 그럼으로써 관객들은 이산뿐만 아니라 스카의 시점도 가질 수 있도록 했다.

결론적으로 이산과 스카, 다시 말해 주인공과 적대자 간의 유사성은 포드가 발전시킨 서부 환경 내에서의 갈등과 위협이라는 개념을 강조한다. 서부 사나이는 이제 더 이상 방어 능력 없는 공동체를 혼란에 빠뜨린 얼굴 없는 '인디언'을 상대할 필요가 없다. 이제 위협은 인디언과 똑같이 방랑적이고 자립심이 강한 그 개인, 즉 서부 사나이 — 공동체는 이제 그를 견뎌 낼 수 없다 — 와 관련돼 있기 때문이다. 또 그 공동체는 이제 영웅과 인디언 둘 모두에 의해 공유돼 있다. 아이러니컬하게도 포드가 설정한 영웅과 공동체 간의 이런 비양립성은 영웅의 출현 자체가 무질서를 낳는 수준으로까지 진전됐다. 불안하게 균형을 잡고 있던 공동체에 예고 없이 이산이 도착하고, 곧이어 스카가 도착하는 등 두 사건의 동시성은 그들의 유사한 윤리 약호와 그리고 반역적인 평판과 연관돼 있다. 이는 '악마 인디언'과 '구원자 서부 사나이'를 더 이상 구분할 수 없게 한다.

단호하고 비타협적이고 편집광적인 성격의 이산은 후계자-영웅 마틴 폴리와 끊임없이 비교된다. 이산이 받아들이지 못하는 적대적인 요소를 마틴은 갖고 있다. 포로 데비처럼 마틴은 가족이자 인디언이며, 문명인이자 야만인이고, 사랑의 대상이자 증오의 대상이다. 그러나 마틴은 이런 자신의 이중성을 수용한다. 합리적이며 타협할 줄 아는 능력을 가진 그는 복수만을 생각하는 이산의 광적인 수색을 계속하여 방해한다. 이산이 스카의 천막 속에 있는 머리 가죽 중 하나는 마틴 어머니의 것이라며 그에게 피의 복수를 부추기려 할 때, 그는 "그게 무슨 상관이에요"라고 대답한다. 마틴은 이산에게서 사막의 길과 대륙의 길을 가는 법을 배운다. 그러나 그의 최종적인 목표는 데비를 그녀 이웃 사람들 품으로 데려오고, 자신의 어릴 때부터 연인인 로리(베라 마일스)와 함께 자작 농장을 일구며 모두 같이 살도록 하는 것이다. 마지막에 스카를 죽이는 사람은 바로 마틴이다. 죽이려 했다기보다는 그것은 정당방위였다. 그럼으로써 마틴은 텍사스의 로리에게로 돌아갈 수 있었고, 농촌의 가치와 가정의 가치에 충실할 수 있었다. 이산이 수년 전 마사와 함께 할 수 없었던 (혹은 하려고 하지 않았던) 바로 그런 생활 말이다.

그러나 마틴이 그런 생활을 결심하자마자 후계자-영웅이라는 그의 역할은 사라지고 만다. 그리고 내러티브에서도 자취를 감춘다. 이 영화의 마지막 순간은 공동체로 통합한 마틴이 아니라 그러지 못하는 이산에게 초점을 맞추고 있다. 이산이 마지막에는 결국 데비를 받아들여 그녀를 문명 속으로 돌려 보냈고, 여성과 가족에 대한 자신의 근본적인 믿음을 재확인했음에도 불구하고, 그는 현관문을 통해 가족들의 즐거운 재결합을 바라본 뒤(그리고 재결합 너머 관객을 바라본 뒤) 방향을 돌려 모뉴먼트 밸리 쪽으로 천천히 멀어져 간다. 그때 문은 닫히고 스크린은 어둠으로 변한다. 이 이미지는 영화의 첫 장면을 재현한 것이다. 첫 장면에서는 마사가 문을 열어 이산이 저 멀리서 오는 것을 알 수 있었다. 그 장면의 시각적 주제는 비록 억압적이긴 하지만 폐쇄된 공동체에서 느끼는 안전에 대한 우리의 시각을 재강조하는 것이다. 그리고 이는 영웅이 그 문을 가로질러 들어가 문명인들과 함께 즐길 수 없음을 보여 주고 있다. 수색의 초반부에서 이산은 이미 죽어 있던 인디언의 눈동자를 쏘았는데, 그 인디언의 영혼처럼 이산에게는 바람 속으로 방랑할 운명, 즉 신화적 공간인 모뉴먼트 밸리를 가로질러 다니며 영원히 방랑할 운명이 지워진 것이다.

🎥 서부 사나이에 대한 포드의 고별

만일 우리가 6년 뒤 신본 공동체의 외부에 있는 조그마한 목장을 볼 수 있다면, 〈수색자〉가 종결된 이후의 이산의 운명에 대해 추측할 수 있을 것이다. 〈말 위의 두 사람〉(1961)과 〈서부 개척사How the West Was Won〉(1963, 남북 전쟁에 관련된 에피소드로 만들어진 영화)의 중간에 만들어진 〈리버티 밸런스를 쏜 사나이〉는 포드가 서부 사나이와 그 사나이의 사라져 가는 이상에 대해 향수를 느끼며 쓸쓸한 이별을 고한 작품이었다.

스토리는 믿지 못할 정도로 간단하다. 나이 든 미국의 상원 의원 랜섬 스토다드(제임스 스튜어트)는 법관으로서의 자기 직업을 처음 시작했던 풍요롭고 진보적인 마을 신본에 돌아왔다. 스토다드는 아내 핼리(베라 마일스)를 대동하고 잊혀진 카우보이 톰 도니폰의 장례식에 참석하려고 이 마을에 왔다. 도니폰이 돈도 가정도 심지어 총 한 자루도 없이 죽었기 때문에 이 장례식은 정부 재정으로 치러져야 했다. 공격적일 정도로 적극적인 신문 편집장의 요청에 따라 스토다드는 자신의 참석과 도니폰의 의미에 대해 설명한다. 영화의 대부분은 그의 설명에 따른 플래시백으로 채워져 있다.

플래시백은 법과 대학을 갓 졸업한 스토다드가 서부를 여행하는 것부터 시작해서 여행 중에 잔인하고 정신병적인 무법자(리버티 밸런스 역의 리 마빈)를 만나는 것과 카리스마적이지만 근본적으로는 이방인 같은 카우보이 도니폰을 사귀는 것 등을 그린다. 도니폰 역은 물론 존 웨인이 맡았는데, 여기서 그는 서사적인 서부 사나이를 재현한다. 스토다드는 이 마을을 연방 행정 구역에 편입시킬 것을 추진하고, 이에 반해 '북쪽의 피켓와이어'라는 카우보이들은 이를 저지하려고 밸런스를 고용한다. 그리고 스토다드와 밸런스 간의 갈등은 그들이 전통적인 총싸움 결투에서 만날 때까지 고조된다. 밸런스는 죽음을 당하고, 스토다드는 '리버티 밸런스를 쏜 사나이'라는 경력을 쌓아 간다.

나중에 스토다드가 아니라 도니폰이 밸런스를 죽였다는 사실이 밝혀진다(플래시백 속의 플래시백으로 보여지는데, 이런 내러티브 장치는 스토리를 직설적으로 구축했던 일반적인 웨스턴에서는 기대하기 어려운 것이었다). 영웅적인 이런 자기 파괴적인 행동으로 도니폰은 공동체의 지휘권을 스토다드에게 넘기고, 더욱 중요하게는 자신의 '여자 친구' 핼리도 그에게 넘겨 준다.

스토다드가 플래시백을 통한 이야기를 마치자, 신문사 편집장은 메모된 노트를 찢어 불 속으로 던지며 이 영화에, 그리고 포드에게 결정적이고 자기 비판적인 발언을 한다. "이것이 서부입니다, 선생님. 전설이 사실이 될 때는 전설을 기록합니다. *This is the West, Sir. When the legend becomes fact, print the legend.*" 결과적으로 〈리버티 밸런스를 쏜 사나이〉는 사실과 전설, 역사와 신화 그리고 두 대립적인 요소가 어떻게 서로 영향을 미치는지를 기록하려는 포드의 노력이었다. 포드는 과거와 관련된 이야기에서 끄집어 낸 현대 미국의 비전에는 더 이상 관심이 없었다. 대신, 현재의 우리들에게 유리한 시각을 가지려고 과거를 왜곡하고 조작하는 바로 그 과정에 주목했다. 〈역마차〉와 〈황야의 결투〉가 문화의 이상화된 이미지를 찬미한 반면, 〈리버티 밸런스를 쏜 사나이〉는 그 이미지를 해체하고 비판한다. 그리고 마지막에는 역사와 문명의 발전 과정에서 필수 불가결한 요소였던 신화와 전설의 역할을 인정한다.

사실과 허구의 합성체인 웨스턴을 점검하기 위해 포드는 형식적이고 인공적인 세상, 즉 알레고리가 펼쳐지는, 시간을 초월한 연극적 공간을 창조한다. 모뉴먼트 밸리를 넓게 펼쳐 보인다든가, 컬러로 된 와이드 스크린과 로케이션 촬영으로 구성된 영화적 '리얼리즘' 등을 포기하고, 포드는 〈리버티 밸런스를 쏜 사나이〉를 흑백으로 촬영했다. 그리고 플래시백의 대부분은 사운드 스테이지에서 촬영된 것이다. 이 영화의 처음과 마

'서부법'을 배우다: 동부의 변호사인 랜섬 스토다드(제임스 스튜어트)는 서부의 신본 마을에 도착하자마자 그 곳의 무법자인 리버티 밸런스(리 마빈, 마스크를 쓴 사나이)에게 곤욕을 치른다.

지막 시퀀스는 세기 전환기의 신본을 보여 준다. 그 시퀀스들은 야외에서 자연광 아래에서 촬영됐다. 그러나 스토다드가 이야기하면서 시작되는 플래시백을 보여 주며 포드는 웨스턴을 제작할 수 있는 인공적인 스튜디오 세트 가운데에 있는 역마차를 묘사한다. 이는 또 인위적인 스튜디오 조명 아래에서 촬영된다. 자세히 설명하면 다음과 같다. 마스크를 쓴 사나이(나중에 리버티 밸런스로 밝혀진다)가 두꺼운 종이로 만든 바위 뒤쪽에서 나온다. 그는 무릎 아래까지 오는 긴 흰색 코트를 입고 있다. "멈춰, 총 내놔"라고 소리치고, 그는 강도질을 하기 위해 역마차로 접근한다. 승객들은 공포에 사로잡힌다. 그는 스토다드에게 '서부의 법'의 잔인한 교훈을 가르쳐 준 뒤 그가 가져온 법률책들을 찢어 버린다.

초반부의 이런 플래시백으로 포드는 네 가지 차원의 갈등을 구축한다. 드라마적으로는 스토다드 대 밸런스, 주제적으로는 동부의 법 대 서부의 법, 연대기적으로는 '새로운' 신본 대 '옛' 신본, 화면상으로는 실제의 신본 대 플래시백으로 양식화된 세계 등이 그것이다.

포드가 확정한 사실과 전설 간의 구별은 캐릭터, 스토리, 주제뿐만 아니라 공간 만들기(야외 대 스튜디오, 자연 대 인공)와 시간(현재 대 과거)까지 포함한다. 많은 웨스턴이 보통 두 공간, 즉 옛 서부와 바로 지금을 표현하는 반면, 〈리버티 밸런스를 쏜 사나이〉는 세 가지를 표현한다. 말하는 행위(즉 세기의 전환기 속의 신본에서 기자에게 스토다드가 플래시백으로 '고백'하는 것)를 과거와 현재 사이에 위치 지음으로써 포드는 신화 만들기 과정에 대한 자신의 관심을 강조할 수 있었다. 이 영화의 내러티브 틀, 플래시백이 담고 있는 스토리를 견고하게 양식화한 것, 포드가 주요 등장인물들을 다루는 법 등은 플래시백 장면을 꿈꾸는 듯한 수준으로까지 만들었다. 플래시백은 나이 든 스토다드가 상상하는 대로 보여진다. 스토다드 자신은 세월이 4반세기나 흘렀지만, 플래시백에 나오는 모습은 영화 첫 장면 때의 모습과 거의 비슷하게 나이 들어 보인다. 오직 그의 흰머리만이 세월의 흐름을 말해 준다. 플래시백이 시작되기 전에 스토다드가 관을 열고 장의사에게 도니폰의 부츠와 박차를 함께 넣으라고 요구할 때 도니폰의 존재가 느껴지기는 하지만, 새로운 신본 시퀀스에서 우리는 그를 실제로는 볼 수 없다. 밸런스와 마찬가지로 도니폰도 전화가 있고, 인도가 포장돼 있으며, 또 관개 사업이 진행되는 새로운 신본과는 이해관계가 없다. 스토다드의 '사회적 인간'은 자기 상상 속의 전설적인 신본보다 더 오래 살아 현대의 신본에까지 살아남았다. 그러나 자의식 깊은 신화적 존재인 도니폰과 밸런스는 기억과 전설의 제국에 머물렀다.

〈리버티 밸런스를 쏜 사나이〉에는 3명의 중재자 역을 하는 캐릭터가 등장한다. 첫째, 새로운 신본의 신문 편집장이다. 그는 〈신본 스타〉 신문의 창립자이자 편집장인 더튼 피보디(에드먼드 오브라이언)와는 다르다(또 플래시백 내용의 목격자인 피보디는 포드가 그의 영화에서 자주 등장시키는 알코올 중독에 빠진 철학자 같은 캐릭터다). 그는 감독 포드처럼 전설과 사실, 신화와 역사, 과거와 현재를 중재한다. 둘째, 밸런스의 원시적인 야만성과 스토다드의 순박한 이상주의를 중재하는 톰 도니폰이다. 마지막으로 핼리가 있다. 그녀는 편집장처럼, 그리고 관객처럼 스토다드와 도니폰 사이에서 반드시 선택을 해야 한다. '진짜 장미 정원'이 약속하는 것과 선인장 꽃 정원이 약속하는 것 사이에서 선택을 해야만 한다. 스토다드의 플래시백이 시작되기 전, 핼리는 사막 속에 불타 버린 채 있는 도니폰의 집으로 말을 타고 가서 선인장 꽃 한 송이를 꺾어 온다. 그리고는 그 꽃을 도니폰의 관 위에 놓는다. 그 꽃은 정원과 사막 간의, 그리고 자연과 문명 간에서 찢어졌던 신의를 나타낸다. 그것은 핼리와 포드, 그리고 관객들에게도 느껴지는 것이다.

스토다드가 내러티브의 중심이고, 영화 전체 — 결국 그의 이야기다 — 를 이끌어 가는 인물이지만, 선인장 꽃은 이 영화의 정서적, 주제적 핵심이다. 이 꽃은 문명과 야만이 불안하지만 타협 가능한 선에서 균형을 이루고 있던 잃어버린 시대를 상징한다(톰은 핼리에게 구애할 때 종종 선인장 꽃을 가져갔다). 그러나 포드는 웨스턴 장르 자체를 고발하려 한 것도 아니었고, 핼리가 스토다드를 선택한 것을 비난하려 한 것도 아니었다. 핼리의 선택은 우리의 선택과 마찬가지로 피할 수 없는 것이다. 즉 우리는 현재의 문화적 조건에 도달하기 위해서는 역사적 과정을 반드시 거쳐야 하는 운명에 놓여 있다. 우리는 우리가 선택했던 과정이 옳았고, 우리의 운명은 우리가 처음 세웠고 지켰던 약속의 결과물이라는 사실을 우리 자신에게 확신시키기 위해 계속하여 역사를 다시 쓰기 때문이다.

영화의 마지막 시퀀스에서 스토다드가 탄 기차가 바람을 날리며 동부 워싱턴으로 갈 때, 그와 핼리는 언젠가는 신본으로 돌아와서 여생을 살기로 약속한다. 그들을 서부로 돌아오게 하는 것은 상실감과 톰 도니폰에 대한 기억 같다. 포드가 말한 대로 도니폰은 중심 인물이며, 모든 일의 동기였기 때문이다. 링고, 와이어트 어프, 이산 에드워즈는 지평선의 배경을 절대 잃지 않았다. 그들은 닥 분이 말한 '문명의 축복'을 피해 폐쇄적이고 억압적인 공동체에서 도피할 수 있었다. 그러나 톰 도니폰에게는 선택의 여지가 없다. 도니폰은 자신이 '냉혈한 살인자'라고 이름 붙인 밸런스를 죽였는데, 이는 결과적으로 자기 파괴적인 행동이었다. 그는 밸런스를 제거하고, 스토다드를 구해 낸 뒤 외롭고 쓸모 없는 사람으로서 여생을 살았기 때문이다.

근본적으로는 반사회적인 포드의 모든 영웅들에 의해 숭배되는 사

황혼으로: 〈수색자〉의 마지막 숏을 프레임 확대한 이 사진은 아마도 존 웨인, 존 포드 그리고 웨스턴 장르 그 자체에 대해 가장 적당한 고별사가 될 것이다.

회적 제도인 가족 내의 서부 사나이와 여성 간의 이상적인 결합은 현실성 (링고와 댈러스)에서 출발하여, 약속(와이어트와 클레멘타인)으로, 지속할 수 없는 상황(이산과 마사)으로, 그리고 명백한 불가능성(톰과 핼리)으로까지 진행된다. 이 장르의 시각적, 주제적 상징인 지평선이 계속 줄어드는 것과 궤를 같이하여 영웅의 선택은 단 한 가지 사실, 즉 무정한 현실로까지 좁혀진다. 즉 도니폰은 황혼이나 모뉴먼트 밸리를 가로질러 말을 타고 사라지지 않고, 단지 죽음의 계곡으로 사라질 뿐이다.

톰 도니폰의 죽음으로써 포드는 서부 사나이와 서부 사나이의 영웅적 약호에 고별을 고했다. 〈리버티 밸런스를 쏜 사나이〉는 아주 딱 맞는 묘비명이다. 이 영화는 서부 사나이의 영웅적 약호가 죽은 사실을 묘사하고, 그 약호에 신화적 유산을 남긴 기본적인 사실들을 묘사한다. 일부 비평가들은 스토리와 캐릭터 면에서 이 영화와 〈황야의 결투〉가 많은 유사성을 갖고 있다고 보았다. 그러나 발전된 포드의 시각과 이 장르의 주제적 강조점이 변하는 사실 등을 고려해 볼 때 두 영화 사이의 차별성이 유사성보다 더욱 중요하다. 세월은 포드가 — 그리고 이 장르가 — 갖고 있던 초기의 낙관주의를 냉소주의와 비관주의가 합쳐진 그 무엇으로 변화시켰다. 스토다드가 보여 준, 즐겁게 악수를 나누는 정치가와 핼리가 보여 주는 엄청난 향수만이 이 장르에서 사라져 가는 유토피아에 대한 비전 중 남아 있는 유일한 요소들이었다.

그 어떤 감독도 존 포드처럼 스타일, 감수성, 일관성을 갖고 그 비전을 이해하고, 분명하게 보여 주는 사람은 없었다. 웨스턴은 존 포드보다 더 오래 존재하겠지만 아마 영원히 그에게 빚질 것이다. 존 포드는 할리우드의 가장 뛰어난 웨스턴 감독일 뿐만 아니라 그 장르에 깊이와 복합성을 불어넣은 인물이다. 바로 이 점이 그의 웨스턴을 가장 중요한 미국 영화 가운데 하나로 위치시킨 것이다.

chapter 4

The Gangster Film

갱스터 영화

"이 영화의 목적은 범죄자를 미화하는 게 아니라 환경을 묘사하는 데 있다."

— 〈인민의 적〉 서문

"여기엔 오직 하나의 법만 있다. 먼저 하라, 혼자 힘으로 하라, 그리고 계속하라."

— 〈스카페이스〉에서 토니 카몬테(폴 무니)

"자비의 어머니, 이것이 리코의 종말입니까?"

— 〈리틀 시저〉에서 리코 반델로(에드워드 로빈슨)의 유언

고전 갱스터 영화

갱스터 장르는 특이한 역사를 갖고 있다. 수많은 대중 영화들이 발표됨에 따라 내러티브 형식의 관습이 개별적으로 세련화되어 가던 1930년대 초반 어디에서도 갱스터 내러티브 형식의 뿌리는 발견되지 않기 때문이다. 가장 성공적인 세 편의 갱스터 영화는 〈리틀 시저*Little Caesar*〉(제작 워너브러더스, 감독 머빈 르로이, 1930), 〈인민의 적*The Public Enemy*〉(제작 워너브러더스, 감독 윌리엄 웰먼, 1931), 〈스카페이스*Scarface*〉(제작 하워드 휴즈, 감독 하워드 혹스, 1932)였다. 이들 영화들은 갱스터 – 영웅을 공공연하게 찬미했고, 현대 도시 생활을 악의적으로 묘사했기 때문에 유명했던 만큼 논란도 크게 불러일으켰다. 그리고 1930년대 중반 검열의 위협, 불매 운동, 연방 규정 등은 갱스터 형식을 재구성하도록 스튜디오에 압력을 가했다. 결과적으로 갱스터 영화는 어떤 할리우드 장르보다 짧은 고전적 기간을 누릴 수밖에 없었다. 갱스터 영화의 발전은 외부적인 사회의 압력으로 방해받았고, 내러티브 형식은 다양하게 파생된 변종으로 조각조각 났다.

이런 변종 중 많은 것이 1970년대까지 살아남았지만 — 신디케이트*syndicate** 영화, 도둑 영화, 경찰 영화 등 — 나는 1930년대 고전적 갱스터 영화들과 그와 아주 비슷한 후속물들에 초점을 맞출 것이다. 의심할 여지없이 도시 범죄자들은 도시와 상업 영화가 살아남는 한, 영화 제작상의 중요하고도 시장성 높은 주제가 될 것이다. 그러나 캐그니와 로

---

* 기업화된 범죄 조직을 말한다.

빈슨에 의해 가장 뛰어나게 성격 규정된, 소외되고 자기 스타일이 강한 갱스터의 전형은 1950년대 초반에 스크린에서 거의 사라졌다. 2차 세계 대전 이후 할리우드의 도시 범죄 영화는 후반부에 논의된다. 다시 말해 이 장은 갱스터 장르의 형성기와 1940년대의 진화 과정에 초점을 맞췄다. 1930년대 초부터 전후 존 휴스턴John Huston의 〈키 라르고*Key Largo*〉(1948), 라울 월시Raoul Walsh의 〈화이트 히트*White Heat*〉(1949) 같은 복고풍까지 영웅적이고 자기 스타일이 뚜렷했던 범죄자들의 전설을 다루는 할리우드의 발전에 초점을 맞출 것이다.

🎥 갱스터-영웅과 도시 환경

대중 문학 장르에서 시작돼 스크린으로 옮겨진 서부 사나이나 하드보일드 탐정과는 달리, 스크린 갱스터는 신문의 헤드라인 뉴스에서 바로 각색된 것이다. 알 카포네Al Capone, 벅시 시겔Bugsy Siegel, 하이미 웨이스Hymie Weiss* 같은 실제 갱스터들에 대한 스크린의 묘사는 정확성에 있어서 헤드라인보다 더 치밀했다. 할리우드는 실제 인물의 캐릭터와 환경을 할리우드의 특별한 내러티브 규칙에 조율하면서도, 그들의 높은 악명과 사회적 중요도는 이용했다. 갱스터-영웅의 낭만적 묘사와 '지하 세계' 환경의 양식화는 이 장르가 현실과 분명하지는 않지만 복잡하게 연결돼 있는 것

---

* 알 카포네는 시카고를 중심으로 조직 범죄단을 이끌었던 갱스터 두목, 벅시 시겔은 라스베가스에 카지노를 건설한 뉴욕의 마피아 두목, 하이미 웨이스는 시카고의 갱스터 두목으로 악명이 높았다.

처럼 느끼게 한다. 사실 1930년대에 근거한 스크린 갱스터와 그의 어둡고 인상적인 세계는 1940년대 후반이 되면 거의 사라진다. 즉 조직 범죄, 로케이션 촬영 그리고 도시 리얼리즘 등으로 전이된 할리우드의 관심이 공황 시대 범죄 영화를 지배했던 갱스터 인물들을 스크린에서 밀어 냈던 것이다. 범죄자에 대한 할리우드의 성격 규정이 통제 가능한 스튜디오 환경 내에서 벗어나고 캐그니, 로빈슨, 보가트 같은 연기자들에게서 멀어짐에 따라, 이 장르는 자신의 신화에 대해 근본적인 재해석을 해 나갔다.

웨스턴의 신화처럼 고전적 갱스터 영화의 신화는 현대 문명의 영향을 받아 자연이 문화로 변형되는 데 관심을 두었다. 웨스턴에서 너무나 분명했고, 중요한 역할을 했던 자연과 문화의 대립은 갱스터 장르에서도 똑같이 중요하게 다뤄졌다. 그러나 웨스턴과 비교하면 상대적으로 덜 분명했다. 갱스터 영화의 자연은 그것이 근본적으로는 부재하기 때문에 오히려 두드러진다. 그렇지 않으면 자연은 이 장르의 중심 인물인 '사회적 동물'에 의해 억압되는 방식으로 나타난다. 서부 사나이가 거기에서 도주하고자 했던 미래의 문명은 이제 복수의 칼날을 휘두른다. 그리고 갱스터에게는 자신의 원시적이고 세속적인 충동을 새로운 환경에 조정하는 것 외에 다른 선택은 남아 있지 않다. 그 환경에는 도시의 반역자를 위한 끝없는 지평선도, 저 멀리 보이는 황혼도 없다.

갱스터의 환경은 현대 도시다. 주로 밤이고, 콘크리트 벽과 그림자로 폐쇄돼 있으며, 거리는 비에 젖어 있고, 커브 길을 질주하는 검은 차들이 나온다. 서부 사나이의 무대처럼, 갱스터의 무대는 질서의 세력과 무정부적 세력이 서사극 속에 갇힌 채 끝없는 투쟁을 벌이는 경쟁 공간 중 하나다. 웨스턴이 사회 질서를 세우려고 주도권을 다투며 엄청난 투쟁을 벌이는 것을 묘사한 반면, 갱스터 영화는 그 질서를 유지하려는 사회의 조직

갱스터 영화

적인 노력을 다룬다. 도시 환경은 영웅에 의해 수용되기도 하고 거부되기도 하는 이데올로기적 틀이 아니다. 금욕적이고 중립적이었던 서부 사나이는 환경을 그렇게 했지만 말이다. 대신 도시는 복잡하고 소외되고 압도적인 공동체를 표현한다. 그 도시 공동체는 처음에는 갱스터를 창조하지만 결국에는 그를 파멸시킨다.

〈비극적 영웅으로서의 갱스터The Gangster as Tragic Hero〉라는 뛰어난 글에서 로버트 워쇼는 이 장르의 환경을 갱스터의 정신 세계의 초현실적 확장이라고 보았다. "갱스터는 도시의 남자다"라고 그는 썼다. "그는 도시를 의인화하기 위해 그곳에 살아야 한다. 그러나 그 도시는 실제 도시가 아니라 위험하고 슬픈 상상의 도시다. 상상의 이 도시는 실제보다 더 중요한, 말하자면 현대 세계다." 이 도시는 갱스터의 상상의 확장일 뿐만 아니라 관객의 상상의 확장이기도 하다. 워쇼의 말에 따르면 "실제 도시는 오직 범죄자를 생산하는 반면, 상상의 도시는 갱스터를 생산한다. 즉 갱스터는 우리가 되고 싶어 하면서도 실제로 그렇게 되기는 두려워하는 그런 인물이다"(Warshow, 1962: 131).[1] 또는 〈키 라르고〉의 조니 로코(에드워드 로빈슨)가 말한 대사에는 이런 것도 있다. "총을 가진 남자는 수없이 많아. 그러나 로코는 오직 한 명뿐이야." 워쇼나 로빈슨/로코가 말한 대로 할리우드는 도시의 범죄자를 미국 신화의 제국에 위치시켰다. 풍부한 상상력이 동원되어 도시의 범죄자는 강한 스타일을 갖고 있는 인물로, 또 영웅적 품성을 지닌 인물로 묘사돼 있다. 바로 이 영웅적 품성이 갱스터를 성격 규정하는 데 토대가 된 실제 세상의 범죄자와 스크린 갱스터를 현격히 구분시킨다.

리코 반델로(〈리틀 시저〉), 토미 파워스(〈인민의 적〉), 토니 카몬테(〈스카페이스〉) 등은 당대의 악명 높은 남자들, 즉 리코와 토니는 알 카포네를, 토

갱스터의 세계: 로버트 워쇼가 '위험하면서도 슬픈 상상 속의 도시'라고 부른 것은 하워드 혹스의 〈스카페이스〉(1932)에서 갱 전쟁을 보여 주는 이 장면이 잘 드러내고 있다.

미 파워스는 하이미 웨이스를 모델로 삼은 캐릭터들이다. 그러나 스크린 속에 묘사된 그들은 실제 범죄자들을 별로 닮지 않았다. (실제로 많은 비평가들은 그 반대 경우가 사실이라고 주장했다. 즉 '실제' 범죄자들은 영화 속에 묘사된 자기를 그린 인물들과 닮기 위해 의상과 태도를 바꿨다는 것이다.)

되돌아보면 갱스터든 경찰이든, 도시의 영웅에 대한 할리우드의 성격 규정은 1930년대에 본질적인 변화를 겪었다고 보는 게 논리적일 것 같다. 공황, 금주법, 도시 생활의 변화 등과 함께 진행된 미국의 농업 국가에서 산업 국가로의 점진적인 변이는 상당한 문화적 혼동을 낳았고, 전통 가치 체계에 대해 광범위한 재검토를 하도록 했다. 할리우드 영화에 나타난 도시의 '외로운 늑대'의 잔인성과 반사회적 태도는 근본적으로 긍정적인 문화 모델의 단순한 구성 요소다. 다시 말해 외모가 좋고 공격적이지만 약간은 잘못 인도된 자수 성가한 미국 남자의 단순한 구성 요소인 것이다. 이런 점에서 〈인민의 적〉에서 갱스터로 나오는 캐그니와 〈FBI 요원'G'Men'〉(1935)이나 다른 1930년대 중반 범죄 영화에서 정부 요원으로 나오는 캐그니의 모습은 기본적으로 구별될 수 있는 것이 아니다. 그는 각각의 역할에서 다른 가치 체계를 강조했을는지도 모른다. 그러나 그의 독단적인 거드름, 비꼬는 기질, 폭력적인 행동 등은 두 역할 모두에서 공통적인 요소였다.

1930년대 갱스터 영화의 선배격이 되는 주요한 작품들이 있다. 초기 것으로는 그리피스의 1912년 작품 〈피그 앨리의 총사들Musketeers of Pig Alley〉을 들 수 있다. 도시를 배경으로 한 범죄가 이 매혹적인 드라마의 주제였다. 1920년대 후반이 되자 무성 멜로드라마는 다른 영화들과는 구별되는 특정적인 내러티브와 스타일상의 장치를 갖기 시작했으며, 이는 수년 후 갱스터 영화에 적용됐다. 이 시기의 중요한 영화 두 편은

〈불법 행위*The Racket*〉(루이스 마일스톤, 1928)와 〈범죄 세계*Underworld*〉(1928)
다. 조셉 폰 스턴버그Josef von Sternberg가 파라마운트사에서 연출한 〈범
죄 세계〉는 더럽고 어두운 도시 환경 속에서의 조직 범죄를 점검하고 드
라마화한 진실로 뛰어난 갱스터 영화의 선배격이다. 그러나 1920년대 무
성 웨스턴 서사극처럼 〈범죄 세계〉는 다소 초보적인 것이었다. 이 영화는
무성 멜로드라마의 관습에서 조금도 벗어나지 못했을 뿐만 아니라, 음향
효과도 없고 대사도 없기 때문이다.

1920년대 후반 미국의 절체절명의 사회 경제적 환경 속에서 진행된
워너브러더스의 유성 영화로의 전환은 갱스터 영화의 발전에 분명한 촉
매제였다. 워너사는 유성 뮤지컬의 전형을 만들었고(〈재즈 싱어〉, 1927), 이
듬해 최초의 유성 갱스터 영화를 내놓았다(〈뉴욕의 불빛〉, 1928). 워너 스튜
디오는 수년 동안 두 장르의 제작을 주도했다. 〈뉴욕의 불빛*The Lights of
New York*〉은 한 가지 사실을 제외하면 잊어버려도 좋을 영화다. 즉 이 영
화는 음향 효과와 대사가 도시 범죄 드라마의 충격을 더욱 증대시킨다는
사실을 보여 주었다. 이후의 영화들이 확인했듯이, 사운드는 갱스터 영화
의 시각적 전략과 편집의 전략에 영향을 미쳤다. 새로운 음향 효과(총소리,
비명 소리, 날카로운 차바퀴 소리 등)는 영화 제작자들로 하여금 액션과 도시 폭
력에 초점을 맞추도록 용기를 북돋웠다. 또 이는 빠른 진행의 내러티브와
편집 스타일을 발전시켰다. 이런 스타일은 '제작 규정'이 갱스터 영화를
미성숙한 단계에 묶어 놓기 전인 1930년대 초반의 고전적 갱스터 영화에
서 가장 효과적으로 나타났다.

고전적 갱스터 장르에 나오는 갱스터는 야심만만하고 이익만을 노리
는 미국 남성의 비뚤어진 분신을 체현한다. 제도화된 소외와 계급 차별
이 존재하는 도시 환경은 갱스터가 합법적으로 권력과 성공에 접근하는

에드워드 로빈슨이 연기한 '리틀 시저' 리코 반델로는 갱의 전형을 확립했다. 그는 잔인하고 야심만만할 뿐 아니라 종국적으로는 자기 파괴적이다.

것을 봉쇄한다. 그래서 그는 부를 강탈하기 위해 비인간적인 환경과 기술 (총, 자동차, 전화 등)을 이용한다. 그러나 문명과 도시 질서의 견고한 조직체인 거대하고 지각 불능인 도시는 독단적인 범죄자보다, 또 그를 추적하는 대개는 무능한 경찰들보다 더욱 강해 보인다. 갱스터 영화의 궁극적인 갈등은 갱스터와 그의 환경 사이에 있는 것도 아니고, 갱스터와 경찰 사이에 있는 것도 아니다. 다시 말해 갈등은 갱스터 자신 내부 속의 모순되는 충동에 있다. 이런 내적인 갈등 ― 개인적인 성공과 공동선 사이, 남자의 이기성과 공동체의 본능 사이, 야만성과 이성적인 윤리 사이 ― 은 사회에 투사된다. 그러나 현대 도시 내에서 모순되는 충동은 아슬아슬하지만 자생력 있는 균형에 도달한다. 자신의 특별한 요구에 맞추기 위해 그런 균형을 재조정하려는 갱스터의 노력은 그러므로 실패하도록 운명지어져 있다.

그래서 서부 사나이에 의해서는 통제됐던 문명이 이제 갱스터-영웅을 압도한다. 즉 카우보이에게는 멀게만 느껴졌던 문명의 공포가 갱스터에게는 날마다 부딪히는 불안이 됐다. 갱스터가 숨어들어 갔던 바로 그 빌딩, 살인하고 도망가는 데 사용했던 자동차, 옷, 총, 전화, 다른 특징적인 도구들 모두는 결국 그를 파괴시키고야 말 사회 질서의 상징들이다. 이러한 상징들은 내러티브에서 특별한 중요성을 갖는 도상적 부품 시스템을 창조한다. 그래서 갱스터의 도시 환경은 두 가지 기능을 한다. 먼저 도시는 육체적 행동과 폭력의 초현실적인 영역으로 또 어두운 영역으로 기능하며, 그 도시는 갱스터 자신의 감수성이 확장된 곳으로 기능한다. 그러나 다른 한편으로 도시는 갱스터가 정복하리라는 희망을 도저히 가질 수 없는 진보와 사회적 운명의 힘을 표현한다. 현대 사회를 창조한 사회 질서와 문명이라는 무형의 힘은 한 무정부주의적 반항자를 파멸시키는 것이다.

🎥 갱스터의 원형: 〈리틀 시저〉와 〈인민의 적〉

개인적인 욕구를 폭력적인 액션과 자기 스타일의 폭리 추구 등으로 실현하는 갱스터의 개성이 그를 스크린 속의 이상적인 인물이 되게 했다. 사회 질서를 깔보는 갱스터의 오만함은 오히려 그의 개성을 더욱 증대시킨다. 그는 혼동된 윤리 환경 속에서 바보 같은 부하들에 둘러싸여 있고, 무능한 경찰들에게 추적당한다. 워쇼의 말에 따르면 혼란된 윤리 환경은 갱스터에게 "개인으로서 자신을 주장할 수 있고, 군중으로부터 자신을 끌어 낼 수 있는" 광범위한 기회를 제공한다(Warshow, 1962: 133).[2]

　이런 초창기 갱스터 영화에서 발견되는 놀랄 만한 사실 중 하나는 당시 영화들이 영웅의 공격성과 의욕적인 폭력을 주어진 것으로 구축하는 경향이다. 그런 충동을 배양한 사회 조건에 대한 고려는 거의 없이 말이다. 예를 들어 〈리틀 시저〉의 리코 반델로에게는 도시 근교의 주유소를 상대로 강도질하는 단계를 뛰어넘어 도시에서 대규모 범죄를 저지르는 단계로 진출하는 게 아주 자연스러워 보인다. 〈리틀 시저〉는 리코와 그의 후계자─파트너(조 매서러 역의 더글러스 페어뱅크스 주니어)가 시카고 근교의 주유소를 막 터는 장면으로 시작된다. 그들은 '다이아몬드 피트' 몬태나가 이 도시에서 범죄의 과실을 독식한다는 얘기를 듣고, 자신들의 몫을 쟁취하기로 결심한다. 리코와 매서러는 도시에 도착한다. 리코는 무자비하게 살인을 함으로써 갱으로서의 자신의 위치를 구축하며 결국 이 도시의 갱스터 두목인 몬태나의 자리를 차지한다. 감독 머빈 르로이Mervyn

LeRoy는 종종 절정을 이루는 폭력적인 액션을 섞어 가며, 빠른 속도와 에피소드적인 내러티브로서 리코의 부와 권력을 향한 급격한 상승을 그린다. 등장인물과 관객 모두에게 반성을 위해 주어진 시간은 거의 없다.

자기 점검이 가능한 유일한 인물은 마지막에 리코를 버리고 떠나기로 결심한 조 매서러다. 매서러의 마음의 변화는 선량한 여자를 사랑하는 것으로 동기화되었고, 이는 충분히 예견 가능했다. 이는 갱스터 장르에서는 드문 경우로, 보통 갱스터 영화에서 여자들은 섹스 장신구로 묘사되거나 갱스터의 사회 경제적 위치를 상징하는 것으로 그려진다. 매서러와 그의 연인이자 그를 가정으로 불러들인 여자는 직업적인 가무 커플이 된다(워너브러더스의 한 형식에서 다른 형식으로의 도약). 두 사람은 조의 과거 두목인 리코에 대한 불리한 공식적인 증거를 제출하기로 동의한다. 리코는 그들의 배반을 알게 된다. 그리고 리코가 매서러를 처치할 수 없다는 사실은 갱스터의 살인적인 정서에 흥미로운 비틀림을 부여한다. 아이러니컬하게도 그의 복수 계획은 자신을 죽음으로 이끈다. 리코가 남긴 유언("자비의 어머니, 이게 리코의 종말입니까?")은 이런 영웅적이고 의욕이 강한 도시의 신 같은 존재가 파멸될 수 있는가에 대한 우리 자신의 불신을 반영한 것이다.

〈리틀 시저〉의 대중적인 성공에 자극받아 제작된 이후의 많은 갱스터 영화들은 리코 반델로의 종말은 바로 스크린 속 영웅의 출발임을 보여 주었다. 그 영웅을 형성하는 데는 리코의 도움이 컸다. 리코의 비이성적인 잔인성, 법과 질서에 대한 경멸 그리고 사업을 일으키려는 마음 등은 범죄자 천성에 대한 일관된 요소로 그려졌다. 이후에 나온 갱스터 영화들은 내키지는 않는다 할지라도 그런 범죄성에 동기가 되는 토대를 보여 주려 했다.

예를 들어 〈인민의 적〉에서 토미 파워스와 그의 여자 친구(제임스 캐그니와 진 할로)가 주고받는 말 중에 이런 게 있다. 여자가 그에게 말한다. "당신은 달라요, 토미. 기본적으로 성격의 문제예요. [……] 당신은 주지 않죠. 받기만 하죠. 오, 토미, 죽을 때까지 당신을 사랑할 수 있을까요?" 이 대사는 영웅의 범죄성(진 할로의 애정을 받아 내는 데 충분히 호소력이 있는 것을 암시한다)을 재확인하려는 것이었지만, 이 영화는 파워스의 폭력적이고 반사회적인 태도를 분명히 설명하려 했다. 〈인민의 적〉은 도시 슬럼가의 주거촌과 그곳에 사는 공황 시대 가난한 사람들을 다큐멘터리 형식으로 보여 주며 시작된다. 주요한 캐릭터들 — 어린이들도 의미 있게 다뤄진다 — 과 그들 간의 갈등 및 이데올로기적 갈등이 우리에게 소개될 때, 이런 다큐멘터리 스타일은 더욱 인상적이고 시각적인 표현 기술을 위해 포기된다. 토미는 어떤 소녀의 스케이트를 훔치는 어린 소년으로 처음 소개되고, 이어서 그의 형이 고자질한 후 무정한 아버지에게 두들겨 맞는 장면이 뒤따른다.

이 영화의 시각적으로 강한 많은 시퀀스 중 첫번째 것은 이렇게 그려져 있다. 토미가 그의 아버지에게 이끌려 어두운 복도를 따라 내려가며 카메라로부터 멀어지는 장면이 로 앵글 숏으로 찍힌 것을 볼 수 있다. 아버지는 그를 방 안으로 데려가 채찍으로 때린다. 실제로 때리는 것은 카메라 밖에서 일어난다. 그러나 이 장면은 관객들이 상상력을 동원하여 눈으로 보는 것보다 더 큰 무서움을 느끼도록 구성돼 있다. 또 공포는 화면 밖 소리인 토미의 울음과 그를 때리는 채찍 소리 때문에 더욱 증대된다. 감독 윌리엄 웰먼William Wellman은 이 장면으로 토미 파워스와 그가 속한 공동체가 갖고 있는 기본적인 잔인성을 구축했다. 동시에 주요 캐릭터들에 대한 동정심도 이끌어 냈다. 웰먼은 토미의 범죄

〈인민의 적〉(1931)에서 자신의 파트너(에드워드 우즈)가 라이벌 갱단에게 살해되는 것을 토미 파워스(제임스 캐그니)가 무력하게 보고 있다.

성을 어린 시절에서 추적해 낼 수 있다고 암시한다. 토미의 형이 멍청하지만 선의의 전쟁 영웅이 되고, 성장하여 전차 차장이 된다는 사실은 토미의 반사회적 행위가 자신의 환경에서 연유하는 것이라고는 해석하지 못하게 한다. 그러나 우리는 두 형제가 대립적인 가치와 태도를 갖게 되는 이유도 듣지 못한다.

〈인민의 적〉은 빠르게 진행되고 생략적이며 에피소드를 엮은 스토리라인을 갖고 있다. 그럼으로써 잘못 운명지어진 경력에 놓여 있는 갱스터−영웅을 여러 가지 다양한 관점에서 지적해 낸다. 그런데 〈리틀 시저〉나 〈스카페이스〉에서의 영웅들과의 흥미로운 차이점 중 하나는 〈인민의 적〉에서 토미 파워스의 갱스터로서의 범죄성은 권력과 부로 가는 길이 아니라는 것이다. 그것은 본질적으로 범죄성 자체의 종말이다. 캐그니의 캐릭터, 즉 토미는 잔인하고 무모하다. 그리고 무정부적 성향과 갱단과 자신의 가족, 특히 그의 어머니(베릴 머서)와 동료 매트 도일(에드워드 우즈)에 대한 그의 도착적인 헌신성은 확고하다. 웰먼은 토미와 매트가 길거리에서 노는 귀여운 어린아이일 때부터 술집의 거물로, 그리고 기술이 뛰어난 범죄자가 되기까지의 진행을 하나의 실타래를 풀듯이 추적한다. 다시 말해 웰먼은 갱스터−패밀리의 결속성을 추적하고 있다.

매트와 범죄적 생활 양식에 대한 파워스의 몰두는 과부인 어머니에 대한 그의 헌신과 병치돼 있다. 이런 이중성은 이 영화의 클라이맥스와 결말을 틀짓는다. 매트는 결국 사랑에 빠지고, 토미의 어머니와 관련된 가치들을 재확인한다. 그러나 매트는 토미를 노리는 매복조에 의해 살인 당하며, 토미는 복수를 결심한다. 토미는 매트를 죽인 라이벌 갱에게 도전한다. 우리는 이것이 실제로는 자살 행위라는 것을 안다. 카메라는 시점 높이로 라이벌 갱의 은신처 밖을 비추고 있고, 파워스는 혼자 그곳으로 들어간다. 그는 화면 밖에서 총격전을 벌인다. 그는 거리로 뒷걸음쳐 나오며 (등을 카메라에 보이고) 중얼거린다. "내가 그렇게 강한 것은 아니야." 그리고는 시궁창에 쓰러진다.

이후 병원 침대에서 토미는 후회와 새로 태어날 것을 암시하는 모습을 보인다. 그러나 이는 분명히 너무 늦은 것이었다. 이 영화의 종결 시퀀스는 파워스의 집이다. 그곳에서 그의 어머니와 형은 토미가 라이벌 갱에 의해 병원에서 납치됐다는 사실을 들은 이후 초조하게 그가 돌아오기를 기다린다. 이 영화의 종결은 그 어떤 갱스터 영화보다 가장 충격적인 이미지다. 즉 우리는 문을 두드리는 소리를 듣고, 어머니가 아들을 보살피려고 손질을 하고 있던 침대에서 위쪽으로 바라보는 장면을 보게 된다. 그다음 웰먼은 현관의 문 안쪽에서 로 앵글 숏으로 컷한다. 문은 열리고 핏자국이 묻어 있는 병원복 차림에 온몸에 붕대를 감은 갱스터-영웅은 멍한 눈빛으로 카메라 위쪽을 쳐다본 뒤, 잠시 동안 움직이지 않고 서 있다가 그대로 관객 쪽으로 쓰러진다. 토미의 비극적 죽음은 도시 범죄자에 대한 고발로, 또 그를 창조하고 파괴시킨 도시 사회에 대한 고발로 그려진 것이다. 〈인민의 적〉이 상당한 업적을 남겼다면, 그건 감독의 역량 덕분이다. 그는 동정적이며 살인적인 인민의 적에 대한 관객의 모호한 관점을 효과적으로 개발했던 것이다.

만일 갱스터가 워쇼나 다른 사람들이 말했듯 비극적 인물로 간주된다면, 그의 '비극적 결함'은 과연 무엇인가? 근본적으로 그는 자신의 막강한 개인적 에너지를 자생력 있는 방향으로 조정하지 못한다. 부분적으로는 사회도 책임이 있다. 사회는 개인적 표현을 무시하고, 슬럼가 노동계급 출신의 투쟁적이고 공격적인 남자에게는 아주 적은 선택만을 제공하기 때문이다. 범죄 인생의 유일한 제약은 ― 혹은 이런 영화들이 주장하는 것 같기도 하다 — 경찰, 사제단 혹은 도시 운송 회사 등이다. 사실 관객은 갱스터에게 매혹된다. 그는 오직 이익을 남길 수 있는 전도 유망한 업무에만 자신을 투자하는 동적이고 자신감 넘치는 개인이기 때문이다. 적어도 짧은 기간이긴 하지만, 갱스터는 비극적 한계인 자신의 세계에서는 맨 위에 서 있기 때문이다.

갱스터-영웅은 자신의 개성을 표현하고, 개인적 성공을 성취하려는 격렬한 충동에 빠져 있기 때문에, 그는 사회와 사회 제도(사법 제도, 경찰, 은행)뿐 아니라 다른 범죄 조직과도 종종 갈등을 빚는다. 고전 할리우드 갱스터는 토미 파워스가 그랬던 것처럼 당대의 갱 패밀리에게 기여한 면이 없지 않다. 그러나 갱스터는 당대 조직 범죄의 후예는 명백히 아니었다. 갱스터 캐릭터의 저 깊은 곳에는 무정부주의가 흐르고, 그는 이데올로기적인 설득과는 관계 없이 그 어떤 조직에도 순응하기를 거부한다. 갱스터의 자기 충족은 서부 사나이처럼 그를 중재인으로 위치시키고, 경찰과 라이벌 갱에 대항하게 한다. 그러나 모뉴먼트 밸리의 영웅들과는 달리 갱스터는 동정적인 인물만은 아니다. 비윤리적이고 철저히 실용주의적인 갱스터의 시각에서 따져 보면 그의 역할은 모호하다. 즉 객석의 우리는 일시적인 성공만을 보장받고, 결국에는 실패와 죽음의 운명을 맞이하는 영웅의 잘못 인도된 집착을 인식하게 된다.

웨스턴에서 갈등을 해결하기 위해 반드시 들어 있는 총격전처럼, 이 장르의 기본 형식적 요소는 갱스터의 죽음이다. 콜린 맥아서Colin McArthur가 관찰한 대로 "갱스터는 반드시 길거리에서 쓰러져 죽는다는 사실은 아마도 이 장르의 가장 견고한 관습일 것이다"(McArthur, 1972: 55).[3] 내러티브의 표피적인 면만 따진다면 갱스터의 죽음은 사회 질서와 공동체의 윤리 의식에 대한 이 장르의 찬미로 보인다. 그러나 사회 질서에 대한 이런 지지는 스토리 전체를 통해 중요하게 다뤄지는 갱스터의 의욕 넘치는 자기 주장을 통해 분명해진다. 이 점은 갱스터의 죽음이 바로 자기 자신의 정체성에 대한 완벽한 재확인이라는 사실에 의해서도 강조된다.

스티븐 카프Stephen Karpf는 이런 모호성을 고전 갱스터 영화에 대한 분석에서 다음과 같이 설명했다. "리코를 죽였다고 해서 사실 이 영화가 윤리적 교훈을 가르쳤다고는 말할 수 없다. 리코는 많은 면에서 흠모의 인물이었다. 그는 그가 이해하는 방법으로만 자신을 향상시켰다. 사회적으로 수용될 수 있는 인물이나 그들의 생활 방식이 리코나 그가 선택한 방식보다 더 낫다는 암시는 전혀 나오지 않았다. 이 점은 법의 옳은 편에서 있는 개인들이 지겹고 위선적으로 비쳐지는 〈인민의 적〉에서는 더욱 도상적으로 그려져 있다. 리코의 죽음은 크게 보면 불필요한 것이고, 영화 제작 밖에서 압력 받은, 외부의 규정에 의한 일종의 희생이다"(Karpf, 1973: 59~60).[4]

카프가 검열의 압력에 굴복한 르로이, 웰먼, 그리고 다른 감독들의 사례를 제시하는 것 같지만, 분명히 알아야 할 점은 검열 같은 제작 규정은 사실 앞의 영화들이 배급된 약 3년 이후에 적용됐다는 사실이다. 만일 그런 영화들에 적용되는 다른 어떤 '규정'이 있었다면, 그것은 사회 질서에 대한 할리우드의 무언의 규정이다. 이는 모든 고전 장르 영화의 결말을 좌우했다. 갱스터의 죽음은 인위적이고 불필요한 규정에 경의를 표했을는지도 모른다. 그러나 이는 뮤지컬 코미디를 결말짓는 낭만적인 결합이나 웨스턴을 결말짓는 총격전이나 다름 없는 것이다. 사실 할리우드의 다른 수많은 장르 영화들처럼 고전적 갱스터의 무용담은 영웅의 개성과 사회 질서의 요구 사이에서 내러티브 균형을 효과적으로 유지하고 있다. 비록 이런 영화들이 과도하게 친사회적 '메시지'를 담고 있으며, 종결 부분에서 예견됐던 대로 영웅의 종말을 그리고 있다 할지라도 말이다.

🎥 완벽한 갱스터 전설: 하워드 혹스의 〈스카페이스〉

만일 초기 갱스터 영화 중 이런 균형을 깨뜨리려 한 것이 있었다면 그것은 하워드 혹스의 훌륭하지만 혼란스럽게 하는 영화인 〈스카페이스〉이다. 이 스크린 갱스터의 성격과 그의 환경은 하수도에서 죽음을 맞이하는 영웅의 최후로도 상쇄될 수 없는 도시의 불쾌감을 악몽 같은 시각을 창조하고 있다. 하워드 혹스의 연출과 내러티브 속도에 의해 영화는 광적이고 희비극적이다. '스카페이스' 카몬테 역을 맡은 폴 무니의 연기는 지속적인 유머와 강렬함을 보이며, 갱스터-영웅의 급격한 상승과 몰락을 그리고 있다. 혹스는 첫 장면부터 영화의 초현실적 풍경과 비이성적인 잔인함의 약호를 구축했다. 화려한 파티에 참석해 있는 갱단의 두목이 처치되고, 이 암살은 도시의 통제권을 둘러싼 갱단 간의 전쟁을 야기한다. 전쟁을 통해 공격적인 카몬테는 계급을 밟아 올라갈 수 있었고, 결국에는 자신의 범죄 스승이 있던 위치, 즉 이 도시의 최고 갱스터 자리를 차지한다. 이전의 영화에서 캐그니나 로빈슨을 통해 묘사된 분별력 있는 악당과는 달리, 무니가 연기한 '스카페이스'는 용기나 두뇌에 있어서 자신의 동료나 부하들보다 분명한 우위에 있는 것 같지 않다. 사실 그가 권력으로 상승하는 것이 약간은 자의적으로 보이는데, 그것은 카몬테가 도시전 기술의 새로운 혁신인 기관총을 그 도시에서 최초로 손에 넣었기 때문이다.

미국 갱스터 중 가장 강렬하고 불편하게 묘사된 것은 〈스카페이스〉에서 폴 무니가 연기한 토니 카몬테였다.
여기서는 카몬테(오른쪽)가 그의 오른팔인 리틀 보이(조지 래프트)가 쳐다보는 가운데 경찰에 도전하고 있다.

아마도 관객이 〈스카페이스〉에서 혼란을 느꼈다면, 그것은 폴 무니가 연기하는 캐릭터가 영웅답지 않은 갱스터-영웅으로 묘사됐기 때문일 것이다. 리코와 파워스가 갖고 있던 동료나 환경에 대한 분명한 우월성 — 즉 자수 성가한 미국 남자라는 신화에의 합류 — 은 곧 그들의 범죄성을 입증하는 것이었다. 그러나 토니 카몬테의 원시적 잔인성, 단순한 순진성, 성적 혼란 등은 그를 카리스마적인 인물로 만들지 못했으며, 구원자의 자질이 있는 인물로도 만들지 못했다. 영화의 대부분은, 토니의 어머니에 대한 헌신과 여동생(앤 드보랙)에 대한 건강하지 못한 과잉 보호에 초점을 두고 있다. 토니의 여동생과 그의 파트너('리틀 보이' 역의 조지 래프트. 이 역은 래프트를 손톱으로 동전이나 튕기는 복종적인 악당으로 설정했다)는 결국 사랑에 빠지고, 토니는 분노한다. 그는 두 사람이 아파트에서 동거하고 있다는 것을 알았을 때 리틀 보이를 살해한다. 두 사람이 실제로 결혼했다는 사실을 그 뒤에 알았지만 너무 늦은 것이다.

리틀 보이의 죽음은 카몬테를 범죄자의 영광에서 급격히 추락시켰다. 즉 토니는 자신의 정신적 가이드이자 주요 전략가를 제거했을 뿐 아니라, 여동생에 대한 편집광적인 욕망을 공개적으로 드러낸 것이다. 예상대로 토니와 그의 여동생은 경찰과의 총격전에서 죽는다. 이들 두 명은 이 시점까지 피할 수 없는 죽음으로 내몰렸다. 사실 토니는 영화의 종결로 진정한 인간이 된다. 여동생이 총을 맞고 죽은 이후, 토니는 거리로 사납게 뛰어나감으로써 개인의 정체성을 표현하는 최종적인 자살 행위를 한다. 그럼으로써 이 영화는 갱스터 장르의 필수적 관습인 시궁창에서의 죽음으로 종결된다.

🎥 갱스터와 관객

토니는 이 영화의 마지막 순간에 죽음을 당함으로써 윤리적 보복을 당한다. 그러나 그것이 토니의 격렬한 파괴 본능과 반사회적인 천성을 상쇄하진 못한다. 시민들, 압력 집단(특히 가톨릭 교단), 그리고 연방 정부조차도 분노한 나머지 이 영화는 검열을 받아 마땅하다고 느꼈다. 리코가 죽으면서 '자비의 어머니'에게 호소하고, 파워스가 병원 침대에서 자책했던 것과는 달리, 카몬테는 자신의 범죄 경력이나 임박한 죽음에 대해 어떤 애석함도 표현하지 않았다. 다시 말해 영화의 종결에서조차 그는 자기 삶의 과오를 인정하는 그 어떤 암시도 하지 않았던 것이다.

이전에 발표된 갱스터 영화들처럼 〈스카페이스〉도 친사회적 의도를 표명하기 위해 자막을 영화 서두에 삽입했다. 〈리틀 시저〉는 "칼로 흥한 사람은 반드시 칼로 망한다"라는 성경 구절로서 시작한다. 〈인민의 적〉은 영화 제작 목표가 "범죄자를 미화하는 게 아니라 그 환경을 묘사하는 데 있다"고 주장했다. 〈스카페이스〉는 범죄자 유형을 만들어 내는 사회적 조건을 '고발'하는 것이라는 주장으로 시작한다. 그러면서 관객에게 묻는다. "당신은 어떻게 하겠습니까?" 그렇지만 이런 친사회적인 척하는 태도가 관객들에게 잘 전달되지는 않았다. 제작자들은 대중의 감수성에 비해 영화가 너무나 명백하게 무정부적이라고 느껴 후속 조치로 이와 같은 시퀀스들을 삽입했기 때문이다.

이런 부가된 시퀀스에서 선의의 관료들은 범죄와 부정의 악에 대해 비난한다. 그들 중 상층부의 인물들은 실제로 범죄와 사회의 무질서라는 악에 대해 카메라에 대고 직접적으로 말하기도 한다. 유사한 시퀀스가 〈스카페이스〉의 후반부에서도 나타난다. 어떤 독단적인 경찰은 카몬테를 '현란한 캐릭터'라고 주장하는 그의 동료들에게 이런 말을 한다.

> 기어다니는 이 같은 놈의 색깔이 무엇이라고? 이봐, 잘 들어. 그건 이 나라에 너무
> 많은 바보들의 태도야. 바보들은 그런 악당들을 반신半神 같은 존재라고 생각하지.
> 카몬테 같은 인물에 대해서는 어떻게 말해? 동정심을 느낀다고. 로맨스. 그에 대해
> 농담도 하지. 그들은 또 옛 서부의 악한을 미화하며 핑계를 대기도 하지. 그러나 서
> 부의 악한들은 정오에 길 가운데서 만나, 상대방이 총을 먼저 뽑기를 기다렸지. 그
> 런데 여기 이놈들은 몰래 나타나 등 뒤에서 총을 쏘고는 달아나는 놈들이야.

이런 시퀀스들은 영화의 나머지 부분과 비교할 때 캐릭터와는 너무 거리가 있는 것이어서 지금 다시 보면 코믹하기까지 하다. 어떤 면에선 카몬테의 반사회적 성질을 합법화시키기도 한다. 더 나아가 갱스터–영웅의 매력을 훼손하려는 이러한 캐릭터의 설정이 실패하는 것은 할리우드 내러티브의 수사적 힘을 입증하는 좋은 예다. 다시 말해 카메라워크, 편집, 대사, 캐릭터 설정, 스타 시스템까지 모두 다 범죄자 편으로 우리의 동정심을 사로잡아 놓는다. 그래서 기술적(주제적으로도 물론) 관점에서 보면, 갱스터–영웅은 조직화하는 감성organizing sensibility으로 기능한다. 즉 그는 다른 등장인물들의 단순한 윤리와 균형을 이루고 그의 부패, 즉 카프카적 환경에 대한 우리의 개념을 통제한다.

사실 우리는 거친 개인주의, 자본주의, 상승 욕구 등 미국의 이상에 도착적일 정도로 헌신적인 갱스터의 뒤에 결집해 있다. 그리고 그 사실 이상으로, 우리는 반드시 몰락하고야 마는 갱스터의 휴머니즘을 보며 동정심도 느낀다. 앞에서 논의했던 영화 모두에서 갱스터가 자신의 범죄나 경찰의 노력에 의해 죽음을 당하는 경우는 없다. 그 대신 갱스터는 자

신의 약호인 무정부적인 잔인함을 유지할 수 없을 때 죽음을 당한다. 토니가 자신의 금언 — "먼저 하라, 혼자 힘으로 하라, 계속하라"(데일 카네기Dale Carnegie*의 금언처럼 간단 명료한) — 에 충실할 때, 그는 범죄자로서의 삶을 문제 없이 진행할 수 있었다. 오직 그가 자존을 위한 잔인함의 약호를 위반할 때 몰락한다.

갱스터의 이런 위반은 예외 없이 그가 갱 패밀리에 집착함으로써 발생한다. 〈스카페이스〉에서 카몬테는 여동생을 광적으로 보호했고, 그녀의 정조를 강탈했다는 이유로 자신의 파트너를 죽인다. 또 〈리틀 시저〉에서 리코는 과거의 파트너가 공식적인 증거를 제출하려 함에도 그를 죽이지 못한다. 그리고 〈인민의 적〉에서 토미 파워스는 자신의 어릴 때 친구이자 파트너를 죽인 자에게 복수하려다 죽임을 당한다. 앞의 예 모두에서 의지력이 강한 개인주의자, 즉 갱스터는 자신의 특징인 이기심과 타협함으로써 자신도 모르게 운명을 결정짓는다. 그래서 결국 갱스터는 어머니, 가정, 문화의 영향에서 탈출하지 못함으로써 희생된다. 무엇보다도, 최고로 강인한 악당이라 할지라도 그는 어머니를 사랑한다. 다시 말해 동물 같은 범죄자지만 그는 어쨌든 인간인 것이다.

그러나 갱스터의 인간성은 그의 윤리적 시각에 혼란을 일으킨 사회적 세력에 의해 왜곡된다. 그 사회적 세력은 갱스터의 특이한 이데올로기 내부에 '인간의 천성'을 약간은 모호하고 삐뚤어지게 심어 났다. 고전적 갱스터의 모든 주인공들은 가족에 대한 깊은 애정을 자신들의 짝패(〈리틀

---

* 미국의 저술가이자 교육 관련 강연자로 1939년작 《친구를 사귀고 사람들에게 영향을 미치는 법》은 당시 성경 다음으로 많이 팔렸다고 알려졌다.

시저〉의 조 매서러, 〈인민의 적〉의 매트 도일, 〈스카페이스〉의 리틀 보이)에게 투사함으로써 드러낸다. 짝패들은 영화가 처음 시작될 때는 후계자-영웅으로 나온다. 그러나 웨스턴에서의 이와 비슷한 역할들처럼 마지막에 그들은 결혼, 가정, 가족 등 더욱 전통적인 가치를 위해 갱스터-영웅을 거부한다. 이런 영화들에서 젊은 파트너의 거부는 곧바로 주인공을 죽음으로 이끈다. 이는 곧 영웅의 갱 패밀리는 사회의 전통적인 가족 구조를 대체할 수 없음을 암시하는 것이다.

갱스터의 혼동된 성 개념은 그의 파트너에 대한 헌신 ― 종종 파트너에 대한 질투 ― 이나 여성을 다루는 법에 의해 강조된다. 갱스터는 예외 없이 자신의 어머니에 대해서는 헌신하는 반면, 다른 모든 여성들은 범죄 생활의 상징물같이 다룬다. 여성들은 옷처럼 갱스터의 직업을 상징하는 자동차, 보석, 그 밖의 다른 장식물에 지나지 않는다. 갱스터를 가정에 길들이려는 여성들의 그 어떤 노력도 거절된다. 이런 관습은 〈인민의 적〉에 생생하게 그려져 있다. 토미의 여자 친구 중 하나(매 클라크)가 아침 식사 도중에 잔소리를 하자, 그는 포도를 그녀 얼굴에 던져 버린다.

갱스터의 잠재적인 휴머니즘은 자기 자신의 갱 패밀리에게만 적용된다. 그리고 그 휴머니즘은 내러티브에 아이러니컬하고 역설적인 기능을 부여한다. 다시 말해 휴머니즘은 갱스터의 영웅적 매력을 증대시키지만, 휴머니즘으로 그는 파멸된다. 가장 중요하게는 이 휴머니즘이 고전적 갱스터 영화가 표면적으로 투사하고 있는 윤리적, 사회적 메시지를 뒤집는다. '범죄는 수지가 맞지 않는다'는 개념은 그의 대립항과 계속 대비된다. 다시 말해 범죄자는 사회적 계급, 교육, 혹은 기회 등에 관계 없이 소외되고 탈인격화된 구별되는 환경에서 자신의 운명을 통제할 수 있다는 주장과 병치된다. 운명이 그를 죽일 수도 있다. 그러나 자신의 운명에 대한 영

최후의 대결을 기다리며: 그의 여동생을 빼고는, 모두가 죽거나 그를 버린 상황에서 스카페이스 카몬테는 자신의 죽음을 맞이한다. 그러나 비평가들과 당국은 영화 결말에서의 그의 죽음이 갱스터-영웅에 대한 낭만적인 묘사를 충분히 상쇄했는지에 대해 의문을 제기했다.

웅의 강렬한 집착은 권력과 개성이 오래 사는 것보다 더 중요하다는 사실을 암시한다.

초창기 갱스터 영화의 인기는 여러 압력 단체들에 영향을 미쳤다. 정부, 교육, 종교 관련 압력 단체들은 갱스터 영화가 쉽게 감동받는 관객에게 해로운 인물의 전형을 제공하고 있다고 보았다. 실제로 압력 단체들의 비난은 갱스터 영화의 인기와 비례해서 높아졌다. 〈스카페이스〉가 개봉된 1932년, 갱스터 영화가 광범위하게 사회에 영향을 미치는 데 대해 대중이 우려하기 시작하자, 할리우드의 영화사와 이전까지 별 활동을 하지 않던 미국영화제작배급협회(MPPDA: Motion Picture Producers and Distributors of America)는 어떤 식으로든 이를 조정하려 했다. 영화 제작 규정을 지키자던 영화사들의 집단적인 결정은 그 규정을 그들이 제정한 1930년부터 거의 무시되었다. 그런데 1934년이 되자 그 규정은 대중의 불매 운동이나 더욱 나쁘게는 연방 정부의 간섭과 검열을 피할 수 있는 유일한 방법으로 보였다.

제작 규정과 고전 갱스터의 종말

1. 관객의 윤리 기준을 저하하는 영화는 제작될 수 없다. 범죄, 악행, 악, 혹은 죄 등에 관객이 동정심을 갖도록 해서는 안 된다.

2. 드라마와 오락물의 요구에 부합하는 올바른 생활 기준을 보여 준다.

3. 법, 자연 또는 인간은 희화될 수 없다. 그것을 위반하는 데 동정심을 유발해서

도 안 된다.

— MPPDA 제작 규정의 '일반 원칙'[5]

할리우드의 영화 제작을 위한 이런 윤리 지침은 1930년에 발표됐다. 이 해에 〈리틀 시저〉가 제작되었고, 이때만 해도 그런 종류의 영화들이 후속으로 제작되기 전이었다. 대부분 영화 제작자들은 일반 원칙과 제작 규정을 무시했던 것 같다. 그렇지 않으면 그들은 그것을 당연하게 받아들였다고 보는 게 적절하다. 다시 말해 할리우드는 장르 영화가 대중 문화의 윤리를 이야기하는 게 아니라고 주장하는 선언문을 발표할 필요는 없었던 것이다. 그러나 친사회적 메시지조차도(이를테면 '범죄는 수지가 맞지 않는다'), 내러티브 전략과 영화적 표현 양식에 의해 훼손되거나 심하게 수정됐다.

이 책의 1장에서 주장한 대로, 갱스터 영화의 모호함이나 다른 할리우드 장르 영화에 담긴 가치 체계의 모호함은 내러티브 형식에도 적용됐다. 초창기에 이런 모호함은 더욱 재능 있고 감수성 있는 감독들에 의해 실현되고 계발됐다. 그런데 이런 형식을 미국 문화 구조 내에서 충분히 신축성 있게 작용하도록 한 것이 바로 이 모호함과 그에 따른 내러티브의 복잡함이었다. 영화 산업이 공공연히 현상 유지(윤리적 약속에서 그리고 경제적 필요에서 더욱 더)를 지지함에도 불구하고, 감독들과 관객은 미국 이데올로기의 모순을 점검하는 영화 장르들을 세련화시키는 데 협력했다. 할리우드 스튜디오의 대표들은 영화 내용에 대한 허식적인 '자체 검열'로서 교육자, 종교 지도자, 정부 관료, 시민 감시단 등을 계속 무마했을 것이다. 그러나 장르 속에서 다시 다듬어지고 세련화된 대중 영화의 내러티브는 사회 현실을 다루는 데는 그리 단순하지 않았다.

🎥 영화 산업 검열의 패턴

이의를 달 만한 주제에 대해 대중이 높은 관심을 보이는 등의 문제를 피하기 위한 영화 산업계의 최초의 노력은 1908년 전국검열위원회의 발족으로 나타났다. 산업계 자체에 의해 발족된 이 검열국은 극영화가 보편적인 영화 단위로 출현했던 1910년대 중반까지는 적절한 제재 수단인 것으로 인식됐다. 할리우드의 내러티브 관습이 발전함에 따라, 특히 갈등에서 해결로의 플롯 구조가 발전함에 따라 감독들은 '비윤리적' 태도의 약호를 영화의 종결에서 비난받게 설정한 뒤 스토리 진행 과정에서는 다룰 수 있었기 때문에, 문화에 대한 윤리적 지침을 만들자는 주장이 강하게 제기됐다. 공식적인 검열의 위협을 받게 되자 영화사들은 1922년 미국영화제작배급협회(이는 1945년 미국영화협회Motion Picture Association of America[MPAA]가 됐다)를 결성함으로써 대응했다. 이 조직은 산업계의 자기 검열 정책을 재확인하고 강화하기 위한 것이었다.

MPPDA는 전 우정국장 윌 헤이스Will Hays 장군에 의해 운영됐다. 그래서 이 기관은 '헤이스 오피스Hays Office'라고 불렸다. 1924년 헤이스 오피스는 소설과 연극 대본을 영화로 각색할 때 요구되는 '공식'을 만들어냈다. 그러나 이런 조정적인 조치는 산업계에 별 영향을 주지 못했다. 그래서 1927년 헤이스 오피스는 '해선 안 될 것과 조심해야 할 것Don'ts and Be Carefuls'이라는 약간은 강화된 목록으로 대응했다(Steinberg, 1978: 450~460).[6] 이전의 '공식'처럼 이 목록은 잠재적으로 논란을 일으킨다고 여겨지는 내용의 영역을 제안하는 것으로 구성돼 있다. 이 내용은 다음과 같다. 신성 모독, 노출, 약물 남용, 성도착, 매춘, 타인종 간 결혼과 출산, 아기의 탄생 장면, 성위생학, 종교 혹은 성직자의 희화, '국가, 인종, 교리에

190

대한 고의적인 공격' 등이 그것이다. (이 짧은 목록에서 다루고 있는 윤리 문제의 범위는 국민적 가치와 태도의 복잡성을 암시한다. 비록 이런 대립 요소들이 MPPDA에 의해 명백히 무시됐지만 말이다.) 위의 모든 조항은 '영화 제작자들이 어떤 방식으로 든' 절대 다룰 수 없는, 말하자면 그들에겐 금지 구역이었다. 반면에 범죄, 절도, 총기, 잔인성, 강간, 여자가 남자를 유혹하는 것, 그리고 법 집행 등 에 관련된 주제들은 '특별 관리'라는 이름으로 별도 조항에 포함됐다.

토키 시대 그리고 동시에 진행된 재즈 시대가 되어서야 '조심해야 할 것'을 지지하는 데 대한 필요성이 산업계 대표들에게 분명하게 인식됐다. 1930년 마틴 퀴글리Martin Quigley와 대니얼 로드Daniel Lord 신부는 더욱 이해하기 쉽고 자세한 법안을 만들도록 위임받았다. 〈모션 픽처 헤럴드 Motion Picture Herald〉지의 발행인 퀴글리와 이전부터 제작에 관한 윤리적 조언자로 활동했던 예수파 신부 로드는 이후 4반세기 동안 할리우드 영 화의 법으로 통했던 MPPDA 제작 규정을 만들었다.

이 규정은 두 저작자가 할리우드 영화의 범위와 영향을 서술하는 다 음과 같은 서문으로 시작된다. "영화가 기본적으로는 명백한 교육 혹은 선전 목적이 없는 오락물로 간주된다 할지라도, (영화 제작자들은) 오락물의 영역 안에서도 영화는 정신적, 윤리적 진보, 질 높은 사회 생활, 그리고 올바르게 사고하는 것에 직접적으로 영향을 미친다는 것을 알고 있다" (Steinberg, 1978: 460).[7] 이 자료의 뒷부분에 있는 '규정 서문을 뒷받침하는 이유'에서, 퀴글리와 로드는 영화 산업계의 제작 규정과 국가의 윤리 규 정 간의 상호 관련성을 더욱 직접적으로 다룬다. 극장용 영화는 '오락'이 자 '예술'이며, 그래서 반드시 '윤리적 구속성'을 갖게 된다고 그들은 주 장했다. 영화를 오락으로 간주할 때는 이렇게 썼다.

인류는 인간의 육체와 정신을 재건하는 데 있어서 오락의 중요성과 가치를 항상 인식해 왔다. 그러나 오락은 성격에 따라 도움이 되기도 하고 해가 되기도 한다는 사실도 항상 인식돼 왔다. [……] 그래서 오락의 윤리적 중요성은 보편적으로 인식 돼 왔다. [……] 인간은 직업의 기준으로 평가될 수 있는 것처럼 오락의 기준으로 도 쉽게 평가될 수 있다.

영화를 예술로 간주할 때는 다음과 같다.

새로운 예술, 아마 종합 예술이라 할지라도, (영화는) 다른 예술처럼 감각을 통해 정신에 호소하는 방법으로 인간의 생각, 감정, 경험을 표현하는 목적을 갖고 있 다. [……] 예술은 인간을 높은 수준으로 끌어올릴 때 도덕적으로 선이 될 수 있 다. 이것은 좋은 음악, 위대한 그림, 정통 소설, 시, 드라마 등을 통해 가능하다. 예 술은 효과 면에서 도덕적으로 악할 때도 있다. 이것은 순결하지 못한 예술, 불경스 런 책, 도발적인 드라마 등의 경우에 명백하다. 이런 것이 남자와 여자의 삶에 어 떤 영향을 미칠지는 분명하다.

상업 영화가 대중 매체 중 가장 전파력이 높고 영향력이 큰 것이라 는 여러 기준을 강조한 뒤 퀴글리와 로드는 다음과 같이 덧붙였다. "영화 의 기동성, 대중성, 접근의 용이함, 감각에의 호소, 생동감, 사실의 직설적 인 표현 등은 폭넓은 관객들과 더욱 친밀한 관계를 맺게 하고 더 큰 감성 적 호소를 일으킨다. 그래서 영화는 더 큰 책임이 있는 것이다"(Steinberg, 1978: 464~467).[8]

앞의 '공식'과 '해선 안 될 것과 조심해야 할 것'과는 달리, 1930년에 만들어진 이 제작 규정은 영화 제작자들에게 지루하거나 모호하지 않은 애초부터 간결한 제의를 하는 것으로 기획되었다. 규정은 기본적으로는 홍보용 장치로 사용된 것 같다. 그래서인지 1930년대 초반에는 강요되진 않았다. 이 점은 갱스터 장르뿐 아니라 다른 장르 영화, 이를테면 자극적이고 도발적인 매 웨스트 출연의 코미디, 폰 스턴버그가 감독한 마를렌 디트리히 주연의 감각적인 (때로는 간통도 나오는) 영화, 루비치 감독의 〈낙원에서의 곤경Trouble in Paradise〉(1932)과 쿠커의 〈8시의 만찬Dinner at Eight〉(1933) 같은 최상류 계급의 몰윤리를 다룬 코미디 등에서도 명백하다. 당시의 뮤지컬조차도 할리우드식의 더욱 자유스러운 (쿼글리와 로드는 더욱 퇴폐적이라고 간주했을 것이다) 윤리적 태도를 반영했다. 예를 들어 〈1933년의 황금광들Gold Diggers of 1933〉(머빈 르로이, 1933)에서는 매춘과 불법 수입(금 캐기)이 다뤄지고 있으며, 심지어 마지막 공연 장면에서는 여자가 알몸 실루엣으로 나오는 것도 있다.

🎥 갱스터 배역의 변경

할리우드는 성에 관련된 것을 더욱 더 개발했다. 그러나 할리우드가 범죄자와 그들의 폭력과 반사회적인 라이프스타일을 묘사했을 때와 비교하면, 성적인 것은 대중에게 덜 충격적인 것으로 비쳤다. 1930년과 1933년 사이의 갱스터 영화의 인기 증가는 할리우드와 MPPDA에 제작 규정을 집행하라는 강력한 압력을 넣게 했다. 가장 효과적인 압력은 가톨릭 교단 산하 기구로 1934년 창립된 '품위수호군Legion of Decency'에서 나왔다. 이 조직은 만일 교인들이 '비난받을' 어떤 영화라도 본다면 그 사람은 영원히 천벌을 받을 것이라고 위협했다. 가톨릭 관객을 잃게 되는 것

갱스터 역의 재조정: 갱스터-영웅의 범죄성을 그의 성격상 주어진 것으로 묘사하기보다는 1934년 이후의 갱 영화들은 젊은이들이 성실하게 사느냐 아니면 범죄로 나서느냐를 결정해야 하는 것에 강조를 두었다. 윌리엄 와일러의 〈막다른 골목〉(1937)에서 조엘 매크리어의 배역은 법-질서와 동네 불량배(험프리 보가트) 사이에 위치한다.

을 두려워한 할리우드 스튜디오는 당시의 헤이스 규정을 강화하기로 결정했다. 이에 따라 조셉 브린Joseph Breen이 이끄는 제작규정집행기구(PCA: Production Code Administration)를 설립했다.

PCA는 배급되는 모든 영화를 심판할 뿐 아니라 그들의 결정을 따르지 않는 영화사에는 벌금을 내도록 했다. 그리고 헤이스 오피스는 헤이스-브린 오피스가 됐고, 갱스터 장르는 다른 몇몇 장르와 함께 본질적인 점검을 받았다. 제작 규정 안에는 다음과 같은 항목이 있다.

> 법에 반하는 다음과 같은 범죄 행위를 다뤄서는 안 된다.
> 1. 범죄 방법을 가르치는 행위
> 2. 잠재적인 범죄자에게 모방 충동을 일으켜 자극하는 행위
> 3. 범죄자를 영웅시하거나 정당화하는 행위
>
> (Steinberg, 1978: 469)[9]

갱스터 장르의 고전기(1930~1933)에 활동했던 르로이, 웰먼, 혹스 그리고 다른 많은 영화 감독들은 아마도 그들의 영화가 제작 규정 윤리 틀 안에 있다고 주장할지 모른다. 특히 그들은 윤리적 응징을 절대적으로 요구했던 규정에 경의를 표했다고까지 할지 모른다. 그러나 갱스터 장르의 내러티브 구조 안에서의 갱스터-영웅의 위치(즉 조직화하는 감성으로서의 영웅인 그를 통해 우리는 도시 환경을 받아들인다)는 그의 행동과 태도에 대해 상당한 연민을 느끼도록 만들었다. 앞의 영화 감독들은 갱스터의 심리를 반영하는 환경을 양식화(조명, 구도, 세트 장치, 카메라워크, 편집을 통해)할 수 있었다. 그리하여 그들은 도시 환경과 도시의 사회 제도를 보통 우호적이지 않은 관점에서 보여 주었던 것이다.

그들이 갱스터 인물을 내러티브의 중심에서 빼냈을 때 — 더욱 효과적인 친사회적 인물로 그와 대적시키거나, 그에게 어떤 '구원적'인 자질을 주입하거나, 간단히 그를 조역으로 밀어 내거나 — 도시의 범죄 이야기와 표현 양식은 상당한 변화를 겪는다. 갱스터가 더 이상 자신의 세계와 그 세계의 사건을 '조직화하지' 못할 때 도시의 범죄에 대한 할리우드의 묘사는 인상적이지도 격렬하지도 그리고 모호하지도 않은 것이 되었다. 반드시 덜 잔인하거나 덜 폭력적인 것은 아니라 할지라도. 갱스터가 더 이상 도시 범죄 영화의 영웅이 될 수 없을 때, 그는 간단히 말해 완고한 범죄자에 불과했던 것이다.

🎥 1930년대 후반의 장르 변주

1933년 이후 10년 동안 갱스터 장르는 확산되고 쇠퇴했다. 그러면서 이 장르는 간혹 고전적 갱스터 영화의 시각적 스타일, 인물의 성격 규정, 내러티브의 복잡함 등을 재현할 수 있었다. 1930년대 후반 5년 동안 이 장르는 두 가지 순화된 변주 형태에 의해 지배됐다. 즉 갱스터가 경찰로 나오는 변주(〈FBI 요원〉, 〈총알 혹은 투표*Bullets or Ballots*〉[윌리엄 케일리, 1936], 〈인민의 적의 아내*Public Enemy's Wife*〉[닉 그린드Nick Grinde, 1936] 등)가 그 하나로, 이런 영화에는 캐그니, 로빈슨 그리고 영화 속의 다른 갱스터들이 범죄자 캐릭터의 복사판인 채 이번에는 법 집행자로 나온다. 다른 하나는 카인－아벨식 변주(〈맨해튼 멜로드라마〉, 〈막다른 골목*Dead End*〉[윌리엄 와일러, 1937], 〈더러운 얼굴의 천사들〉 등)다. 이런 영화에서는 갱스터와 똑같이 강한 혹은 더 강한 친사회적 인물이 나와 균형을 이룬다. 이런 변주는 으스대는 깡패 캐그니가 정직한 형과 대조되던 〈인민의 적〉에서 예상됐던 것이다. 그러나 캐그니의 악역은 그의 상대역을 완전히 압도했다. 그래서 그런 영화의 친사회적 캐릭터는 갱스터-영웅을 더욱 돋보이게 하는 기능을 했다. 카인-아벨식 변주에서는 이런 대립이 수평적인 균형을 이루었고, 더욱 중요한 캐릭터가 갱스터의 범죄자적 입장에 대한 '대답'으로 쓰였다(그리고 일반적으로는 더 유명한 배우가 기용됐다).

〈맨해튼 멜로드라마*Manhattan Melodrama*〉(1934)는 이런 갱스터 변주 중 가장 초기에 만들어진 가장 재미있는 영화 중 하나다. MGM에서 W. S. 반 다이크W. S. Van Dyke가 감독했는데, 윌리엄 파웰과 클라크 게이블이 '맞수'로 나왔다. 영화는 성직자가 두 소년(둘 중 하나로 미키 루니가 나왔다)을 구하는 것으로 시작된다. 그들의 부모는 증기선 화재 사고로 죽었다. 두 소년은 이민 온 유태인에 의해 길러지고, 나중에는 유명 인사가 된다. 즉 블래키(게이블)는 지하 세계와 연결된 전문 도박사 바람둥이가 되는 반면, 짐 웨이드(파웰)는 지방 검사가 된다. 검사 웨이드는 블래키를 기소하고, 나중에 주지사가 된 그는 블래키를 전기 의자에 앉혀 처벌하는 것을 연기하자는 제의를 거절한다. 두 사람의 주요 캐릭터의 맞섬은 애정에 얽힌 이해관계(엘레너 역의 머너 로이)로 더욱 증대된다. 그녀가 처음 가졌던 블래키에 대한 열정은 보수적이고 의지할 수 있는 짐 웨이드를 만나는 순간 녹아 버린다. 그녀는 블래키에게 "당신처럼 가정과 가족에 무감각한 사람은 없을 거예요"라고 말한 뒤 떠난다. 엘레너는 이런 전통적인 가치를 원하며, 웨이드와의 관계에서 그것을 발견한다.

이 영화의 종결 시퀀스는 1930년대 범죄 영화 중 가장 괴상한 장면 중 하나에 속한다. 마지막 장면에서 이 영화는 두 '형제' 간의 최후의 맞섬을 보여 준다. 주지사가 된 짐 웨이드는 블래키의 사형 선고를 감행해야 할지를 놓고 고통스러워한다. 그의 의심은 빈정거리고 재치 있는 블래키에 의해 풀리는데, 블래키는 "괜찮아, 짐. 나는 악당이잖아"라고 말한다(이 영화의 반복된 주제, 즉 '악은 모든 사람에게 있다'는 주제가 이런 대사로 드러난다). 두 사람이 전기의자로 가는 '마지막 길'을 함께 걸을 때, 블래키가 범죄자로 선고받았던 이유는 더욱 명쾌해진다. "내 생각에 너는 내가 만난 사람 중 가장 친한 친구야. 그러나 무엇보다도 너는 주지사지." 이럴 때의 게이블의 사람을 사로잡는 매력과 미워할 수 없는 미소는 웨이드의 고압적인 대사와 대조된다. 게다가 블래키의 이 말은 비논리를 강화하고, 화면에 초현실적인 분위기를 부여한다. 사형 집행 다음의 짧은 에필로그에 따르면, 짐 웨이드는 블래키와의 형제 관계 등의 이유로 주지사를 사임한 뒤, 엘레너와 함께 미지의 곳으로 떠난다. 돌이켜보면 짐의 운명이 블래키의 운명보다 더 나은 것 같지도 않다. 블래키의 충격적인 죽음은 그의 개인적 매력을 더욱 강조했으며, 결국에는 두 캐릭터 가운데 더 동정심이 가게 했다.

존엄성을 가진 죽음이라는 이런 주제는 〈더러운 얼굴의 천사들Angels with Dirty Faces〉(마이클 커티즈, 1938)에 더욱 심하게 뒤틀린 채로 삽입돼 있다. 갱스터 캐그니는 슬럼가의 성직자로 나오는 팻 오브라이언과 대칭된다. 두 사람은 모두 지저분한 노동 계급들이 모여 사는 지역 출신들이다. 그들은 극단적으로 반대되는 라이프스타일을 갖고 있다. 이것이 두 사람 모두를 각각 다른 이유로 사형수 감방에 이끌었다. 즉 교도소 성직자가 된 오브라이언은 사형수 캐그니에게 와서 슬럼가의 어린이들이 그를 더 이상 우상화해선 안 된다며 겁쟁이처럼 행동해 달라고 설득한다. 항상 영웅적이었던 캐그니는 이런 속임수를 받아들여, 울부짖고 흐느끼며 죽는다. 이는 스타성과 역할 두 가지 면에서 볼 때, 캐그니의 캐릭터에서 완전

〈더러운 얼굴의 천사들〉(1938)에서 캐그니가 맡은 갱스터는 빈민가의 아이들인 데드 엔드 키즈의 부정적인
역할 모델이다.

히 벗어나는 것이었다. 객석의 우리가 알고 있는 그에 대한 사실과도 다르다. 이는 모호한 차원을 넘어, 캐그니의 캐릭터에 기여하는 바도 있다. 즉 다른 모순이 연관돼 있는 것이다. 예를 들어 영화 속의 슬럼가 아이들(영화 속의 배우들)은 캐그니의 겁 많음을 믿는다 할지라도, 관객(객석에 있는 진짜 슬럼가의 아이들)은 그의 죽음을 최후의 영웅적 행동으로 간주한다. 그리고 내러티브의 일부 환상적인 장치는 겉치레적인 친사회적 행동 뒤에 있는 거칠고 금욕적인 개인주의에 대한 찬미를 가리고 있는 것이다.

모호함이 덜하고 그래서 흥미도 덜한 1930년대 후반의 갱스터 장르의 변주는 갱스터 배우가 경찰로 나오는 형식이었다. 이런 영화에서 영웅은 자신의 잔인하고 냉소적인 스타일을 유지한다. 그러나 그는 과거와는 달리 이번에는 사회 질서의 수호자로 출연한다. 거칠고 독단적인 경찰인 그는 자신의 법칙으로 범죄와 싸운다. 그렇게 함으로써 그는 과거 갱스터 영화에서 선보였던 자신의 영웅적인 매력을 상당 부분 유지한다. 〈FBI 요원〉(1935)에서 캐그니는 갱 조직과 연관된 사업가에 의해 길러진 변호사(브릭 데이비스)로 나온다. 자신의 동료가 범죄자에 의해 살해됐을 때, 브릭은 악덕 변호사로서의 경력을 청산하고 FBI에 합류한다. 감독 윌리엄 케일리William Kieghley는 객관적이고 다큐멘터리적인 수법을 동원하여 '당국'의 훈련 프로그램과 범죄와 싸우는 절차 등을 세세하게 보여 준다. 이런 자연주의적인 묘사는 명백히 두 가지 목적을 위해 계획됐다. 첫 번째는 범죄자의 매력보다는 범죄와 싸우는 자의 매력을 강조하기 위해서였다. 두 번째는 FBI 요원들이 쓰는 권총 등의 화기를 협조받기 위해서였다.

영화 전체를 통해, 캐그니/브릭은 자신의 범죄자적 요소와 고급 경찰 신분 사이에서 계속 갈등을 일으킨다. 친구를 죽인 갱단과의 최후의 대결은 경찰 업무를 수행하는 영웅 자신의 거만하고 공격적인 스타일에 의해 앞당겨진다. 결론적으로 말해, 갱스터 형식의 이런 변주는 드라마적 갈등을 상실한 치명적인 단점을 갖고 있음이 분명하다. 즉 아무리 목적이 같다 할지라도 직업인으로서 야망에 가득 찬 경찰은 사회에 공격적인 야심만만한 갱스터보다 매력도 떨어지고 복잡성도 덜 갖고 있는 것이다.

갱스터가 경찰로 나오는 것과 연관된 또 다른 형태의 변주가 있는데, 즉 중개자 변주가 그것이다. 영웅은 이런 영화에서 친사회적 세력과 범죄자 세력과의 친밀한 관계를 유지하지만, 두 세력 중 어디와도 연합돼 있지는 않다. 이런 종류의 영화들은 일반적으로 정직하게 살려는 초보 범죄자의 결심을 다룬다. 그 결심은 착한 여자와의 사랑이나 자기 인생의 과오에 대한 갑작스런 인식에서 동기화된다. 그래서 그는 자신을 범죄와 사회 질서의 세력 중간에 위치시킨다. 이런 변주 영화들은 고전적 갱스터 영화에 나왔던 조역 캐릭터(갱스터의 종속적인 파트너인 그는 궁극적으로 가정의 가치를 위해 범죄를 거부한다)를 여기서는 주역 캐릭터로 내세운다.

아마 라울 월시의 〈포효하는 20년대*The Roaring Twenties*〉(1939)가 이런 변주의 가장 흥미로운 예가 될 것이다. 이 영화는 1930년대 초기 고전적 갱스터의 경력을 보여 주는 것으로 시작된다. 캐그니는 악한 에디 바틀릿(아마 래리 페이Larry Fay*를 모델로 한 것 같다)으로 나온다. 그러나 바틀릿이 착한 여자(진 역의 프리실라 레인)와의 사랑에 빠질 때, 이 영화는 중개자의 주제로 건너뛴다. 바틀릿은 진에게서 구혼을 거절당하자 권력에서 몰락한다. 영화의 종결에서 캐그니는 악당짓을 그만둔다. 그러나 그는 마지

---

* 래리 페이(1888~1933)는 금주법 시대에 뉴욕에서 활동한 주류 밀수업자로, 그 수익으로 택시 회사, 나이트클럽 등을 소유했다.

막에 진의 남편을 구하는 희생적인 행동을 함으로써 자신을 구원함에도 불구하고, 범죄적 과거에서는 탈출하지 못한다. 즉 바틀릿은 자신의 자리를 넘겨받은 잔인한 과거의 부하(험프리 보가트)를 처치하고, 그를 뒤쫓는 갱스터와 경찰에 의해 교회 계단에서 총에 맞아 죽는다. 에디가 죽은 채로 누워 있을 때, 그의 과거 연인(글래디스 조지)은 다음과 같은 이 영화의 마지막 대사를 함으로써 고전적 갱스터의 운명을 기억 나게 한다. "그는 한때 거물이었어."

중개자 변주를 채택함으로써 영화 감독은 중재적인 영웅의 개인적 가치를 찬미할 수 있었고, 영웅을 반드시 죽이지 않아도 되었다. 더욱 효과적인 이런 종류의 영화들, 예를 들어 〈조니 아폴로*Johnny Apollo*〉(헨리 해서웨이, 1940), 〈어두운 도시*Dark City*〉(윌리엄 디털리William Dieterle, 1950), 〈암흑가 USA*Underworld USA*〉(새뮤얼 풀러, 1961) 등에서는 주인공이 범죄적 삶과 사회적 양심에 대한 새로운 지각 사이에서 동요하는데, 이 동요가 죽음과 윤리적 응징이라는 미리 규정된 결말을 변경시킬 수 있었다. 〈어두운 도시〉의 찰튼 헤스턴처럼 영웅은 기적적으로 죄를 면죄받고, 사랑하는 여인을 가질 수 있으며, 혹은 지하 세계와의 연결을 완전히 단절시킬 필요도 없다. 〈암흑가 USA〉에서 클리프 로버트슨은 〈포효하는 20년대〉의 캐그니를 기억 나게 하는 범죄 경력을 쌓기 시작한다. 두 영화 모두 복잡한 거리에서 영웅이 비틀거리며 죽어 가는 비슷한 결말을 보인다. 풀러의 비범한 영화인 〈암흑가 USA〉의 마지막 이미지, 즉 로버트슨의 꽉 쥔 주먹을 극단적으로 클로즈업한 장면은 바로 갱스터-영웅이 죽으면서까지 그를 창조했고 파멸시킨 사회 세력에 굴복하기를 거부하는 데 대한 생생한 상징인 것이다.

🎥 1940년대 초기의 산적 영화

1930년대 이후에 도시 갱스터 영화의 '신디케이트' 변주는 보다 단순하고 로맨틱했던 원작들을 밀어 냈다. 다른 말로 하자면 고전적 갱스터의 외로운 늑대는 '조직원'으로 변해 갔다. 이런 스타일의 영화들은 도시 범죄에 대해서는 더욱 정확한 시각을 갖고 있음을 표현했다. 그러나 영화 속의 캐릭터들은 고전적 갱스터들보다 매력이 훨씬 덜했다. 그래서 1940년대 초기가 되자 갱스터 장르의 내러티브 논리는 소외된 갱스터가 자신의 도시 환경 내에서 성공을 거두는 것을 배제하는 단계로 진행됐다. 이런 문제는 갱스터 영화의 또 다른 변주를 가져왔다. 즉 '농촌 갱스터' 혹은 '산적' 영화*bandit films*가 그것이다. 〈페트리파이드 포리스트*The Petrified Forest*〉(아치 마요Archie Mayo, 1936), 프리츠 랑의 〈생명은 오직 하나*You Only Live Once*〉(1937) 등에서 이런 변주의 출발을 볼 수 있다. 이런 영화들은 갱스터-영웅을 농촌 환경에 위치시킨다. 그렇게 함으로써 갱스터와 경찰 간, 도시의 가치와 농촌의 가치 간의 대립 요소를 설정한다. 덧붙이자면, 1930년대 후반의 웨스턴 장르의 부흥이 이런 변주에 영향을 미쳤다. 특히, 무법자에 초점을 맞춘 웨스턴 영화들의 영향이 컸다.

예를 들면 헨리 킹Henry King의 〈제시 제임스〉(1939)가 있다. 이 영화에는 도덕적인 시골 소년 제시와 프랭크 제임스(타이런 파워와 헨리 폰다)가 나오는데, 그들의 어머니(제인 다웰)는 대규모 사업단(즉 철도 회사, 은행들, 지역 보안관들)의 음모에 의해 살해됐고 토지도 강탈당했다. 영화가 시작되고, 타이틀 시퀀스가 나온 이후 우리는 처녀지를 유린하는 '사람 잡아먹는 도깨비' 같은 '철마'에 관련된 서문을 읽게 된다. 이 서문은 서부와 서부를 사회화시키려는 세력 둘 모두를 웨스턴 장르보다는 갱스터 장르의 컨텍스트에 아주 적절하게 위치시켰다. 제시가 배반한 갱단 조직원에 의해 살해된 이후, 이 지역 마을 사람들은 그의 무덤가에 모여 천민적 자본주의의 이해에 저항했던 반항적인 영웅인 그를 떠올리며 찬미했다. 신격화된 웨스턴의 갱스터인 파워를, 비인격적이고 파시즘적인 사회의 힘과 싸우다 죽었던 과거 고전적 갱스터들과 연관시켜 생각하는 것은 어렵지 않은 일이다.

농촌 환경 속의 현대적인 산적-영웅, 즉 도시 갱스터와 웨스턴 무법자의 진정한 혼성물은 라울 월시의 〈하이 시에라*High Sierra*〉(1941)에서 만개한 형태로 나타났다. 조연급에 머무르던 험프리 보가트를 주연으로 캐스팅한 이 영화는 경찰의 추적을 피해 시에라 네바다 산맥을 넘는 로이얼을 그리고 있다. 영화가 진행되면서 보가트는 아이다 루피노와 불행한 로맨스를 나눈다. 그러면서 그는 자기 삶의 과오와 인간애라는 초월적인 가치를 너무 늦게 알았다는 것을 깨닫는다.

갱스터 장르의 이런 변주 중 더욱 효과적인 영화들은 — 〈하이 시에라〉는 물론 중요하고, 라울 월시의 〈야간 운전*They Drive by Night*〉(1940), 아서 펜Arthur Penn의 〈우리에게 내일은 없다*Bonnie and Clyde*〉(1967), 로버트 알트만의 〈우리 같은 도둑들*Thieves Like Us*〉(1974) — 비극적인 성질을 가진 색다른 영웅들을 창조했는데, 그들은 자신들의 지난 과오를 재평가하지만 필연적인 운명도 인식하고 있다. 이런 영화들의 영웅과 그의 변화하는 가치에 대한 양면적인 묘사는 1930년대 후반 산적 변주 속의 인물 묘사보다 윤리적으로 또 사회적으로 더욱 많은 복잡성을 드러내고 있다.

다시 말해 이런 영화 속의 범죄자들은 모든 것을 빼앗겼거나(〈페트리파이드 포리스트〉에서 보가트가 연기한 듀크 맨티), 전적으로 동정심을 자아내게 한다(〈생명은 오직 하나〉에서의 헨리 폰다). 더욱 효과적인 영화에서, 영웅이 완

전설적인 보니 파커와 클라이드 배로는 갱스터 장르의 시골–산적 변주에서 가장 많이 다룬 인물들이다. 그들의 이야기는 적어도 여섯 번 이상은 영화화되었다. 그중 가장 성공적인 것은 아서 펜이 1967년에 만든 〈우리에게 내일은 없다〉다.

고하고 냉소적인 갱스터에서 인간적이고 예민한 연인으로 변모하는 것은 윤리적인 응징을 요구하는 이 장르의 속성에 부담을 주는 것이었다. 영웅의 필연적인 죽음이라는 비극적 아이러니는 그의 로맨틱한 사랑에 대한 새로운 가능성, 즉 갱스터의 도착적이고 잘못 인도된 성적 개념을 극단적으로 바로잡는 것 등에 의해 강조된다. 갱스터 장르의 비평가들은 오랫동안 영웅들의 탈선적이고 억압적이고 비정상적인 성적 정체성에 대해 주목해 왔다. 예를 들면 〈리틀 시저〉에서의 리코의 동성애와 〈스카페이스〉에서의 토니와 그의 여동생 간의 근친상간적 관계 등이 그렇다는 것이다. 총에 대한 갱스터의 집착, 그의 비인간적인 잔인성, 그리고 가족 외부의 모든 여인에 대한 학대 등은 바로 갱스터의 명백한 성적 혼란을 강조했다. 그러나 농촌 배경의 산적 변주들은 퇴폐적인 도시에서의 탈출이 갱스터의 반사회적 그리고 '비자연적'인 충동을 치유하는 것처럼 그리고 있다. 비록 탈출이 더욱 심각한 문제, 즉 필연적으로 갱스터를 죽음으로 이끄는 문제들은 치유할 수 없었지만 말이다.

🎥 〈키 라르고〉와 〈화이트 히트〉: 갱스터의 묘비명

그러나 도시 출신 갱스터들도 있었다. 비록 그들의 농촌으로의 탈출이 덜 로맨틱한 종결을 맺고는 있지만 말이다. 이런 갱스터들 중 가장 중요한 인물은 조니 로코(〈키 라르고〉의 에드워드 로빈슨, 1948)와 코디 재럿(〈화이트 히트〉의 제임스 캐그니, 1949)임에 틀림없다. 이들 캐릭터는 향수 어린 리코 반델로와 토미 파워스의 체현 같다. 그런데 이런 후기 영화에서 갱스터 인물들은 1940년대에 인기 있었던 또 다른 스크린 스타, 즉 탐정들과 조명을 똑같이 나누어 받아야 했다. 도시의 구원자–영웅의 성격화에 이상적인 균형을 제공한 존 휴스턴의 〈말타의 매The Maltese Falcon〉(1941)에서 보가트가 연기한 샘 스페이드는 탐정의 전형이었다. 그는 도시의 범죄적 요소와 무력하고 대개는 부패한 친사회적 제도와는 구분되는 자신의 본능과 윤리적 규율에 따라 행동하는 인물이다. 이런 탐정물 형식은 두 가지점에서 중요하다. 먼저 2차 세계 대전 이후의 영화 제작을 지배했던 갱스터/도시 범죄 영화 형식의 변주를 보여 줬다. 둘째 이 형식은 짧은 순간이라 할지라도 1940년대 후반 고전적 갱스터가 효과적으로 스크린에 복귀할 수 있는 내러티브 컨텍스트를 제공했다.

고전적 갱스터의 강렬하지만 불행한 복귀는 존 휴스턴과 라울 월시가 감독한 각각 다른 영화에서 가장 눈에 띈다. 먼저 휴스턴의 〈키 라르고〉는 전쟁 영웅(보가트)이 조국으로 귀환하는 과정을 추적하는데, 보가트는 키 라르고라는 곳에서 죽은 전우의 미망인(로렌 바콜)과 사랑에 빠지고, 도주 중인 갱스터(로빈슨)로부터 그녀를 보호한다. 그리고 월시의 〈화이트 히트〉에서는 신분을 위장한 형사(에드먼드 오브라이언)가 악명 높은 갱단에 잠입해, 그들의 두목(캐그니)을 법에 따라 처단한다. 결론적으로 말해, 이 두 영화 속의 탐정물 스토리가 스크린 갱스터의 짧은 기간의 부활에 골격을 제공했다. 두 영화 모두에서 탐정이 주도적인 인물로 나옴으로써 윤리적 응징이라는 계약이 찬미되지만, 이번에는 어떤 갱스터도 시궁창에 처박혀 죽지 않는다. 로빈슨은 보가트에 의해 대서양의 고깃배 위에서 처치된다. 그 배는 로빈슨이 도주용으로 마련한 것이었다. 또 캐그니는 오브라이언과 총격전을 벌이던 중, 그가 올라서 있던 거대한 가스 탱크에 불이 붙으면서 망각 속으로 폭발한다. 캐그니／재럿의 묵시록적인 죽음은 할리우드의 스크린 갱스터에게는 아주 딱 들어맞는 것 같다. 이

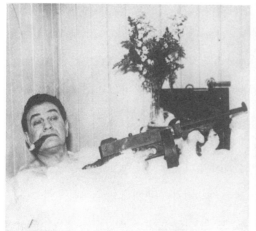

고전기 갱스터의 장렬한 최후: 〈키 라르고〉(1948)에서 조니 로코 역을 맡은 에드워드 로빈슨(왼쪽)과 〈화이트 히트〉(1949)에서 코디 재럿 역을 맡은 제임스 캐그니.

영화의 종결 이미지인 폭발하는 버섯 구름 속으로, 캐그니의 끓어오르는 듯한 극악성도 치올라갔던 것이다.

〈키 라르고〉에서의 로빈슨/로코의 죽음이 약간은 덜 로맨틱하다 할지라도 범죄의 세상에선 이미 잊혀진 나이 든 무정부주의자를 연기한 배우는 옛날을 기억 나게 했고, 혼동을 불러일으켰다. 로빈슨이 연기한 로코는 '해로운 외국인'으로 낙인 찍혀 추방된 폭력배다. 그는 자신을 거물의 위치로 복귀시켜 줄 거대한 '사업'을 진행할 기회를 기다리는 동안 저 멀리 플로리다의 휴양지를 공포로 몰아넣는다. 전쟁 영웅/연인/형사인 프랭크 매클라우드(보가트)와 그와의 대립 관계는 어떻게 스타와 장르 자체가 진화하고 혼합하는가에 대한 매혹적인 사례를 보여 준다. 〈키 라르고〉는 1930년대 갱스터 영화(로빈슨이 지배했던)와 1940년대 탐정 영화(보가트가 지배했던)의 혼성물이다. 그리고 더욱 흥미로운 점 중 하나는 두 배우를 지휘한 휴스턴의 방법이다. 보가트와 로빈슨은 마지막 정면 대결을 벌일 때까지 교대로 내러티브를 지배한다. 영화가 진행되는 각 단계마다 다른 영화의 상황이 떠오름을 알 수 있다. 다시 말해 〈리틀 시저〉에서 로빈슨의 역할, 보가트가 스타성이 있는 로빈슨의 부하로 항상 출연했던 1930년대 후반 갱스터 영화의 로빈슨과 보가트 콤비(〈총알 혹은 투표〉, 〈키드 갈라하드Kid Galahad〉[마이클 커티즈, 1937], 〈포효하는 20년대〉, 〈오키드 형제Brother Orchid〉[로이드 베이컨, 1940]), 1940년대 초반 보가트의 주연급으로의 등장 (〈하이 시에라〉, 〈말타의 매〉, 〈카사블랑카Casablanca〉[마이클 커티즈, 1942]), 그리고 1940년대 중반 보가트가 바콜과 성공적으로 커플을 이뤄 나왔던 것(〈소유와 무소유〉[하워드 혹스, 1944], 〈빅 슬립〉[하워드 혹스, 1946], 〈어두운 통로〉[델머 데이브즈, 1947]) 등이 그런 것이다.

〈키 라르고〉의 내러티브는 보가트와 바콜이 출연하는 로맨틱 멜로드라마처럼 짜여 있다. 그러나 이 영화의 핵심은 로코에 대한 로빈슨의 성격 묘사와, 매클라우드를 연기한 보가트와 로빈슨과의 재결합이다. 이 재결합에서 과거 영화에서의 그들의 역할이 역전돼 있다. 오프닝 시퀀스에서 보가트/매클라우드가 섬 휴양지로 도착할 때, 로빈슨/로코는 화면 바깥에 숨어 있다. 이 시점에서의 플롯은 보가트와 바콜 관계(1년 전 그들은 결혼함으로써 자신들의 흥행성을 더욱 증대시켰다)에 집중해 있다. 두 연인 사이의 커플 관계가 견고하게 구축됐을 때, 로빈슨/로코는 호텔 2층 방에서 나타나 급속도로 영화의 통제권을 쥔다.

나이 들고 타락한 갱스터를 묘사하는 로빈슨의 연기는 흠잡을 데 없이 훌륭했다. 또 알코올 중독자인 로코의 '정부' 게이 돈을 묘사한 클레어 트레버의 강인한 연기도 일품이었다. 그녀는 이 연기로 아카데미상을 수상했다. 이런 갈등 구조에서 보가트는 나서기를 꺼리는 영웅으로 나온다. 전쟁에서의 영웅적인 행동으로 지쳐 버린 남자로 비쳐지는 그는, 그래서 주변적인 인물에 머문다. 아이러니컬하게도 이런 역을 하며 보가트는 영화 배우로서 처음 주목을 받았던 〈페트리파이드 포리스트〉(1936) 속의 역할을 역전시킨다. 그 영화에서 보가트가 연기한 듀크 맨티는 멀리 떨어져 있는 지역의 소규모 주민들을 — 두 연인을 포함하여 — 공포로 몰아 넣은 갱단의 잔인한 무법자였다. 그런데 이제 〈키 라르고〉에서 보가트는 그 자신이 희생양이 되어 공포에 사로잡힌 연인이 된 것이다. 이는 1930년대 중반 이후의 수많은 갱스터 영화에 나왔던 '조연'의 전형적인 모습이었다. 여기까지는 침입한 갱스터가 더욱 복잡하고 흥미로운 인물로 비친다.

〈키 라르고〉의 중반까지는 로빈슨/로코가 중심 캐릭터이고, 내러티브 내의 힘을 통제한다. 휴스턴은 로빈슨이 자기 방식으로 성격 묘사를

〈키 라르고〉에서 갱스터-조 역을 졸업하고 하드보일드 영웅이 된 험프리 보가트가 쇠퇴의 길을 걷는 왕년의
갱스터 에드워드 로빈슨과 맞대결을 벌인다.

하도록 상당 부분 허용했다. 그리고 로빈슨은 관객들이 자신에 대해 정서적인 유대감을 느끼지 못하도록 가학적인 잔인성을 충분히 유지했다. 로코는 눈에 보이는 사람이면 모두 다 욕설을 퍼붓는다. 그는 자신이 저지른 살인을 은폐하기 위해 지역 보안관을 속여, 그로 하여금 무고한 시민 두 명을 죽이도록 한다. 또 그는 불쌍하고 파괴된 자신의 정부에게 한때 그녀를 지하 세계의 꽃으로 불리게 해 주었던 블루스 곡 중 한 곡을 부르면 술을 주겠다고 약속하고서는, 그녀가 자조적으로 노래를 부르고 끝맺자 술 주기를 거부한다.

아마 가장 인상적이고 명백하게 기억 나는 장면은 면도 시퀀스일 것이다. 로코(로 앵글, 미디엄 클로즈업으로 찍혔다)는 자기 부하가 성심껏 면도하는 동안 자신의 잃어버린 권력과 특권을 회상한다. 로빈슨은 갱스터로서 자신의 스타성과 영예에서의 추락을 단호한 어조로 설명한다. 그는 거리의 범죄의 실용성에 대해 거만하게 말하고, 범죄자 세계 내에서의 자신의 특별한 역할을 강조하기도 한다. 그는 이렇게 자신을 자랑한다. "총 가진 남자는 수없이 많아. 그러나 로코는 오직 한 명이야."

내러티브 갈등은 강풍이 휴양지를 덮쳤을 때 풀린다. 그 강풍은 갱스터들의 작전에 혼선을 가져왔다. 로코 갱 일당이 섬을 탈출하려면 고기잡이 배를 타야만 했다. 보가트/매클라우드는 강요에 의해 보트를 운항한다. 로빈슨이 배 아래에 머물러 있는 동안 보가트는 로빈슨의 부하들을 모두 죽인다. 이제 클라이맥스인 정면 대결만이 남았다. 보가트가 인간 같지 않은 범죄자들을 처치하는 것은 바로 그 고유의 남성적인 형사/구원자 역할을 그대로 수행하는 것이었다. 반면에 총격전은 로빈슨과 보가트 콤비가 나왔던 과거 갱스터 영화의 명백한 도치였다. 〈키 라르고〉의 정면 대결에서는, 로빈슨/로코가 아래에서 모습을 드러낼 때까지 보가트/매클라우드는 승강구 뚜껑 위쪽에 위치해 있다. 휴스턴은 이 시퀀스를 두 사람의 시점 숏으로 촬영했다. 그럼으로써 우리는 아래쪽에서 위로 영웅을 쳐다보게 된다. 그는 승강구 뚜껑 위에 있다. 반면에 우리는 악당-희생양을 위쪽에서 아래로 내려다보게 된다. 그는 보트라는 울타리 속에 갇힌 채 자신의 생명을 구걸한다. 수많은 범죄 이야기에서 보가트 자신이 응징의 약호에 의해 희생되기도 했지만, 보가트의 캐릭터가 곧 할리우드의 응징의 약호라는 사실이 더욱더 널리 인식돼 있다. 그는 바로 그 응징의 멋을 한껏 풍기며 로빈슨에게 총알을 뿜는다.

이는 진정으로 강렬한 것이었다. 그러나 〈키 라르고〉의 잔인한 종결조차도 1년 뒤 발표된 〈화이트 히트〉의 정신병적인 잔인성에는 비교가 되지 않는다. 농촌 환경의 산적 변주를 인상적으로 뒤집은 이 영화는, 사랑은 모든 것을 정복하지만 죽음에 이른다는 플롯을 갖고 있다. 〈화이트 히트〉는 갱스터 코디 재럿(캐그니)의 도착적인 삶과 사랑을 그린다. 그는 경찰과 자신의 갱단 멤버를 구별하지 않고 자기 마음대로 죽인다. 그의 어머니만이 그의 마음을 소유하고 있다. 기관차가 기적을 울리며 어두운 터널을 지나 카메라 쪽으로 다가오는 이 영화의 첫 숏에서부터 영웅을 파괴시키는 최후의 묵시록적인 폭발("나는 해냈어, 엄마, 이 세상의 꼭대기야")에 이르기까지 감독 라울 월시의 내러티브는 프로이트적인 이미지와 정신적, 성적 저류의 늪으로 구성돼 있다. 사실 이 영화는 갱스터 이야기이면서 또 성적인 사이코 드라마이기도 하다. 캐그니/재럿은 그의 갱스터 어머니(마거릿 위철리)와 고전적인 오이디푸스 콤플렉스 관계를 맺고 있기 때문이다. 그의 간헐적인 발작의 초점은 명백히 그의 어머니에게 맞춰 있다. 그의 어머니가 질투심 많고 바람난 아내(버지니아 메이요)와 예전 부하에 의해 살해되고 난 뒤, 재럿은 어머니와의 관계가 갱스터로 위장한 형사(에드

갱스터 영화

먼드 오브라이언)와의 관계로 이전되는 것을 느낀다.

〈화이트 히트〉의 낭만성이라곤 전혀 없는 잔인성과 감정에 충격을 주는 전략 등은 현대의 관객들에게도 감동을 주기에 충분하다. 무자비하고 격렬한 캐그니/재럿의 폭력적인 폭발성은 그에게 도전하거나 반대하는 사람에겐 가리지 않고 나타난다. 영화는 거친 산 속의 길에서 기차를 상대로 강도질하는 무법자 갱단을 보여 주는 것으로 시작된다. 기관사 중 한 명이 무심코 코디의 이름을 들었을 때, 코디는 그를 쏴 버린다. 갱단 일원 중 한 명이 강도질 도중 사고로 화상을 입어 그들이 도피하는 데 동행할 수 없게 됐을 때, 코디는 멤버 중 다른 한 명을 시켜 그를 죽이라고 지시한다.

코디 자신의 곤경을 암시하는 다음과 같은 아이러니컬한 장면이 영화 앞부분에 나온다. 화상을 입은 갱 멤버는 기차에서 뿜어져 나오는 증기에 얼굴을 쏘였다. 그리고는 고통 때문에 신음하며 자기의 얼굴을 감싸는데, 이는 바로 코디 자신이 후반부에서 발작을 일으킬 때 하는 행동인 것이다. 그런데 제트기 연기처럼 뿜어져 나오는 뜨거운 증기는 바로 코디의 심적 조건에 대한 시각적 표시 — 영화의 제목대로 '화이트 히트' — 다. 코디의 심적 조건은 영화의 결말에 나오는 피할 수 없는 폭발에 이르기까지 계속 증대된다. 코디의 병적인 심리 상태는 그의 탈선적인 행동을 이해할 수 있는 근거가 되고, 사회가 그의 범죄에 대해 책임을 느끼는 것도 면제해 준다. 우리는 그의 무법자 아버지가 정신과 병동에 감금되었으며, 그와 비슷한 발작 증세로 죽었음을 안다. 내러티브가 진행됨에 따라, 코디는 아버지를 파괴시켰던 똑같은 숙명이 앞에 놓여 있다는 것을 예측한다. 그래서 그가 죽음과 도박을 벌이려는 것이 점점 더 명백해진다.

〈인민의 적〉에서 캐그니가 연기한 토미 파워스처럼, 코디의 유일한 구원자적 자질은 그의 어머니에 대한 사랑에서 발견된다. 그러나 〈화이트 히트〉에서는 이런 자질조차 도착돼 있다. 아들에게 범죄와 갱의 리더십을 가르치는 사람은 바로 코디의 어머니다. 코디의 어머니에 대한 헌신은 정신병과의 경계선에 놓여 있다. 초반부에서 기차 강도질을 하고, 산중의 은신처로 돌아온 뒤 코디는 갱 단원들 앞에서 정신 발작을 일으킨다. 그때 코디를 침실로 데려가서 무릎 위에 앉힌 채 고통을 치유해 주고 그가 더욱 강인해질 수 있도록 용기를 붇돋워 주는 이는 바로 그의 어머니다. 코디에게는 오직 어머니의 무릎에 앉은 채 심적인 고통에서 몸을 움츠리는 것 이외에는 달리 할 일이 없다. 영화 전편을 통해 캐그니의 독한 태도와 미묘한 연약성은 비인간적인 코디 재럿을 심지어 동정적으로까지 비치게 한다. 영화는 오직 캐그니만이 믿을 만하게 해낼 수 있는 액션과 대사로 가득 차 있다. 이런 것들도 있다. 그는 불쌍하게 애원하는 메이요에게 "너는 샤워장 커튼 뒤에 있는 게 보기 좋아"라고 쏘아붙인다. 그는 라디오를 켠 채로 두고 온 부하에게 주먹질을 하며 "만일 배터리가 죽으면(약이 다 떨어지면), 죽음의 동반자가 필요할 거야"라고 한다. 그는 이중 첩자질을 한 갱 단원을 자동차 트렁크에 가둔 뒤, 그를 위해 '공기 구멍'을 만들어 준다. 트렁크 전체에 총알 구멍을 내 버린 것이다. 또 그는 자신의 어머니가 죽은 뒤 혼자 밤길을 걷고서는 오브라이언에게 이렇게 말한다. "바깥에서 걸어다니니 기분이 참 좋았어. 단지 엄마와 나만 둘이서 말이야."

처음에는 갱스터 – 영웅과 친구가 되고 나중에는 결국 배반하는 갱으로 위장한 형사 오브라이언이 캐그니/재럿의 반사회적 자세에 대항하려고 하지만, 그에 대한 감독 월시의 성격 규정은 범죄 세력에게 우위를 주기 위한 것으로 맞춰 있다. 〈화이트 히트〉가 고전 갱스터를 생각나게

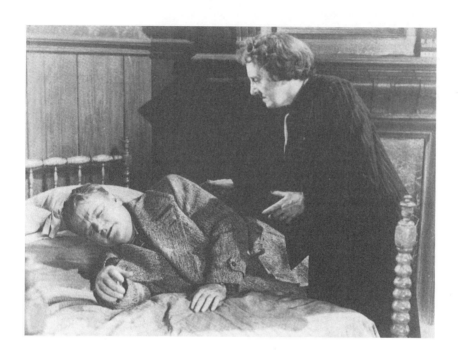

정신적 열기와 어머니의 사랑: 코디 재럿의 갱스터로서의 지위를 가장 위협하는 것은 그의 반복되는 정신적 고통과 어머니(마거릿 위철리)에 대한 오이디푸스적인 고착이다.

한다는 것은 사실이다. 고전 갱스터에서는 경찰과 경찰들의 범죄와 싸우는 절차 등이 너무 진부해서 코믹할 정도로 엄정하고 규칙적이었다. 여기서는 위장한 세 명의 요원들이 각자의 차를 타고 코디의 어머니를 추적하는 시퀀스가 나온다. 그들은 라디오로서 자신들의 신분을 설정한 뒤 다음과 같이 통화한다. "우리는 ABC 방법을 쓴다. 나는 B다." "나는 C." "나는 A." 월시는 이 장면을 직설적으로 보여 준다. 그들이 통화하는 대로 따라가며 한 차에서 다른 차로 카메라를 컷한다. 그러나 코디 엄마가 그들의 추적을 알아챘을 때, 카메라는 그녀의 주관적인 시점에 따라 찍힌다. 컷하는 속도가 증대된다. 그리고 내러티브는 시각적, 정서적 격렬함을 되찾는다. 월시는 친사회적 세력은 될 수 있는 한 객관적으로, 직설적으로, 그리고 '스타일 없이' 묘사했다. 반면에 갱들을 묘사할 때는 그의 기술적인 장점과 내러티브의 매력을 온전히 드러냈던 것이다.

물론 최상의 매력은 영화의 클라이맥스에 나오는 지옥 같은 대화재다. 오브라이언은 갱들이 화학 공장의 급여를 강도질하려 한다는 사실을 지방 경찰에게 알린다. 경찰에 의해 탄로가 난 갱들은 대규모 공장의 거대한 파이프 라인, 철제 계단, 화학 저장물 탱크 등으로 뿔뿔이 흩어지며 도주한다. 그러나 그들은 이곳, 즉 현대 기술로 이룬 초현실적인 정원에서 차례로 총에 맞아 죽거나 항복한다. 최후에는 코디만이 잡히지 않고 남는다. 밤이 될 무렵, 그는 거대한 저장 탱크의 꼭대기로 올라간다. 그는 추적자들과 총격전을 벌이는 동안 최후의 정신 발작을 경험한다. 그가 쏜 총알은 엄청난 폭발음을 일으킨다. 탱크의 폭발은 밤하늘을 환하게 밝히고, 반영웅의 고별을 알린다.

〈키 라르고〉에서의 로빈슨/로코의 죽음과 〈화이트 히트〉에서의 캐그니/재럿의 죽음은 고전적 갱스터-영웅의 죽음에 대한 비유다. 즉 할리우드라는 환경에서 태어나고 자랐으며, 미국 도시 생활의 어두운 면을 인상적으로 전달해 준 비이성적이고 공격적인 사회적 동물, 즉 고전 갱스터-영웅의 죽음을 확인한 것이다. 검열의 완화와 조직 범죄에 대한 관객의 증대된 지식 등이 동시에 진행됨으로써 갱스터 장르의 창의적인 내러티브와 주제적 주장은 1950년대와 1960년대를 통해 유지될 수 있었다. 그러나 이 시기에 나온 영화들은 고전 갱스터 영화에서 볼 수 있었던 시각적, 정서적 매력은 물론 다이내믹한 개성파 연기자도 갖고 있지 못했다. 돌이켜보면 갱스터 장르는 할리우드의 형식 중 우아하게 노년을 맞지 못한 경우에 속한다. 그리고 세월이 흘렀음에도 불구하고 갱스터는 풍부해지거나 복잡성을 갖지도 못했다. 이것은 아마 제작 규정이 갱스터의 발달에 제한을 가한 이후, 이 장르가 '자연스럽지 않게' 진화한 데도 일부 원인이 있을 것이다.

수많은 친사회적 도시 범죄 영화와는 다르게, 고전 갱스터 영화들은 미쳐 가는 아메리칸 드림에 대해 직관적이고 솔직하고 고도로 표현이 풍부한 시각을 제시했다. 갱스터와 그의 황량한 도시 환경은 모순된 가치, 혼동된 감수성, 그리고 현대 미국의 삶에 대한 실존적 불안 등을 잔인할 정도로 드러냈다. 그러나 1930년대에 할리우드는 이런 문제들을 단지 점검하기 시작했을 뿐이다. 필름 느와르와 하드보일드 탐정 영화가 출현했던 2차 세계 대전 기간과 대전 이후 기간은 미국 도회적 라이프스타일의 질에 대한 할리우드와 관객의 일반적인 관심을 확장하는 데 비옥한 시기였음이 곧 드러나게 된다.

The Hardboiled-
하드보일드 탐정 영화
Detective Film

1946년에 규칙적으로 영화관에 간 사람이면 누구나 전후 할리우드가 집착한 병적인 드라마에 사로잡혔다. 1월부터 12월까지 줄곧 짙은 그림자와 꽉 쥔 손, 불 뿜는 리볼버 권총, 가학적인 악당과 뿌리 깊은 마음의 병으로 고통받는 여주인공이 스크린 위를 수놓았으며 이상 심리, 승화되지 못한 섹스, 추잡한 살인이 줄을 이었다.

— D. 마샴D. Marsham, 〈라이프*Life*〉(1947. 8. 25)

필름 느와르, 〈시민 케인〉, 미국 표현주의의 발흥

🎥 필름 느와르의 등장

1940년대를 통해 스타일과 주제 양면에서 새로운 경향이 할리우드에서 발전되었으며, 이 경향은 1940년대 말쯤 가서는 영화 산업의 가장 인기 있고 중요한 작품들의 외양과 정서를 결정하게 된다.

프랑스 비평가들에 의해 '필름 느와르film noir'로 이름 붙여진 이 경향은 1940년대 말과 1950년대 초의 영화들을 지배한다. 흑백 화면에 도시의 질서라는 이슈를 담고 있는 필름 느와르는 내러티브와 영화적 스타일 그리고 제작된 시대 등에 의해 구분된다.

일반적으로 말하면 필름 느와르('검은 영화')는 서로 연관된 두 가지 면을 얘기한다. 우선 시각적으로는 대부분의 할리우드 영화보다 어둡고 구성이 추상적이다. 주제 면에선 1930년대 초반 이후에 나온 갱스터 영화보다 미국인들의 삶을 비관적이고 야수적인 것으로 표현하고 있다.

이 같은 경향은 1941년의 〈시민 케인〉, 〈말타의 매〉, 〈하이 시에라〉와 같은 영화들에서 뚜렷하게 나타났다. 그러나 이 경향의 성숙은 전쟁 후에 가서야 이루어진다. 마샵이 로버트 시오드마크Robert Siodmak의 〈살인자The Killers〉(1946)를 평할 때 말했듯이, 1946년은 필름 느와르의 발전에 있어서 매우 중요한 해다. 그해에 어두운 화면만큼 주제도 암울한 영화들이 쏟아져 나왔다. 〈빅 슬립The Big Sleep〉, 〈스트레인저The Stranger〉(오슨 웰스), 〈오명Notorious〉(알프레드 히치콕), 〈길다Gilda〉(찰스 비더Charles Vidor),

〈푸른 달리아*The Blue Dahlia*〉(조지 마셜), 〈포스트맨은 벨을 두 번 울린다 *The Postman Always Rings Twice*〉(테이 가넷Tay Garnett), 〈호수의 여인*Lady in the Lake*〉(로버트 몽고메리), 〈궁지에 몰려*Cornered*〉(에드워드 드미트릭), 〈칠흑 같은 밤*So Dark the Night*〉(조셉 루이스Joseph Lewis), 〈위기 일발*The Razor's Edge*〉(에드먼드 굴딩Edmund Goulding), 〈마사 아이버즈의 이상한 사랑*The Strange Love of Martha Ivers*〉(루이스 마일스톤) 등이 그것이다. 심지어 프랭크 카프라Frank Capra의 〈인생의 낙원*It's a Wonderful Life*〉이나 윌리엄 와일러의 〈우리 생애 최고의 해*The Best Years of Our Lives*〉같이, 제목에서부터 낙관적인 로맨스물조차도 역류된 욕망이나 소외에서 드라마의 계기를 얻고 있다.

돌이켜보면 1940년대 중반은 할리우드가 영화 제작에서 큰 성장을 이룩한 시기다. 당시 영화의 성장에 제동을 걸고 방향 전환시켰던 반미활동조사위원회 활동이나 파라마운트 사건,* 텔레비전의 등장 등, 이 시기에 터져 나온 사건들을 염두에 둔다면 이런 성장은 놀라운 일이다. 할리우드의 공식적인 문화나 관심사는 1950년대 중반쯤에 근본적으로 변한다. 할리우드 감독들이 필름 느와르를 세련화시키고 탁월한 표현주의 영화들을 창조하고 난 이후의 일이다.

미국 표현주의 — 이 시기의 영화들을 이름짓는 데 나는 이 용어가 적합하다고 믿는다 — 는 필름 느와르 스타일과 널리 대중화된 하드보일드 탐정 소설의 성공적 결합에서 가장 선명하게 드러난다. 하나는 스타일적이며 다른 하나는 장르적인 이 두 요소는 긴밀하게 연관되어 있지만 서로 등가적이지는 않다. 대다수의 1940~1950년대 탐정 영화들이 시각

---

* 메이저 스튜디오의 극장 체인 소유를 불법화한 대법원 판결을 말한다.

적으로, 그리고 주제 면에서 느와르 스타일을 반영하고 있지만, 다른 장르 영화들도 마찬가지다. 멜로드라마(〈밀드레드 퍼스〉[마이클 커티즈, 1945], 〈마사 아이버즈의 이상한 사랑〉), 웨스턴(〈나는 제시 제임스를 쏘았다〉, 〈백주의 결투〉, 〈하이 눈〉), 갱스터(〈야간 운전〉, 〈키 라르고〉, 〈화이트 히트〉), 히치콕의 심리 스릴러물(특히 〈오명〉과 〈스트레인저〉)에서도 그 예들은 다수 찾을 수 있다. 〈잃어버린 주말〉과 〈선셋 대로Sunset Boulevard〉(두 작품의 감독은 빌리 와일더) 같은 비장르적인 영화, 그리고 로렌스 올리비에의 〈햄릿Hamlet〉(1948)조차도 느와르의 영향을 선명하게 보여 준다. 이처럼 전후 영화들에 미친 느와르의 영향은 깊고도 넓은 것이었다.

필름 느와르 그 자체는 특정 장르나 정형화된 스토리보다는 확연한 영화적 스타일과 특정한 역사적 시기와 관련된 시각과 주제의 관습 체계다. 느와르 스타일의 관습은 1930년대와 1940년대에 발전한 갖가지 기술, 내러티브, 이데올로기에 토대를 두고 있다. 공황기의 갱스터와 도시 범죄 영화들은 널리 대중화된 공포 영화와 함께 10년 뒤에 등장할 보다 어두운 영상의 느와르를 배태했던 것이다. 1920년대 UFA 스튜디오에서 성장한 독일 표현주의가 후에 할리우드의 필름 느와르에 영향을 미쳤다는 건 의심할 여지가 없다. 2차 세계 대전 중과 그전에 미국으로 건너온 독일 영화 작가들의 영향은 특히 컸다. 에른스트 루비치, 무르나우, 프리츠 랑, 빌리 와일더, 더글러스 서크, E. A. 듀퐁E. A. Dupont 같은 감독들은 수많은 기술진, 시나리오 작가, 연기자와 함께 할리우드의 표현주의 시대에 참여했다.

독일 출신의 영화 이론가 지그프리트 크라카우어Siegfried Kracauer(그는 1920년대 UFA의 역사를 비판적으로 쓴 《칼리가리에서 히틀러까지From Caligari to Hitler》에서 독일 표현주의의 주기를 추적했다)는 영화의 본질이 대상과 사건의

'표면을 천착함으로써' 그것의 진정한 본성을 드러내는 역설적인 능력에 있다고 말한 바 있다.[1] 이러한 관점은 플롯과 대화에 강박된 할리우드 전통에 세트 디자인과 구성, 조명과 카메라워크라는 무기로 다가온 독일 출신 감독들과 공유된 것이다. 이러한 내러티브 기술은 영화의 캐릭터뿐만 아니라 영화의 개별적인 세계, 즉 그것의 미장센을 만들었다.

1920년대와 1930년대의 기술적인 진보 또한 할리우드 느와르 스타일에 공헌했다. 더 '빠른' 전색 감광*panchromatic* 필름 스톡과 카메라 렌즈는 더 뛰어난 감광을 가능케 했고 이로써 감독들은 조명과 화면의 깊이를 훨씬 자유롭게 구사할 수 있었다. 이런 변화는 빛과 어둠 같은 시각적 대조 효과에 대한 관심을 높였고(빛과 어둠의 관계), 화면 대부분이 어둡고 한 부분만 밝은 명암 대조*chiaroscuro* 조명법을 빈번히 등장시켰다. 이런 조명법은 짙은 그늘이 드리워진 도시의 범죄, 음모, 심리적 불안을 드러내면서 점차 내러티브와 주제에까지 일정한 함축을 담게 된다. 1930년대 할리우드 영화를 지배한 평면적인 조명과 낙관주의가 암울한 세계상에 밀려난다. 그러나 그것은 심리적으로는 더 사실적일지 몰라도 시각적으로는 더욱 추상적인 것이다.

🎥 필름 느와르와 아메리칸 드림

이러한 시각적 변화의 보다 중요한 측면은 그것이 전쟁 중과 그 이후에 점차 암울해져 가는 문화적 태도를 반영했다는 점이다. 할리우드의 필름 느와르는 복합적이고 때론 모순된 사회, 정치, 과학 그리고 경제 발전에 직면해 전통적인 미국적 가치에 대한 점증하는 환멸을 기록하고 있다. 대기업과 광범한 도시의 발달이 한편으로는 미국인들에게 더 많은 사회 경제적 기회를 부여했지만 다른 한편으로는 깊어만 가는 소외감을 제공하는 것이기도 했다. 성, 결혼관의 변화가 바다 건너 돌아온 남자들과 일터로 내몰린 여자들에 의해 일어났다. 전쟁 후의 '정상 상태 복귀'는 결코 이루어지지 않았다. 병사들은 승리감에 가득 차 귀향했지만 오히려 문제는 더욱 복잡해졌고 도시의 익명성과 성적 혼돈이라는 문제를 초래한 것처럼 보였다. 이 시기에 유행하던 두 가지 지적 문학 사조는 실존주의와 프로이트 심리학이었다. 둘 다 전후 미국이 골치 썩고 있던 개인, 가족, 대중적 관심사의 단절을 부추겼다.

이런 경향은 마초-구원자*macho-redeemer*로서의 남자 주인공, 가정적 교화자로서의 여주인공이라는 할리우드의 전통적 도식을 희석시키고 다른 두 가지 캐릭터를 등장시켰다. 야수적이고 난폭하며 성적으로는 혼돈된 이상 정신의 소유자와 '팜 느와르*femme noire*'라 불리는 여성이 그것이다. 후자는 주인공을 유혹하는 음탕한 악녀이며 영화의 끝 대목까지 그 동기와 진실성이 의심되는 캐릭터다.

성적 이상 심리의 소유자는 고전 갱스터 영화에서 선보인 바 있다. 그러나 폴 무니의 '스카페이스'조차도 〈십자포화*Crossfire*〉(에드워드 드미트릭, 1947)에서 로버트 라이언이 연기한 반유태주의 살인자나 〈빅 히트*The Big Heat*〉(프리츠 랑, 1953)에서 리 마빈이 맡은 난폭한 건달에 비교되지 못한다. 혹은 〈화이트 히트〉에서 제임스 캐그니가 연기한 코디 재럿이 20년 전에 그가 연기한 토미 파워스(〈인민의 적〉)보다 얼마나 더 악랄하고 야수적이었는지 생각해 보라. 필름 느와르에서 더 뚜렷한 이상 성격은 흔히 조역에서 나타나는데, 이들은 약간은 더 차분하지만 사회 질서에 위협이 되기는 마찬가지인 주인공에 의해 처치된다.

느와르의 여주인공은 종종 주도적 역할을 하면서 남자 주인공을 조종하고 때론 길들이기도 한다. 많은 할리우드 여배우들은 1940년대에 이같은 역할, 즉 선과 악의 두 얼굴을 지닌 마녀(베로니카 레이크, 로렌 바콜, 글로리아 그래엄), 배반하는 요부(리타 헤이워드, 에바 가드너), 음흉한 과부(조운 크로포드, 바버라 스탠윅, 이 둘은 1930년대에 직선적인 캐릭터를 맡아 스타덤에 올랐다) 역을 연기함으로써 스타의 자리에 오른다.

전후의 인간 소외와 성적 혼란은 몇몇 국제적인 이슈, 특히 냉전과 대량 학살의 위협을 동반한 핵무기에 의해 강화된다. 할리우드의 요부상에 관한 에세이에서 마이클 우드Michael Wood는 이렇게 썼다. "상징주의는 대다수 자신만만한 프로이트주의자를 제외하곤 누구라도 경악시킬 만하다. 비키니 섬*에 떨어진 폭탄은 '길다Gilda'라고 불리며 겉에는 리타 헤이워드의 얼굴이 그려져 있다. 남근 모양의 파괴자(폭탄을 의미)도 성적 변화를 겪었다. 우리의 새로운 파워가 주는 기쁨과 공포는 오래된 그리고 낯익은 이야기, 즉 여자에 대한 우리의 두려움과 사랑으로 인도된다"(Wood, 1975: 51).[2] 요컨대 비키니의 기술자들은 '오래되고 낯익은' 이야기로 문화적 관심을 돌림으로써 할리우드 영화 제작과 미국적 신화 제조의 공정을 확대하고 있는 것이다. 유혹적인 여인, 잡범, 파시스트적인 경찰 심지어 우주의 침입자에 이르기까지 이런 전후의 전형들은 국제적 이데올로기(공산주의가 소외와 비인간화의 궁극적인 상태라는)와 원자력 시대의 기술(핵무기로 전 인류를 죽일 수 있는)에 우리가 점령당하고 있음을 표현한 것이다.

느와르 스타일의 어떤 요소들(성적 불안정, 파괴적 난폭성 그리고 일정한 도덕

---

* 남태평양 마셜제도에 위치한 미국의 원자 수소 폭탄 실험 장소다.

적 자기 만족)은 초기 느와르의 내러티브에서 부차적 이야기로 뭉뚱그려져 다루어진다. 그것은 때때로 비중이 적은 인물을 통해, 혹은 소박한 미국적 가치를 밑둥부터 훼손하는 삐뚤어지고 어두운 시각적 스타일을 통해 겉으로 스며 나온다. 프랭크 카프라는 그렇게 어둡게 채색하고 나서도 그것이 '멋진 인생'이라고 우리를 확신시킬 수 있을까? 밀드레드 퍼스는 자신이 일찍이 짓밟아 버렸고 이미 잊어버린 듯한 가련한 남편에게 돌아간다고 행복을 찾을 수 있을까? 우리는 스펜서 트레이시의 '신부의 아버지'를 닥쳐올 결혼에 대한 끔찍한 악몽과 그의 이상 성격 때문에 기억하지 않는가? 빈센트 미넬리의 〈신부의 아버지*Father of the Bride*〉(1950)를 다른 시대, 다른 스타일의 가족 코미디 드라마와 선명하게 구분짓는 것이 바로 이 꿈 시퀀스이다. 느와르의 구성 요소는 그 속에 이미 풍부하게 들어 있다. 인상주의적 조명, 세트 디자인과 카메라워크에 의해 조성되는 초현실적 주변 환경, 인물의 부적격성과 소외, 트레이시의 딸(엘리자베스 테일러)의 임박한 결혼에서 오는 공포 속에서 뚜렷이 드러난다.

그러나 이 영화는 필름 느와르의 밝은 면을 표현했다. 1950년경 이런 스타일은 기술과 주제 면에서 할리우드의 흑백 도시 영화('도시 웨스턴'인 〈하이 눈〉을 포함해서)를 장악했다. 미국의 도시 공간은 더 이상 단순히 사회문화적 문제 탐구를 위한 컨텍스트만이 아니었다. 이제 도시 공간은 사회적 관심사뿐만 아니라 미학적 관심을 가진 감독들에게 고도로 표현주의적인 시계*visual arena*로 등장했던 것이다.

1950년에 할리우드에서 만들어진 대표작들을 생각해 보라. 〈아스팔트 정글*The Asphalt Jungle*〉(존 휴스턴), 〈보도가 끝나는 곳*Where the Sidewalk Ends*〉(오토 프레밍거), 〈강철 헬멧*The Steel Helmet*〉(새뮤얼 풀러), 〈선셋 대로〉, 〈백주의 결투〉, 〈무법자*The Lawless*〉(조셉 로지Joseph Losey), 〈유니언 스테이션*Union Station*〉(루돌프 마테), 〈어두운 도시〉, 〈윈체스터 73〉, 〈분노*The Furies*〉(앤터니 만), 〈이브의 모든 것*All About Eve*〉(조셉 맨키비츠Joseph Mankiewicz), 〈노 웨이 아웃*No Way Out*〉(조셉 맨키비츠), 〈거리의 광란자*Panic in the Streets*〉(엘리아 카잔Elia Kazan), 〈밤과 도시*Night and the City*〉(줄스 다신 Jules Dassin), 〈브레이킹 포인트*Breaking Point*〉(마이클 커티즈), 〈내일이여 안녕 *Kiss Tomorrow Goodbye*〉(고든 더글러스), 〈감금*Caged*〉(존 크롬웰John Cromwell) 등 어두운 앞날과 깨진 꿈을 다룬 영화들이 줄 이었다. 이 영화들은 많은 이슈, 예컨대 도시적 허무, 반미활동조사위원회에 대한 잠재 의식적 대응, 공황과 전쟁이 강요한 낙관주의적 미래상의 현실화 지체 등에 의해 동기 화되어 있다. 그러나 느와르 영화들에서는 영화적 스타일이 사회적 관심 사를 일관되게 압도하고 있다. 이 스타일이 감독들과 관객들에게 익숙해 짐에 따라 미국 표현주의의 교의가 분명해진다. 스타일이 실체를 결정하고 분위기가 플롯을 압도하며 내러티브성*narrativity*(스토리텔링의 과정)이 내 러티브로 등장하고 초점이 '무엇'에서 '어떻게'로 옮아가며 형식과 내용 을 분리할 수 없게 된다.

폴 슈레이더Paul Schrader는 이렇게 언급하고 있다. "필름 느와르는 자신의 사회적 조건을 공격하고 해석해 냈으며 느와르 시대의 종언기에 는 단순한 반영을 뛰어넘는 새로운 미학적 세계, 즉 반영이라기보다 창 조물인 미국적 매너리즘의 악몽 같은 세계를 만들어 냈다. 그것은 느와 르가 무엇보다 스타일이기 때문이고 갈등을 논리적이 아니라 시각적으 로 해결했기 때문이다. 또 무엇보다 자신의 아이덴티티를 잘 알고 있었고 사회학적 문제들에 대해 미학적 해답을 창조해 낼 수 있었기 때문이다" (Schrader, 1972: 13).[3] 슈레이더의 지적은 할리우드 영화 제작 그 자체가 형 식의 진화 과정을 거쳐 오고 있었다는 뜻을 함축하고 있다. 단순한 주제와 단선적인 이야기 구조를 가진 초기 유성 영화 시대의 영화들이 보다 복합적이고 중층적이며 자의식적인 영화에 점차 자리를 내주고 있었다. 할리우드 영화는 이제 시각적인 면과 주제의 면에서 더욱 스타일 지향적이 되고 모호하게 되었다.

이러한 진화 과정은, 하나의 장르든 할리우드 전반의 영화든, 특정한 형식의 역사에서 거의 자연스런 양상으로 보인다. 하나의 형식이 다양화되고 세련화될 때 그것은 보다 스타일 지향적이 되고 구축과 표현의 자기 규율을 더욱더 강하게 의식하게 된다. 할리우드가 이런 형식의 세련화 단계로 이행한 시점, 즉 표현주의 시대의 정확한 시점을 명시할 수는 없다. 사회적, 미학적인 조류 이동이란 점진적이고 불균등한 것이기 때문이다. 슈레이더는 존 휴스턴의 1941년작 〈말타의 매〉를 필름 느와르의 효시로 적시하지는 않았지만 "1941년에서 1953년 사이에 만들어진 거의 대부분의 극적인 할리우드 영화들은 느와르적인 요소를 갖고 있다"고 말한다(Schrader, 1972: 13). 슈레이더의 시대 구분과 느와르 테크닉의 전성기에 관한 언급은 정확하지만 나는 그가 〈말타의 매〉를 그렇게 중요하게 취급하는 데는 동의하기 힘들다. 휴스턴의 영화는 하드보일드 탐정 이야기와 그것의 페르소나(샘 스페이드로 분한 보가트)를 전형적인 팜 느와르(오쇼니시로 분한 마리 애스터)와 함께 스크린에 소개했지만 느와르적인 성격화나 사립 탐정적인 프레임워크가 스타일상으로 충분히 드러나지 않았다. 냉소적인 톤에도 불구하고 〈말타의 매〉는 상대적으로 단순한 내러티브와 관습적인 '잘 보여 주기well-lit' 조명을 채택하고 있다. 이 영화의 역할은 몇 년 후에 등장할 시각적 스타일과 내러티브-주제 면에서 극단적 경향을 지닌 영화들을 예고하는 것에 지나지 않았다. 느와르의 진화에서 보다 중요한 작품은 오슨 웰스Orson Welles의 1941년 작품 〈시민 케인〉이다.

🎥 〈시민 케인〉의 느와르 테크닉

웰스의 미국 표현주의에 대한 공헌은 〈시민 케인〉의 영향력을 훨씬 뛰어넘는 실질적이고 광범위한 것이었다. 웰스는 후에 미국 표현주의의 정점에 해당하는 작품(〈상하이에서 온 여인Lady from Shanghai〉[1948])과 대단원을 장식한 작품(〈악의 손길〉[1958])에서 감독, 시나리오, 연기를 도맡아 했다. 나중의 두 작품은 1930년대의 친사회적인 영화들과 성격을 구분짓는 기준인 느와르의 테크닉과 주제를 세련화시킨다. 그러나 관객과 감독들에게 1940년대 표현주의 내러티브의 전형을 제공한 것은 〈시민 케인〉이다. 슈레이더가 필름 느와르를 특징짓는 7가지 '반복적인 테크닉'을 이 영화가 얼마나 잘 채용하고 있는지 살펴보는 데서 이 논의를 시작해도 좋을 것 같다.

1. 대부분의 장면을 밤에 찍는다.

2. 독일 표현주의에서와 마찬가지로 사선과 수직선이 수평선보다 더 선호된다.

3. 배우와 세트에는 종종 같은 비중의 조명이 가해진다.

4. 구도상의 긴장이 신체 활동보다 더 선호된다.

5. 물에 대해 거의 프로이트적인 집착이 있다(그리고 거울, 창문, 그 외 반사하는 물체들에 대한 집착).

6. 낭만적인 내레이션에 대한 애착이 있다.

7. 복잡한 시간 배열이 미래의 절망과 잃어버린 시간을 강조한다.

단지 소수의 영화만이 이 테크닉 전부를 사용했는데, 〈시민 케인〉도 물론 그중 하나다.

〈시민 케인〉에서 시각적으로 가장 환기력이 있는 장면은 영사실 시퀀스일 것이다. 여기서 기자 톰슨은 '로즈 버드'의 의미를 알아 낼 것을 지시받는다.

케인의 단순한 회상 장면에서도 세트 디자인, 조명, 카메라워크 등에서 풍부한 느와르 스타일이 살아난다. 영화 초반부의 의사 다큐멘터리 *pseudodocumentary*인 '뉴스 온 더 마치*News on the March*'만 제외하고, 웰스는 어둡고 폐소공포증적인 환경(특히 딥 포커스와 실내의 로 앵글을 통해)을 보여준다. 이것은 그 속의 등장인물들뿐만 아니라 관객들까지 짓누른다. 기억할 만한 많은 장면들, 예컨대 케인의 죽음 장면, 톰슨이 영사실에서 케인의 '로즈버드*Rosebud*'라는 유언에 관한 업무를 배당받는 장면, 케인이 제드 리랜드를 해고하는 장면 등은 등장인물의 얼굴뿐만 아니라 세트의 많은 부분이 어둡게 처리되어 있다. 웰스는 로 앵글과 약간 비스듬한 숏을 사용하기 때문에 그의 카메라가 보여 주는 세계는 사선과 기울어진 그림자의 세계이며 진실이 감춰지고 전망이 불투명한 세계다. 이런 전략은 스토리(케인의 일생에 관한)가 톰슨이란 기자와 그가 인터뷰한 많은 개인들의 인상에 의해 채색되어 있는 것이란 사실에서 더 강화된다. 우리는 영화 속에서 톰슨의 얼굴을 결코 볼 수 없는데, 이는 관객으로 하여금 이야기를 캐내는 언론인으로서의 그의 직업과 동일시하도록 하는 데 기여한다. 반어둠 상태에서 확연한 주관적 시점으로 톰슨의 취재 장면들이 촬영된 것은 이를 위해선 필연적이다.

형식과 내용을 분리할 수 없는 하나의 영화가 있다면(대부분의 걸작들은 그러한데), 그것은 〈시민 케인〉이다. 웰스의 시나리오와 그의 테크닉, 내러티브와 스토리텔링 스타일은 근본적인 이슈들의 복잡성을 얘기하는 데 기여하고 있다. 실체에 대한 주관적 인상과 객관적 인상 사이의 긴장, 영화에서건 한 개인의 기억 속에서건 진실을 밝히려는 역사학적 시도가 지닌 한계, 그리고 궁극적으로는 한 개인(감독을 포함해서)이 타인을 진실로 '안다'는 것의 불가능성 등을 말한다.

이 장면의 조명은 불길한 예감이 들게 한다. 프레임을 확대한 이 사진에서 이상주의적인 '원칙의 선언'에 서명하는 젊은 케인이 그늘 속에 묻혀 있다.

많은 비평가들이 지적했듯, 〈시민 케인〉의 더욱 매력적인 영화 형식은 인간의 본성과 영화적 지각을 탐구하는 데 사용된 형식과 내용의 결합이다. 재나두('출입 금지'라는 팻말이 붙은 케인의 저택)와 케인의 죽음이 등장하는 영화의 첫 부분을 생각해 보라. '뉴스 온 더 마치'와 '로즈버드'란 수수께끼를 받아 든 톰슨이 곧 뒤따른다. 이 시퀀스들은 케인이란 캐릭터를 설정하면서 한 인간의 생애에서 극히 피상적인 면을 제외한 어떤 것을 밝히려는 객관적인 역사적 설명도 부당함을 지적한다. 그러나 이 오프닝 시퀀스들은 또한 영화라는 매체의 표현 영역과 그것이 지식, 기억, 상상력, 궁극적으로는 인간사 그 자체와 맺고 있는 필수적인 관계에 대한 감독의 탐구를 보여 준다.

오프닝 숏에서 재나두를 소개하는 인상적인 장면은 우리의 초현실적 여행을 고딕식 저택으로 이끌면서(케인의 침실에서 새어 나오는 한 줄기 빛만이 연속되는 숏에서 프레임 안의 정확한 위치를 알려 준다) 궁극적으로는 케인 자신의 심리 상태로 인도한다. 창문의 리버스 앵글 숏은 우리를 케인의 방 안으로 이끈다. 그런 다음 카메라는 익스트림 클로즈업으로 케인이 쥐고 있는 유리공 안의 영상을 담는다. 그 유리공 안에는 오두막 미니어처와 맑은 물 속으로 끝없이 떨어지는 눈이 보인다.

웰스는 그다음 다시 익스트림 클로즈업으로 죽어가며 무언가를 말하는 케인의 입술의 움직임을 보여 주는데, 유리공 안의 눈이 이제는 실제 세계에서 내리고 있다. 물론 우리는 눈이 케인의 방 안이 아니라 그의 기억 속에서 내리고 있음을 알 수 있는데, 이 깨달음으로 눈에 보이는 객관적 실재의 논리보다 환각적 실재가 더 중요함을 인식하게 된다. 케인이 죽어가면서 한마디 던지고 카메라는 유리공이 그의 손에서 빠져 나와 침대를 굴러 바닥에 떨어져 깨지는 것을 쫓아간다. 또 한 번의 클로즈업이 깨진 유리에 초점을 맞추고 있고 거기에 비친 일그러진 광각 화면 위로 간호사가 방으로 들어온다. (폴린 케일과 몇몇 평자들이 지적했듯이 케인이 죽기 직전에 방 안에는 아무도 없어 '로즈버드'라는 말을 누구도 들을 수 없었다. 이 점은 이 영화의 신뢰성에 의문을 제기시키는 점이라기보다, 영화의 내적 내러티브 논리와 카메라의 눈이 가진 특권적 시야의 우선성을 보여 주는 사례로 봐야 한다.)

케인의 죽음 장면 다음에 영화사상 가장 요란한 소리와 시각 효과가 담긴 컷들 중 하나인 장면이 뒤따른다. 우리는 케인의 죽음과 그의 개인사를 시끌벅적하게 보도하는 '뉴스 온 더 마치'에 의해 이 음침한 별세계의 경험에서 깨어난다. 이 시퀀스의 영화 전략은 인상주의적인 초반부의 전략과는 정반대다. 우리는 이제 '역사,' 즉 케인의 생애에 관한 객관적이고 외면적인 기록을 제공받는다. 이제 더 이상 카메라는 케인의 내면과 주변의 가장 어두운 곳을 자유롭게 돌아다니지 않는다. 대신에 카메라는 외적인 것에만 한정해 적절한 저널리스트적 '거리'를 두고 케인을 담아낸다. 미장센도 더 이상 케인의 내면을 확대해 보여 주지 않는다. 대신에 우리를 익숙한 실재 세계에 있게 한다. 우리는 또한 더 이상 죽어가는 인간의 내면 세계를 관찰하는 특권을 누리지 못하며 대신에 이 세계의 다른 부분을 보듯 케인을 봐야 한다. 감독은 더 이상 명백하게 구분된 실재를 창조하지 않으며 대신에 사회 역사적 사건의 표피적 실재를 기록할 따름이다.

그 뉴스가 우리에게 케인에 관해 얻을 거의 모든 정보를 제공하고 있다는 것은 중요하다. 그러나 영사실에서 (우리와 함께) 뉴스를 보고 있는 사람들도 깨달았듯이 이 저널리스트적인 설명은 케인이란 인물의 표면을 뚫고 들어가지 못한다. 그들은 자신들이 얻은 정보에 만족하지 못하면서 '로즈버드'를 파 들어가게 된다. 이에 따라 영화에는 시각적으로는 가장 추상 영화적인 시퀀스이긴 하지만 고전적인 플롯이나 동기화와 유사한 요소들이 제공된다. 영사실에서 쏟아져 나오는 한 줄기 빛만이 인물들을 등 뒤에서 비추며 기괴한 실루엣을 만들어 낼 뿐 방 전체는 어둠에 잠겨 있다. 그 다큐멘터리의 제작자는 냉정하고 균형 잡혔으며 잘 짜여진 뉴스를 보고 아쉬워하며 톰슨에게 케인의 마지막 말의 의미를 캐냄으로써 그를 인간적으로 그릴 것을 지시한다. 물론 톰슨의 추적도 별 희망이 없다. 그가 '로즈버드'란 말의 표면적 의미를 알아 내(우리가 영화의 끝부분에서 알았듯이), 개인사적 이야기를 얻게 됐다 해도 그 수수께끼의 해답이 단 하나의 단어가 결코 한 인간의 생애를 요약할 수 없다는 결론에 영향을 미치기는 거의 힘들었을 것이다. 톰슨과 마찬가지로 웰스의 결론도 모든 지각은 그것이 영화에 관한 것이든 인간에 관한 것이든 상상력에 의해 가능해진 관찰이라는 것이며 해석에 의해 형성된 기록이라는 것이다.

🎥 탐정 영화로서의 〈시민 케인〉

내러티브 전략과 플롯의 구조로 볼 때 〈시민 케인〉은 탐정 영화다. 톰슨의 취재는 케인의 개인사의 재구성을 목적으로 하고 있다. 톰슨의 인터뷰라는 독특한 시퀀스 때문에 케인의 일생에 관한 연대기적 정보를 알게 된다. 뉴스에서 그의 개인사를 보고 나서 톰슨이 인터뷰한 여러 사람들에 의해 기본적으로는 동일한 이야기를 같은 순서로 듣게 된다. 이렇게 강조된 내러티브의 진행은 자의적인 것처럼 보이게 되어 있으나(예컨대 수잔과의 최초의 인터뷰는 그녀가 취해 있었기 때문에 연기된다) 그 효과는 연대기적 재구성에 있다. 케인의 생애에서 중요한 시간 경과조차도 플래시백들 사이에서가 아니라 플래시백들 안에서 다루어진다. 이렇게 해서 각각의 플래시백은 내러티브적인 일관성을 갖게 된다.

따라서 〈시민 케인〉은 다른 느와르 고전(〈밀드레드 퍼스〉, 〈이중 배상〉, 〈살인자〉, 〈과거로부터Out of the Past〉[자크 투르뇌르Jacques Tourneur, 1947], 〈미지의 여인으로부터 온 편지Letter from an Unknown Woman〉[막스 오퓔스, 1948], 〈선셋 대로〉 등)과 마찬가지로 순환적 이중 시간 구조를 채택하고 있다. 영화 속의 탐정이 벌이고 있는 조사는 하나의 수수께끼 — 보통 탐정 영화라면 범죄겠지만 여기서는 한 단어 — 에 의해 시작된다. 이 수수께끼는 과거 사건의 재구성을 이끌어 낸다. 이 내러티브 전략의 최종 결과는 수수께끼를 푸는 것이 아니라 한 뛰어난 인간의 냉엄한 운명을 강조하는 숙명론으로 모아진다. 그 누구도, 특히 과거를 재구성하는 관찰자로서의 탐정도 그 운명에 영향을 미칠 수 없다.

관찰자-탐정은 명백히 관객의 대리인이며 시각적으로 그리고 개념적으로 조직화하는 감성organizing sensibility의 기능을 맡는다. 이 상황은 〈시민 케인〉에서는 두 가지 중요한 요소에 의해 얽혀 있다. 우선 관객은 내러티브 속의 누구도 관여할 수 없는 특권적 정보를 갖는다. 반면 톰슨은 케인의 죽음과 깨진 유리공과 불타는 썰매를 보지 못한다. (실제로 톰슨은 관객이 플래시백에서 보는 어떤 것도 직접 보지는 못한다. 플래시백들은 관객에게 훨씬 더 강력한 관찰자-조사자의 지위를 부여하는 셈이다.) 둘째로 뉴스까지 포함해 플래시백들이 서로 다른 내레이터를 갖고 있기 때문에 톰슨의 관점은 혼돈되어 있다. 관점의 문제는 조사가 진행되고 주관적인 회상이 쌓일수록 더욱 복잡해진다. 대처, 번스타인, 리랜드, 수잔, 레이먼드, 뉴스의 아나운서까지 이들은 케인의 삶을 각각 다르게 해석하고, 이런 해석들이 쌓일수록 뉴스에서 제시되는 케인의 생애의 실체는 더욱 모호해진다.

얼굴이 다시금 그늘에 가려진 가운데 케인은 정부 도로시 코밍고어와의 보금자리에 찾아온 아내(루스 와릭) 와 정적(레이 콜린스)과 맞닥뜨린다. 이 로 앵글 숏이 보여 주는 것처럼 카메라 위치는 느와르 조명의 효과를 강화한다.

수잔이 재나두를 떠나고 케인이 격노하는 장면을 레이먼드가 회상하는 대목에서 웰스는 데카당한 미국적 영웅의 결정적 이미지를 제공한다. 케인은 수잔의 침실을 뛰쳐나와 넋이 빠진 듯이 저택의 그늘진 홀을 걸어간다. 그는 두 개의 큰 거울 앞을 지나고 그의 모습은 무한개로 반사된다. 이 숏은 이 영화의 중심적인 주제를 강조한다. 찰스 포스터 케인과 그가 성취한 아메리칸 드림은 단 하나의 응집된 이미지로 축약될 수 없으며 그를 알고 있는 사람들에 의해 주관적으로 해석될 수밖에 없다는 것이다. 여러 관점들이 케인의 실체(궁극적으로는 알 수 없는)를 설명하기 위해 늘어남에 따라 우리는 점차 깨닫게 된다. 순수의 상실과 권력과 부가 몰고 온 비인간적 고립에 휩싸여 망가진 한 독선적인 폭군, 그 인간의 내면에 자리잡은 공허감이 바로 아메리칸 드림에 대한 우리의 불안을 표현하고 있음을.

🎥 표현주의의 탄생과 할리우드의 죽음

그러한 문화적 불안감 — 결국 미국 표현주의의 토대가 되는 — 은 플롯보다는 내러티브 스타일과 성격화의 면에서 더욱 뚜렷하게 드러났다. 비록 대부분의 느와르 영화들이 표면적인 플롯의 갈등을 처리하기 위해 할리우드적인 '해피 엔딩'을 취하고 있지만 황량하고 불길한 도시 묘사는 — 전적으로 부정적이지는 않다 해도 — 그런 해답을 인정하고 있다. 1940년대에 할리우드의 문제 해결 기능은 사회적 충동으로부터 멀어져 가면서 영화의 예술성에 보다 많은 주의를 기울이게 되었다. 사회 문제는 1940년대의 10년간 느와르 영화에 동기와 내러티브의 소재를 제공했지만 이런 문제들에 대한 해답은 점점 인위적이고 형식화되어 갔으며 스타일에만 집착하게 됨으로써 슈레이더가 지적했듯이 내러티브의 해답은 사회적인 면만큼 미학적인 면이 중시되었다.

이런 우선 순위 변화의 이유는 많다. 여기에는 갖가지 산업, 이데올로기, 사회 경제적 압력에 의해 복합화된 영화 테크놀로지와 내러티브 테크닉의 진화도 포함돼 있다. 1950년 초에 이르러 텔레비전이 이미 할리우드의 관객을 흡수하기 시작해 영화 관람은 이제 더 이상 지난 25년 동안과 같은 문화적 의식이 아니었다. 이런 변화는 영화 제작자들로 하여금 영화라는 미디어의 사회적, 미학적 기능을 재고하게 만들었다. 이런 변화의 효과는 할리우드의 질서 의식 장르에서, 즉 문화적 관심사가 사회 질서를 합리화하고 칭송하는 도시 범죄 영화와 웨스턴에서 뚜렷하게 나타났다. 더욱이 사회 통합을 필수 요소로 지녔으며 1950년대에 양산된 장르들, 특히 멜로드라마와 SF 영화도 이처럼 강렬한 스타일의 공간과 캐릭터를 통해 내러티브와 주제의 호소력을 갖게 되었다.

이로써 세 가지 연관된 이슈들, 즉 느와르 테크닉, 집단적인 문화적 불안감, 재구성되고 줄어드는 영화 관객 등이 합쳐져 자의식과 자기 비평의 시대가 전후에 펼쳐지게 되었다. 이 유례 없는 형식주의와 탐미주의는 미국 관객들의 주의를 끌지 못했다. 그것은 할리우드의 명료한 형식과 친사회적인 전통으로부터 너무나 자연스럽게 진화된 것이기 때문이다. 그러나 다른 문화권의 감독들이 미국 표현주의의 자산을 어떻게 인식하고 어떻게 자기 것으로 만들어 나갔는지를 생각해 보라. 프랑스 누벨 바그의 하드보일드 탐정 영화에 대한 심취와 독일 뉴 저먼 시네마의 1950년대 멜로드라마에 대한 열광을 말이다. 극단적인 아이러니는 자국의 영화가 세계를 이끄는 데 혁혁한 공을 세운 미국 관객들이 그들의 경제적, 정신적 투자가 가장 큰 보답을 약속하는 시기에 극장을 떠나기 시작했다는 것이다. 그래서 1940년대 후반과 1950년대 초반의 느와르 영화는 이중적인 역사적 지위를 얻는다. 필름 느와르는 할리우드 내러티브의 세련도와 시각적 표현에서 정점을 보여 준다. 그러나 그것은 형식주의와 자기 도취와 혼란된 사회 의식과 사라져 가는 관객의 시대를 의미하기도 한다. 요컨대 미국 표현주의 영화는 할리우드 스튜디오 시스템과 미국 영화의 죽음을 예고하는 것이다.

하드보일드 탐정 장르

이 비열한 거리를 지나가야만 하는 한 남자가 있다. 그는 비열하지도 않으며 세속에 물들지 않았으며 두려워하지도 않는다. 이런 이야기에서 탐정은 그런 사람이어야 한다. 그는 진정한 영웅이다. 그는 참으로 귀중한 인간인 것이다. 그는 완벽한 사람이어야 하며 보통 사람이면서도 비범한 사람이어야 한다. 다소 낡은 표현을 쓰자면 그는 명예의 인간이어야 한다. 명예를 염두에 두지도, 말하지도 않지만 본능적으로 또한 불가피하게 그래야 한다. 그는 그의 세계에서 최고의 사내라야 하며 어느 세계에서도 모자람 없는 훌륭한 인간이어야 한다.

— 레이먼드 챈들러Raymond Chandler, 〈간단한 살인 기술〉에서[4]

1940년대 초 한창 성장 중이던 갱스터/도시 범죄 영화는 막 싹이 튼 필름 느와르와 만나 미국 표현주의의 가장 중요한 산물을 내놓게 된다. 바

하드보일드 탐정 영화

로 하드보일드 탐정 영화다. 범죄와 뒷골목 세계에 초점을 맞춘 고전 갱스터 영화와 법과 질서의 수호자들이 벌이는 평화 유지 활동을 담아 내는 도시 범죄 영화와는 달리 하드보일드 탐정 영화는 고립되고 자기 의존적인 '사립 탐정private eye'의 관점을 취한다. 고전적인 서부 사나이와 마찬가지로 하드보일드 탐정도 문화적으로 중간적 인간형이다. 그는 개인적 재능과 세상 물정에 관한 지혜를 무기로 더럽고 범죄에 오염된 도시에서 생존해 나가지만 도덕과 뿌리 깊은 이상주의를 품고 있으며 사회 질서를 위한 힘과 유토피아적인 도시 공동체로의 약속을 늘 마음에 둔다.

하드보일드 탐정 영화가 존 휴스턴의 〈말타의 매〉로 스크린에 선보였을 무렵, 그것의 정형화된 내러티브는 이미 라디오와 대중 잡지와 펄프 소설에서 확립되었다. 휴스턴이 각본을 쓰고 감독한 〈말타의 매〉는 많은 대화와 대부분의 줄거리를 대실 해밋Dashiell Hammett이 1929년에 쓴 동명 소설에서 따왔다. 로이 델 루스Roy del Ruth의 1931년작 〈말타의 매〉, 윌리엄 디털리의 1936년작 〈사탄은 여자였다Satan met a Lady〉처럼 〈말타의 매〉를 영화화한 적이 이전에도 있었지만 어느 것도 크게 성공하지 못했다. 한편 '그림자 사나이Thin Man' 시리즈는 주인공인 두 탐정 닉과 노라 찰스를 통해 1930년대의 관객들에게 탐정 영화의 정형을 보여 줬다. 이 시리즈는 블랙 유머와 사회적 논평을 탐정 영화의 전통 속으로 끌어들였던 것이다.

해밋의 동명 소설을 영화로 만든 이 시리즈는 1934년에 처음 선보였으며 12년간 6편의 시리즈 영화에서 주연을 맡은 윌리엄 파웰과 머너 로이는 당대의 할리우드에서 가장 인기 있는 커플이 되었다. (실제로 원작에서의 '그림자 사나이'는 살인의 희생자로 나오지만 영화에서는 파웰이 맡은 탐정의 캐릭터가 되었다.) 해밋의 원작에 있는 하드보일드적인 성격이 처음 네 편에서는 반

다이크의 직선적인 연출로 희석되었고 익살스런 파웰과 로이의 말재간이 영화를 이끌었다. 하드보일드 장르가 전성기에 있던 1946년에 만들어진 마지막 영화에서도 이미 관습이 된 두 탐정은 느와르 스타일에 거의 영향을 받지 않는다.

탐정 소설 정형의 발전은 미국 문학의 발전과 긴밀히 연관되어 있다. 실제로 탐정 소설의 탄생(에드가 앨런 포의 1840년작 〈모르그가의 살인〉과 〈도둑맞은 편지〉)은 단편 소설의 탄생이기도 했다. 포의 탐정 소설 주인공 듀팽은 해박하고 귀족적이며 괴팍하고 복잡한 추론에 능한 고전적 탐정의 전형이었다. 아서 코난 도일의 홈스나 아가사 크리스티의 포와로 같은 그의 후예와 마찬가지로 그의 최초의 동기는 퍼즐 풀기의 기쁨이었다. 또한 그의 사건 해결 방식은 하나하나의 범죄를 질서 정연하며 자애로운 세계를 뒤흔든 누군가의 잘못으로 몰아가는 것이다. 여기서 독자는 독자 자신을 탐정보다 한 발짝 뒤에 머무르게 하는, 지적으로 열등한 관찰자 혹은 탐정 친구의 눈을 통해 사건을 쫓아간다. 고전적 탐정 소설 정형의 가장 중요한 면은 '사건 해결' 그 자체다. 여기서 '범죄'란 도덕으로부터 벗어난 행동이며 사회적 탈선에 지나지 않는다. 탐정의 사건 해결은 범죄자에 의해 일시적으로 교란당한 사회의 균형 상태를 회복시키는 행위다. 사실 고전적 탐정 영화에서도 범죄란 사회적인 것이 아닌 개인적 책임이며 영화에서의 해결은 사회적, 도덕적 질서를 재확립하는 데 기여하는 두뇌의 활동일 뿐이다.

스크린에서도 하드보일드 탐정과 고전 탐정 사이에는 뚜렷한 차이가 있다. 고전 탐정은 셜록 홈스뿐만 아니라 찰리 챈,* 미스터 모토,** '그림자 사나이' 등이 등장하는 영화들에서도 볼 수 있다. 고전 탐정들은 수준 높은 위트를 갖고 있고 과학적 추론법을 구사할 줄 안다. 이들은 가끔 문제가 발생해도 이성적 추론으로 문제가 해결될 수 있는 잘 정비된 사회의 한 부분이다. 반면 느와르 스타일에서 보이는 하드보일드 탐정은 현대 사회에 대해 어두운 전망을 갖고 있는 인물이다. 그의 비관주의는 전쟁기와 전후 미국이 지닌 소외, 불안, 도덕적 혼돈의 반영이다. * **

1920년대와 1930년대의 하드보일드 작가들은 이런 영화를 위한 길을 닦았다. 그들의 탐정 소설들은 고전 전통을 의미 있는 다양한 방식으로 뒤엎는다. 하드보일드 정형을 최초로 확립한 작가가 캐롤 존 데일리 Carroll John Daly와 대실 해밋이다(해밋은 피터 콜린슨Peter Collinson이란 필명으로 활동했다). 이들은 대중적인 잡지에 소설을 썼다. 〈검은 가면Black Mask〉도 그런 잡지 중 하나인데, 1920년 H. L. 멘켄H. L. Mencken과 조지 진 네이선 George Jean Nathan에 의해 창간되어 1920년대 중반에는 거의 하드보일드 탐정 소설만을 실었다. 데일리의 '레이스 윌리엄스'나 해밋의 '콘티넨탈 탐정'은 10년 뒤에 나온 레이먼드 챈들러의 필립 말로나 마찬가지로, 고전적인 탐정과는 전혀 딴판이다. 그들은 지성보다는 본능에 의해 움직인다. 그들은 더럽고 사악한 도시의 뒷골목으로 자신을 침잠시키며 생존을 위해 결국 폭력에 의존한다. 그들이 범죄를 해결하기 위해 내놓는 해결책은 어떤 것이든 기껏해야 미봉적이고 불완전할 따름이며 난마처럼 얽혀 있는 사회의 타락상 가운데 하나의 위협을 밝혀내 보여 줄 뿐이다.

* 얼 데어 비거스Earl Derr Biggers의 소설에 등장하는 중국계 미국인 탐정. 소설이 성공하자 여러 영화로도 만들어졌다.
** 퓰리처상 작가 존 마퀀드John Marquand의 소설에 등장하는 일본인 비밀 요원. 찰리 챈을 탄생시킨 얼 데어 비거스가 죽자 아시아계 영웅이 등장하는 스토리를 찾던 중 만들어졌다. 이후 피터 로레Peter Lorre가 미스터 모토를 연기한 영화 8편(1937~1939)이 나왔다.

초기 하드보일드 탐정 소설의 기본 교의 중 하나가 범죄를 난폭하고 분별력 없는 추악한 행위로 인식한다는 것이다. 레이먼드 챈들러는 이렇게 말한 적이 있다. "해밋의 인물들은 손 쉬운 도구로 이유 있는 살인을 저지른다. [……] 그는 살인을 거리로 데리고 왔다"(Chandler, 1944: 58).[5] 이런 작가들에게 범죄란 상류 사회 인간들을 복잡한 기지 싸움으로 인도하는 단순한 플롯의 장치가 아니다. 그것은 도시의 환경과 궁극적으로는 도시인 모두를 파고드는 만연한 사회적 어릿광대극이다. 흥미롭게도 챈들러 자신은 필립 말로가 등장하는 소설을 교외와 외관이 화려한 저택을 무대로 계속 썼다. 그러나 이 소설들에서는 고전적 탐정 소설과는 반대로 해밋의 '거리'에 사는 사람들만큼이나 상류 사회가 도덕적으로 타락한 모습을 보인다.

챈들러가 그리는 로스앤젤레스의 이미지는, 말로의 재치 있고 냉소적인 표현대로, 부와 권력욕에 의해 철저히 타락된 천국이다. 말로를 비롯한 하드보일드 탐정들은 고전적 탐정들이 그랬듯이 자신을 타락한 환경으로부터 격리하려 한다. 그러나 하드보일드 탐정의 격리란 지성이나 교양의 작용이 아니다. 그가 용납할 수도, 이해할 수도 없는 가치와 태도를 지닌 사회에 대한 철저한 거부인 것이다. 자기 스타일을 지닌 실존주의자로서 그는 소박한 개인주의나 페어플레이 같은 전통적이고 낡은 가치에 근거한 자신의 개별적이고 독단적인 도덕률을 세련화시킨 것이다. 서부 사나이가 구겨진 트렌치 코트를 걸쳐 입고 이 시대를 지나쳐 간다면 아마도 같은 포즈를 취할 것이다.

하드보일드 탐정 소설은 주인공의 가치 체계와 타락한 사회와의 갈등에 크게 의존하고 있기 때문에 탐정의 시점에 중심을 두는 것이 가장 효과적일 것이다. 탐정이 1인칭 내레이션을 통해 자기 이야기를 하거나 주인공의 생각을 공유하고 있는 전지적 내레이터가 이야기를 전한다. 탐정 소설의 정형이 1930년대에 번성한 펄프 문학과 라디오에서 이미 형성돼 있었지만 그 이야기를 영화 스크린(내레이터의 '목소리'가 내러티브에 참여하는 개인이 아니라 카메라인)에 채용하려는 사람들에게는 다소 어려운 점이 있었다. 그러나 1940년경 할리우드가 테크닉과 내러티브 능력 양면에서 큰 진전을 이루었고 대중의 도덕적, 사회 정치적 불안이 깊어짐에 따라 하드보일드 탐정 영화는 주류 장르로 등장할 수 있었다.

🎥 하드보일드의 원형: 휴스턴의 〈말타의 매〉

나는 미국 영화에서 하드보일드 탐정 장르의 탄생과 발전을 주도한 세 영화에 초점을 맞추고 싶다. 존 휴스턴의 〈말타의 매〉(1941), 빌리 와일더의 〈이중 배상*Double Indemnity*〉(1944), 에드워드 드미트릭Edward Dmytryk의 〈살인, 내 사랑*Murder, My Sweet*〉(1944년 제작, 1945년 상영)이 그것이다. 2차 세계 대전 중 할리우드 작품 중 가장 뛰어난 것으로 꼽히는 이 영화들은 대표적인 미국 하드보일드 작가들인 대실 해밋(〈말타의 매〉), 제임스 M. 케인 James M. Cain(〈이중 배상〉),* 레이먼드 챈들러(〈살인, 내 사랑〉, 원작 소설 제목은 '안녕, 내 사랑*Farewell, My Lovely*')의 소설을 영화화한 것이다. 챈들러는 이 장르의 진화에서 사실상 가장 중요한 — 소설가로서 그리고 시나리오 작가

---

* 1931년에 파라마운트으로부터 시나리오 작가 제의를 받고 할리우드로 온 케인은 1934년 발표한 첫 소설 《포스트맨은 벨을 두 번 울린다》로 대성공을 거두었다. 이 소설을 비롯해 이후 발표한 《이중 배상》, 《밀드레드 퍼스》 등의 작품도 영화화되었다.

로서 — 작가다. 〈살인, 내 사랑〉, 〈이중 배상〉, 〈호수의 여인〉, 〈푸른 달리아〉, 〈매의 점령The Falcon Takes Over〉(어빙 라이스Irving Reis, 1942), 〈빅 슬립〉, 〈의혹의 전망차Strangers on a Train〉(알프레드 히치콕, 1951), 〈말로Marlowe〉(폴 보가트Paul Bogart, 1969), 〈안녕, 내 사랑Farewell, My Lovely〉, 〈롱 굿바이The Long Goodbye〉(로버트 알트만, 1973) 등이 그가 원작 소설을 쓰거나 시나리오를 맡았던 작품들이다. 챈들러는 1948년 동료 미스터리 작가에게 이렇게 편지를 써 보냈다.

> 하드보일드 살인 소설의 창안자는 내가 아니다. 나는 해밋이 이런 소설의 대부분 혹은 전적인 토대를 만들어 냈다는 견해에 대해 어떤 이의도 갖고 있지 않다. 모든 사람이 처음엔 모방으로 시작한다. [……] 해밋이 1932년 이래 책을 내지 않았기 때문에 내가 이런 소설의 대표자로 몇몇 사람들에 의해 지목됐다. 그것은 〈말타의 매〉가 많은 제작비가 필요한 미스터리물의 시초가 되지 않았다는 사실에 기인한다. 사실 〈말타의 매〉는 많은 예산이 필요한 영화였지만 말이다. 〈이중 배상〉과 〈살인, 내 사랑〉은 많은 예산을 확보할 수 있었고 나는 그 두 영화와 모두 관계를 맺었다(Gardiner & Walker, 1977: 52).[6]

실제로 〈말타의 매〉는 할리우드 하드보일드의 정형이 된 기본 플롯과 캐릭터를 확립했다. 반면 〈이중 배상〉과 〈살인, 내 사랑〉은 확연한 느와르 스타일을 도입함으로써 하드보일드의 기본 골격에 내러티브적, 시각적 전략을 제공했다. 〈말타의 매〉는 해밋의 원작 소설이 가진 이야기와 성격화를 충분히 살려 내고 있지만 감독 휴스턴의 단선적인 구성과 단순한 내러티브–시각적 스타일은 후에 느와르의 영향을 받아 제작된 탐정 영화들의 표현력을 결여하고 있다. 그러나 휴스턴의 각 인물들에 대한 캐

존 휴스턴이 1941년에 만든 영향력 있는 사립 탐정 영화 〈말타의 매〉는 하드보일드 장르의 내러티브적 토대를 만들었다. 영화의 주요 인물들(험프리 보가트, 피터 로레, 마리 애스터, 시드니 그린스트릿)이 보물인 말타의 매를 감정하고 있다.

스팅을 생각해 보라. 샘 스페이드 역에 험프리 보가트는 할리우드 사립 탐정의 전형, 브리지드 오쇼니시 역에 마리 애스터는 관능적이고 음모적인 '팜 느와르,' 에피 페린 역의 리 패트릭은 매력적이고 헌신적이며 탐정과는 거의 가족같이 친밀한 여비서, 캐스퍼 것먼 역의 시드니 그린스트릿은 교양 있는 악한, 조얼 카이로 역의 피터 로레는 신경질적이고 유약한 이중인격자, 윌머 역의 엘리셔 쿡 주니어는 것먼의 무뚝뚝하고 순종적인 부하, 지방 경찰 역의 워드 본드와 바톤 매클레인은 주인공인 탐정과 골치 아프지만 끊을 수 없는 관계를 유지하는 경찰이다. 이들은 주인공이 일을 하고 있는 동안 끊임없이 그를 쫓아다닌다.

이 인물들은 이 장르 내에서 필수적인 역할의 망을 구성한다. 샘 스페이드는 영화의 중심 인물이며 자신이 살고 있는 불결한 도시를 관찰하고 영향을 미치며 마침내 규정하는 감성의 조직자다. 〈말타의 매〉에서 세계는 휴스턴의 조명과 카메라워크와 미장센보다도 스페이드의 말과 행동과 태도를 통해 성격이 더욱 뚜렷이 나타난다. 물론 여기에도 후의 하드보일드 탐정 영화를 예견케 하는 시각적 스타일의 요소가 없지 않다. 야외 시퀀스는 주로 밤에 일어난다. 실내는 복잡하고 눈 높이 아래 정도에서 촬영돼 강박적인 분위기를 전달한다. 때때로 광원이 프레임 안에 위치해 있어 이전의 탐정 영화나 도시 범죄 영화에 비해 더욱 음울하고 위협적인 분위기를 만들어 낸다. 그러나 〈말타의 매〉는 뛰어난 작품이지만 〈시에라 마드레의 황금The Treasure of the Sierra Madre〉, 〈키 라르고〉(두 작품은 1948년), 〈아스팔트 정글〉(1950) 그리고 느와르 영화의 유쾌한 패러디인 〈야망의 항로Beat the Devil〉(1954)와 같은 나중의 작품들을 돋보이게 한 표현주의적 조명이나 카메라워크는 아직 보이지 않는다.

뒤에 적은 휴스턴의 후기 영화들은 음울한 시각적 스타일과 냉소적 주제의 결합이라는, 할리우드의 표현주의 시대가 이룩한 성과의 정점을 보여 준다. 〈말타의 매〉는 시각적 세련도에서는 떨어지지만 플롯과 인물들은 이 장르를 유형화시킨 어두운 전망이란 주제를 명백히 제시한다. 플롯은 수세기 동안 사라진 보석(매 모양으로 조각됨)의 추적이라는 에피소드를 담고 있다. 사람들이 탐내는 이 보석은, 그것이 상징하는 부와 권력에 대한 미국인의 꿈과 마찬가지로, 결국 모조품인 것으로 판명된다. 하드보일드한 외모지만 상처받기 쉬운 모럴리스트이며 비타협적인 성격의 스페이드와는 달리 '매'와 그것을 탐내는 사람들은 영원한 이중성과 탐욕과 거짓 외양의 드라마 속에 갇혀 있다. 스페이드는 물론 겉만 번지르르한 탐욕의 세계에 대해 외부 세계로부터 자신을 고립시킴으로써 '응답'한다. 그는 실제로 자신이 유일한 거주자인 초라하고 검소한 사무실에서 살아간다. 직업적으로 그는 돈이 아니라 진실의 추구에 탐닉한다. 정서적으로는 사람을 오랜 시간 만나는 것이나 약속은 피하며 살아간다(그와 플라토닉한 친교를 나누는 여비서를 제외하고). 도덕적으로는 낡은 가치관에 의존하고 있어 교활한 여인과 탐욕스런 악한들이 마음대로 그를 움직인다.

　어떤 의미에서는 탐정이라는 직업 자체가 외적인 사회적 힘에 의해 그가 위치지어져야 함을 암시한다. 웨스턴의 주인공과 마찬가지로 하드보일드 탐정은 단순히 고립된 인간이 아니라 사회적 중재자다. 비록 그의 가치관이나 태도는 질서 잡힌 공동체를 향하지만 폭력 사용 능력에서도 뒤지지 않고 외부 세계에서의 생존 방식을 잘 아는 그는 불법적인 것과 손을 잡지 않을 수 없다. 그는 사회의 생리를 너무 잘 알고 있어서 그 가치와 동기를 신뢰하지 않는다. 사실 이런 영화들에서, 주인공인 탐정은 제도적인 제약과 부패 때문에 대개 경찰이나 검사 사무실을 떠나 온 사람들이다.

따라서 그의 역할은 문화적 중재자, 그의 일당과 비용을 지급하는 사람이라면 누구를 위해서든 문명과 범죄 세계의 틈에 다리를 놓는 역할인 것이다. 고전적 웨스턴은 문명화의 약속과 긍정적이고 낙관적인 전망을 제시한다. 반대로 탐정에게는 이상적인 사회 질서란 것이 그를 둘러싸고 있는 사회적 현실에 의해 부정당한다. 그 이상은 단순히 하나의 약속이 아니라 깨진 약속이다. 탐정은 문명과 야만 어느 쪽에도 일체감을 느끼지 못하기 때문에 양쪽으로부터 자신을 고립시킨다. 문명과 야만은 이제 같은 세계에 살고 있으며 캐스퍼 것먼이나 브리지드 오쇼니시 같은 인물들에게서 보듯 같은 언어를 쓰고 있다.

샘 스페이드는 사건들을 맡으면서 일의 과정에서 자신의 가치관을 세운다. 사회가 타락했다면, 스페이드가 그랬던 것처럼, 우리는 자신 안에서 진로와 의미를 찾아야 한다. 〈말타의 매〉에서 스페이드가 보석을 찾는 일에 휘말려 들게 된 최초의 동기는 동료인 마일스 아처의 죽음이다. 스페이드는 결국 사건을 의뢰했던 브리지드가 아처의 살인범임을 알게 된다.

브리지드는 전형적인 하드보일드 여주인공이다. 아름답고 도움이 필요한 희생자처럼 보이지만 부와 권력을 얻기 위해 탐정의 순수한 로맨티시즘을 이용, 그를 음모에 끌어들이고 그의 특별한 재능을 악용하는 악녀다. 스페이드는 그녀와 사랑에 빠지고 난 후에 자신이 그녀의 희생물임을 알아챈다. 그녀의 어떤 애원도 소용 없게 된다. 스페이드는 그녀를 것먼과 그의 패거리 악당과 함께 경찰서로 데리고 간다. 금욕적 절제심을 가다듬으며 스페이드는 자기 파트너의 살인범을 그냥 둔다는 것은 '나쁜 일'이며 자신은 이제 "누굴 위해서도 멍청한 일을 하지 않겠어"라고 여자에게 얘기한다. 보가트가 연기하는 사랑과 의무 사이에서 갈등하는 주인공-탐정은 진실과 진정한 인간 관계를 향한 고집스러우나 무익한 추구를 보여 준다. "그래, 난 널 사랑한다. 그러나 그것은 이제 중요하지 않아." 스페이드는 브리지드를 보내기 직전 그녀에게 말한다. "나는 널 보낸 후에 쓰라린 밤들을 보낼 거야. 그러나 그것도 지나가겠지."

하드보일드 탐정 소설에서 유형화되어 있는 요소지만, 것먼의 명백한 악행과 브리지드의 성적 수완은 분리되어 있으나 영화의 클라이맥스에서 드러나듯 플롯의 진전에 따라 상호 연관되어 있다. 위트 있고 폭군적이며 자기 도취적인 것먼은 스페이드에게 명백한 위협으로 다가오는 반면 브리지드는 영화의 종반부에 가서 훨씬 더 위협적인 존재로 드러난다. 희생자 시늉을 훌륭히 해냄으로써 브리지드는 결국 스페이드와 것먼과 카이로와 보석을 쫓는 다른 인물들을 희생시킨다. 살인과 범죄의 연발을 초래한 그녀의 '매'에 대한 추구는 것먼이나 카이로, 심지어 스페이드 자신의 행동보다도 이해하기 어렵다. 우리는 부와 권력을 쫓는 잔인하고 비윤리적인 남자상에 익숙하다. 그러나 여기에는 탐욕적이고 전적으로 자신을 위해 악행을 저지르는 여자가 등장한다. 그리고 그 효과는 매혹적이면서 교란적이다.

〈말타의 매〉는 아처의 죽음에 연루된 인물들이 체포됨으로써 끝맺지만 '실재'하는 '매'는 여전히 포획되지 않았다. 탐정은 권력과 부를 쫓아 끝없이 일어나는 사건 중 단 하나도 해결하지 못한 것이다. 여기서 이 인물의 내러티브에서의 기능은 명백해진다. 웨스턴의 주인공과 마찬가지로 탐정은 그의 사회 환경 안에서 자생하는 문화적 갈등을 다룬다. 그의 활약은 즉발적인 사회적 갈등 몇 가지를 해결할지 모르지만 사회는 변하지 않은 채 그대로 남아 있다. 진정한 변화도 일으키지 못하고 낭만적인 이상에서 위안을 찾지도 못한 주인공은 고립과 낡은 가치에의 집착으로 다시 돌아간다. 사건이 끝나면 그는 서부 사나이가 향하는 석양의 현대적 변주인 자신의 초라한 사무실에서의 망각으로 되돌아온다. 사무실과 대초원의 차이 — 폐쇄된 공간과 무한히 개방된 공간의 차이, 수직선과 수평선의 차이 — 는 두 영웅과 그들의 문화적 컨텍스트 간의 차이를 보여 준다. 서부 사나이의 지평선은 끝이 없다. 그는 자신의 등 뒤에 있는 문명으로 다가갈 수 있다. 그러나 탐정에게 지평선은 연기와 어둠에 가려 거의 보이지 않는다. '자연적' 세계는 그에게 낯설다. 그가 할 수 있는 일은 생존을 위해 본능에 따르는 것과 시간이 제 갈 길로 가도록 내버려 두는 것 외에는 없다.

🎥 느와르의 영향: 〈살인, 내 사랑〉과 〈이중 배상〉

〈말타의 매〉가 성격화, 플롯, 주제의 면에서 하드보일드 탐정 장르의 정형화에 기여했다면 〈살인, 내 사랑〉은 내러티브와 시각적 테크닉의 면에서 그 정형의 틀을 보강했다. 챈들러의 원작 《안녕, 내 사랑》을 1944년 에드워드 드미트릭(그는 아마 할리우드 표현주의 시대에 가장 과소 평가받았던 감독일 것이다)이 영화화한 이 작품은 그림자를 등장인물만큼 강하게 표현하면서 도시 공간을 황량한 풍경으로 묘사했다. 음습한 이중성과 거짓 외양들이 얽혀 있는 플롯의 특징이 챈들러 작품의 전형적인 탐정인 필립 말로의 회상 장면에서부터 드러난다. 주로 로맨스물의 주인공으로 나오던 딕 파웰이 자신의 평소 이미지와는 상반된 이 역을 맡았다. 더 나중에 제작되었다면 보가트, 로버트 몽고메리, 제임스 가너, 엘리엇 굴드, 로버트 미첨 등이 말로류의 탐정 역을 맡았을 테지만 말이다. 드미트릭 영화의 이 회상

에드워드 드미트릭의 〈살인, 내 사랑〉은 느와르 스타일과 하드보일드 탐정 이야기의 최초의 성공적인 결합이었다. 여기서 필립 말로(딕 파웰)가 고객인 무스 맬로이(마이크 마주르키)로부터 위협을 받고 있다.

프레임워크는 탁월하다. 여기서는 탐정의 1인칭 시점 내레이션이 사건 전개를 설명하면서 아이러니컬한 대위법적 표현을 제공한다. 나아가 현재의 탐정이 과거의 사건을 설명하는 이중 시간 구조가 공허하면서도 공포스런 분위기를 고조시킨다. 이곳은 폭력과 거짓이 판치는 사회 공간 혹은 자신의 탐욕과 야망에 희생당한 자들의 세계다.

〈살인, 내 사랑〉은 말로가 살인 사건에 연루돼 경찰에 심문받는 데서 시작된다. 이 장면에서 유일한 광원은 화면 가운데 놓인 책상 램프다. 화면 전체에는 옅은 어둠이 드리워져 있고 심문하는 경찰은 어둠에 가려 있다. 말로가 자신이 어떻게 그 사건에 얽혀 들었는지를 이야기하면서 회상 장면이 시작된다. 카메라가 책상 위의 반사광을 포착하면서, 장면은 말로가 홀로 앉아 있는 그의 탐정 사무실 장면으로 디졸브된다. 카메라는 말로의 어깨 너머에 있다(이는 관객의 시각이 탐정의 시각과 일치되도록 조작하는 이 장르의 관습이다). 도시의 불빛들이 켜졌다 꺼졌다 하면서 말로의 회상도 유리창 위에서 나타났다 사라졌다를 반복한다. 그러다 갑자기 또 한 사람의 얼굴이 유리 위에 반사된다. 바로 무스 맬로이(거대한 몸집의 험상궂은 마이크 마주르키가 연기한다)의 얼굴이다. 영혼이 빠져 나간 듯한 그의 모습은 불빛 위에 드리워져 있고 로스앤젤레스의 실루엣이 그 뒤에 펼쳐져 있다. 내러티브의 도입부를 제공하는 이 초반 장면을 통해 드미트릭은 탐정 특유의 태도와 고독을 효과적으로 영상화한다.

이 시퀀스뿐만 아니라 영화 전체를 통해 드미트릭의 카메라워크와 조명과 미장센은 관객을 말로의 저승처럼 황량한 세계로 점차 깊이 이끌어간다. 초반부의 회상 시퀀스가 끝난 다음, 말로와 맬로이는 한 여인을 찾으러 싸구려 술집으로 걸어간다. 그녀는 막 출소한 맬로이가 수감되기 전에 사귄 여자다. 나중에 이 여인이 맬로이를 유혹한 뒤 배반했으며 지금은 부자가 된 그레일 여사(클레어 트레버)라는 걸 알게 된다. 그녀는 이제 말로를 유혹과 배반의 제물로 삼으려 한다. 시각적 환기 효과가 가장 뛰어난 대목 중 하나인 이 장면에서 두 사람은 희미한 빛을 안고 좁은 계단을 올라간다. 계단은 그들이 발걸음 하나하나조차 집어삼킬 듯 음산하다. 드미트릭은 벽과 천장을 화면 안쪽으로 기울게 함으로써 시야를 일그러뜨리고, 이를 통해 주인공이 도시의 소용돌이에 말려들어 가게 될 것임을 암시한다.

주인공의 운명에 대한 보다 효과적인 시각 표현은 기괴한 꿈 시퀀스에서 이루어진다. 말로는 수사 도중에 여러 차례 쓰러지는데, 드미트릭은 주인공이 의식을 잃는 대목을 초점을 흐리게 하거나 암전 등의 방법을 통해 표현한다. 말로가 폐가처럼 보이는 어두운 집에서 함정에 빠져 주사를 맞는 시퀀스에서 이 같은 표현이 가장 효과적으로 이루어진다. 약에 취한 말로의 시선과 의식을 되찾으려는 그의 노력이 주관적 시점으로 화면에 나타나는데, 이를 통해 악몽 같은 세계에서의 그의 정신적, 육체적 고립이 효과적으로 전달된다.

그의 시점은 〈말타의 매〉에서의 것면과 브리지드 오쇼니시를 합쳐 놓은 듯한 '팜 느와르'인 그레일의 화려하고 사치스런 세계와 계속 충돌한다. 말로가 그레일을 만나게 될 무렵, 그녀는 이제 잔챙이들을 이용해 먹는 일을 끝내고 거물급을 찾고 있다. 그녀는 거세된 남편과 불쌍한 플레이보이들과 보석 도둑들, 그리고 말로까지 유혹하는 관능의 거미집을 짓는다. 〈말타의 매〉의 스페이드와 마찬가지로 말로는 그를 돈으로 살 수 있다고 믿는 교활한 고객들로부터 돈을 받는다. 물론 그의 도덕률이 결국에는 승리하지만. 그러나 스페이드와는 달리 〈살인, 내 사랑〉의 주인공-탐정은 나중에 홀로 남겨지지 않는다. 그레일의 '착한' 양녀 앤 그레일(앤 셜리)이 '팜 느와르'에 반기를 드는 것이다. 앤 그레일은 이타적이고 친절하며, 약하디 약한 아버지에게 헌신적이고, 가정의 가치를 존중한다. 또한 그녀는 탐정의 안부를 진심으로 염려한다.

말로가 회상을 마치자 경찰은 그의 무죄를 확신한다. 그는 앤과 함께 경찰서를 떠날 수 있게 된다. 이때 그의 눈은 붕대로 감겨 있어(클라이맥스를 이룬 총격전 중에 그의 얼굴 바로 옆에서 총이 발사되는 바람에), 앤이 같이 있음을 알지 못한다. 붕대로 감겨진 눈은 내러티브에서 두 가지 기능을 한다. 하나는 주인공의 순박한 로맨티시즘에서 비롯된 사회적, 도덕적 '맹목성'을 시각적으로 재확인한다는 것이다. 다른 하나는 말로와 앤이 결합할 구실을 제공한다는 것이다.

이 종결부의 결합은 〈말타의 매〉와는 매우 다른 내러티브의 에필로그를 전해 준다. 〈살인, 내 사랑〉의 탐정은 인간적 접촉이나 인간적 관심 따위는 존재하지 않았을 수도 있는 세상으로부터 얼마간의 위안과 일종의 유예 기간을 얻는다. 하지만 우리는 그 유예가 일시적이라는 것을 알고 있다. 우리가 다시 그 탐정을 만난다면 그는 육체적 쇠약과 사건의 결말에 대한 정서적 집착에 관계 없이, 그 자신의 길을 계속 가면서, 챈들러가 '글러 버린 세상'이라고 이름 붙인 곳으로 기꺼이 빠져 들려 할 것이기 때문이다.

돌이켜보면 〈살인, 내 사랑〉의 시나리오와 성격화는 〈말타의 매〉와 매우 흡사하다. 그렇지만 드미트릭의 연출과 카메라워크는 후기의 하드보일드 탐정 영화들, 즉 〈빅 슬립〉, 〈살인자〉, 〈제3의 사나이*The Third Man*〉(캐롤 리드Carol Reed, 1949), 〈빅 히트〉, 〈악의 손길*Touch of Evil*〉 등을 특징짓는 스토리와 스타일의 결합이란 요소를 예고한다. 이 장르의 발전에 빼놓을 수 없는 기여를 한 또 하나의 1944년 작품이 〈이중 배상〉이다. 빌리 와

하드보일드 영웅과 팜 느와르: 각기 다른 배우가 맡은 말로가 — 하나는 〈살인, 내 사랑〉의 딕 파웰, 다른 하나는 〈빅 슬립〉의 험프리 보가트 — 동기나 의도가 의심스러운 여인들과 정겨운 시간을 보내고 있다.

일더가 연출을 맡았고 와일더와 챈들러가 시나리오를 공동 집필했다(원작은 제임스 케인의 소설). 두 사람의 시나리오는 처절한 협력의 산물이었다. 챈들러는 후에 이렇게 말했다. "〈이중 배상〉에서 빌리 와일더와 함께 일을 한 것은 고통스런 경험이었다. 아마 그 때문에 내 수명이 얼마간 단축됐을 것이다. 그러나 나는 그 경험을 통해 내 능력 한도에서 시나리오 집필에 관해 배울 수 있는 최대한의 것을 배웠다. 그게 별로 대단한 것이 못된다 하더라도 말이다." 와일더는 이렇게 회고했다. "그(챈들러)는 내가 같이 일해 본 어떤 작가보다 나를 심하게 괴롭혔다"(Henley, 1978).[7] 서로 투닥거리기는 했지만 두 사람은 1940년대의 가장 드라마틱한 시나리오를 완성해 냈으며 가장 강렬한 세 캐릭터를 창조했다. 필리스 디트릭슨(바버라 스탠윅), 월터 네프(프레드 맥머레이), 바톤 키즈(에드워드 로빈슨)가 바로 그 캐릭터들이다.

　제임스 케인의 원작 소설은 탐정이 중심 인물은 아니지만 스토리와 스타일 면에서 '하드보일드'에 딱 들어맞았다. 스토리의 초점은 잘 생겼지만 나약하며 비도덕적인 보험사 직원(네프)이라는 인물에 맞춰져 있다. 도시 근교에 사는 관능적인 요부(필리스)가 그를 꾀어 야비한 부르주아인 자기 남편을 죽인 다음 사고사를 가장해 보험 회사로부터 이중 배상을 받아 낸다는 음모에 가담시킨다. 보험 회사의 클레임 조사 책임자인 네프의 절친한 친구인 바톤 키즈는 이 과정을 멀찍이서 지켜 보고 있다. 시나리오의 내러티브 전략이 영화를 탐정 이야기로 변형시키기는 하지만 스토리 자체는 키즈가 아니라 네프의 시점으로 전개된다. 필리스와의 관계를 통해 네프를 쫓아가는 케인의 원작 소설은 단선적 플롯을 갖고 있다. 와일더와 챈들러는 드미트릭과 시나리오 작가 존 팩스턴이 〈살인, 내 사랑〉에서 사용했던 플래시백의 시간 틀을 사용하기로 결정했다. 이러한 내러티브 장치는 보이스오버 내레이션의 역할을 필요로 한다. 이로 인해 이 영화에 함축된 운명론이란 주제에 의미심장한 새로운 요소가 주어진다. 즉 내레이터인 네프는 플래시백이 시작되기도 전에 영화의 최초 장면에서부터 자신이 필리스가 꾸민 음모의 희생자이며 그녀 남편의 살인범임을 드러내는 것이다.

〈이중 배상〉은 차 한 대가 어둠을 가르고 비에 젖은 도시의 거리를 질주하다 어느 빌딩 앞에 서는 것으로 시작된다. 한 키 큰 사내가 차에서 내려 비틀거리는 걸음으로 빌딩의 사무실로 들어간다. 그가 월터 네프다. 그는 의자에 앉아 램프(이 프레임에서의 유일한 광원)를 켠 뒤 녹음기에 대고 말하기 시작한다. 이때 피가 그의 코트를 적시기 시작한다. 네프는 키즈를 호명하며 이렇게 말한다. "나는 디트릭슨을 죽였어…… 돈 때문에 그리고 여자 때문에 죽인 거야. (잠시 멈추고 담뱃불을 붙이는데 그의 얼굴이 어둠 속에서 겨우 보일 듯 말 듯하다.) 나는 돈을 얻지 못했어. 여자도 얻지 못했지. 모두 떠나 버렸어……"

여기서 네프가 필리스를 처음 만나는 장면으로 바뀌면서 과거의 사건이 전개된다. 이 오프닝 시퀀스는 네프에게로 우리의 호기심과 동정을 이끌고 갈 뿐만 아니라 아직은 정체가 드러나지 않은 탐정 – 관찰자 역의 '키즈'와 우리 자신을 동일시하게끔 한다. 네프가 영화적 과거의 자아와 분리돼 있는 것처럼 보인다는 사실은 오프닝 시퀀스의 이런 효과를 강화한다. 우리는 네프의 진술을 통해 그가 필리스에게 말려들어 가면서 도덕적, 사회적 악의 세계에 진입할 수 있었다는 사실을 알게 된다. 그는 이제서야 자신의 잘못을 깨닫고 자신의 비극적 추락을 투시할 수 있다. 죽음을 앞둔 인간이 가지게 되는 객관적이고 운명론적인 태도로 그는 자신의 경험을 진술한다.

〈타임〉지에 실린 〈이중 배상〉 평에서 제임스 에이지James Agee는 이렇게 적고 있다. "이 영화는 비정하게 뒤얽힌 돈의 비도덕성으로 무겁게 적셔 있다. 이제 당신은 이 영화와 어떤 모순도 일으키지 않고 미국적인 것의 표상에 속하는 돈과 섹스와 거침없는 살인이 성서의 삼위일체와 마찬가지로 불가피하게 상호 의존적이라는 생각을 지지할 수 있다"(Agee, 1958: 119).[8] 네프는 필리스를 향한 욕망과 손쉬운 부 및 음모를 향한 욕망을 구분할 수 없게 되면서 필리스를 만나기 오래전에 시작된 사건의 연쇄 — 필리스가 일으킨 — 속으로 끌려 들어간다. (그녀는 이미 남편의 첫 아내를 살해했고 이제는 네프를 남편을 죽이는 데 이용하려 하며 나중엔 의붓딸의 남자 친구를 네프를 제거하는 데 이용하려 한다.) 네프가 타월과 금색 발목 장식만을 두르고 있는 그녀를 계단에서 힐끗 본 순간부터 그는 그 자신의 예언적 표현을 빌리면, '마지막 순간까지' 그 둘을 이끌고 갈 여행을 시작한 것이다.

그들의 구애는, 충분히 예상 가능하지만, 서로 성적인 농담을 주고받는 데서 시작된다. 나중에 둘 사이에 뜨거운 정사가 벌어지고 살인 음모가 꾸며진다. 필리스의 고혹적인 관능미는 네프를 음모의 구렁텅이로 이끌어 가지만 살인이 저질러진 다음에는 그들의 성적 관계는 와해되고 그들이 서로에 대해 가졌던 도착적 애정도 식어 버린다. 상징적 의미가 담긴 둘의 포옹에서 절정을 이루는 화려한 죽음의 춤 — 1940년대 영화들 속에서 가장 음울하고 가장 강렬한 시퀀스 — 에서 네프와 필리스는 그들의 육체적 연대를 완성한다. 로맨틱한 사랑, 일부일처제, 생식을 위한 성적 성취의 전통적 가치들은 전복된다. 이제 사랑은 탐욕과 욕망으로 변했으며 결혼이란 결합 방식은 조롱당하고 클라이맥스의 '성행위'에는 총이 개입된다. 화면 전체가 거의 어둠으로 뒤덮여 있는 (두 사람의 얼굴 외에는 보이지 않는) 이 시퀀스의 후반에 이르면 필리스는 몇 발자국 떨어진 곳에서 네프를 향해 총을 쏜다. 그러나 재차 쏘지는 못한다. 그녀는 이렇게 고백한다. "나는 당신을 사랑하지 않았어. 바로 1분 전까지. 내가 다시 방아쇠를 당기지 못했을 때까지는 말이야." 독거미 같은 인생을 살아 온 필리스가 처음으로 자신의 제물에 대해 어떤 감정을 느낀 것이다("내가 이럴 줄은 정말 몰랐어"). 그러나 이제는 너무 늦었다. 마치 그녀를 처음 봤을 때의 네프처럼. 네프는 필리스에게 마지막 말을 던진다. "유감이군. 난 당하지 않아." 성적, 물질적 욕망의 혼돈이 재확인되는 그 순간에 네프는 그녀를 껴안으며 두 번의 총성을 울린다.

영화는 다시 처음 장면으로 되돌아간다. 네프는 암울한 절망에 빠져 들지만 달아나기 전에 키즈를 위해 (또 우리를 위해) 자신의 진술을 녹음한다.

네프는 자신의 약점을 이해하게 된다. 내레이터로서의 그는 이제 과거의 자아와 결합된다. 그는 진실을 알게 된다. 필리스의 사악함뿐만 아니라 자신의 사악함도 이해하게 된 것이다. 그러나 하드보일드의 주인공 ─탐정과는 달리 그는 이것을 자기 파괴적인 경험을 통해 깨달았다. 결국 월터 네프는 우리들 중 하나다. 그는 자신의 사무실로 가지만, 말로처럼 다른 사건을 기다리지 않으며 악의 접근을 저지하지 않는다. 단지 그는 악이 자신을 휘감아 파괴해 버렸다는 것을 인식할 따름이다. 그다지 중요하지 않은 사실 하나를 덧붙이자면, 와일더는 이 영화를 네프가 가스실에서 사형당하는 것으로 끝맺었다가 나중에 키즈와 죽어가는 네프를 사무실에서 대면시키는 지금의 종결 방식을 선택했다.

배반당했지만 여전히 헌신적인 동료이자 아버지상을 맡은 로빈슨의 연기는 이 끝 대목에서 빛을 발한다. 그는 월급쟁이 '탐정'이며 수많은 통계에 관여하는 클레임 조사 책임자이지만 주요 정보는 그의 내부에 있는

'작은 친구'(즉 직감)에게서 얻는다. 그가 네프와 맺고 있는 부성적*paternal* 연대는 자기 내부의 의심을 잠재우고 네프로 하여금 친구를 속이지 못하게 한다. 네프의 마지막 고백은 이 배신자인 살해범을 사면하게 한다. 키즈가 죽어가는 친구를 위해 마지막 담뱃불을 붙이자 네프는 이제 낯익은 인사말을 중얼거린다. "나도 자네를 사랑하네, 키즈." 필리스에 대한 뒤틀린 집착과 대비를 이루는 관계를 유지해 온 두 남자의 이 사랑의 몸짓은 어둡고 허무한 세상에서 한 줄기 희망의 자취를 제공한다. 그러나 그 자취도 네프의 죽음과 함께 사라진다.

🎥 전후의 장르 발전

〈이중 배상〉을 영상으로 옮기고 거기다 플래시백 프레임워크를 추가하면서, 챈들러는 탐정 이야기에 대한 자신의 기본 가설의 하나를 시험해 볼 수 있었다. 그것은 "최고의 탐정 소설은 마지막 단원이 찢겨져 있어도 충분히 읽을 수 있는 소설이다"라는 것이다(Gardiner & Walker, 1977: 130).[9] 챈들러와 와일더가 마지막 단원을 찢어 없앤 건 아니었다. 그들은 그것을 시작 부분에다 두었다. 그들의 작품이 관객들을 끌어모았다는 사실은 이런 유형의 탐정 이야기의 매력이 주로 그것이 묘사하는 세계와 주요한 캐릭터들의 세계관에 있다는 사실을 보증하는 것이다. 이런저런 '느와르' 영화들에서 제기되는 '문제'는 주로 소외, 오도된 야망, 동시대 도시인의 성적 혼돈이다. 영화가 내놓는 정답은 대개 생존과 자존 유지를 가능케 하는 금욕적 절제다. 샘 스페이드와 필립 말로는 본능적 감각과 기지로 살아남는다. 반면 월터 네프는 자신의 죄를 깨달았을 때 방면된다. 어느 경우에도 메시지는 분명하다. 현존하는 범죄의 유일한 해결책은 개인적 고결함과 자존이며 이것이 최종 단계에서의 보답을 제공한다는 것이다. 이 영화들과 후기의 하드보일드 탐정 영화들이 찬미하는 것은 법과 질서의 가치나 추리의 위력이 아니라 고립된 영웅의 개성적 스타일이다. 바로 그가 도시의 무질서를 손본 다음 어깨를 한번 으쓱 하고는 떠나는 사나이다.

〈살인, 내 사랑〉과 〈이중 배상〉이 성공을 거두자 영화 제작자들은 '느와르' 미스터리물을 양산했다. 특히 1946년에 이런 유형의 영화들이 많이 쏟아져 나왔다. 〈호수의 여인〉, 〈살인자〉, 〈푸른 달리아〉, 〈어두운 거울The Dark Mirror〉(로버트 시오드마크), 〈검은 알리바이Dark Alibi〉(필 칼슨Phil Karlson), 〈칠흑 같은 밤〉, 〈길다〉, 〈전락한 천사Fallen Angel〉(오토 프레밍거), 〈오명〉, 〈빅 슬립〉 등이 여기에 해당된다. 〈빅 슬립〉은 하워드 혹스가 연출을 맡았고 리 브래킷, 줄스 퍼스먼, 윌리엄 포크너가 시나리오를 썼으며 필립 말로 역에 보가트가, '팜 느와르' 역에 로렌 바콜이 캐스팅됐다.

1947년의 〈어두운 통로Dark Passage〉와 1948년의 〈키 라르고〉에서도 마찬가지였지만 보가트와 바콜은 〈빅 슬립〉의 주인공으로는 둘도 없는 적역이었다. 바콜의 데뷔작은 1944년(그녀가 19세이던 해) 혹스의 작품인 〈소유와 무소유To Have and Have Not〉였다. 그녀와 보가트의 열연(두 사람은 실제로도 염문을 뿌렸다)은 그렇지 않으면 2류 영화가 될 뻔한 이 작품의 성가를 높였다. 〈빅 슬립〉은 둘의 결혼을 얼마 앞두고 개봉된 데다 두 사람의 뛰어난 연기 대결, 특히 '하드보일드' 페르소나로 이미지를 굳힌 보가트의 매력에 힘입어 큰 성공을 거두었다. 이 즈음엔 스크루볼 코미디의 관습에도 숙달해 있던 감독 혹스(〈20세기 특급〉[1934], 〈베이비 길들이기 Bringing Up Baby〉[1938], 〈여비서〉[1940])는 보가트와 바콜의 연기 대결이 빛어 내는 상승 효과를 놓치지 않았다. 혹스는 시각적으로 그리고 드라마적으로 강렬한 액션과 폭력 시퀀스들, 코믹한 조롱과 노골적인 성적 비아냥을 늘어놓는 두 사람의 대결 시퀀스들을 능수 능란하게 교차시켰다(어느 시퀀스를 선택하느냐는 보가트/말로가 혼자 등장하느냐 아니면 바콜/비비안과 같이 등장하느냐에 달려 있다).

〈빅 슬립〉은 말로가 스턴우드의 요청에 따라 그의 저택에 도착하는 것으로 시작된다. 난초로 둘러싸인 온실에 앉아 있던 연로한 스턴우드는 말로에게 그의 딸 카먼의 놀음 빚을 남모르게 해결해 달라고 부탁한다. 말로는 스턴우드의 바깥 세상 — 범죄 세상만은 아닌 세상 전반 — 에서의 밀사 노릇을 한다. 말로가 이를 수락하고 그의 저택을 나선 직후 카먼의 언니인 비비안을 만난다. 그들이 처음 만나 서로 얼버무리는 대화를 나누는 장면은 스타일과 드라마의 강조점을 전환하는 혹스의 솜씨가 돋보이는 대목이기도 한데, 여기서 영화의 우선 순위가 이동하고 있음이 효과적으로 표현된다. 브리지드가 스페이드의 애정을 붙들어 놓기 위해 곤경에 처한 척하는 〈말타의 매〉나 필리스가 심약한 월터를 마음껏 조종하는 〈이중 배상〉과는 달리, 〈빅 슬립〉에서의 말로와 비비안은 팽팽한 관계를 유지한다. 그들의 말타기 시합은 겉으로는 말로가 위탁받은 일과 카먼을 핑계로 이루어지지만 실제로는 저변에 성적 관계가 형성되고 있음을 의미한다. 경마에 관한 열띤 논쟁을 벌이다 비비안이 "모든 건 누가 말을 타고 있느냐에 달려 있지요"라고 주장하는 대목에서 이 감춰진 성적 관계는 절정을 이룬다.

비비안과 말로의 관계는 〈살인, 내 사랑〉에서의 앤과 말로의 관계와 마찬가지로 하드보일드 탐정 장르의 정형을 흥미로운 복잡화의 길로 유도한다. 이 복잡화는 탐정의 수사 과정으로부터 우리의 주의를 끌어 낼 뿐만 아니라 허무하고 고통스러울 수밖에 없는 세계 속으로 낙관주의의 분위기를 주입한다. 말로의 실존적 고립(탐정으로서)과 인간적 유대와 성취 (연인-배우자로서)의 약속 사이에서 혹스는 절묘한 균형을 유지한다. 이 균형은 다음과 같은 두 가지 내러티브 장치를 통해 이루어진다. 적절한 순간에 혹스는 비비안이 갱인 에디 마스와 관계를 맺고 있으며 이 때문에 그녀가 말로와의 사랑을 끊임없이 망설이고 있음을 강조한다. 또한 혹스는 포르노그래피(가이거와 마스의 '책' 밀매), 카먼의 난잡한 생활과 마약 중독, 가이거와 캐롤의 동성애적 관계 등의 암시를 통해 낭만적 사랑의 미래가 낙관적임을 보여 준다. 영화의 끝이 다가와도 우리는 자신을 추적하고 있는 마스의 충복을 처단하려 하는 말로에게 비비안이 도움을 줄지 알 수가 없다. 우리는 영화의 후반부에 가서도 말로에 대한 비비안의 사랑을 확신할 수 없기 때문에 그들의 진정성 있는 — 그리고 비관습적인 — 관계는 영화의 주된 이슈로 드러나지 않으며 주인공-탐정의 이미지도 지배하지 않는다. 하지만 번민과 소외의 폐허 위에서 로맨스가 희귀한 오아시스처럼 불현듯 등장하는 것이다.

다른 영화 감독들은 로맨스와 미스터리 사이의 균형을 잡는 데 그다지 주의를 기울이지 않았고 그 결과 그들의 영화는 실패했다. 예를 들어 〈푸른 달리아〉(1946)와 〈어두운 통로〉(1947)에서 주인공-탐정과 의혹의 여인(전자에서는 앨런 라드와 베로니카 레이크, 후자에서는 보가트와 바콜)이 로맨스에 빠져 들지만 결국에는 그 로맨스가 초반부의 하드보일드의 미스터리적 플롯과 분위기로 대치된다. 이 같은 내러티브 대치는 이 시기의 가장 탁월하고 매력적인 탐정 영화 목록에 오를 뻔했던 〈어두운 통로〉에서도 눈에 띄는 결점으로 나타난다.

주인공의 탈옥과 도주를 그린 〈어두운 통로〉의 초반 시퀀스들은 주인공의 1인칭 시점으로 촬영됐다. 이 같은 주관적 시점 전략은 주인공이 여주인공(바콜)을 우연히 만나 친해지게 되기까지 지속되다가, 탈옥수를 험프리 보가트로 기적처럼 바꿔 놓는 무면허 성형외과 의사와의 기묘한 조우에서 절정을 이룬다. 그런 다음 영화는 이런 주관적 시점 테크닉으로부터 보다 관습적인 내러티브 전략으로 이행하는데, 이는 〈살인, 내 사랑〉에서와 같이 초현실적인 꿈 시퀀스(의사의 마취제 때문에 일어나는)를 통해 이루어진다. 마취제를 놓기 직전 의사는 카메라(주인공의 눈이기도 한)를 보며 "서투른 성형 수술이지만 한번 보겠소?"라고 묻는다. 뒤이은 무서운 꿈은 주인공의 마음속으로 우리를 이끌고 간다. 그러나 꿈이 끝나자 이제 우리가 주인공을 '본다'는 것이 가능해지고 이에 따라 우리는 1인칭 카메라 테크닉으로부터 빠져나온다.

주인공이 새로운 정체성을 부여받게 되자 그는 무고한 자신을 감옥으로 보낸 자들을 추적하기 시작한다. 바콜과의 관계도 깊어진다. 그가 수많은 살인 사건에 연루됐다는 증거가 너무 치명적이라서 뒤엎을 수 없다는 것이 분명해지자 그와 바콜은 그녀의 재산을 들고 남미로 탈출한다. 보가트와 바콜이 해변에서 달빛을 받으며 평온하게 춤추는 종결 시퀀스를 보면서 우리는 살인 사건은 결코 해결되지 않는다는 것을 깨닫게 된다. 이와 함께 탐정 영화적 플롯 때문에 가졌던 우리의 기대도 사라진다. 믿을 수 없으리만치 로맨틱한 이 결말은 이 영화의 다이내믹한 초반부와 탐정-주인공 시점의 정교한 조작이 주는 매력과 대비되어 혼란스럽게 느껴진다.

관객의 시점을 탐정의 시점과 일치되도록 하는 이 같은 캐릭터로서의 카메라 전략을 처음 시도한 할리우드 감독은 델머 데이브즈Delmer Daves가 아니었다. 챈들러의 원작을 로버트 몽고메리가 1946년에 영화화한 〈호수의 여인〉은 가장 뚜렷한 사례다. 배우로도 나온 몽고메리(필립 말로 역)가 플래시백 내러티브 컨텍스트를 설정하기 위해 카메라를 보며 말하는 첫 장면 이후로 영화 전체가 몽고메리/말로의 물리적 시점에 의해 촬영됐다. 카메라 렌즈에 대고 직접 말하는 주인공-탐정은 할리우드 영화 제작의 암묵적 규율을 위반하고 있으며 영화적 세계의 자기 완결적인 독립성을 파괴한다. 그러나 이 최초의 파괴 이후에 곧바로 우리가 1인칭 카메라 테크닉의 지속적 출현에 익숙해진 건 아니다.

이 테크닉은 관객이 주인공-탐정과 그의 태도에 최대한 동일시하도록 고안된 것이지만, 그것의 궁극적인 효과는 반대로 나타난다. 즉 이 테크닉은 주인공과의 공감을 강화하는 게 아니라 주인공과 우리의 거리가 멀어지도록 함으로써 주인공의 관념이 우리의 관념과 근본적으로 다름을 끊임없이 상기시키는 것이다. 주인공-탐정은 여전히 내러티브에 이르기 위한 우리의 길이며, 탐정의 길은 조직화하는 감성이긴 하지만 몽고메리의 멍청한 실험에서 알 수 있듯이, 극영화 제작은 우리가 우리 자신의 관념을 주인공의 관념에 맞세워 평가할 때 가장 효과적이다. 우리가 탐정의 눈을 통해 그의 세계를 관찰하는 것만으로는 충분하지 않다. 자신의 세계를 관찰하는 탐정을 우리는 또한 관찰해야 한다.

보다 뛰어난 하드보일드 탐정 영화들이 보여 주듯, 관객의 정체성은 관습적인 시점 전략과 숏/리버스 숏 전략을 통해 확립된다. 일반적으로 마스터 숏이 공간적인 컨텍스트와 중심 인물의 위상을 설정하고 그 인물의 클로즈업 혹은 미디엄 클로즈업이 뒤따른다. 그런 다음 그 인물(이제 캐릭터로서의 카메라)이 실제로 보고 있는 대상의 리버스 앵글 숏이 이어진다. 따라서 영화 감독은 한 시퀀스를 시작하기 위해 처음엔 전지적 시점을 취하고 그다음엔 그 시퀀스의 필요에 따라 중심 인물의 시점 안팎을 이동한다. 갖가지 내러티브 장치들, 특히 플래시백 프레임워크, 탐정의 고립된 시각을 표현하기 위한 조명 조작과 카메라워크는 탐정 소설의 주관적인 1인칭 내레이터를 영화가 복제할 수 없다는 단점을 보완하고도 남는다.

사실 1940년대 후반경에는 탐정 장르와 그 중심 인물이 약간씩 변형됨에 따라 관객을 탐정과의 연관 속으로 직접 끌어들일 수 있을 가능성은 점차 희박해졌다. 당초엔 유성 웨스턴의 역사적 패턴을 따라 하드보일드 탐정 장르도 서사적, 영웅적 성격의 순박한 주인공을 등장시켰다. 그러나 전후 몇 년이 지나면서 이제 그 영웅은 더 이상 천하무적이 아니었다. 중재자를 주인공으로 내세운 고전 웨스턴과 마찬가지로 초기의 하드보일드 탐정 영화는 주인공이 자신의 고유한 가치 체계를 통해 타락한 세계를 휘어잡을 수 있고 생존할 수 있다는 단순한 가정에 입각해 있었다. 이에 따라 서부의 사나이가, 우리가 그의 캐릭터에 부과한 육체적, 도덕적, 역사적 기대 앞에 굴복하기 시작하자 금욕적이고 강직한 탐정도 굴복했다. 하지만 서부 사나이는 외적 압력을 조절해 관객과 영화 산업의 변화에 적응할 수 있었던 반면 하드보일드 탐정은 그럴 수 없었다. 1940년대 후반경 스페이드-말로의 원형은 이미 시대착오적인 것이 되어 있었다.

서부 공동체의 동시대 관객들과의 역사적, 물리적 거리가 영화 감독들로 하여금 주인공과 미국의 도시화에 대한 부정적 시각 유지를 가능케했다. 전후 웨스턴의 성공에 이바지한 또 하나의 요인은 영화 산업의 기술 발전이다. 1950년대 초반, 테크니컬러의 빈번한 사용과 와이드 스크린 포맷의 혁신은 웨스턴의 시각적 호소력을 높였지만, 하드보일드 탐정 장르와 이 장르의 느와르적 스타일에는 이 같은 점이 그대로 적용되지 않았다. 더욱이 '하드보일드'적인 공동체, 환경, 플롯 관습과 동시대인들과의 역사적, 사회적 근접성은 도시의 질서에 대한 냉전기의 불안에 적응할 수 없었고 독특한 내러티브 프레임워크를 그대로 유지할 수도 없었다. 반미활동조사위원회와 블랙리스트가 맹위를 떨치던 시기에, 하드보일드 탐정과 그를 둘러싼 데카당한 세계는 현존 이데올로기를 전복하거나 그것에 도전하는 '반미적인 것'으로 간주되면서 미국 영화 무대에서 사라져 갔다. 웨스턴은 캐릭터와 서부 사나이의 역할을 변화시킴으로써 이 같은 상황에 효과적으로 대처해 나갔다. 〈레드 리버〉(1948)에서의 이상 심리를 지닌 자본가-목장주 존 웨인, 〈백주의 결투〉(1950)에서의 잔인한 킬러 그레고리 펙, 〈벌거벗은 박차〉(1953)에서의 여성화된 광적인 현상범 추적자 제임스 스튜어트, 〈자니 기타〉(1954)에서 지역의 무법자들과 손잡고 범죄를 저지르다 죽음의 위기를 맞는 총잡이-술집 여주인 조운 크로포드 등이 그들이다. 이 외에도 많은 냉전기의 영화들은 간접적인 방식이긴 하지만 자본주의, 민주주의, 소박한 개인주의, 고립주의, 결혼, 낭만적 사랑, 핵가족 따위의 근본적인 미국적 가치들에 의문을 제기한다. 그들은 자기 장르의 전통적인 내러티브 프레임워크 안에서 그 질문들을 제기할 수 있었다.

매우 탄력적인 웨스턴의 정형들과 비교해 보면 탐정 장르는 유달리 제한이 많은 것처럼 보인다. 영화 작가들이 당시의 정치 기류에 순응하기 위해 사립 탐정의 반사회적 라이프스타일을 변형시켰기 때문에 — 종종 경찰 수사관이나 보험사 사고 조사원으로 — 주인공은 특유의 도덕과 태도의 우월함을 상실해 버렸다. "하루에 25달러, 비용은 별도입니다"라고 의뢰인에게 요구하는 독립적인 사립 탐정을, 주급을 받으며 사회 질서에 종속된 합법 기관의 피고용인이 온전히 대체할 수는 없었다. 결코 우리들 중 하나가 아닌 서부 사나이와는 달리 사립 탐정은 친사회적 역할을 수행해야 했다. 그러기 위해선 그 자신과 장르 특유의 주제상의 호소력을 근본적인 타협의 대상으로 삼지 않을 수 없었다.

이 장르는 테크닉 면에서도 탄력적이지 않았다. 전후의 영화 제작에 있어 '거리의 리얼리즘'과 현장 촬영이 중시됐다는 것은 자신의 사무실로 떠나 온 낭만적 탐정이 순찰중인 콧대 높은 경찰로 대치됐다는 것을 의미한다. 〈92번가의 집*The House on 92nd Street*〉(헨리 해서웨이, 1945), 〈공포의 도시*The Naked City*〉(줄스 다신, 1948), 〈노스사이드 777로 다이얼을 돌려라*Call Northside 777*〉(헨리 해서웨이, 1948), 〈보도가 끝나는 곳〉(1950) 같은 '경찰 다큐멘터리물'에서 그 전형적 사례를 찾을 수 있다. 할리우드 스튜디오의 통제된 환경으로부터 탐정을 분리시켜 '실재' 세계에 옮겨 놓았다는 점은 ― 그에게 실재하는 직업을 부여했다는 점뿐만 아니라 ― 탐정 장르를 거세한 것이다.

변형을 통해 살아남은 탐정 장르 영화 가운데 대표적인 것이 로버트 시오드마크의 〈살인자〉(1946)와 루돌프 마테Rudolph Maté의 〈D. O. A.〉(1949)다. 〈살인자〉는 헤밍웨이의 단편에서 내용을 빌려 왔다. 헤밍웨이의 소설에선 한 주유소 점원이 자신을 죽이기 위해 두 건달이 거리에 나타났다는 사실을 알고, 이해하기 어렵지만, 자신의 방에서 두 킬러를 기다린다. 시오드마크의 영화는 도입부에만 소설의 내용을 빌려 온다. 영화의 나머지 부분은 킬러들의 정체를 밝히려는 보험사 사고 조사원(리오단 역의 에드먼드 오브라이언)의 노력을 그린다. 그는 수많은 인물들의 회상을 통해 얻은 정보를 근거로 피살자(스위드 역의 버트 랭커스터. 이 영화는 그의 데뷔작이다)의 신원을 서서히 밝혀 낸다. 스위드는 조무래기 깡패로 전락한 은퇴 권투 선수였다. 그는 범죄 세계에 대한 집착이 아니라 '팜 느와르'인 키티 콜린스(에바 가드너)에 대한 집착 때문에 곤경을 겪었다. 그는 피살당하기 직전 "나는 전에 잘못을 저질렀던 적이 있지" 하고 탄식한다. 죽음을 눈앞에 둔 이 말(《시민 케인》에서의 '로즈버드'를 연상시키는)은 리오단의 보험사가 책임 부담을 진 거액의 급여 절도 사건을 의미하는 것처럼 보인다. 그러나 우리는 스위드가 보다 근본적이고 원초적인 잘못을 저질렀음을 리오단의 조사를 통해 알 수 있다. 그는 간교한 요부 키티의 유혹에 빠져들었다가 배반당했던 것이다.

상사로부터 시간 낭비일 뿐이라는 핀잔을 받지만 리오단은 이 사건에 깊이 빠졌고, 그 결과 그는 스위드의 세계에 진입해 결국은 키티와 대면하게 된다. 리오단은 자신을 이용하려는 키티의 손길을 피하고 절도된 급여를 되찾아, 그의 상사로부터 '내년의 프리미엄은 1센트당 10분의 1 인하'를 약속받는다. 리오단이 이 사건에 매료되었다는 사실은 더 숭고한 도덕률에 대한 그의 집착을 드러내는 것이긴 하지만, 회사에 대한 나아가 현존 사회 경제 체제에 대한 그의 충성심은 고립된 하드보일드 탐정과는 거리가 먼 것이다. 그러나 스위드의 실존적 곤경과 죽은 자에 대한 리오단의 점증하는 동일시화는 이런 결말을 상쇄하는 측면이 있다. 이 영화의 친사회적 함축은 시오드마크의 시각적 스타일화로 더욱 강조된다. 예를 들면 최초의 살인 장면은 어둠 속에서 촬영됐는데, 각각의 숏들의 어둡기는 계속 변하며(관객은 플래시백 장면 때까지 스위드의 얼굴을 볼 수 없다), 사고 조사 과정 자체도 스위드의 어두운 과거 속으로 리오단을 이끌고 간다.

〈살인자〉에서의 어둠은 스튜디오에서 조작된 인위적 효과이며, 루돌프 마테의 로케이션 촬영 느와르 스릴러인 〈D. O. A.〉의 황량한 분위기와는 매우 다르다. 이 놀라운 영화 〈D. O. A.〉는 도시의 불안과 냉전기의 편집증에 대한 최후의 예리한 포착일는지도 모른다. 오프닝 시퀀스에서 역시 보험사의 외판원 겸 사고 조사원으로 나오는 에드먼드 오브라이

"나는 전에 잘못을 저질렀던 적이 있지." 주인공 스위드(버트 랭커스터의 영화 데뷔 역이다)가 잘못한 점은 갱
단에 합류하지 않은 것이 아니라 나쁜 여자(에바 가드너, 오른쪽)에게 빠진 것임이 영화의 후반부에 밝혀진다.

언은 비틀거리며 경찰서로 들어가 그 자신이 경험한 살인 사건을 설명한다. 그는 작은 읍내에 있는 자신의 지점과 간섭 심한 비밀 약혼자로부터 벗어나기 위해 대도시 샌프란시스코에서 며칠을 보내고 있었다. 그러던 중 그는 정체 불명의 라듐에서 추출된 치명적 분량의 약이 흘러들어 간 음료수를 마시고 중독됐다. 다음 날 단순한 부작용으로 돌리기에는 증세가 너무 심각하다는 사실을 깨닫고 오브라이언은 병원 응급실에 갔다. 병원에서 그는 자신의 생명이 며칠 남지 않았다는 것을 알게 됐다.

마테의 역동적이고 힘이 넘치는 카메라가 광적인 절망 속에서 샌프란시스코의 거리를 달려가는 그를 쫓는다. 죽음을 눈앞에 둔 그는 마지막 조사를 시작한다. 그는 이 사건에 지방 경찰이 연관되어 있다고 결론짓는다. 조사 과정은 관객을 도시의 뒷골목과 싸구려 술집과 버려진 창고로 안내한다. 이 모든 건 사실적으로 묘사된다. 영화의 플래시백 구조와 주인공의 실존적 곤경은 초기 느와르 영화들을 상기시킨다. 그러나 마테는 다큐멘터리적 테크닉, 특히 야외 촬영에서 자연 조명을 사용하는데, 이것은 도시의 고독이란 주제 의식을 강화한다. 이런 스타일이 〈D. O. A.〉에서는 효과적으로 기능한다. 그러나 이것은 시각적 강렬함과 드라마적 몰입을 특징으로 하는 초기의 도시 탐정 영화들과 중대한 차이를 드러내는 점이기도 하다.

🎥 경찰–수사관 변주

하드보일드 탐정은 외양상으로는 경찰로 대치되어 살아남았다. 이런 잡종 — 탐정 정형과 경찰로서의 갱스터 정형의 혼합 — 의 예들은 1940년

대로 거슬러 올라간다. 오토 프레밍거Otto Preminger의 〈로라Laura〉(1944)
와 드미트릭의 〈십자포화〉(1947)가 이 시기의 잡종들이다. 웰스의 걸작
〈악의 손길〉(1958)은 그 정점에 놓여 있다. 이 영화들에서는 스페이드와
말로를 제도화된 경찰직이 아니라 혼자만의 사적인 직업을 선택하게 만
든 바로 그 이상들 때문에, 주인공 경찰이 미몽에서 깨어나 개인적 고립
화의 길을 택한다. 하드보일드 탐정들과 마찬가지로 이 경찰도 도시의 질
서라는 유토피아적 이상에 집착한다. 그러나 그가 속한 기관은 부적격성
혹은 탐욕에 의해 — 프리츠 랑의 〈빅 히트〉(1953)에서처럼 둘 다는 아니
라 하더라도 — 부패한다. 이에 따라 이상주의는 냉소주의로 전환된다.
경찰은 자신의 고유한 도덕률에 따라 행동한다. 그러나 이 경찰은 궁극
적으로는 경찰직 자체에 충성하는데, 이로 인해 그의 중재 기능뿐만 아
니라 처음의 고립도 사라진다. 하지만 1940년대 변주 영화들에서의 주인
공 경찰의 경찰직에 대한 충성은 군더더기 플롯 장치처럼 보이며, 이 때
문에 주인공의 내러티브의 기능과 그의 태도는 하드보일드 탐정의 그것
과 가깝게 이어져 있는 것으로 보인다. 한편 대부분의 1950년대 변주 영
화들은 경찰 기관을 정화하는 경찰-십자군을 내세우는데, 그는 자신의
친사회적 기능과 전통적 경찰 기관 내에서의 개인적 이상주의를 합법화
한다.

　　프리츠 랑의 〈빅 히트〉를 예로 들어 보자. 경찰 수사관 배니언(글렌 포
드)은 경찰서장을 조종하는 갱스터-정치꾼이 자신을 겨냥한 폭탄에 의
해 아내가 숨지자 경찰직을 그만둔다. 랑은 개인적, 사회적 징벌을 향한
배니언의 열망을 효과적으로 영상화함으로써 도시의 질서란 인간의 목
숨과 정신적 안정을 그 대가로 바치고서야 획득될 수 있는 것임을 설파한
다. 배니언의 캐릭터는 리 마빈이 연기하는 어리석고 착란적인 폭력배 빈

프리츠 랑의 광적인 탐정 스릴러 〈빅 히트〉에서 형사 데이브 배니언(글렌 포드, 서 있는 사람)은 경찰과 거리의 부패, 이 모두를 소탕하기 위해 혼자 힘으로 나선다.

스 스톤을 통해 선명하게 부각된다. 스톤은 배니언의 태도와 행태를 반영하기도 하고 거스르기도 한다.

결국 주인공은 경찰 기관을 정화해 도시 공동체를 균형 상태로 되돌려 놓는다. 그러나 그것은 도시의 질서란 단지 일시적인 것이며 허망한 것일 따름이라는 사실을 알고 난 후의 일이다. 〈빅 히트〉처럼 느와르 스타일이 짙게 배어 있는 1950년대의 다른 범죄 영화들에서도 친사회적 결말은 전체 내러티브와 불화를 이룬다. 부패는 개인적 범죄가 아니라 도시의 사회 경제적 시스템 자체의 한 기능으로 간주된다. 배니언은 아내가 죽고 나서야 이 타락과 대결한다. 그가 경찰직을 버리고 나자 이제 그는 더 이상 잃을 게 없는 것이다. 갱 두목을 체포한 후 이루어진 배니언의 경찰직으로의 복귀는 표면적인 플롯상의 매듭을 푼 것이다. 그러나 그것이 이 영화의 더 깊은 곳에 남아 있는 인상들을 지우지는 못한다. 즉 안전하고 밝은 경찰서 '저 밖의' 황량한 도시의 폐허, 자신을 배반한 요부(글로리아 그래엄)의 얼굴을 향해 마빈이 던지는 뜨거운 커피, 영화 속 모든 주요 여인들의 죽음 혹은 불구화 등이 전하는 인상들 말이다.

내러티브의 '문제'에 관한 최초의 진술과 그것의 최종적 해결 사이의 이 낯익은 긴장은 장르 분석가에게 반복적인 딜레마를 제공한다. 즉 한 장르의 매력 토대가 문화적 모순에 대한 분절화된 형식적 포착에 있고 이 장르가 발전할수록 이 모순을 더욱 직접적으로 포착할 수 있다고 가정한다면, 제기된 문제에 대한 장르의 해결 방식은 더욱 강압적인 양상으로 이루어지며 더욱 스타일화되고 더욱 인위적으로 되어 간다. 할리우드의 많은 동시대 감독들과 마찬가지로, 랑은 필수적인 해피 엔딩의 대가가 되었다. 그는 자신의 영화에서 제기된 가치들의 모순적 본질만을 강조할 뿐인 강압적 낙관주의를 통해 당장의 사회적 갈등을 해결했다. 예를 들어 〈빅 히트〉에서의 마지막 대화 — 경찰에 복귀한 배니언이 다른 사건을 해결하기 위해 떠나려다 돌아서 웃으며 "그런데 그 커피는 잊지 마"라고 말하는 — 는 영화 초반부의 커피 투척 사건의 인상을 여전히 지우지 못하고 있는 관객들을 향해, 친사회적 결말의 강제된 낙관주의를 상기시키는 랑의 눈짓처럼 보인다.

　그러나 몇몇 영화 감독들은 장르 영화의 해피 엔딩을 아이러니컬한 주제의 대위로까지 이행시키지 않았다. 존 포드나 오슨 웰스 같은 많은 할리우드 거장들은 사회가 자신의 모순된 가치 체계와 대면했을 때 치러야 하는 대가를 한탄하는 방식으로 결말을 이끌어 냈다. 포드의 후기 웨스턴들은, 웰스의 1958년작 〈악의 손길〉과 같이, 전통적 영웅의 죽음으로 끝맺는다. 그의 엄격한 자존과 폭력적 행동은 자신이 보호하고 발전시키려 했던 공동체와 결국 불화를 빚는 것이다.

　〈악의 손길〉은 멕시코와 미국 경계 지역의 허름한 마을에서 마약 소통을 막고 타락한 경찰을 정화하려 하는 특별 수사관 마이크 바르가스(찰튼 헤스턴)의 노력을 그린다. 그러나 복잡한 내러티브가 풀려 나가면서, 이런 표면적 플롯 사이로 영화의 근본적 관심사들이 점차 드러난다. 경찰의 정의의 본질과 과정, 새로운 유형의 영웅인 기술 관료적 슈퍼캅의 탐구라는 이슈가 그것이다. 헤스턴이 연기하는 마초적 영웅은 뛰어난 사건 해결 실적이 있으며 평판이 나쁘고 뚱뚱하지만 친근감을 주는 형사 행크 퀸랜(연출과 각본을 맡은 웰스가 연기)과 나란히 등장한다. 퀸랜의 실적은 증거 위조 능력과 자백을 받아 내는 데 사용하는 가혹한 수법을 통해 이루어졌음을 바르가스는 알게 된다. 웰스의 탁월한 연기로 인해, 결국 자신의 책략 때문에 스스로 희생당하는 이 늙고 타락한 경찰은 영화에서 가장 공감을 불러일으키는 캐릭터로 등장한다. 바르가스는 점차 퀸랜의

하드보일드 바로크: 오슨 웰스는 〈악의 손길〉(1958)을 감독하고 각색했을 뿐 아니라 영화 속의 행크 퀸랜 형사 역을 맡았다. 퀸랜 형사를 보여 주는 이 숏에서 프레이밍, 조명 그리고 성격화는 부패했을 뿐 아니라 스타일화 된 어떤 세계의 이미지로 응축된다.

행적을 밝혀 내고 퀸랜의 오랜 친구이자 파트너(피터 멘저스 역의 조셉 칼리아)도 자기 편으로 끌어들인다. 이렇게 되자 퀸랜은 우리의 눈앞에서 자폭해 버린다. 퀸랜은 같이 일하던 마약업자 중 하나를 죽인다. 바르가스의 집요한 수사 대상이었던 이 마약업자는 궁지에 몰리자 바르가스에게 혐의를 덮어씌워 추적을 피하려 한 인물이다. 퀸랜의 종말은 그가 안식을 위해 찾아갔던 멕시코 창녀집 여주인(마를렌 디트리히)의 잠적으로 예고된다. 퀸랜이 자신의 운명을 물어 볼 때 그녀는 조용히 이렇게 말한다. "당신에겐 이제 운이란 없어. 당신의 미래는 다 바닥나 버렸어."

그러는 동안 바르가스는 퀸랜의 자백을 녹음하고자 멘저스에게 도청 장치를 지니게 한다. 그러나 퀸랜은 취중임에도 바르가스의 계략을 간파하고 순간적으로 상황을 통제하게 된다. 퀸랜이 멘저스를 쏘는 건 이 시점이다. 뒤 이어 바르가스를 향해 방아쇠를 당기려는 순간 죽어 가는 멘저스가 그의 오랜 파트너 퀸랜을 등 뒤에서 쏜다. 퀸랜의 머리가 쓰레기가 뒤덮인 리오그란데(미국과 멕시코 경계 지역의 강) 위로 떠오르자 많은 사람들이 그의 죽음을 추도하기 위해 강가로 몰려든다. 그제서야 우리는 퀸랜이 죄를 덮어씌우려 했던 용의자가 바르가스와 퀸랜의 대결의 단초를 제공한 바로 그 살인 사건의 범인임을 자백했다는 사실을 알게 된다. 추도객 가운데 한 사람이 "그래, 행크(퀸랜)는 대단한 수사관이었어"라고 말하자, 디트리히는 "그리고 추잡한 경찰이었지"라고 응수한다.

이 비공식적 찬사에서 제시되듯이, 행크 퀸랜이란 캐릭터를 통해 웰스는 하드보일드 탐정의 완성형을 창조했다. 여기서 탐정의 자기 스타일의 상대주의는 도덕적 절대성으로 응고됐고 고결성과 페어 플레이 정신은 자위 본능에 자리를 내주었다. 아마도 가장 중요한 점은 그의 정신적 고립과 자기 도취가 그의 육체의 형식을 변화시켰다는 것이다. 그는 늙어 버렸고 혐오스럽게 뚱뚱해진 것이다.

웰스의(그리고 촬영 기사 러셀 메티의) 이 어둡고 초현실적인 도시 환경에 대한 영화적 시각은 제도적 부패를 강조한다. 이 영화는 캘리포니아의 베니스에서 로케이션 촬영됐지만, 조명과 굴절 광각 렌즈 사용은 바로크적이고 혼란스러우며 위협적인 분위기를 창조한다. 영화의 오프닝 시퀀스나 퀸랜이 혐의자의 아파트에서 증거를 조작하는 장면에서 볼 수 있듯이, 시각적 굴절은 웰스가 선호하는 롱 테이크 장면들에 의해 상쇄된다. 이 장면들은 카메라 렌즈가 굴절시킨 주변 공간이 원상태가 그러한 공간인 듯한 느낌을 제공한다. 이 때문에 영화의 공간은 사실적이면서도 인위적이고, 친숙하면서도 추상적이다. 바로 하드보일드 탐정 자신과 마찬가지인 것이다. 웰스는 주인공을 굴절된 도시 공간에 위치시킴으로써, 이전의 하드보일드 장르 영화들에서 낭만성으로 채색된 — 심지어 늙어 가거나 죽는 장면에서도 — 영웅을 인간화한다. 이를 통해 웰스는 사회적 직접성과 이 장르의 고유한 속성인 신화적 추상성을 분절적으로 포착한다. 이 같은 특징들은 하나의 중심 인물(퀸랜)에게서 집약적으로 드러나는데, 그의 죽음이 곧 전통적 하드보일드 탐정과 그의 세계의 종언을 알리는 신호인 것이다. 〈악의 손길〉은 탁월한 탐정 이야기이며 할리우드 표현주의 영화의 진정한 걸작이다.

퀸랜의 죽음에도 불구하고 하드보일드 탐정은 1950년대를 살아남았다. 영화에서보다는 대중 소설에서 더 많이 등장하긴 했지만. 스페이드와 말로는 덜 영웅적이며 보다 야수적인 탐정에게 점차 밀려났다. 이 새로운 유형의 탐정을 대표하는 인물이 인기 작가 미키 스필레인Mickey Spillane의 소설(《내가 심판자다I, the Jury》, 《키스 미 데들리》 등)에 나오는 마이크 해머다. 무자비한 잔인성과 성적 자극을 이용하는 스필레인의 재능은 문자 그대로 수백만의 독자를 해머의 세계로 끌어들였다. 해밋이나 챈들러의 독자 수를 훨씬 능가했다.

그러나 스필레인의 성공에도 불구하고 로버트 올드리치Robert Aldrich의 1955년 영화 〈키스 미 데들리Kiss Me Deadly〉만이 해머를 사실감 넘치는 영화 속 주인공으로 만들었다. 올드리치 자신이 프랑수아 트뤼포와의 인터뷰에서 "반민주주의자, 파시스트"(Sadoul, 1972: 178)[10]라고 표현한 바 있는 캐릭터인 해머 역은 랄프 미커가 맡았다. 더 이상 고립된 모럴리스트가 아닌 탐정 해머는 한층 독단적이며 공공연한 이데올로기적 역할을 떠안고 사회의 부패 제거라는 스스로 부여한 임무를 수행한다. 범죄 세력과도 강한 친사회적 기관과도 어울리지 못한 낭만적인 전임자들과는 달리 해머는 냉전기 미국의 편집증적 절대주의에 자신의 가치관을 뿌리내리고 있는 완고한 실용주의자다. 해머의 실용주의는 그의 장르적 선배들이 경멸해 마지않던 이혼 사건도 맡는 모습으로 드러난다. 이건 탐정의 일용할 양식이라는 '실재 생활'과 관계된 일이니까. 해머는 체크 무늬의 리놀륨과 볼품 없는 조각과 통속적 그림으로 장식된 아르데코 스타일의 방에서 살며 스포츠카를 몰고 다니고 밀매되는 방사성 물질을 추적하며 플라토닉한 친밀함 이상의 관계를 유지하는 그의 여비서를 쫓아다닌다. 여비서의 주된 역할은 타락한 유부남을 유혹해 침대로 끌어들이는 일이다. 이때 그녀의 보스인 해머가 나타나 남자를 두들긴다. 해머는 결국 여자도 얻고 돈도 얻는다. 하지만 마지막에는 원자 폭발로 보이는 대재난으로 죽고 만다. (올드리치: "나는 경찰의 간섭을 피하기 위해 끝을 모호하게 만들었다." Sadoul, 1972: 178)[11]

〈벌거벗은 박차〉나 〈라라미에서 온 사나이〉 같은 1950년대 영화에서 스튜어트가 연기하는 광적인 서부 사나이가 고전적 서부 사나이로부터 얼마나 벗어나 있는지와 비교해 보면, 해머는 그의 영웅적 선배들로부터 결코 더 멀리 벗어나 있지는 않다. 그러나 자기 반영적인 '심리적 웨스턴들'이 1950년대 내내 인기를 끈 반면, 올드리치의 '심리적 탐정 영화'는 사실상 홀로 서 있다. 1950년대 아메리카니즘과 현존 이데올로기에 대한 노골적 집착으로 인해 해머는 1940년대의 하드보일드 탐정보다는 미몽에서 깨어난 1950년대의 경찰과 가까운 위치에 놓인다. 이 새 영웅은 친사회적 세력과 무정부적 세력에 홀로 다가감으로써 탐정의 전통적인 중재 기능을 수행한다. 그러나 친사회적 세력에 대한 그의 충성심은 의심의 여지가 없다. 탐정 해머는 경찰의 업무와 법망의 구멍을 경멸하는 자칭 경찰이다. 그는 관료나 법원의 간섭을 겁내지 않고 자기 스타일의 정의를 나눠 준다. 〈키스 미 데들리〉의 아이러니컬한 효과는 자신이 맹목적으로 지지하는 가치에 의문을 제기하지 않는 해머의 태도가 관객으로 하여금 그 반대편의 가치에 서도록 고무한다는 데 있다. 이 사나이에겐 행동만 있고 고뇌란 없다. 하드보일드 탐정을 도덕적, 정치적 절대주의의 시대로 밀어 넣는 그 서글픈 고뇌 말이다. 결국 해머와 그의 계속적인 조롱 대상인 경찰과의 유일한 차이는 해머가 규정을 따를 필요가 없다는 점뿐이다.

🎥 뉴 할리우드 시대의 재생

고전적 하드보일드 탐정 장르의 정형과 이 장르의 낭만적인 기사들은 1940년대 이후론 스크린에서 사라져 1960년대와 1970년대의 뉴 할리우드 시대가 그것을 흔들어 깨우기까지 동면에 들어갔다. 그 재생은 1966~1967년에 만들어진 흥미롭지만 대중적 반향은 없었던 얼마간의 무용

담 영화로 개시됐다. 잭 스마이트Jack Smight의 〈하퍼Harper〉(1966)와 블레이크 에드워즈Blake Edwards의 〈토니 롬Tony Rome〉, 존 부어맨John Boorman의 혼란스럽지만 때론 빛나는 〈포인트 블랭크Point Blank〉(두 작품은 1967년) 등이 그것이다. 필립 말로는 챈들러의 소설 《리틀 시스터The Little Sister》를 영화화한 〈말로〉로 돌아왔다. 〈말로〉는 1960년대의 히피적 분위기와 밝은 테크니컬러 안에서 '하드보일드' 정형과 스타일을 그대로 되살려 냈다. 이 영화는 어느 정도 성공을 거뒀는데, 이는 주인공을 맡은 제임스 가너의 느긋하고 과묵한 연기와 타락한 미국 도시의 중심부로 알려져 온 로스앤젤레스의 명성에 힘입은 바 크다. (〈매버릭Maverick〉 TV 시리즈물 [1957~1962]에서 '매버릭' 역으로 가너가 성공을 거뒀다는 것은 서부 사나이와 그가 맡은 현대의 하드보일드 탐정의 유사성을 적절히 보여 준다.)

하드보일드 탐정 정형의 귀환은 1970년대의 일련의 영화들로 절정에 이르렀다. 로버트 알트만의 〈롱 굿바이〉, 아서 펜의 〈야간 행동Night Moves〉(1975), 로만 폴란스키Roman Polanski의 〈차이나타운Chinatown〉(1974) 등이 이에 속한다. 이 외에도 탐정 영화의 실질적인 성과를 재현한 영화들(〈안녕, 내 사랑〉, 〈빅 슬립〉, 〈레이트 쇼The Late Show〉[로버트 벤튼Robert Benton, 1977], 〈빅 픽스The Big Fix〉[제레미 케건Jeremy Kagan, 1978] 포함)뿐만 아니라, 수많은 패러디 영화들(〈형사Gumshoe〉[스티븐 피어스Stephen Fears, 1971], 〈펄프Pulp〉[마이크 호지스Mike Hodges, 1972], 〈샤머스Shamus〉[버즈 쿨릭Buzz Kulik, 1973], 〈싸구려 탐정The Cheap Detective〉[로버트 무어Robert Moore, 1978])과 흥미로운 몇몇 변주 탐정 영화들(〈컨버세이션The Conversation〉[프랜시스 포드 코폴라Francis Ford Coppola, 1974], 〈콘돌Three Days of the Condor〉[시드니 폴락Sydney Pollack, 1975], 〈마라톤 맨Marathon Man〉[존 슐레진저John Schlesinger, 1976], 〈클루트Klute〉[앨런 파큘라Alan Pakula, 1971])이 쏟아져 나왔다. 탐정 장르가 부활

한 덕분에 탐정 캐릭터를 대체한 형사 혹은 경찰 수사관들도 이 시기에 빈번히 등장한다. 〈불리트*Bullitt*〉(피터 예이츠Peter Yates, 1968), 〈형사 마디간 *Madigan*〉(돈 시겔, 1968), 〈더티 해리*Dirty Harry*〉(돈 시겔, 1971)가 그 대표적인 영화다.

텔레비전도 1970년대에 하드보일드 탐정물을 다수 내놓았다. 〈천사의 도시〉, 〈해리 오〉, 〈락포드 파일〉 등의 하드보일드 시리즈가 그 대표적인 작품이다. 텔레비전은 이 외에도 밝은 이미지의 많은 소프트보일드 탐정들(〈매닉스〉, 〈바너비 존즈〉, 〈캐논〉 등)과 노련한 형사들(〈바레타〉, 〈코작〉, 〈스타스키와 허치〉 등)을 만들어 냈다. 아이러니컬하게도 하드보일드 탐정 장르의 정형에 대한 텔레비전의 가장 큰 공헌은 할리우드가 이 장르의 영화를 거의 만들어 내지 못한 1950년대와 1960년대 초에 이루어졌다. 1950년대의 다음과 같은 시리즈를 생각해 보라. 〈마틴 케인〉, 〈샤머스〉, 〈엘러리 퀸〉, 〈제3의 사나이〉, 〈피터 건〉, 〈리처드 다이아몬드〉, 〈사립 탐정〉, 〈미스터 럭키〉, 〈77 선셋 스트립〉, 〈카메라를 가진 사나이〉 등. 이 시리즈들에서 사립 탐정은 영화의 하드보일드 탐정을 희석시킨 캐릭터다. 사실 영화적인 느와르 스타일을 텔레비전 화면 위에 담아 내기는 어려웠다. '텔레비전을 위한 촬영'이 흑백 수상기 시절에는 평면적이고 콘트라스트가 낮은 조명과 평이한 카메라워크를 요구했던 것이다. 그러나 이런 희석된 포맷에서도 탐정-영웅이 문화적 기후가 변화해 자기를 둘러싸고 있는 갈등과 모순들을 찾아 내도록 요청받는 날이 오기를 기다리며 대기하고 있다는 것은 명백했다.

기후는 1960년대가 오면서 분명히 변했다. 1960년대 이전의 미국이 지녔던 것으로 믿어지는 단순성에 대한 향수 어린 동경과 함께 냉소주의, 소외, 좌절된 낭만주의가 재등장했다. 탐정의 세계는 이전의 어느 때

1970년대에 나온 탐정 스릴러 중 최고의 작품인 〈차이나타운〉은 대단히 현대적인 영웅인 제이크 기티스(잭 니콜슨)의 눈으로 1930년대 로스앤젤레스를 보여 준다. 이것은 감독이기도 한 로만 폴란스키(등을 돌리고 있는 사람)가 제이크의 탐정으로서의 직업적인 열정을 길들이는 갱 역으로 출연한 장면이다.

보다 복잡해졌다. '정의로운' 세계 대전 대신에 베트남이 있었고, 집에서 남자를 기다리는 여자 대신에 여성 운동이 있었다. 도시의 황폐화는 극심해져 게토(소수 민족 특히 흑인이 모여 사는 빈민가)와 인종 폭동을 낳았으며 무기의 발달은 '과잉 살상'과 '핵 확산'을 초래했다.

이러한 갖가지 문화적 현실은 미국식 이데올로기의 재평가를 요구했고, 탐정-영웅도 이 가치관의 변화를 반영했다. 1940년대에 그의 선배들이 그랬듯이, 1970년대의 영화 속 탐정들은 사회의 부패를 이미 주어진 것으로 받아들였고 자신은 그것으로부터 떨어져 나와 냉소적 표정 아래 순수한 이상주의를 감추며 고립되려 했다. 그러나 1970년대의 새로운 탐정들은 자신이 이해할 수도 통제할 수도 없는 공간에 거주했다. 1930년대 후반의 로스앤젤레스가 무대인 〈차이나타운〉 같은 시대 영화에서조차도 마찬가지였다. 보다 최근 영화에서의 탐정은 더 이상 영웅-수호자가 아니며 결국엔 그 자신이 희생된다. 탐정이 자신의 환경과 운명을 통제할 수 없게 됨으로써 〈야간 행동〉에서처럼 죽음을 맞거나, 〈롱 굿바이〉의 끝 장면에서 말로가 배반한 고객을 무자비하게 살해할 때처럼 자기 캐릭터에 어울리지 않는 행위로 마지막을 장식하게 된다.

현대의 하드보일드 탐정의 무력함에 대한 가장 선명한 이미지는 〈차이나타운〉의 종결부에서 나타난다. 로만 폴란스키가 연출하고 로버트 타운Robert Towne이 시나리오를 쓴 이 영화에서 로스앤젤레스의 차이나타운은 도시의 이중성과 타락의 메타포적 중심부로 등장한다. 주인공-탐정(제이크 기티스 역의 잭 니콜슨)은 한때 지방 검사 밑에서 차이나타운 순찰직으로 일하다가 기묘한 사정으로 그만뒀다. 영화의 플롯은 결국 기티스를 차이나타운으로 몰고 가는데, 그곳에서 그의 고객이자 연인(팜 느와르 역의 페이 더너웨이)은 살해되고 악당(〈말타의 매〉의 감독인 존 휴스턴)이 다시 그 사회를 지배한다. 기티스가 숨진 여인의 차와 찔러도 피 한 방울 안 나올 것 같은 악당 곁을 지나 걸어갈 때 그의 파트너가 영화의 마지막 대사를 내 뱉는다. 하드보일드 탐정 장르 그 자체의 묘비명으로 딱 들어맞는 말을. "잊어버려, 제이크, 여긴 차이나타운이잖아*Forget it, Jake, it's Chinatown.*"

chapter 6

The Screwball
Comedy
스크루볼 코미디

"나에게 훌륭한 후원자를 보여 주면 나는 진정한 인간을 보여 주겠다. 나는 아직 후원해 줄 수 있는 부자를 만나지 못했다."

— 피터 원(클라크 게이블), 〈어느 날 밤에 생긴 일〉

1934년, 할리우드는 비평과 흥행 모두에서 역사상 가장 성공적인 로맨틱 코미디에 속하는 두 편의 영화를 내놓는다. 〈20세기 특급*Twentieth Century*〉(감독 하워드 혹스, 각본 벤 헥트와 찰스 맥아서)과 〈어느 날 밤에 생긴 일 *It Happened One Night*〉(감독 프랭크 카프라, 각본 로버트 리스킨)이다. 몇 달 간격으로 개봉된 이 영화들은 유성 영화 시대 초기에 대중화됐던 코미디 영화의 정점을 보여 준다. 이런 유형의 영화는 에른스트 루비치의 〈낙원에서의 곤경〉과 〈인생 설계*Design for Living*〉(1933), 조지 쿠커George Cukor의 〈8시의 만찬〉에서 볼 수 있듯이 미국 유한 계급의 허점을 풍자적으로 그리고 있으며 진행 속도가 빠르다는 특징을 갖고 있다. 상류 사회를 그린 로맨틱 코미디의 전통을 따라 위의 두 영화는 부패한 부자란 바로 당신이나 나와 다름없는 사람이며, 돈이 행복을 반드시 살 수는 없다 해도 흥미진진한 사회적, 성적 소재를 제공한다는 것을 공황기의 관객들에게 재확신시켰다.

두 영화는 전통적인 코미디 영화의 연장선에 놓여 있긴 하지만, 카프라의 〈어느 날 밤에 생긴 일〉은 할리우드의 로맨틱 코미디 전통을 효과적으로 재구성해 새로운 영화적 경지를 선보였다. 카프라는 광적이고 퇴폐한 유한 계급의 세계에 소박한 인민주의와 중간 계급 이데올로기를 주입했다. 내러티브와 주제의 이 같은 변형은 사회적으로 각성된 성 차별 철폐 투쟁이 빈발하던 1930년대를 거치며 세련화됐다. 〈내 사랑 갓프리 *My Man Godfrey*〉(그레고리 라 카바Gregory La Cava, 1936), 〈디즈 씨, 도시에 가다*Mr. Deeds Goes to Town*〉(프랭크 카프라, 1936), 〈무서운 진실*The Awful Truth*〉(레오 매케리, 1937), 〈쉬운 인생*Easy Living*〉(미첼 레이슨Mitchell Leisen, 1937), 〈신성한 것은 없다*Nothing Sacred*〉(윌리엄 웰먼, 1937), 〈베이비 길들이기〉, 〈당신은 그걸 가져갈 수 없어*You Can't Take It with You*〉(프랭크 카프라, 1938), 〈휴일

Holiday〉(조지 쿠커, 1938), 〈독신 엄마Bachelor Mother〉(가슨 캐닌Garson Kanin, 1939), 〈이름만으로In Name Only〉(존 크롬웰, 1939), 〈스미스 씨, 워싱턴에 가다Mr. Smith Goes to Washington〉(프랭크 카프라, 1939), 〈여비서His Girl Friday〉, 〈사랑스런 아내My Favorite Wife〉(가슨 캐닌, 1940), 〈위대한 맥긴티The Great McGinty〉(프레스톤 스터지스, 1940), 〈7월의 크리스마스Christmas in July〉(프레스톤 스터지스, 1940), 〈필라델피아 이야기Philadelphia Story〉(조지 쿠커, 1940), 〈이 브라는 여인The Lady Eve〉(프레스톤 스터지스, 1941), 〈존 도우를 만나요 Meet John Doe〉(프레스톤 스터지스, 1941), 〈조단 씨가 왔어요Here Comes Mr. Jordan〉(알렉산더 홀Alexander Hall, 1941), 〈팔려 온 신부The Bride Came C. O. D.〉(윌리엄 케일리, 1941) 등의 영화들이 이를 잘 설명한다.

상류 사회를 그린 속도감 넘치는 로맨스 영화를 재구성함으로써 스크루볼 코미디는 불황기의 코미디 영화를 지배했다. 또한 이 장르는 그 시대의 가장 의미심장하고 매력적인 논평을 제공하기도 했다. 영화사가인 조지 사둘George Sadoul은 이렇게 지적했다. "〈어느 날 밤에 생긴 일〉은 1930년대의 수많은 로맨틱 코미디의 전형이 된 주제와 스타일을 확립했다"(Sadoul, 1972: 160).[1] 카프라의 영화가 다시 연구되고 세련화되어 뚜렷한 공식이 됐던 건 결코 놀라운 일이 아니다. 이 영화는 당시 미국 흥행 기록을 깼고 1934년 아카데미상에서 감독상, 각본상, 남우 주연상, 여우 주연상, 작품상 등을 휩쓸었다. 카프라의 영화에서부터 시작된 스크루볼 코미디가 비평가들의 주목을 거의 받지 못했다는 것 또한 놀라운 일이 아니다. 스크루볼 코미디에는 이 장르 고유의 것으로 쉽게 구분 지을 만한 무대 설정이나 아이콘들이 결여되어 있기 때문이다. 사둘이 지적했듯이 스크루볼 코미디는 반드시 스타일과 주제로 판별된다. 이 장르는 자신의 정체성을 행동 스타일(특정한 카메라워크와 편집 기술에 반영되어 있는)과 공황기 미국의 사회 경제적 갈등을 통해 성적인 대립과 구애를 다루는 내러티브 패턴에서 구하고 있다.

내러티브의 진행 속도가 빠르고 계급 간의 차별성에 대한 관심이 두드러진 이 장르의 특징적 경향은 1930년대 초의 로맨틱 코미디에서 이미 예고되었다. 예컨대, 혹스의 〈20세기 특급〉은 브로드웨이에서 활동하는 연출가(존 배리모어)가 할리우드 스타가 되기 위해 그를 버리고 브로드웨이를 떠났던 전처(캐롤 롬바드)를 정통 연극 무대로 불러오기 위해 벌이는 노력을 그리고 있다. 대부분의 연기는 기차('the Twentieth Century Limited'라는 이름의) 위에서 이루어진다. 쉼 없이 움직이는 기차간의 폐소공포증적인 분위기는 동시대 미국인의 삶의 적절한 메타포뿐 아니라 배리모어와 롬바드가 벌이는 끊임없는 대결에 대한 이상적 컨텍스트를 제공한다.

혹스는 영화를 정신없이 빨리 몰고 가면서, 위트 넘치는 비아냥 투의 대사는 속도감 유지를 위해 포기한다. 1930년대 초는 할리우드가 아직 유성 영화에 적응해 가는 도정에 있는 시기였는데, 스크루볼 코미디에서는 두 사람이 벌이는 로맨틱한 행각에 대사와 동작이 균형 있게 그리고 효과적으로 사용됐다. 배리모어와 롬바드의 대결이 강도를 더해 감에 따라 그들은 더욱 제약적인 환경 아래 자신이 놓여 있다는 걸 알게 되며, 마침내 눈이 휘둥그레진 승객들 사이의 좁은 통로에서 벌어지는 배리모어의 격렬한 '죽음 신'[사실은 죽은 척하는]이 대단원을 장식한다. 관객들로서는 스타 지망생 아내를 되찾으려는 배리모어의 안간힘이나 롬바드의 악착같은 저항 중에서 동일시의 대상을 찾겠지만 우리가 주된 공감을 느끼는 대상은 사실 '다른 한 사람은 어떻게 살아가는가'를 보여 주는 코믹한 연출 때문에 어리둥절해하는 영화 속의 승객들이다. 상류 사회를 다룬 이런 코미디들의 주된 가치관은 사실상 할리우드의 관객 대중과는 거리가 먼 세계의 것이다. 이렇게 분리된 두 세계의, 다시 말해 상류 사회와 일반 대중과의 이데올로기적 거리는 〈어느 날 밤에 생긴 일〉에 와서야 비로소 효과적으로 해소된다.

🎥 스크루볼 코미디의 원형: 〈어느 날 밤에 생긴 일〉

카프라의 영화는 얼핏 보면 혹스의 〈20세기 특급〉과 흡사한 것처럼 보인다. 두 작품 모두 토닥거리고 싸우면서도 서로 사랑하게 되는 앙숙 커플의 여정을 다룬다. 또 말과 동작에 같은 비중이 주어진 코미디이며 빠른 진행 속도의 플롯을 갖고 있다. 〈어느 날 밤에 생긴 일〉을 당시의 다른 전통적 상류 사회 코미디와 구분짓는 것은 카프라와 리스킨이 이 커플의 앙숙 관계를 그들의 사회 경제적 차이(즉 사회 계급, 수입, 노동, 유희와 돈 등에 대한 태도)를 통해 그려 내고 있다는 점이다. 따라서 이 앙숙 관계가 어떻게 드러나는가는 내러티브의 중심적 이슈다. 달리 말하면 이 영화는 뻣뻣한 노동 계급과 큰 유산을 물려받은 타락한 여인이 자신들의 이데올로기적 불일치를 극복하고 화해할 수 있다면 우리는 계급 없는 유토피아 사회, 아니면 최소한 계급 간에도 진정한 인간 관계가 맺어질 수 있는 사회라는 미국의 전통적 이상을 신뢰해야 한다고 얘기하고 있다.

스크루볼 코미디에서의 플롯과 주제는 성적, 사회 경제적 차이 때문에 다투는 연인들이라는 캐릭터를 반드시 필요로 한다. 〈어느 날 밤에 생긴 일〉에서 여주인공(엘리 앤드루스 역의 클로데트 콜베르)은 가출한 재벌가의 딸로 플레이보이 같은 건달과 결혼하기 위해 도망간다. 남자 주인공(피터 원 역의 클라크 게이블)은 전통적인 미국적 가치관에 집착하는 인물이지만 냉소적인 외모가 그것을 가리고 있는 독불장군 같은 성격의 신문 기자다. 두 사람은 우연히 만나 편치 않은 동행이 된 뒤 마이애미에서 뉴욕까지의 코믹한 여정에 돌입한다. 여자는 아버지가 보낸 사립 탐정을 따돌리기 위해 세상 물정에 밝은 그의 기지와 당장의 현금이 필요하다. 남자는 볼품 없는 자신의 경력을 일거에 끌어올리기 위해선 그녀의 탈출기 특종이 필요하다.

사회 계급의 차이에도 불구하고 두 사람은 자기 주장이 강하고 직선적이고 솔직하며, 사회적 제약을 별로 염두에 두지 않는다는 점에서 서로 공통점이 많다는 것을 점차 깨닫게 된다. 거칠고 남성적인 피터의 겉모습의 이면에는 그를 길들일 수 있는 '적절한 여인'을 기다리고 있는 예민한 모럴리스트의 면모가 자리잡고 있다. 그는 여성과 결혼을 존중하고, 성실한 노동과 정직한 치부를 존중한다. 따라서 그는 엘리가 손쉽게 얻은 무책임한 유복함과 그것이 드러내는 모든 것에 분개한다. 여정에 오른 두 사람이 얼마간의 해프닝과 코믹한 상황들을 거쳐가면서, 피터의 냉소적인 태도와 엘리의 거만한 언행은 점차 사라지고 마침내는 서로 포옹하고 결혼을 약속하는 것으로 끝맺는다.

〈어느 날 밤에 생긴 일〉이 대단히 성공적이었다는 사실은 감독 카프라와 각본을 쓴 리스킨은 말할 것도 없고, 게이블과 콜베르의 뛰어난 재능을 입증하고 있다. 피터와 엘리가 서로에게 이끌려 마침내 결혼한 것은 사회적 배경보다 더 깊은 곳을 흐르는 가치관과 태도를 공유하고 있기에 가능한 일이다. 따라서 그들의 격렬한 구애는 그럴 듯하며 매혹적이다. 두 인물은 영화의 초반부에서도 성격이 비슷하다는 것을 드러낸다. 둘은 자신이 콧대 높고 자존심 강한 사람임을 과시한다. 엘리는 자신의 결혼 계획을 강압적인 아버지가 용인하지 않는 데 반발해 같이 타고 있던 요트에서 뛰어내려 도망간다. 피터는 전화 통화 중에 편집장을 모욕했다는 이유로 해고된다. 그들의 이런 고집스럽고 개인주의적 행동이 연대감의 조건을 제공하긴 하지만 사회 계급의 차이가 그들을 갈라 놓는다. 엘리는 허울 좋고 둔해 빠진 명문가 출신 남자(킹 웨슬리 역의 제임슨 토머스)와 결혼하라는 아버지의 요구를 거부한다. 어떤 의미에선 엘리는 한 요트에서 다른 요트로 헤엄쳐 가는 것일 뿐이다. 다른 한편, 피터는 직장 상사와 싸울 경우 잃는 것들이 훨씬 더 많다. 특히 공황기의 관객 눈으로 보면 말이다. 의미심장하게도 피터는 공황의 희생자들을 만나 동정을 느낀 바로 그 술집의 전화 부스에서 통화하고 있다가 해고된다. 피터의 전화를 엿듣고 있던 실업자들은 그가 노동자의 권리를 옹호하며 직장 상관에 맞서는 데 갈채를 보낸다.

하지만 피터가 그의 상사와 부딪친 것은 이전부터 있어 온 갈등의 연장일 뿐이다. 엘리가 아버지의 요구를 거부한 것은 보다 파괴적인 결과를 초래한다. 물론 그녀가 애초에 그렇게 건달 같은 약혼자를 선택한 것 때문에 그런 결과가 생겨나긴 했지만 말이다. 피터와 만난 뒤 자신의 느낌과 가치관을 깨닫게 되자 엘리는 자신이 가출한 진짜 이유가 플레이보이 약혼자와는 별 상관이 없다는 사실을 깨닫는다. 아버지의 질식할 것 같은 엄격함과 무감각에 반발해 뛰쳐나온 엘리가 플레이보이 약혼자를 걷어차는 건 예정된 순서였다. 엘리의 마음속을 파고 든 인물은 물론 피터였다. 피터도 인간의 선함이란 사회 계급과는 무관하다는 것을 알게 된다. 그들 서로간의 가르침은 영화 중반부쯤 두 사람이 가장 미국인다운 행동이 무엇인가를 서로에게 보여 주는 대목에서 최고조에 이른다. 그는 그녀에게 요금을 내지 않고 기차에 올라타는 즐거움을 가르치고 그녀는 그에게 히치하이킹을 하는 데 미끈한 다리가 얼마나 유용한지를 가르친다.

피터와 엘리가 서로의 출신을 잊고 마음속 깊이 애정을 느끼면서 내 러티브의 초점이 바뀐다. 피터의 특종에 대한 욕심과 엘리의 약혼자에 대한 관심이 사라지면서 둘은 이제 서로에게 집착한다. 흥미롭게도 둘의 애정은 엘리의 아버지의 개입으로 완성된다. 앤드루(월터 커널리)는 사실 이 스크루볼 코미디에서 중요한 캐릭터다. 그는 그에게 부와 특권을 가져 다 준 성향(독립심, 자신감, 물질적 소유의 진정한 의미에 대한 계몽주의적 자각)을 얼 마간은 잃어버린 가부장적 귀족이다. 피터와 엘리의 도피는 앤드루를 다 시 일깨워 엘리가 웨슬리와의 결혼을 거부하고 피터와 달아나도록 부추 기게 한다.

피터의 아버지 격인 편집장은 감정도 없는 괴물 같은 인간에서 따뜻 한 부성애를 가진 조언자로 바뀐다. 그는 피터가 사랑에 빠졌다는 것을 알게 되자 아낌없이 그를 돕는다. 피터가 신문의 1면을 장식할 수 있는 여인과 사랑에 빠졌다는 사실이 그의 마음을 바꾸게 한 하나의 이유일 수도 있다. 물론 자기 연인의 악명을 이용해 먹는 일 따위를 피터의 낭만 적 이상주의가 용납하지 않을 것이긴 하지만. 결국 두 '아버지'는 개인을 억압하는 독재자였다가, 두 연인을 통해 무질서한 도시화와 산업화의 와 중에 잊혀졌던 미국의 전통적 가치를 재발견한 자애로운 가장으로 변신 한다.

아무 각성도 없이 엘리트주의적인 상류 사회의 가치관을 그대로 믿 으며 진창에 빠져 있는 플레이보이 약혼자는 이 두 사람과 대항 관계에 서게 된다. 웨슬리라는 캐릭터는 엘리의 아버지와 달리, 자신의 능력이나 노력 없이 아버지를 잘 둔 덕에 오늘의 자리에 오른 2세 부자를 대표한다. 〈내 사랑 갓프리〉, 〈쉬운 인생〉, 〈휴일〉에서처럼 이 영화에서도 그가 물려 받은 재산은 출신과 사회 계급을 초월해 전승돼 온 근본적 가치들(결혼,

〈어느 날 밤에 생긴 일〉에서 상속녀인 엘리 앤드루스(클로드 콜베르트)와 기자 피터 원(클라크 게이블)의 계급적인 차이는 그들의 낭만적인 적대감을 증대시키는 역할을 한다. 이 차이는 그들이 떠돌아다니는 도중에 침대 사이에 가로지른 담요, '제리코의 벽'에서 명백하게 드러나는데 결국 이 벽은 거두어진다.

가정, 가족, 생산, 자립, 개인의 성실성)과 끊임없이 대립한다.

이 영화의 주제를 가장 강렬하게 보여 주는 대목이 바로 귀족과 중간층 노동자와의 '결혼'이다. 영화 전편을 통해 둘의 결혼은 줄곧 암시되었다. 마지막 순간까지 망설이던 엘리가 아버지의 충고를 듣고 화려한 결혼식장을 뛰쳐나가 피터와 달아난다. 그때서야 비로소 축복받을 수 있는 이상적 결혼이 성사된다. 영화에 나오는 두 가지 잘못된 결혼, 즉 엘리와 웨슬리의 임박한 결혼, 그리고 엘리가 자신의 정체를 숨긴 채 여행하고 있을 동안의 그녀와 피터의 가장된 결혼은 이 마지막의 '진정한 결혼'을 위한 전주였다.

마이애미에서 뉴욕에 이르는 동안 피터와 엘리는 부부로 가장하고, 둘의 침대 사이에 피터가 '제리코의 벽'이란 메타포적 이름의 담요를 걸어 두는데, 이 담요는 그의 예의바름과 함께 두 젊은이 사이의 개인적, 성적, 이데올로기적 거리를 상징한다. 영화의 결말 시퀀스에서 그 벽은 무너져 내리고 — 물론 영화의 막도 내린다 — 이 스크루볼 커플뿐만 아니라 그들 각각의 가치관이 결합했음을 알린다. 따라서 그들의 개인적 결합은 공동체에로의 통합을, 즉 문화적 갈등과 모순들이 마술적으로 녹아 없어지는 사회에로의 통합을 찬미하는 것이다.

흥행 성적은 비슷할지 모르지만, 〈어느 날 밤에 생긴 일〉 정도의 반향을 다시 불러일으킨 스크루볼 코미디는 거의 없었다. 내러티브의 비논리성을 극복하고 사회적, 성적 갈등을 해결하는 데 필요한 작위적인 플롯 장치 없이 냉소적이거나 너무 순진해 보이지 않는 결말을 이끌어 내기 위해서 스크루볼 코미디는 서로 다투는 커플과 그들의 서로 다른 가치관을 정교하게 다루어야 했다. 공황기의 코미디들은 문화의 근본적 모순에서 파생된 성적, 이데올로기적 갈등을 화해시키려 했지만 플롯의 결말을 맺기 위해서 다소 심한 내러티브의 균열을 요구받았다. 카프라의 이 영화는 갈등으로부터 결말에 이르는 과정에서 내러티브 논리나 캐릭터의 변화를 거의 손상 없이 그려 내고 있다. 그러나 엘리와 그녀의 아버지가 태도와 가치관을 바꾼 것은 설명을 필요로 한다. 엘리의 변화는 피터와의 만남, 그리고 코믹하면서도 서사적인 방랑을 통한 '중간층의 미국'과의 만남을 통해 이루어졌다. 그녀의 아버지가 각성한 것은 일종의 삼투 작용에 의한 것처럼 보인다. 그러나 우리가 그에게서 어떤 모순을 발견하더라도, 그가 결국은 애당초 원했던 것을 얻었다는 사실로 인해 상쇄된다. 즉 그는 킹 웨슬리가 아닌 다른 사람을 사위로 맞이한 것뿐이다.

🎥 스크루볼 장르의 딜레마: 계급적 차이의 극복

다음에서 살펴볼 대부분의 스크루볼 코미디들은 — 비록 이 장르의 가장 뛰어난 작품이라 하더라도 — 동기가 결여된 캐릭터의 변화 혹은 다소 작위적인 플롯 장치를 통해 갈등을 해소한다. 〈내 사랑 갓프리〉, 〈디즈 씨, 도시에 가다〉, 〈쉬운 인생〉, 〈신성한 것은 없다〉 등과 같이 카프라의 코미디 영화를 성공적으로 계승한 작품들조차도 예외가 아니다. 이 영화들은 유사한 드라마적 장치를 사용해 중심적인 갈등을 설정했지만 갈등의 논리적인 해결에는 성공하지 못했다. 위의 네 영화들은 〈어느 날 밤에 생긴 일〉의 중심적 요소들을 세련화시켜, 계급 없는 유토피아에서 성적인 그리고 결혼에 의한 정신적 교감이 반드시 이루어진다는 이 장르의 약속을 재긍정한다. 각각의 영화들은 출신이 달라 처음에는 적대적이었다가 나중에는 낭만적 사랑을 나누게 되는 주인공 커플을 등장시킨다.

또 각 영화들은 성적, 계급적 차이는 말할 것도 없고 세대 차이에서 오는 갈등을 채용한다. 이를 위해 설정되는 캐릭터가 버르장머리 없고 방종한 자식들의 상대역으로 강하고 고집불통이지만 결국에는 자애로운 면모를 드러내는 아버지상이다. 스크루볼 코미디에서 아이들이 있다면 그것은 연인들뿐이며, 그들의 사회적, 성적 성숙은 그들의 부모 역할을 하는 인물에 의해 완성된다. 이러한 반복적인 내러티브 전술은 세대 간에 다리를 놓음으로써뿐만 아니라 선조의 유산과 사회 경제적 연장자 우선 체제의 필요성을 재긍정함으로써 이 장르의 친사회적 태도를 강화한다.

카프라의 초기 영화에서처럼, 위 영화들의 갈등은 주인공 커플이 서로에 대해 잘못 알고 만나면서 시작된다. '갓프리'(윌리엄 파웰)는 보스턴 명문가 출신의 뜨내기 일꾼이며 괴팍한 여인(캐롤 롬바드)의 가족을 돌보는 집사가 된다. 디즈(게리 쿠퍼)는 거액의 재산을 물려받은 작은 읍내의 튜바 주자이자 연하장 문안 작성인이자 자원 봉사 소방수인데, 뉴욕에 갔다가 그를 이용하려는 신문 기자 '곤경에 빠진 여인'(진 아서)을 만나 사랑에 빠진다. 〈쉬운 인생〉에서 비서인 메리 스미스(진 아서)는 상사인 재벌 회장이 그녀에게 무심코 밍크 코트를 주는 것을 본 회장의 아들(레이 밀런드)에 의해 아버지의 정부로 오인받아 악전고투를 벌인다. 〈신성한 것은 없다〉에서는 작은 읍내에 사는 한 여인(캐롤 롬바드)이 술 취한 의사로부터 희귀병에 걸린 것으로 오진받아, 나중에 이 때문에 뉴욕의 신문 기자(프레드릭 마치)에 의해 나라를 떠들썩하게 하는 소송까지 벌어진다.

이런 후기의 스크루볼 코미디들은 특정한 사회 경제적 차별성을 확대하고, 특히 노동과 유희의 대립, 도시와 농촌의 대립 등에 내러티브의 강조점을 둠으로써 성적인 갈등을 증폭시킨다. 이런 점에서 스크루볼 코미디는 갱스터 장르와 묘한 유사성이 있다. 두 장르는 모두 1930년대에

번창했고 점진적 도시화, 산업화에 의해 침식당한 전통적, 농촌적 가치들을 다루고 있다. 동시대의 도시적 삶이 무시해 버리는 전통적, 정신적, 평등주의적 가치에 비해 돈과 물질의 가치가 얼마나 보잘것없는가를 한 사람 혹은 둘 다 인식할 때, 주인공 커플의 성적 갈등의 토대와는 무관하게 비로소 문제들이 해결된다.

대개 작은 읍내small town와 대도시의 대비로 표현되는 이 장르의 농촌/도시 대립은 풍성한 내러티브상의 갈등을 제공한다. 그 대립 자체가 의미심장한 주제를 함축하고 있을 뿐만 아니라 코믹한 상황의 소재를 무궁 무진하게 제공하기 때문이다. 작은 읍내와 대도시의 갈등은 〈어느 날 밤에 생긴 일〉에서도 주변적이긴 하지만 하나의 이슈로 다루어진다. 피터의 서민적 기지와 자립성은 탈개인화하는 도시의 영역 밖에서 그가 만나는 민중들과 동질감을 갖게 하지만, 그는 기본적으로, 부드럽게 말하고 어떤 상황이든 세련되게 처리하는 능력을 갖춘 매끈한 도시인이다. 후기의 스크루볼 코미디, 특히 카프라의 디즈-스미스-도우 3부작에서는 능란한 도시인이 점점 더 부정적 의미를 함축한다. 남녀 주인공 중 어느 한쪽의 전통적 가치관과 태도는 농촌적인 뿌리와 작은 마을적 감수성에 직결되어 있다. 사실상, 스크루볼 코미디가 진화함에 따라 농촌/도시의 대립은 노동 계급/유한 계급의 대립과 맞짝을 이루게 된다. 예를 들면, 〈디즈 씨, 도시에 가다〉에서는 농촌/도시의 대립이 근본적인 사회 경제적 차별성에 의해 강화된다. 롱펠로 디즈가 물려받은 유산은 그를 맨드레이크 폴즈의 조용한 품에서 떼어 내 뉴욕의 저택에 살도록 해 주지만 그것과 함께 어마어마한 부가 필연적으로 몰고 오는 혼란스런 생활이 뒤따른다.

🎥 갓프리, 디즈 씨, 그리고 그 외의 소박한 귀족들

⟨어느 날 밤에 생긴 일⟩에서 엘리는 자신의 정체를 숨김으로써 중간층의 세계에 일시적으로나마 발을 들여 놓을 수 있었다. 그러나 ⟨디즈 씨, 도시에 가다⟩의 경우에는 작은 읍내의 중간층 미국인 주인공이 유한 계급의 세계에 진입하면서 정체성의 변화를 겪는다. ⟨신성한 것은 없다⟩와 ⟨쉬운 인생⟩도 같은 내러티브 전략을 채용한다. 중심 인물 ─ 두 영화 다 일하는 여성 ─ 이 누군가의 실수로 도시 상류 사회로 밀려올라온다. ⟨내 사랑 갓프리⟩는 서민적인 주인공이 화려하지만 퇴폐한 부르주아 가족의 집에 들어와 벌어지는 일을 그린다는 점에서 ⟨어느 날 밤에 생긴 일⟩을 연상시킨다. ⟨내 사랑 갓프리⟩는 스캐빈저 헌트*scavenger hunt* 게임* 중인 정장 차림의 역겨운 귀족들 한 무리가 파웰/갓프리와 신세 한탄을 늘어 놓는 뜨내기 일꾼들이 있는 곳으로 몰려오는 오프닝 시퀀스에서 대립 구도를 설정한다. 그들은 갓프리 쪽으로 와 머무는데, 갓프리는 그들의 속물 근성을 내놓고 조롱하지만 경박한 사교계 여인(롬바드)에 이끌려 게임에 합류한다. 그가 사실 거대한 유산을 거부하고 쓰라린 사랑의 상처를 잊기 위해 떠돌이 생활을 시작했다는 걸 관객이 알 때쯤 유한 계급에 대한 갓프리의 비판적 태도가 묘하게 변한다.

　'트랙의 양쪽'을 다 봄으로써 갓프리는 거의 마술적인 큰 힘을 얻게 된다. 그는 값비싼 목걸이(롬바드의 언니가 갓프리의 방에 숨겨 둔 것인데 그는 나중에 절도 혐의로 고소당한다)를 전당포에 맡기고 돈을 마련해 투자한다. 그는

---

* 상류 사회 사람들이 하는 보물찾기 게임을 말한다.

스크루볼 코미디

스캐빈저 헌트 게임은 상류 사회 사람들 사이에서 '잊혀진 사람' 갓프리(윌리엄 파웰)가 등장하는 계기를 만들어 준다. 하지만 사실 그는 보스턴의 상류층 출신으로 하층민들의 삶을 알기 위해 바깥 세상으로 나온 사람이다.

많은 돈을 벌어 파산한 그의 고용주 가족을 구하고 '덤프The Dump'라는 호화로운 나이트 클럽을 세운 뒤 떠돌이 시절의 동료들을 고용한다. 갓프리의 계몽적인 자본주의 정신은 그가 가진 교양과 짓밟힌 하층민들과 함께했던 가난한 삶에 의해 생긴 것이다. 그러나 두 인생을 산 최종 결과가 그렇게 긍정적이지만은 않다. 그의 사업가로서의 명석함이 파웰과 롬바드의 예견된 결합으로 이르는 길(황금으로 된)을 닦은 것이다. 그러나 우리는 진실로 누군가가 무언가를 각성했다고 느낄 수 없다. 애당초 갓프리는 공황기 미국의 사회적, 경제적 불평등에 울분을 토했다. 그러나 그의 나중 행동 — 별 호감이 가지 않는 벌록 가족을 파산에서 구하고, 떠돌이 시절의 친구들을 상류층이 고객인 클럽에 취직시키며, 결국 불평 많고 무책임한 아이린 벌록과 결혼한 것 — 은 그가 이전에 가졌던 이상과는 전혀 맞지 않는다.

따라서 〈내 사랑 갓프리〉는 미국 자본주의 체제의 몇 가지 문제점과 모순들을 살펴본 뒤, 그 문제들을 해결하기 위해 결국 그 체제로 되돌아간 것이다. 이런 결말로 인한 내러티브의 허점은 공황기 로맨틱 코미디의 정형을 벗어나지 않는 것이다. 드라마적 갈등을 만들어 내기 위해 현존 사회 체제의 흠을 찾아 낸 뒤 그 체제와 가치 체계를 재긍정함으로써 갈등을 해결하는 것이다.

〈디즈 씨, 도시에 가다〉에서는 이런 균열이 매우 감정적인 결말 시퀀스에 가서야 드러난다. 쿠퍼/디즈는 부의 굴레에 얽매이지 않고 공황기의 빈민들에게 2000만 달러를 주기로 결심하지만, 시기심 많은 그의 친척들과 악덕 변호사에 의해 그의 정신 상태를 의심받는 결과만을 초래했다. 이 영화는 디즈의 정신 상태가 온전한지를 두고 심리를 벌이는 것으로 끝맺는데, 디즈의 반대편 이야기를 시큰둥하게 듣고 난 늙은 판사가 디즈를 '이 법정에 걸어 들어온 사람 중 가장 온전한 정신의 소유자'라고 선언하자 디즈와 그가 사랑하는 기자(베이브 베넷), 그리고 법정을 둘러싸고 있던 가난한 민중이 힘없는 사람들 — 그리고 그 조직 — 의 반계몽적 자본주의에 대한 승리를 축하한다.

이 결말의 극적이며 감정적인 격렬함은 무엇보다 내러티브의 비논리성을 은폐하는 데 기여한다. 영화 속에서 디즈의 캐릭터를 유머러스하게 만든 것은 물에서 막 나온 오리 꼴이 된 그의 상황이 아니라 현존 자본주의 체제에는 진정으로 자비롭고 인간적인 백만장자가 들어설 자리가 없다는 사실 자체다. 피할 수 없는 진실은, 동시대 사회에서 '정상 상태'라고 받아들여지는 영역 내에서는 괴짜 디즈가 제대로 살아갈 수 없고 베넷 같은 신문 기자가 디즈의 엉뚱한 행동을 이용해 이득을 챙기게 마련이라는 것이다. 이 때문에 우리는 재판 전까지 베이브 베넷의 기사를 읽는 독자가 그랬듯이 디즈를 보며 즐거워한다. 그러나 뒤따르는 카프라의 이상주의적이고 유토피아적인 결말은 우리로 하여금 그 상황의 진실성을 부인하게 한다.

카프라는 법정 시퀀스에서 내러티브의 반전을 위해 주로 드라마적 테크닉에 의존한다. 시간이 갈수록 디즈의 역할을 점차 키워 가며(그는 처음에는 변호를 거부하다가 토속적인 위트와 기독교적이고 민주적인 가치관을 동원해 마침내 승리한다), 숏의 길이를 점점 줄여 내러티브의 속도감을 높이고, 한 프레임 내의 동작도 더 늘려 간다. 또 디즈의 남부 특유의 지혜를 그에게 불리한 증언을 하는 변호사와 정신과 의사들의 판에 박힌 우둔함과 대결시키며, 그에게 동정적인 방청객들과 베이브의 반응 숏을 효과적으로 사용한다. 우리는 물론 방청석의 '민중'과 우리를 동일시하며 디즈에 대한 그들의 감정적 반응이 더 고조됨에 따라 우리의 감정적 반응도 고조된다. 결국 그 돈키호테 같은 '가여운 친구'에 대한 우리의 감정적 집착이 이성적인 반응을 넘어서 버린다.

재판의 결과에 일정한 신뢰성을 불어넣는 또 다른 요소는 주재 판사의 캐릭터다. 우리는 여기서 계몽된 아버지상의 인물이 시기 적절하게 개입하는 장면을 다시 목격한다. 미국적 민주주의의 원형이 키워 낸 자유로운 영웅(즉 카프라 영화의 주인공)에 의해 재교육된 이 인물은 있는 그대로가 하나의 전형을 보여 준다. 앤드루는 엘리가 피터와 결혼하도록 부추기고, 벌록은 갓프리를 무덤덤하게 도와 주며, 판사는 디즈를 풀어 준다. 이들 각각은 사회 경제적, 성적 갈등뿐만 아니라 세대 간의 갈등을 화해시키는 전형적 사례다.

🎥 대립과 화해: 내러티브 논리와 내러티브 균열

그러나 이 장르의 친사회적 주제성을 과장하지 않도록 주의해야 한다. 스크루볼 장르 영화의 더욱 매력적인 성격 중 하나는 중도적 결말이 아니라, 문화에 내재한 모순들을 제거하는 것처럼 보이면서, 한편으론 그 모순들을 찬미하는 상반된 두 가지 결말을 이끌어 내는 능력에 있다. 질서의 의식 장르를 살펴볼 때 주인공의 캐릭터와 태도에는 고유한 근본적 모호성이 있음을 지적했다. 주인공은 자신이 동화될 수 없는 사회 질서의 전령이며, 석양 속으로 사라지는 서부 사나이건, 자기 사무실로 돌아오는 탐정이건, 아니면 뒷골목에서 죽음을 맞이하는 갱이건 간에, 주인공의 개체성은 화해되지 않는다는 것이다. 스크루볼 코미디와 모든 통합 장르에는 다른 내러티브 방식에 의해서긴 하지만, 유사한 모호성이 존재한다.

한편으로 주인공 커플의 최종적 화해는 그들이 공동체 내로 통합되어 감을 의미하지만, 다른 한편으로는 그들의 괴팍한 행동과 예의범절에 대한 경멸은 둘이 결혼한다 해도 관습에 얽매인 보통의 시민이 될 가능성이 없음을 예견케 한다. 고집 세고 위트가 넘치며 자립적인 여인의 역할, 전통적인 중간 계급적 가치(일부일처제, 민주주의, 기회 균등, 소박한 개인주의)의 타락한 도시라는 세계에로의 투사, 괴짜 커플의 제약받지 않는 '행복의 추구,' 이 세 요소는 결혼 약속이라는 결말의 친사회적 경향을 상쇄하고 균형을 잡는다.

그들의 괴팍성과는 무관하게 전혀 다른 사회 경제적 배경을 가진 두 사람이 마지막에는 포옹한다는 점이 이 장르의 발달 초기에는 친사회적 경향을 가져온 게 사실이다. 그러나 1930년대 후반과 1940년대 초에, 미국이 공황과 갖가지 도시 문제들의 질곡으로부터 벗어나면서 스크루볼 코미디의 정형도 공공연한 이데올로기적 편향을 탈피해 갔다. 1930년대에 이 장르를 주름 잡던 세 감독 ─ 프랭크 카프라(〈어느 날 밤에 생긴 일〉, 〈디즈 씨, 도시에 가다〉, 〈당신은 그걸 가져갈 수 없어〉, 〈스미스 씨, 워싱턴에 가다〉), 조지 쿠커(〈8시의 만찬〉, 〈실비아 스칼렛Sylvia Scarlet〉[1935], 〈휴일〉, 〈필라델피아 이야기〉), 하워드 혹스(〈20세기 특급〉, 〈베이비 길들이기〉, 〈여비서〉) ─ 중에서 카프라만이 사회 경제적 불균형의 문제를 계속 다뤄 나갔다(〈존 도우를 만나요〉, 〈인생의 낙원〉, 〈결합의 상태〉[1948]). 시나리오 작가 로버트 리스킨Robert Riskin과 함께 1930년대의 스크루볼 코미디를 창안했던 카프라가 장르의 진화와는 무관하게 자기 길을 걸어갔다는 것은 다소 아이러니컬한 일이다. 카프라의 1940년대 영화들, 특히 〈인생의 낙원〉은 작품성이나 할리우드적 내러티브의 면에서 연구될 가치가 있는 뛰어난 텍스트지만 당시의 주류 코미디와는 거리가 멀었다. 그의 1940년대 영화들은 전쟁을 겪은 관객들의 지

가부장을 재교육시키기: 프랭크 카프라의 〈당신은 그걸 가져갈 수 없어〉에서 앤터니 커비 부자(에드워드 아놀
드와 제임스 스튜어트)는 세대차뿐 아니라 사회 경제적 격차도 그들 방식대로 해결해 낸다.

지를 잃어 가는 인민주의적 유토피아의 이상을 계속 옹호하고 있기 때문이다.

쿠커, 혹스, 프레스톤 스터지스Preston Sturges, 조지 스티븐스 등 1930년대와 1940년대의 다른 스크루볼 코미디 감독들은 카프라와는 완전히 반대 방향의 길을 걸었다. 이들은 주인공 커플의 주된 갈등의 원인을 사회 경제적 차이에서 구했으며, 둘의 사랑과 별난 행동으로 불일치는 극복되어 점차 해소되는 과정을 보여 준다. 이 차이는 중요하다. 즉 후자의 감독들은 주인공 커플이 거대한 사회적 갈등을 해결하는 것으로 그리고 있으나 카프라는 점차 갈등 자체에 사로잡혀 갈등의 해결은 불가능하다는 생각에 도달했다(〈존 도우를 만나요〉와 〈인생의 낙원〉에서 주인공의 유일한 갈등 해결책은 자살이다).

카프라의 코미디 영화가 비록 무거운 주제로 짓눌려 있긴 하지만 공황기의 로맨스 영화에 끼친 그의 공로는 매우 컸다. 부자들에게 초점을 맞춘 다른 감독들의 영화들(〈무서운 진실〉, 〈휴일〉, 〈필라델피아 이야기〉)조차도, 마지막의 화해와 포옹이란 결말에 중간 계급의 이데올로기를 투사하는 카프라의 방식을 따랐다. 예를 들어, 쿠커의 〈휴일〉(1938)은 성실하고 귀족적인 한 가족이, 돈은 많지만 껄렁한 구혼자(자니 케이스 역의 캐리 그랜트) 때문에 겪는 혼란과 소동을 그리고 있다. 그는 결국 속물적이고 둔한 줄리아 시튼(도리스 놀란)과의 약혼을 깨고 그녀의 여동생(린다 역의 캐서린 헵번)과 결혼한다. 사건의 거의 전부가 딸들의 놀이방을 비롯해 시튼의 저택 안에서 벌어진다. 린다가 좋아하는 그 놀이방은 지나치게 사치스럽고 화려한 저택 속에서 깔끔하고 차분하게 꾸며진 유일한 방이다. 린다는 상류층의 화려한 환경에 짓눌릴수록 놀이방과 그 방이 상징하는 아이 같은 천진성과 자유를 더욱더 갈망한다.

린다가 언니의 약혼자와 처음 인연을 맺는 것은 놀이방 '밖'의 세계에서다. 하버드를 졸업한 데다 주식 운용의 탁월한 재능으로 서른의 나이에 현역에서 은퇴할 수 있었던 자니 케이스는 경박한 사교계 여인인 그녀의 언니에겐 최고의 신랑감이다. 그러나 자니는 엉뚱한 위트와 돌발적인 행동으로 약혼녀를 곤혹스럽게 한다. 하지만 그의 그런 색다른 언행은 피터(《어느 날 밤에 생긴 일》에서)의 무임 편승 행위가 엘리의 사회적 규범이란 껍질을 뚫고 들어갔듯이, 린다의 마음을 빼앗는다. 나중에 관객들은 자니가 노동 계급 출신이며 제강소와 세탁소, 쓰레기 트럭 일을 해서 대학에 들어갔다는 사실을 알게 된다. 여기서 노동 계급 출신이란 것과 그 가치 체계가 다시 한 번 마술 효과를 발휘해 자니의 괴팍한 행동을 정당화하며, 린다에게 상류층 생활이 강요해 온 어떤 것들보다 소중한 무언가를 전해 준다. 줄리아와 그녀의 아버지가 자니의 행동과 태도를 '혁명적인 것'이라고 생각하는 반면, 린다는 자니의 그런 행동이 부와 예의범절이 개인에게 가하는 억압에 대한 자기 방어라는 걸 깨닫는다.

당연한 귀결이지만, 그랜트와 헵번은 자신들의 가치관과 태도에 공통점이 있음을 깨닫는다. 자니는 그의 약혼녀 줄리아에게 이렇게 말한다. "우리는 우리 자신의 삶을 살아야 해요…… 나는 당신보다는 내면의 자유로움을 훨씬 더 사랑하오." 그와 결별한 줄리아는 아버지가 주재하는 따분하지만 안전한 세계로 돌아온다. 그녀가 원하는 것은 '내면의 자유로움'과는 관계 없다. 그래서 그녀는 물러나고, 괴짜 커플(그랜트와 헵번)은 그들 자신의 생활 방식과 불확실한(물질적으로 풍요롭긴 하지만) 미래의 세계로 들어간다. 린다가 자각하고 집안의 통제로부터 해방된 것의 진정한 의미는 그녀의 남동생 네드(류 에어스)에 의해 분명히 드러난다. 네드는 린다와 비슷한 느낌을 갖고 살아 왔지만 집에서 제공되는 안락함과 풍요함을 버릴 수는 없는 인물이다. 그가 안락함의 대가로 잃는 것은 마음의 평화와 진정한 가치에 대한 자각이다. 유한 계급의 공허함과 우울함으로부터 그를 벗어날 수 있게 하는 건 술밖에 없다. 자니와 린다만이 주요 등장인물 가운데 자신의 개성을 키워 나가는 능력이 있다. 그들은 서로를 사랑함으로써 자기 자신을 이해하게 되었다. 자니가 줄리아와 파혼하고 린다가 가족으로부터 해방됨으로써 이 커플은 유토피아적 결합을 이룬다. 계몽된 자본주의는 더 나은 그리고 비교할 수 없이 즐거운 세계를 보장한다는 약속을, 노동 계급 출신이 받아들인 것이다.

만일 관객이 〈휴일〉의 이상주의적 결말을 어느 정도 신뢰한다면 그것은 그랜트와 헵번의 짝맺음(그해 개봉된 〈베이비 길들이기〉와 두 해 뒤의 〈필라델피아 이야기〉에서도 반복되는) 때문이며, 또한 두 사람을 낭만적 결합으로 이끄는 감독 쿠커의 세련된 연출 솜씨 덕이다. 카프라, 혹스, 프레스톤 스터지스(〈7월의 크리스마스〉[1940], 〈이브라는 여인〉[1941], 〈설리번 여행기〉[1942], 〈팜 비치 이야기〉[1942])와 마찬가지로 쿠커도 스크루볼 커플이 얼마나 호소력을 가지느냐는 마지막의 화해와 직접적 관계가 없다는 것을 이해했다. 위트와 품위와 성적 매력을 겸비하고 있으며, 서로 사랑하면서도 다투는 남자와 여자 간의 다이내믹한 '성의 전투'가 진정으로 관객의 시선을 붙잡는 것이다. 〈휴일〉에서 마지막의 포옹이 다른 스크루볼 코미디에서처럼 어설프게 다뤄진다는 것은 별로 중요하지 않다. 사실 이런 유형의 많은 영화들 — 〈내 사랑 갓프리〉, 〈베이비 길들이기〉, 〈여비서〉 등 트레이시와 헵번 커플이 등장하는 많은 영화들 — 은 키스 한 번 없이 두 남녀의 다툼을 약혼으로 결말짓는다. 얼굴을 맞대고 격렬한 포옹을 벌이는 그 시대의 로맨틱 멜로드라마와는 전혀 다르게 스크루볼 코미디는 주인공인 두 연인의 동작을 약간의 거리를 두고 보여 준다(투 숏two-shots, 즉 한 프레임 내에서 두 인물을 등장시키는 것. 미디엄 숏이 많이 쓰인다). 그들의 관계는 키스나 사랑의 고백이 아니라 스타일과 태도를 통해 표현된다.

🎥 결혼–재혼으로의 변주

성적 접촉이란 소재가 스크루볼 커플의 일차적인 관심사가 되는 일은 드물다. 물론 그 소재가 시각적 개그와 말장난을 보여 주는 데 좋은 컨텍스트를 제공하는 것은 사실이다. 소심한 학자가 사라진 뼈를 찾아 헤매는 과정을 그린 〈베이비 길들이기〉에서처럼 말이다("내 갈비뼈는 어디 있지?" "당신의 뭐라고요?" "내 갈비뼈 말이오. 그건 희귀해. 귀중한 거지."). 성적 접촉을 다루는 스크루볼 코미디에서 성적인 결합은 정서와 태도의 결합에 선행한다. 그러나 연인들은 그들의 몸보다 머리와 마음을 합쳐야 한다. 이미 결혼한 스크루볼 커플이 등장하는, 변주된 스크루볼 코미디의 경우는 플롯의 초점이 그들의 이혼과 재혼이 된다. 공황이 물러가고 장르의 주제가 계급적인 것에서 보다 노골적인 성적인 것으로 바뀜에 따라 이 변주는 점차 인기를 얻어 갔다. 변주된 스크루볼 코미디는 1930년대를 거치며 세련화되었고, 〈무서운 진실〉(1937), 〈여비서〉(1940), 〈필라델피아 이야기〉(1940) 등과 트레이시와 헵번 커플이 등장하는 영화들, 특히 〈그해의 여인*Woman of the Year*〉(1942)과 〈아담의 여인*Adam's Rib*〉(1949) 등에서 절정을 이루었다.

이 영화들의 내러티브 전략은 스크루볼 커플의 결합을 영화의 끝이 아니라 영화의 시작 전에 설정하는 것이다. 주인공 커플은 이미 사회적으로 결합되어 있다. 즉 이미 결혼한 것이다. 모든 사회적 제도 중에서도 가

두 번째는 어떻게 될 것인가?: 제임스 스튜어트가 캐리 그랜트의 전처의 재혼을 취재하는 실연당한 기자로 등
장하는 〈필라델피아 이야기〉(1940)는 스크루볼 코미디의 초점을 구애의 문제에서 결혼과 이혼의 문제로 가져
갔다.

장 뿌리 깊은 결혼이란 틀 내에서 자기 정체성을 지키기 위해 벌이는 두 사람의 개별적인 그리고 공동의 노력을 이 영화들은 그린다. 이데올로기적 혹은 직업적 갈등이 부수적으로 발생할 수도 있지만, 주된 극적 긴장은 쉽게 문제가 풀리지 않는 결혼이란 결합 방식 자체에서 비롯된다. 이변주된 영화들의 주인공 커플은 구애 중인 스크루볼 커플보다 더 제멋대로이고 격한 성격의 소유자들이다. 그들의 다툼은 결혼으로 더 심해진다. 결혼한 주인공 커플의 앙숙 관계가 면도날처럼 날카로워진다. 게다가 이 앙숙 관계는 그들의 사회 경제적 차이 혹은 출신 배경의 차이가 아니라 서로를 너무나 잘 아는 데서 오는 것이다.

대부분의 다른 할리우드 장르와 마찬가지로 스크루볼 코미디도, 캐리 그랜트, 캐서린 헵번, 스펜서 트레이시, 진 아서, 제임스 스튜어트, 캐롤 롬바드 등과 같이 뚜렷하게 정형화된 일군의 캐릭터들을 개발했다. 존 웨인에 점차 친숙해진다는 사실이 웨스턴의 진화에 영향을 미쳤듯이 스크루볼 코미디의 주인공들에 대한 우리의 인상이 변화한다는 사실 또한 스크루볼 코미디의 발전에 영향을 미쳤다.

1940년대 초의 영화들에도 〈어느 날 밤에 생긴 일〉의 영향력이 많이 남아 있다는 것은 결코 놀라운 일이 아니다. 1940~1941년의 최대 흥행작 가운데 하나가 윌리엄 케일리의 〈팔려 온 신부〉다. 이 영화는 사실상 카프라의 1934년 작품인 〈어느 날 밤에 생긴 일〉의 리메이크 영화다. 영화는 자기 딸과 건달 같은 플레이보이(잭 카슨)와의 결혼을 반대하는 꼬장꼬장한 귀족(에드워드 아놀드)을 그리고 있다. 그가 약혼을 반대하는 바람에 가출한 딸은 세상 물정에 밝은 한 노동자에 의해 '납치'되는데, 결국 그녀는 아버지의 축복 속에 그와 결혼한다. 묘하게도 자신의 스타일과 반대로 캐스팅된 제임스 캐그니와 베티 데이비스가 이 커플을 연기한다. 피터

원과 마찬가지로 캐그니가 연기하는 스티브 콜린도 직업을 잃지 않기 위해(이 경우는 돈을 마련하지 못해 저당 잡힌 비행기의 소유권을 곧 잃게 되어 있다), 신경질적이고 자기 중심적인 여자와 운명을 같이 해야 한다. 캐그니(콜린)가 그녀에게 미국 중간 계급의 전통적 윤리를 가르치는 과정에서 그의 냉소적이고 비우호적인 태도가 로맨틱한 사랑에 의해 극복된다. 그들의 정처 없는 여정은 로스앤젤레스에서 사막까지 이어진다. 타고 온 비행기가 부서지는 바람에 걸어서 사막을 건너던 그들은 폐허가 된 한 마을에서 휴식처를 찾는다. 농촌/도시 대립의 흥미로운 변주다.

이 영화에서 귀족적인 아버지상을 맡은 데이비스의 아버지는 예상보다는 더 호의적으로 그려진다. 그러나 잭 카슨은 그렇지 못하다. 그는 턱시도 차림의 게으른 오케스트라 리더다. 처음부터 그녀의 아버지가 카슨을 사위로 받아들이려 하지 않는 건 지극히 당연해 보인다. 그의 뜻이 다소 원시적으로 표현되기는 했지만 말이다("재산 노리는 놈이라면 난 상관 안해. 하지만 피아노 주자라면 참을 수 없어"). 데이비스의 아버지는 비록 텍사스의 석유 재벌이긴 하지만 미국 중간 계급의 감수성을 그대로 간직한 인물인 까닭에 캐그니와는 줄곧 암묵적 공모자 관계에 놓인다. 데이비스가 사막을 걷다가 힘들다고 소리 지를 때, 빈정대는 캐그니의 태도는 그녀의 아버지를 연상시킨다. 캐그니는 이렇게 비아냥거린다. "당신은 스톡 클럽(술집 이름)에서나 이런 어려움을 겪어 본 게 분명하군. 웨이터가 술을 잘못 가져와서 생긴 어려움 같은 것 말이야."

데이비스는 결국 캐그니와 그녀 아버지의 관점에 다가선다. 그리고 자신의 이제까지의 생활 방식이 '어리석고 쓸모 없으며 충동적'이었다는 것을 인정한다. 그녀를 대하는 캐그니의 태도도 따뜻하게 변한다. 그녀의 엘리트주의를 상징하는 가죽 외투를 두 사람이 같이 덮을 때 그들의 결합은 비로소 정상 궤도에 오른다. 말하자면 외투가 사회 경제적 차이와 인간적 거리를 덮어 준 셈이다. 이 커플은 이제 자신들의 사회 경제적 차이가 별로 중요하지 않은 것처럼 말한다. 두 사람의 태도 변화와 더불어 영화의 무대인 캐그니의 비행기, 사막, 유령 마을 등은 실재하는 사회적 조건과 상황에서 오는 그 차이를 무의미한 것으로 만든다. 결론적으로 말하자면, 〈팔려 온 신부〉는 캐그니와 데이비스의 재담에 크게 의존하고 있으며, 대부분의 초기 스크루볼 코미디와는 달리 성적 갈등을 가장 근본적인 것으로 그리고 있다. 이런 의미에서 이 영화는 처녀와 총각을 주인공으로 등장시키지만, 결혼–재혼이란 방식으로 변주된 당시의 스크루볼 코미디에 훨씬 더 가깝다.

이런 영화들에서 주인공 커플의 갈등은 주로 그들의 역동적이고 위트 넘치는 성적 대립에서 온다. 이 같은 전략은 1940년대 후반과 1950년대 초의 트레이시와 헵번이 주연한 코미디들, 특히 〈아담의 여인〉과 〈팻과 마이크Pat and Mike〉(조지 쿠커, 1952)에서 두드러지게 정형화되어 나타난다. 이 두 영화의 주인공 커플은 각각 법정과 테니스 코트에서 성적인 대결을 펼친다. 두 작품은 초기 스크루볼 코미디에서 보이던 이데올로기적 긴장감과 역동적인 성적 상호 작용을 그대로 유지한 이 시기의 몇 안 되는 영화에 속한다. 그러나 이런 유형의 작품 중 걸작으로 꼽히는 영화는 혹스의 〈여비서〉이다.

🎥 스크루볼 코미디의 어두운 그늘: 〈여비서〉와 〈존 도우를 만나요〉

혹스가 1940년에 만든 이 고전은 루이스 마일스톤Lewis Milestone의 1931

년 영화 〈1면*The Front Page*〉을 리메이크한 것인데, 마일스톤의 작품도 벤 헥트Ben Hecht와 찰스 맥아서가 만든 연극을 영화화한 것이다. 중심 인물은 곧 결혼해서 회사를 떠나려는 뛰어난 범죄 담당 기자와 그를 붙잡기를 포기한 편집장이다. 1931년의 오리지널 영화에는 (잭 레몬과 월터 매소를 주연으로 한 빌리 와일더의 1974년 리메이크 작품에서도) 두 사람 다 남자다. 1931년의 영화도 성공작이긴 했지만 혹스의 이 영화는 리메이크가 오리지널보다 더 뛰어난 드문 예에 속하는데, 이는 과감하게 그가 기자 역에 여자(힐디 존슨 역의 로잘린드 러셀)를 캐스팅했다는 점에 크게 힘입었다. 그녀는 전남편이기도 한 편집장(월터 번즈 역의 캐리 그랜트)과 맞서 연기를 펼친다. 이혼한 커플로서의 편집장과 기자라는 구도로 캐스팅을 다시 짜고, 정신없을 정도로 빠르고 서로 중첩되는 대화를 통해 이 커플의 앙숙 관계를 강조함으로써 혹스는 스크루볼 코미디의 최고 걸작 중 하나를 내놓았다. 이 영화의 희극적, 정서적 호소력은 이 장르의 다른 영화들을 멀리 뛰어넘는다.

오프닝 시퀀스에서부터 갈등의 중심선이 분명히 그려진다. 힐디가 전남편이기도 한 상관의 사무실로 의기 양양하게 걸어 들어와, 미련하긴 하지만 헌신적인 올바니 출신의 보험 판매원(랠프 밸러미)과 결혼해서 월터가 주지 못한 따뜻하고 안락한 가정을 꾸릴 것이라고 얘기한다. 월터는 그녀를 회사에 붙들어 앉히고 다시 결합하려 한다. 그러나 그가 아내로서의 힐디에게 집착하는 것인지, 기자로서의 힐디에게 집착하는 것인지가 처음에는 분명치 않다. 그는 혐오스럽지만 한편으론 매력 있는 남성 우월주의자이고, 그의 전처에서부터 시장 살인범으로 기소된 범죄자에까지 모든 사람을 똑같은 태도로 대하는, 대단히 신중하고 계획적인 사람이다. 그는 자신들의 이혼이 힐디와 결혼이란 제도 탓이라고 생각한다.

그는 첫 다툼 장면에서 이렇게 얘기한다. "내가 편집장이고 당신은 기자인 데만 만족했으면 아무 문제가 없었겠지. 그러나 당신은 그러지 않았어. 당신은 나와 결혼해야 했고, 그리곤 모든 걸 엉망으로 만들었어."

힐디가 그 도시와 신문과 월터를 떠나겠다고 공언하긴 했지만 그녀가 그들 없이는 살 수 없다는 사실은 분명해 보인다. 그녀가 어떻게 항변하든 간에 다른 생활 방식을 선택하겠다는 그녀의 으름장, 즉 알바니에서 보험 외판원과 행복한 가정을 꾸리겠다는 것에는 별로 진심이 담겨 있지 않다는 것이 월터에게보다는 관객들에게 더욱 확실하게 읽힌다. 분명한 것은 오히려 힐디가 자신의 영역에서 자신의 방법으로 남자들과 경쟁하기를 즐기며 실제 업무에서 그녀가 라이벌 기자들을 항상 능가한다는 사실이다. 힐디가 기자라는 직업보다 자신이 더 중요하다며 오후에 알바니행 기차를 타야 한다고 고집을 피우고 있지만, 월터는 그녀가 정신 이상자인 경찰 살해범의 사형 집행을 저지하기 위한 마지막 기사를 쓸 것이라고 확신한다. 월터와 남자 기자들이 그 사형 집행에 흥미를 갖는 건 신문을 더 많이 팔기 위해서인 반면, 힐디가 사형 선고를 받은 얼 윌리엄스에 대해 가진 관심은 인간적이며 진정성이 담겨 있다. 그녀가 기자로서 뛰어난 것은 그녀의 지적 능력뿐만 아니라 여성다움의 결과다. 그런 부분마저 없었다면 음울한 코미디가 될 뻔했던 이 영화의 몇 안 되는 통렬한 대목은 남자 동료들이 윌리엄스의 히스테릭한 여자 친구를 협박하는 것을 그녀가 목격하는 장면에서 나온다. 힐디는 기자실의 문 앞에 서서 이렇게 한마디 던진다. "이 언론계의 신사들……" 그녀가 끝 대목에서 눈물을 흘리며 월터에게 투항할 때가 아니라, 바로 이 대목에서 그녀의 직업적 자질과 성적 정체성이 더욱 굳건해진다.

그들의 끈질긴 대립과 갈등을 해결하는 건 그녀의 투항이다. 미움이 사랑의 힘 앞에 기적같이 굴복하는 순간이다. 그러나 '해결'이란 올바른 표현이 아니다. 이 유별난 부부의 갈등은 끝없이 계속되도록 설정되어 있기 때문이다. 영화는 긴 포옹이나 키스 한 번 없이 끝난다. 둘은 잠시 껴안은 뒤(이 장면은 미디엄 투 숏으로 촬영되었으며 영화 전체를 통해 유일하게 배경 음악이 깔린다), 또 다른 취재를 하기 위해 그리고 또 한 번의 신혼 여행을 떠나기 위해 문을 나선다. 힐디의 손에는 여행 가방이 들려져 있다. 힐디가 '현존하는 질서'에 무릎을 꿇은 것은, 윌리엄스의 사형 집행을 막은 것이 그녀의 기사가 아니라 월터의 음모라는 사실에 의해 선명히 부각되는데, 이는 관객들에게 냉소적인 실용주의가 진실한 인간적 애정보다 더욱 효과적이라는 것을 각인시킨다. 〈어느 날 밤에 생긴 일〉에서는 피터 원의 순박한 이상주의가 호소력 있고 결국엔 보답을 받는 것으로 입증된 반면 〈여비서〉에서는 힐디의 가치관과 이상이 그녀의 가정적, 직업적 역할을 지배하는 사회 정치적 현실에 의해 끊임없이 압도당한다. 그러나 힐디는 이 무질서하고 혼돈스런 공간 안에서 중심 역할을 하는 인물이며 우리의 감각을 이끌어 가기 때문에, 주변의 냉소적이고 자기 중심적인 인물들보다 그녀의 신념이 훨씬 우리를 감동시킨다. 따라서 이 영화의 결말이 힐디의 가치관을 재긍정한다든가 두 연인을 이상적 화해의 세계로 이끄는 것은 아니라 할지라도, 힐디의 인도주의적 이상주의와 월터의 자족적인 실용주의 사이의 균형점, 즉 정교한 균형점을 제시한다.

따라서 이 전복적인 코미디는 카프라 영화의 롱펠로 디즈 혹은 제퍼슨 스미스같이 결국엔 기존의 체제로 되돌아가는 주인공들의 태도에 대한 신랄한 비판이기도 하다. 혹스는 이렇게 말하는 셈이다. '약자에겐 변화의 기회는커녕 생존의 기회조차 거의 없으며 그것이 이 사회의 냉혹한 현실이다.' 이와는 대조적으로 카프라는 인민주의적인 이상을 포기하지 않고, 1941년 작품 〈존 도우를 만나요〉에서 위법과 타락의 세계에 맞서는 주인공 존 도우를 그린다. 도우(게리 쿠퍼)는 쇠락한 야구 투수였다가 명망 있는 정치가로 변신해 — 사실은 한 여기자에 의해 — '이 세상의 모든 존 도우들'의 대변인이 된다. 도우는 자신이 정치와 산업의 거대한 권력 놀음의 앞잡이에 지나지 않는다는 것을 깨닫자 절망한다. 영화의 마지막 대목에서 도우는 자살하려 하지만 뒤늦게 각성한 여기자(바버라 스탠윅)가 이를 저지한다. 그녀는 살아서 예수의 사랑을 실천하는 게 예수처럼 십자가에 못 박히는 것보다 훨씬 생산적이며 미국인다운 것임을 그에게 확신시킨다.

카프라는 물론 웃음을 선사하기 위해 이런 어두운 결말을 채택하진 않았다. 종결 시퀀스에서 도우(쿠퍼)는 눈보라 속에서 의식을 잃은 스탠윅을 두 팔에 안고 서 있다. 그의 자살을 막기 위해 병상에서 아픈 몸을 일으켜 달려왔던 그녀는 이미 죽었다. 카프라 영화의 소박한 주인공은 미국의 민중들과 마찬가지로 불평등과 미국적인 삶의 불명료함 때문에 상처받는다. 〈존 도우를 만나요〉에서 카프라는 이런 문제를 '진지하게' 다룸으로써 그의 영화는 희극적이라기보다는 멜로드라마적으로 보인다. 〈여비서〉에서 혹스는 코미디를 음울하게 채색해 우리 스스로를, 또 우리의 가치관과 사회적 환경을 조소할 것을 우리에게 권유했다. 혹스는 또한 스크루볼 코미디의 정형 자체, 그리고 세계를 변화시키려는 주인공의 노력, 나아가 자신과 연인의 더 나은 삶을 위한 주인공의 시도마저도 조소하도록 권유했다. 혹스는 계속해서 〈병사의 현지 남편 *I Was a Male War Bride*〉 (1949), 〈몽키 비즈니스 *Monkey Business*〉(1952) 같은 다소 가볍고 어릿광대 짓을 주조로 한 코미디를 감독했는데, 이 영화들은 스크루볼 코미디의 정형화된 주제를 발전시키는 데는 그다지 기여하지 않았지만 텔레비전

선동가로서의 인민주의자: 1940년대 초반에 이르자 프랭크 카프라의 감상적인 유머도 약해지기 시작했다. 〈존 도우를 만나요〉에서 기자인 앤 미첼(바버라 스탠윅)은 두 명의 건달들(월터 브래넌과 게리 쿠퍼)에게 자신의 홍보 전략을 도와 줄 것을 부탁한다. 이 두 명은 결국 정치적으로 유명한 인물이 된다.

'시추에이션 코미디'의 출현을 예고했다.

🎥 장르에 대한 성찰: 프레스톤 스터지스의 영화

스크루볼 코미디의 정형을 매너리스트 단계로까지 확장한 단 한 사람의
할리우드 감독이 있다면 그것은 작가이자 감독인 프레스톤 스터지스다.
5년이란 기간에 스터지스는 파라마운트에서 가장 성공적이며 가장 자기
반영적인 8편의 스크루볼 코미디 영화를 만들었다. 〈위대한 맥긴티〉, 〈7
월의 크리스마스〉, 〈이브라는 여인〉, 〈설리번 여행기 *Sullivan's Travel*〉, 〈팜
비치 이야기 *Palm Beach Story*〉, 〈모건강의 기적 *The Miracle at Morgan's Creek*〉
(1944), 〈정복자 영웅을 찬미하라 *Hail the Conquering Hero*〉(1944), 〈위대한 순
간 *The Great Moment*〉(1944) 등이 그것이다. 스터지스는 처음엔 시나리오 작
가로 활약하면서 공황기 최대 흥행작 중 하나인 〈쉬운 인생〉(미첼 레이슨,
1937)의 각본을 썼다. 학교를 졸업하고 작가 겸 감독으로 나섰을 때, 스터
지스는 스크루볼 코미디의 정형을 근본적으로 뒤바꾸겠다는 의도를 분
명히 했다. 〈위대한 맥긴티〉의 주인공인 떠돌이 일꾼(댄 맥긴티 역의 브라이언
던러비)은 지방의 한 정치 지도자(애킴 타미로프)를 위해 40번 투표를 한 대
가로 얼마간의 돈을 받는다. 이 주인공은 속임수와 편법을 써서 주정부
에 들어가게 되고 마침내 주지사의 자리에까지 이른다. 맥긴티의 입바른
아내(뮤리얼 안젤루스)는 그를 정직하게 살도록 설득한다. 아내 말에 따라 정
직하게 살려다 보니 그는 결국 직업도 잃고 파산한다. 마지막 시퀀스에서
던러비와 타미로프는 다시 만나 남미의 소국에서 술집을 차린다. 스터지
스는 스크루볼 장르의 정형화된 결말인 화해와 유토피아적 약속을 전도

시켜 두 사기꾼의 결합이란 결말을 만들어 낸 것이다.

　이 영화와 전쟁 후반기의 영화들에서 스터지스는 스크루볼 장르의 기본적 내러티브 관습을 차용한다. 예를 들면 역동적인 성적 대결, 주인공이 다른 사람으로 오인돼 눈먼 행운을 기적처럼 거머쥐게 되는 사건 전개, 촌뜨기가 대도시 생활에 적응하기 위해 벌이는 분투, 지배 계급에 대한 희화적이고 풍자적인 묘사 등이 그것이다. 스터지스는 이런 관습들을 교묘하게 조작해 장르의 공식을 유쾌하게 비틀어 버린다. 스터지스 영화의 주인공들은 카프라 영화의 주인공과는 멀리 떨어져 있다. 즉 그들은 자립적이 아니라 혼돈에 빠져 있고 쉽게 속는다. 또 그들은 이상주의적이 아니라 매우 냉소적이며, 온전한 동반자를 찾는다거나 유토피아적인 공동체를 추구하지 않고 쉽게 벌어 편한 삶을 누리려 한다. 스터지스 영화의 전형적인 시골뜨기 주인공은 머뭇거리고 더듬거리는 에디 브래컨이다. 그는 주인공다운 자질이 아니라 동정심을 유발하는 성격으로 관객을 유인한다. 〈모건강의 기적〉과 〈정복자 영웅을 찬미하라〉에서 브래컨은 자신의 멍청함과 사회의 광적인 영웅 숭배의 경향, 이 모두가 확연히 드러나는 상황 속에 던져진다.

　〈모건강의 기적〉의 여주인공인 시골 처녀(베티 휴튼)는 파티장에 갔다가 취한 상태에서, 다음 날이면 바다 건너 외국으로 파견될 이름도 모르는 한 군인과 결혼하고 잠자리를 같이한다. 그녀는 자기가 임신했다는 사실을 숨긴 채 브래컨을 유혹해 결혼한다. 그녀가 여섯 쌍둥이를 낳자 두 사람은 전국적인 화제의 주인공이 되어 수많은 사람들로부터 축하를 받는다. 〈정복자 영웅을 찬미하라〉 또한 이 장르의 가난뱅이와 부자/건달과 유명 인사 전략을 브래컨의 관점에서 패러디한다. 이 쭈뼛거리는 주인공은 만성 건초열 때문에 해병대에서 쫓겨난 뒤 고향에 와서는 몇몇 해

병의 장난에 의해 진짜 전쟁 영웅으로 둔갑한다. 브래컨은 결국 시장 선거에까지 나선다. 나중에 그는 전쟁 영웅이 아님을 고백하고 공동체는 그를 용서한다. 민중의 천부적인 지혜와 선함이라는 카프라의 인민주의적인 관념이 스터지스의 코미디에서는 전복된다. 스터지스는 이를 통해 미국 문화의 약점들을 풍자한다. 다시 말해 호레이쇼 앨저*식의 성공 신화에 대한 끝없는 집착, 시골 출신의 민중적 주인공에 대한 찬미, 성에 대한 가장된 무관심, 사회 관습에 대한 맹목적 집착, 그리고 무엇보다 미국의 집단적 비이성을 야유하는 것이다. 광고업자와 정치가와 기자 그리고 〈설리번 여행기〉에서처럼 영화 제작자들에게 일반 대중은 손쉬운 표적을 제공한다.

아마도 스터지스의 최고 걸작으로 꼽힐 〈설리번 여행기〉는 스터지스가 프랭크 카프라를 염두에 두고 만든 것처럼 보인다. 한 자존심 강한 코미디 감독(존 설리번 역의 조엘 매크리어)은 수준 높은 사회성 영화를 만들고 싶어한다. 그래서 그는 도시의 거리와 시골길을 걸으며 인생의 의미를 발견하기 위해 서민처럼 차려 입고 외출한다. 그런데 우스꽝스런 사고를 연이어 당하는 바람에 설리번은 자신이 속했던 질서 정연한 세계로부터 이탈된다. 결국 그는 싸움판에 휘말려 들고 마지막에는 사슬에 묶인 죄수 신세가 되고 만다. 전형적인 스터지스적 위트가 담긴 상황을 거치며 주인공은 자신이 가장 싫어하는 세계 속에서 참다운 진실을 찾아 낸다. 설리번의 동료 죄수들은 이루 말할 수 없이 처참한 조건 아래 놓여 있으면서

---

* 미국의 아동 문학가인 호레이쇼 앨저Horatio Alger는 소년 취향의 성공담식 소설들을 발표하였다. 특징은 가난한 소년이 근면·절약·정직의 미덕으로 성공한다는 것으로 일종의 아메리칸 드림을 담고 있다.

카프라의 아성에 금이 가다: 〈설리번 여행기〉에서 조엘 매크리어가 맡은 진지한 사회성 영화를 만들려는 코미디 감독은 명백히 카프라를 모델로 한 것이다(위). 또한 〈정복자 영웅을 찬미하라〉에서 에디 브래컨이 맡은 말더듬이 천식 환자는 정부측 사람들이 자신을 고향 마을에 전쟁 영웅으로 속이는 것을 말리지 못한다(아래).

도 미키 마우스를 보면 잠시 자신을 잊고 마음껏 웃을 수 있다. 그들을 통해 설리번은 코미디와 웃음의 놀라운 가치를 재발견한다. 나중에 그는 자신의 진짜 신분을 밝힐 수 있게 돼 할리우드로 돌아온다. 그는 길에서 만난 괴팍한 금발의 여인(베로니카 레이크)과 결혼하고 계속해서 코미디를 만들겠다고 결심한다. 아이러니컬하게도 스터지스 본인도 풍자적 스크루볼 코미디를 계속 만들었지만 2년 후 갑자기 내리막길을 걷는다. 카프라와 마찬가지로 스터지스는 자신의 대중적 인기와 상업적 성공을 밑천으로 독립적인 영화 제작이란 모험을 할 수가 있었다. 그러나 카프라와 마찬가지로 그도 한때는 그의 열렬한 팬이었던 관객들과 점점 멀어져 갔다.

🎥 전후의 스크루볼: 쇠퇴의 길

돌이켜보면 미국인의 삶에 대한 카프라의 무의식적 찬미가 담겨 있는 전후의 영화들(〈인생의 낙원〉, 〈결합의 상태〉)과 스터지스의 자기 반영적인 후기 패러디 영화들(〈광란의 수요일*Mad Wednesday*〉, 〈거짓 편지*Unfaithfully Yours*〉, 〈배시풀 벤드 출신의 금발 미녀*The Beautiful Blonde from Bashful Bend*〉)이 모두 흥행에 그다지 성공하지 못했다는 건 흥미로운 일이다. 당시 대중은 더 싱거운 스크루볼을 원했던 것 같다. 스크루볼 정형의 점진적 재정립은 스펜서 트레이시와 캐서린 헵번 커플 시대의 종말(1953년 작품인 〈팻과 마이크〉에서 둘의 갈등은 악수만으로 해결돼 버린다)과 그와 동시에 이루어진 할리우드의 가장 유명한 로맨틱 커플인 도리스 데이와 록 허드슨의 부상에서 가장 뚜렷이 드러난다. 데이와 허드슨이 출연한 보다 매력적인 영화들(〈밤을 즐겁게 *Pillow Talk*〉[마이클 고든Michael Gordon, 1958], 〈내게 꽃을 보내지 말아요*Send Me No*

1940년대 후반이 되면서 이 장르는 점점 스크루볼 캐릭터보다는 우스꽝스러운 상황에 의존하게 되었다. 보기 드문 예외 중 하나는 〈아담의 여인〉(1949)에 나오는 스펜서 트레이시와 캐서린 헵번 콤비였다.

Flowers〉[노먼 주이슨Norman Jewison, 1964])이 불안정한 번영기인 1950년대 미국의 사회와 성의 연관에 관한 흥미로운 관점을 제공하기는 하지만, 역동적인 형식미나 복합적인 주제 의식을 보여 주지는 못한다.

후기 스크루볼 코미디(텔레비전 '시추에이션 코미디'의 모델이 된)에서는 주인공들의 행동과 태도의 동기가 종종 자신의 통제권 밖에 있는 사회 혹은 부부와 가족의 문제들에 의해 주어진다. 군대의 관료주의 때문에 성의 역할이 뒤바뀐 〈병사의 현지 남편〉(1949), 침팬지를 이용해 싱싱한 혈청 'B-4'를 만들어 내는 〈몽키 비즈니스〉(1952), 주인공의 노처녀 숙모가 저지른 살인을 그린 〈오래된 레이스*Arsenic and Old Lace*〉(프랭크 카프라, 1944) 등에서 그 사례를 찾아볼 수 있다. 이 영화들은 하나의 로맨스를 그리고 있는데, 멀쩡하던 주인공(세 영화 모두 캐리 그랜트)이 갑작스런 사고로 정신 이상자가 되면서 이 로맨스는 위협받는다. 이 문제들이 다 해소되고 주인공 커플이 재결합하면서 결말이 이루어지는데 이는 사회의 그리고 개인들 간의 균형이 회복되었음을 뜻한다.

반면 고전 스크루볼 코미디들은 주인공의 괴팍한 행동을 사회적 환경과는 무관하게 개인의 고유한 속성으로 그렸다. 위의 세 영화들에서 내러티브의 장르적 결말과 관련해 염두에 두어야 할 마지막 요소는 '정상적' 행동으로의 복귀다. 우리는 주인공 커플의 유별난 행동과 태도에 워낙 익숙해 있어서 매끈한 친사회적 결말을 기대하지 않는다. 따라서 마지막 순간에 그들이 화해하고 결합한다 해도 그것이 단순히 갈등의 해소와 사회적 통합만을 의미하진 않는다. 그런 결말은 일종의 열린 종결인 것이다. 천방지축으로 날뛰는 이들의 광적인 행동이 워낙 격렬했기 때문에 사회 제도나 심지어 결혼조차도 이 커플을 길들일 수 있으리라고 추측하기는 힘들다.

스크루볼 코미디는 자발성의 활력과 자기 표현 형식의 자유를 찬미한다. 이에 따라 여주인공 역시 남자 주인공과 마찬가지로 무례하게 행동하고 사회적 예의범절을 비웃는다. 관능적인 요부 아니면 가정적인 살림꾼이라는 관습적인 여주인공상이 완전히 뒤집힌다. 몰리 해스킬의 지적대로 스크루볼의 여주인공은 성적인 것 말고는 모든 관습을 거부하는 여인이다. 아마도 이 장르에 강렬한 호소력을 부여하는 건 결국 여주인공의 이러한 역할일 것이다(Haskell, 1974: 93).[2] 많은 영화들은 미국 남성을 괴롭혀 온 모순을 강조한다. 사랑과 일, 가족과 직업, 개인적 정체성과 사회적 정체성의 사이에서 벌어지는 모순이 그것이다. 스크루볼 코미디에서는 이러한 양면성이 여성의 영역에까지 확장되어 여성의 '자연적' 역할에 어머니-교화자[남자를 가정에 충실하도록 만드는]의 자격을 부여하고 스크루볼 커플의 구애와 결혼에 무정부적(최소한 반전통적) 성격을 덧붙인다.

계급 의식이 강조된 공황기의 로맨스물로부터 전쟁 중 패러디 영화와 전후의 시추에이션 코미디에 이르기까지 스크루볼 장르는 성적 이데올로기적 갈등이 마술처럼 해소되는 유토피아적 공동체상을 창조했다. 의미심장하게도 구애와 재혼의 정형화는 현존하는 사회의 틀 내에서만 유토피아적 이상이 가능하다는 점을 보여 주고 있다. 계몽적 자본주의를 채택하건 계몽적 부부 간-이성 간 관계를 채택하건 간에 스크루볼 코미디는 궁극적으로 지금 그대로의 것을 지지한다. 뛰어난 스크루볼 코미디에서는 이런 친사회적 충동이 잘 위장되어 있거나 아니면 정반대의 모습으로 나타난다. 이 때문에 관객들은 서로 다투는 연인들 스스로가 별것 아닌 이유로 화해해 버리듯이, 둘의 결합이란 결말을 별로 대수롭지 않게 생각하고 보아 넘긴다. 뛰어난 코미디를 만든 영화 감독들은 자신이 만든 영화의 대중적 호소력이 낭만적 사랑 혹은 유토피아적 꿈이 그렇게 쉽게 실현될 수 있다는 순진한 확신이 아니라 갈등 그 자체에 있다는 것을 알고 있다. 스크루볼 코미디의 치열한 이성 간 갈등은 주요 인물들의 배치, 내러티브와 주제상의 규칙 체계, 그리고 무엇보다 유머 감각 면에서 독자적인 정형을 갖고 있다. 관객들은 안전하며 이미 익숙해진 거리를 두고서, 미국인의 구애와 결혼 의식을 탐사할 수 있다.

프랭크 카프라와 로버트 리스킨: '카프리스킨 터치'

"진짜 미국은 존재하지 않았을지도 모른다. 사실은 프랭크 카프라만이 있는지도 모른다."

— 작가이자 배우이자 감독인 존 카사베테스John Cassavetes,
⟨미국의 비전*American Visions*⟩(Black, 1977: 75)[3]

🎥 협력자들

프랭크 카프라는 동시대의 어떤 다른 감독들보다도 로맨틱 코미디와 사회적 관습 사이의 관계, 그리고 할리우드 영화와 미국적 이데올로기의 관계를 잘 이해했다. 카프라는 처음엔 제작자인 할 로우치 밑에서 개그 작가로서 활동했으며 해리 랜드건의 무성 코미디의 시나리오를 쓰면서 배우로 나서기도 했다. 카프라의 코미디에는 '시스템'의 얼굴 없는 비인간적 폭력에 대항하는 '리틀 가이*little guy*'에 대한 연민이 짙게 담겨 있는데, 그는 이 시절부터 자신의 독특한 코미디 스타일을 세련화시켜 갔다. 아마도 자신의 이력 자체가 이런 코미디의 초고 노릇을 한 것 같다. 전설적 인물의 전기가 으레 그렇듯, 카프라도 미국으로 이주해 온 뒤 온갖 역경을 헤치고 영화 감독의 길에 오른 입지전적 인물이다. 이런 개인적 경험은 그의 감상적 낙관주의의 배경이 된다. 카프라 영화의 소박한 주인공들은 항상 사회의 비인간적 물리력을 극복하는 역할을 떠맡는다. 카프라 영화는 자급자족하는 개인과 좋은 이웃 그리고 자비로운 제도로 가득 차 있다.

카프라 영화의 이러한 경향은 그의 영화 인생 전체를 통해, 특히 공황기에도 변함 없이 지속되는데, 이는 그가 영화 만들기 과정에서 행사한 상대적으로 높은 수준의 통제력에 주로 힘입고 있다. 그가 감독한 〈어느 날 밤에 생긴 일〉은 할리우드의 로맨틱 코미디의 모습을 바꿔 놓았을 뿐만 아니라 공황기 컬럼비아사의 재정을 안정 궤도에 올려 놓았다. 이에 따라 컬럼비아 사장 해리 콘은 촬영 과정은 물론이고, 준비, 시나리오 작성과 포스트 제작 과정 전체를 통해 카프라에게 큰 재량권을 부여했다. 콘의 도박은 결과적으로 성공을 거두었다. 하워드 혹스의 영화들(주로 캐리 그랜트가 출연한)과 함께 카프라의 로맨틱 코미디들인 〈어느 날 밤에 생긴 일〉, 〈디즈 씨, 도시에 가다〉(1936), 〈잃어버린 지평선*Lost Horizon*〉(1937), 〈당신은 그걸 가져갈 수 없어〉(1938), 〈스미스 씨, 워싱턴에 가다〉(1939) 등은 컬럼비아를 만성적 적자에서 구하고 1930년대에 메이저 스튜디오로 발돋움시켰다. 컬럼비아는 1939년에 그가 떠나면서 슬럼프에 빠졌다. 하지만 카프라 개인은 1940년에 자신이 직접 제작한 〈존 도우를 만나요〉로 계속 성공 가도를 달렸다. 〈존 도우를 만나요〉에서 그는 시나리오 작가

로버트 리스킨과 다시 손을 잡는다. 리스킨은 〈스미스 씨, 워싱턴에 가다〉만 빼고는 모든 카프라 영화의 시나리오를 써 왔다. 〈존 도우를 만나요〉가 둘이 손잡고 만든 마지막 작품이다. 그 후로 그들은 갈라서서 각각 독립 제작의 길을 걸었다.

포드, 혹스, 레오 매케리Leo McCarey 그리고 1930년대의 다른 몇몇 감독들과 함께 카프라는 고전적 전통의 상업 영화 감독을 대표한다. 그는 영화라는 매체의 잠재력과 테크놀로지를 환히 꿰뚫고 있는 철저한 장인이었다. 그의 영화는 주제와 스타일 양면에서 일관성을 지녔고 비평과 흥행에서 모두 성공을 거두었다. 무엇보다도 중요한 것은 그가 정서적일뿐 아니라 지적인 호소력을 내재한 정교한 구성의 영화를 만들 수 있었다는 점이다. 그는 영화 만들기의 과정에서 자신의 역할을 고집스럽게 지켜 냈다. 그는 배역을 바꾸고 시나리오를 뜯어고치며 제작 과정을 쥐고 흔든 것으로 알려져 있다. 그는 '최종판final cut'(편집이 끝난 필름)에도 자신의 재량권을 주장하며 손을 댔다. 또한 그는 감독 조합의 설립에 주도적 역할을 하고 초대 회장을 지냈다. 카프라의 자서전 《타이틀 위의 이름The Name Above the Title》에 실린 존 포드의 서문에는 스튜디오에서의 역할에 대한 카프라의 집착을 적절히 묘사한 대목이 나온다. 포드는 "'한 영화, 한 감독'을 주장하는 콧대 높은 감독이 왕이자 국회이자 대법원이 되어 통치하는 민주적 소왕국과 같다"고 묘사했다. 이어서 포드는 이렇게 쓰고 있다. "카프라는 뛰어난 영화 감독들 중에서도 빛나는 위치에 서 있다. [……] 그는 세계에서 가장 위대한 감독들의 리스트에서도 맨 앞에 자리한다"(Capra, 1971: x).[4]

이 아낌없는 찬사는 카프라의 '왕국이자 의회이자 법원'이 멀리 사라진 지 30년이 지난 뒤(그는 1930년대를 정점으로 서서히 내리막길을 걸었다) 쓰였다.

1930년대에 관객 대중의 감각을 예견하고 이용하는 데 탁월한 능력을 발휘해 명성을 쌓았던 카프라의 전후 영화들인 〈인생의 낙원〉(1946), 〈결합의 상태State of the Union〉(1948), 〈성공이야Riding High〉(1950), 〈신랑이 여기 왔네Here Comes the Groom〉(1951), 〈엉뚱한 일Hole in the Head〉(1959), 〈포켓 가득 찬 행복Pocketful of Miracles〉(1961) 등은 관객들과 매우 멀어져 가는 것처럼 보였다. 다른 할리우드 감독들이 전후 미국의 집단적 불안과 만연한 허무주의를 그리고 있는 동안 카프라는 상식적인 대의명분과 보통 시민이 가진 고유한 선함을 계속해서 옹호했다. 그러나 카프라가 다룬 이러한 주제들은 공황기에 가졌던 영향력과는 다른 양태이긴 하지만, 관객에게 여전히 영향력을 미친 게 사실이다. 카프라의 전후 영화들은 두 작품(〈성공이야〉와 〈포켓 가득 찬 행복〉)만 빼고는 상영된 그해의 영화 중 가장 흥행 성적이 좋았던 작품에 속한다. 하지만 카프라는 자신의 영화 제작비 마련이 점점 더 어려워지고 있다는 것을 깨달았다. 그러다 보니 제작비가 마련되면 카프라는 이전의 성공작을 리메이크하는 것에 유혹을 느꼈다. 사실 전쟁 전 10년 동안 16편의 영화를 양산했던 프랭크 카프라는 전후에는 겨우 6편만을 만들었으며 그 가운데 몇몇은 리메이크 작품이었다. (이 장의 끝에 있는 표를 보라.)

홍행과 비평 모두에서의 카프라의 조락凋落은 〈존 도우를 만나요〉 이후 로버트 리스킨과 갈라서면서 시작된 것으로 보인다. 재미있는 것은 리스킨 역시 이때부터 주가가 하락했다는 점이다. 리스킨이 카프라 이외의 감독과 만든 영화 중 약간의 성공이라도 거둔 작품은 존 포드 감독의 1935년 작품 〈마을 전체의 이야기The Whole Town's Talking〉뿐이다. 리스킨과 갈라선 뒤 카프라의 유일한 흥행 성공작은 〈스미스 씨, 워싱턴에 가다〉인데, 이 영화는 그보다 수년 전에 제작된 카프라와 리스킨의 합작품 〈디즈 씨, 도시에 가다〉에서 대부분의 주요한 요소를 빌려 왔다. 카프라 자신은 리스킨 아닌 다른 작가의 시나리오로 만든 영화가 자신의 최고 걸작이라고 믿고 있다. 그는 '내가 좋아하는 영화'로 〈인생의 낙원〉을, '나의 감독으로서의 최고 작품'으로 〈결합의 상태〉를 꼽고 있다(Capra, 1977: 12).[5] 하지만 이 두 영화는 그가 전후에 만든 작품 중 괜찮은 영화에 속할 따름이다. 카프라는 윌리엄 와일러, 조지 스티븐스와 함께 리버티 필름사를 차리면서 리스킨에게 합류할 것을 요청했지만 리스킨은 이를 거절하고 독립 작가이자 감독으로서의 성공적이지 못했던 모험에 뛰어들었다. 둘은 각자 얼마 동안 몇 편의 영화를 만들었지만 그들이 손을 잡고 이룩했던 성공 수준의 근처에도 이르지 못했다.[6]

'카프라 영화'라고 불리는 것의 토대가 마련되는 시기는 〈어느 날 밤에 생긴 일〉부터 〈존 도우를 만나요〉까지 해당되는 1934년부터 1941년까지다. 리스킨이 각본을 쓴 영화건 그렇지 않은 영화건 간에 그 이전의 카프라 영화들은, 이를테면 수습 할리우드 영화 감독의 작품이라고 봐야 한다. 예컨대 〈미국의 광기American Madness〉(1932) 같은 영화는 작품성과는 별도로 카프라의 성공을 예견케 한 영화로서의 의미가 있다. 〈존 도우를 만나요〉 이후의 영화들은 카프라적 스타일보다는 여러 다른 이유 때문에 평가받는 것으로 보인다. 예컨대 〈오래된 레이스〉(카프라가 1941년에 단 4주 만에 찍었으나 그가 미국을 떠났던 1944년이 되어서야 개봉됐다)는 조셉 케설링의 성공작이었던 브로드웨이 연극을 충실히 영화화한 작품이며, 〈결합의 상태〉(1948)는 트레이시와 헵번 커플 시리즈의 다섯 번째 작품이었다. 카프라적 스타일을 보여 주는 유일한 전후 작품은 디즈-스미스-도우 3부작의 자서전적 변형인 〈인생의 낙원〉(1946)이다.

카프라의 전후 작품들이 흥행과 비평 모두에서 별로 성공적이지 못했다 하더라도 리스킨의 전후 작품들보다는 나은 것이었다. 카프라 외에는 어떤 감독도 리스킨의 시나리오를 영화화하는 데 성공하지 못했다. 존 포드조차도 리스킨이 시나리오를 쓴 〈마을 전체의 이야기〉(1935)에서 이상하게도 균형과 정교한 면에서 뒤떨어지는 연출 솜씨를 보여 줬다. 카프라와 리스킨이 손잡고 만든 작품과 그렇지 않은 작품을 놓고 판단해 보면 두 사람의 재능이 서로에게 이상적으로 어울렸다는 사실이 명백해진다. 사회적, 성적 갈등이 매우 복잡하게 얽혀 있고 매력적인 조연들과 소박한 주인공이 등장하는 정교한 플롯의 리스킨의 시나리오가 매끈한 (그리고 주로 대화 중심적인) 카메라워크를 구사하며 지나치게 신파조로 흐르지 않으면서 코믹한 상황과 센티멘털한 상황을 능숙하게 연출해 내는 카프라의 뛰어난 솜씨에 의해 효과적으로 균형이 잡혔다.

카프라와 리스킨의 공동 작업의 성과에서 알 수 있듯이, 어떤 영화를 '카프라 영화'라든가 '포드 영화'라고 지칭하는 것은 단순히 그 감독이 그 영화의 연출을 담당했다는 것 이상의 의미를 함축한다. 한 감독에게 '작가'라는 칭호를 부여하는 것은 실제 영화 만들기의 과정에서 그의 창작가적 역할뿐만 아니라 행정가적 역할의 성과까지 포함한 평가다. 감독은 영화 제작 과정에서 제일의 통제력을 행사하는 역할을 맡기 때문에 그 영화에서 작가성을 인정받을 가능성이 있는 유일한 인물이긴 하지만 감독이 한 영화의 유일한 작가라고 주장하는 비평가는 없을 것이다.

'카프리스킨Capriskin'이란 말은 할리우드의 협력적 제작 시스템과 장르 영화 제작의 복잡성을 말해 주는 전형적 사례를 제공한다. 사실 두 사람이 공황기에 만든 영화들은 스크루볼 코미디의 역사에 있어 다소 역설적인 지위를 갖는다. 즉 그들의 1930년대 초중반 영화들은 할리우드의 사회성 로맨틱 코미디의 탄생과 성장에 중요한 역할을 했지만, 그들의

1930년대 후반 영화들(1941년의 〈존 도우를 만나요〉도 포함해)은 사실상 이 장르의 하위 장르에 속하는 것들로 하나의 변주를 보여 준다. 카프라가 주류 스크루볼 코미디에 큰 영향을 미치긴 했어도 디즈-스미스-도우 3부작은 그를 매우 다른 방향으로 이끈다. 카프라는 이제 미국의 관객 대중과 이 장르가 나눠 온 이데올로기적 공감대로부터 멀어져 간 것이다.

🎥 1934~1941년의 영화

〈어느 날 밤에 생긴 일〉로 카프라는 공식적으로 진정한 '스타 감독'의 대열에 올랐다. 새뮤얼 홉킨스Samuel Hopkins의 단편 《야간 버스》를 각색한 리스킨의 대본을 다이내믹하게 연출한 이 영화에 이르러서야 〈백금발의 여인Platinum Blonde〉(1931), 〈미국의 광기〉(1932), 〈하룻동안의 숙녀Lady for a Day〉(1933)와 같은 이전 작품들에서부터 두 사람이 기울인 노력이 결실을 맺게 되었다. 〈어느 날 밤에 생긴 일〉이 그해의 아카데미상을 휩쓴 이래 카프라(레오 매케리와 함께)는 2차 세계 대전 때까지 미국 코미디 영화를 지배했다. 〈어느 날 밤에 생긴 일〉 이후의 다섯 편의 영화(〈디즈 씨, 도시에 가다〉, 〈잃어버린 지평선〉, 〈당신은 그걸 가져갈 수 없어〉, 〈스미스 씨, 워싱턴에 가다〉, 〈존 도우를 만나요〉) 중에서 〈스미스 씨, 워싱턴에 가다〉만 빼고는 전부 리스킨이 대본을 썼는데, 그의 시나리오는 모두 다른 작품을 각색한 것이었다. 〈어느 날 밤에 생긴 일〉은 《야간 버스》, 〈디즈 씨, 도시에 가다〉는 클라렌스 버딩턴 켈링턴Clarence Budington Kellington의 《실크 모자》, 〈잃어버린 지평선〉은 제임스 힐튼James Hilton의 《샹그리라》, 〈당신은 그걸 가져갈 수 없어〉는 카우프만-하트Kaufman-Hart의 브로드웨이 연극, 〈존 도우를 만나요〉는 로버트 프레스널Robert Presnell과 리처드 커널Richard Connell의 《존 도우의 삶과 죽음》을 각색한 것이다. 리스킨의 작품이 아닌 〈스미스 씨, 워싱턴에 가다〉의 시나리오는 여행가인 시드니 부크만Sidney Buchman 이 루이스 포스터Lewis Foster의 소설을 각색해 썼는데, 그 구조와 주제가 〈디즈 씨, 도시에 가다〉의 시나리오와 흡사해 리스킨에 대한 신뢰도를 짐 작케 한다.

〈어느 날 밤에 생긴 일〉은 사실상 스크루볼 장르 공식을 탄생시킨 작품으로 기록된다. 로맨틱한 커플의 앙숙 관계와 마구잡이식 행동이 두 사람의 사회 경제적 불일치에서 비롯되는 것으로 그려지는 코미디 영화 가 바로 스크루볼 코미디라는 공식이 이 영화에 의해 탄생한 것이다. 이 영화가 어마어마한 성공을 거두고 공황기 코미디에 광범한 영향을 미치 긴 했지만 카프라 영화 인생의 모든 작품을 놓고 보면, 이 영화는 이례적 인 작품인 게 사실이다. 카프라 영화 가운데 이 시기의 단 하나뿐인 진정 한 '로맨틱' 코미디로 주인공 커플의 구애와 결합이 내러티브의 기본적 관심사인 거의 유일한 영화가 바로 〈어느 날 밤에 생긴 일〉이기 때문이 다. 카프라의 다른 영화들, 특히 1936년부터 전쟁 때까지의 영화들에서 보이는 카프라의 진짜 관심사는 주인공 커플 자체가 아니라 그들을 갈 라 놓는 이데올로기적, 물질적인 차이다. 이런 점에서 〈어느 날 밤에 생긴 일〉은 이중적이며 역설적인 의의를 가진다. 이 영화의 성공은 다른 할리 우드 영화 제작자들로 하여금 이데올로기적 불일치로 인해 연인이 앙숙 관계가 되는 로맨틱 코미디를 만들도록 부추긴 반면, 카프라 자신의 영 화는 그 불일치 자체를 천착하는 전략으로 되돌아가는데 여기서 연인의 사랑이란 그들을 갈라 놓는 가치관과 신념을 탐구하기 위해 이용되는 소 재일 뿐이다.

롱펠로 디즈(게리 쿠퍼)는 카프라의 '리틀 가이' 영웅의 원형을 제시해 주었다. 그는 정직하고 성실하며 독립심이 강한 인물로 말수가 적고 시골뜨기의 감성을 가지고 있는데 도회적 삶과 그곳에 사는 약아빠진 사람들에게 결코 어느 경우에도 밀리지 않는다.

이는 아주 미세한 차이처럼 보이겠지만, 이 영화들을 정서적으로나 지적으로 이해하는 데 대단히 중요한 것이다. 〈어느 날 밤에 생긴 일〉 이후의 카프라 영화들은 차츰 로맨스적 색깔이 엷어지고(물론 주인공의 성격이나 순박한 낙관주의라는 주제 면에서는 여전히 '낭만적'이긴 하지만), 코미디적 성격도 약해진다. 〈어느 날 밤에 생긴 일〉 이후의 카프라 영화들은 모두 구애를 그리고 있지만, 둘의 결합이란 결말은 더욱 작위적이며 더욱 우연적이다. 성격화의 면에서조차 이 같은 점이 분명하게 드러난다. 주인공은 순치되는 것을 기꺼이 받아들이는 인물이 아니라, 미국의 전통적 가치관을 가지고 타락한 대도시를 뒤흔들어 마침내 구원하는 자부심 강한 미국인으로 그려진다. 여주인공도 관객의 대리인으로서 냉소적 태도와 맹목적 오만함으로 순박한 남자 주인공을 배신하는 애정 지향적 인물이 아니라 남자 주인공의 독특한 세계관에 의해 결국은 관객과 함께 감복당하는 여인으로 나온다.

디즈-스미스-도우 3부작의 코믹 배우인 게리 쿠퍼(디즈, 도우), 제임스 스튜어트(스미스)와 그 상대역 진 아서(디즈, 스미스), 바버라 스탠윅(도우)을 떠올려 보라. 〈어느 날 밤에 생긴 일〉의 게이블과 콜베르 커플과는 현저히 다르다. 금욕적이고 신중한 배역의 쿠퍼와 정직하기 이를 데 없는 느긋한 시골 청년 역의 스튜어트는 덕망과 민중적 지혜를 갖춘 미국적 영웅의 초상이다. 이들은 말할 때 느리지만 위기 상황에서는 믿음직한, '마르고 키 큰 단독자'의 전형을 보여 준다. 쿠퍼와 스튜어트가 웨스턴 영화에서 최고의 연기력을 구사했다는 것은 결코 놀라운 일이 아니다. 진 아서와 바버라 스탠윅은 이와 대조적으로 도시 직업 여성의 할리우드적 전형을 보여 준다. 이들은 거칠고 따지기 좋아하며 직업 의식이 강한 데다 교활하며, 이브닝 가운보다 트위드가 어울리는 여인이다. 카프라의 캐스팅 솜씨는 정평이 나 있다. 〈디즈 씨, 도시에 가다〉의 쿠퍼와 아서 커플, 〈스미스 씨, 워싱턴에 가다〉의 스튜어트와 아서 커플, 〈존 도우를 만나요〉의 쿠퍼와 스탠윅 커플이 벌이는 로맨스는 우리의 흥미와 공감을 끌기에 딱 필요한 만큼 제공되지만 결코 영화의 사회 정치적 관심사로부터 우리의 주의를 빼앗을 정도로 지나치지는 않다. 그만큼 배역과 연기력과 연출력이 절묘하게 엮여져 있다는 얘기다.

1934년 이후의 카프라 영화 중 스크루볼 로맨스물에 가장 가까운 작품이 제임스 스튜어트와 진 아서 주연의 〈당신은 그걸 가져갈 수 없어〉다. 코미디로 변형된 현대판 《로미오와 줄리엣》인 이 영화에서 두 연인을 갈라 놓은 가문 간의 다툼은 고층 빌딩 및 도시 계획 문제와 얽혀 있다. 스튜어트의 아버지(전형적인 명문 대기업가로 분한 에드워드 아놀드)는 아서의 아버지(라이오넬 배리모어)로부터 낡은 나무집을 구입하고 싶어 한다. 그 곳에다 고층 빌딩을 짓기 위해서다. 배리모어는 팔기를 거부한다. 스튜어트는 아버지와 틀어지고 아서는 잠적해 버린다. 괴짜이며 가난하지만 행복한 배리모어의 괴팍함에 아놀드가 두손들면서 문제는 해결된다. 이 해결이 스튜어트와 아서의 결합을 이끌어 내긴 하지만, 카프라의 관심사는 기본적으로 두 가문과 그들의 상이한 가치 체계의 이데올로기적 결합이다.

〈당신은 그걸 가져갈 수 없어〉는 이 시기의 유일한 실패작인 〈잃어버린 지평선〉 이후의 첫 작품이다. 〈잃어버린 지평선〉은 잊혀진 지상 낙원에의 장중한 비전을 담은 작품인데, 흥행에서도 비평 면에서도 실패했다. 이 실패를 통해 카프라는, 이상으로서의 유토피아는 항상 인간이 닿을 수 있는 지점의 약간 너머에 있는 것으로 그려져야 하며, 따라서 이상은 매우 현실감 있게 제시되어야 한다는 것을 깨닫는다. 〈당신은 그걸 가져갈 수 없어〉에서 카프라는 자신의 유토피아적 비전을 친숙한 무대로 끌고 온다. 타락한 대도시의 가운데에 자리잡은 배리모어의 유토피아적 가족-공동체는 발명가, 사회의 낙오자, 잡다한 무정부주의자들이 모여 야만적인 외부 세계의 끊임없는 교란 위험 속에서 아슬아슬한 균형을 유지하며 살고 있다. 하지만 배리모어의 땅에 발을 한번 들여놓기만 하면 아무리 냉혹한 도시인이라도 잃어버린 순수성과 미국의 전통적 이상주의를 되찾게 된다. 맹렬한 대기업가가 자신이 계획했던 고층 빌딩 짓기를 거부하고 하모니카를 집어드는 장면은 그 단적인 예다. 돈, 도시의 무분별한 발전, 그리고 아메리카니즘을 제외한 모든 '주의'에 대한 비판을 담은 배리모어의 마지막 대사는 카프라가 집착하고 있는 주제가 무언지를 선명히 보여 준다. 그는 이렇게 말하고 있는 것처럼 보인다. 유토피아적 꿈은 현존하는 사회 질서 속에 내재한다, 만일 우리가 어떻게, 어디서 그것을 볼 수 있는지만 안다면.

그다음의 두 영화에서 카프라는 자의식적으로 〈디즈 씨, 도시에 가다〉의 공식으로 되돌아온다. 감독으로서의 그의 재능과 사회 정치적 관심사가 〈디즈 씨, 도시에 가다〉를 감독한 1936년과 〈스미스 씨, 워싱턴에 가다〉를 감독한 1939년 사이에 현저하게 진전된 게 사실이지만 말이다. 〈스미스 씨, 워싱턴에 가다〉는 디즈-스미스-도우 3부작 중 가장 인상적인 작품이라 할 만하다. 이 영화는 〈디즈 씨, 도시에 가다〉와 〈존 도우를 만나요〉 사이의, 이데올로기뿐만 아니라 내러티브와 형식상의 중간 지대를 담고 있기 때문이다. 〈디즈 씨, 도시에 가다〉와 비교할 때, 〈스미스 씨, 워싱턴에 가다〉는 내러티브의 내적인 일관성이 더욱 돋보이며, 캐릭터의 동기화와 발전이 한층 치밀하고, 국가 정치의 고유한 갈등 요소들을 더욱 논리적으로 그려 내고 있다. 더 나중에 만들어진 〈존 도우를 만나요〉의 경우 내러티브 전개가 너무 빤해졌고, 등장인물들도 너무 과장되게 그려졌으며, 계몽적 자본주의와 반계몽적 자본주의 사이의 주제상의 구분이 흐려져 있다. 카프라가 〈존 도우를 만나요〉에서 전쟁기인 1941년의 관객의 마음을 강하게 단련시키려 했음은 분명하다. 그러나 독립심과 맹목적 단결을 촉구하는 그의 절규는 이데올로기적 선언처럼 굳어 있었고 그의 주인공들은 그가 축출하려 하는 파시스트-자본가의 모습에 위험스럽게 다가갔다. 앤드루 새리스가 지적했듯이 "〈존 도우를 만나요〉에서 카프라는 인민주의적 감상주의와 인민주의적 선동 정치 사이의 희미한 경계선을 넘어 버렸다. 카프라의 정치성 영화들은 다수의 전제 정치에 대한 신념을 표현해 왔다. 그러나 게리 쿠퍼가 연기한 존 도우는 모든 사상과 교의를 의심하며 보통 사람의 선천적 순응성만을 신뢰하는 노골적인 파시스트를 체현했다"(Sarris, 1968: 87).[7]

🎥 디즈-스미스-도우 3부작

디즈-스미스-도우가 가진 정형의 핵은 특별한 상황에 놓인 보통 사람이다. 각각의 영화들에서 예수와 링컨을 섞어 놓은 듯한 순박한 주인공은 야릇한 사건에 의해 사회 정치적인 유명 인사가 되어 버린다. 대도시는 주인공과 그의 명성을 이용해 먹으려는 사기꾼과 도둑과 권력 잡기에 혈안이 된 정치꾼들로 가득하다. 여기서 여주인공은 주인공의 감상적이고 농민적이며 민중적인 지혜의 보조자 노릇을 한다. 여주인공은 처음엔 주인공에 대해 냉소적이지만 결국에는 그를 돕는다. 〈디즈 씨, 도시에 가다〉와 〈존 도우를 만나요〉에서 여주인공은 신문 기자로 주인공의 기행을 기사화해 자신의 주가를 올린다. 〈스미스 씨, 워싱턴에 가다〉의 여주인공은 주인공의 의회 비서로 나오는데, 워싱턴의 정치판에서 닳고닳다 보니, 주인공을 순진하고 멍청한 시골뜨기로 치부해 버린다. 이 영화들에서 주인공의 머뭇거림 없고 거리낌 없는 태도는 여주인공의, 그리고 우리의 마음 깊은 곳의 전통적 가치관을 흔들어 깨워 감복시킨다. 영화의 결말 부분에서 그녀의 역할은 이제 그와 결합하는 게 아니라 그에게 환호를 보내는 일이다.

파시즘이 국가의 합병과 대기업의 준동을 수반해 결과적으로 개인의 비인간화를 초래한다는 데 우리가 동의한다면 카프라의 3부작은 반파시스트적 성향이 점차 더 강해진다고 말해야 옳다. 그러나 이 영화들의 많은 파시즘적 요소들, 즉 대중 매체의 조작, 국가 이데올로기에의 순응 요구, 애국심과 고립주의의 공공연한 강조 등이 미국 관객을 유인해, 영화를 흥행 성공으로 이끈 근본적 요인이 됐다는 사실도 놓쳐서는 안 된다. 물론 주인공의 고결성과 개인의 양도할 수 없는 자유 선택권에 대한 그의 신념은 이런 파시즘적 요소들에 어느 정도는 반작용을 가하는 것도 사실이다. 〈디즈 씨, 도시에 가다〉의 경우가 특히 그러하다.

게리 쿠퍼가 연기하는 롱펠로 디즈는 작은 읍내의 사업가이고 자원봉사 소방수이며 튜바 연주자이기도 하다. 그의 인생은 얼굴도 모르는 친척이 죽으면서 그에게 거액의 유산을 물려주고부터 엄청난 변화를 겪는다. 디즈는 이 유산을 들고 뉴욕에 진출하지만 그곳에서 그는 사기꾼들에게 당하고 여기자 베이브 베넷(진 아서)에게 속아 넘어간다. 디즈는 그 자체로 좋은 기삿거리이기 때문에 그녀는 자신이 디즈의 '곤경에 빠진 여인'인 것처럼 가장해서 그를 옭아맨다. 도시의 타락상과 부패한 사업 행태를 목격한 디즈는 자신의 돈을 가난한 사람들에게 주기로 결심한다. 앞에서도 언급했듯이 그의 자선 사업을 막으려는 주변의 공작에 의해 그

디즈가 그의 정신을 감정하는 청문회에서 베이브 베넷(진 아서)의 위로를 받는다. 결국 그는 "이 법원에 들어온 사람 중 가장 온전한 정신의 소유자"로 선언된다.

는 정신 상태가 멀쩡한지를 판정받는 법정에 서게 된다. 여기서 그는 반지성적인 민중적 지혜와 반자본주의적 정서를 무기로 그를 모략하기 위해 제시된 모든 증거를 남김없이 박살내 버린다. 카프라의 노련한 리액션 숏 사용과 내러티브 속도의 절묘한 조절은 이 시퀀스의 정서적 효과를 극대화시킨다. 디즈가 자신을 법정에 올려 놓은 사기꾼을 한 대 갈기고 주임 판사로부터 정상이라고 판정받을 때 영화는 클라이맥스를 이룬다. 디즈를 속였으며 그를 사랑한다고 증언대에 서서 고백한 베이브 베넷과 디즈는 포옹한다. 마지막 장면에서 두 사람은 계몽된 공동체에서의 이상적인 결혼을 약속한다.

〈스미스 씨, 워싱턴에 가다〉(1939)는 구조와 주제 면에서 〈디즈 씨, 도시에 가다〉에서 많은 것을 빌려 왔다. 〈스미스 씨, 워싱턴에 가다〉에서는 순박하고 이상주의적인 보이스카우트 리더(제퍼슨 스미스 역의 제임스 스튜어트)가 업무 중 사망한 미 연방 상원 의원의 의원직 승계자로 기적처럼 뽑힌다. 그가 워싱턴에 도착하자 그의 냉소적인 비서(진 아서)는 스미스의 발탁이 그를 쉽게 조종할 수 있을 것이라고 생각한 정치 지도자들의 조작에 의한 것임을 그에게 일러 준다. 물론 스미스는 그들에게 반기를 들고 자신이 소속한 당과 인기 정치인이긴 하지만 부패한 같은 주 출신의 상원의원(클로드 레인즈)에 맞선다. 상원에서의 23시간에 걸친 의사 진행 방해 *filibuster*에서 스미스는 동료 의원들과 방청석을 가득 메우고 있는 민중들(세상의 모든 '스미스들')에게 정치의 오용은 국가 체계를 파괴하는 위협 요소임을 납득시키려 한다. 〈디즈 씨, 도시에 가다〉에서와 마찬가지로 친숙한 사회적 의례(여기서는 법정에서의 심리가 아니라 상원에서의 논쟁)가 절정부의 '대결'을 위한 장을 제공한다. 카프라는 다시 한 번 판에 박힌 캐릭터들과 인민주의적인 주제를 방청객(그리고 극장 관객)의 반응과 대비시키는 수법을

인민의 소리*Vox Populi* : 〈스미스 씨, 워싱턴에 가다〉에서 제퍼슨 스미스는 마라톤 의사 진행 방해 도중에 진
아서와 그의 동료들로부터 격려를 받는다.

써 재미를 본다. 하지만 〈디즈 씨, 도시에 가다〉와는 달리 이 영화의 결론은 다소 모호하다. 상원 의원으로 나온 레인즈는 결국 스미스의 끈질기고 맹렬한 비판에 두손들고 "나는 상원 의원의 자격이 없다"고 고백한다. 그러나 그의 배후에 있는 부패의 기제는 적어도 그 순간까지는, 고스란히 남아 있는 것이다.

〈디즈 씨, 도시에 가다〉와 〈스미스 씨, 워싱턴에 가다〉의 차이점은 궁극적으론 실체의 문제라기보다 질의 문제다. 두 영화는 거의 같은 이야기를 전한다. 다만 〈스미스 씨, 워싱턴에 가다〉가 더 잘 전달하는 것일 따름이다. 〈스미스 씨, 워싱턴에 가다〉는 거의 모든 면에서 〈디즈 씨, 도시에 가다〉보다 뛰어나다. 연출, 카메라워크, 편집이 더 정교하고 효과적이며 군더더기가 없다. 시나리오의 호흡도 적절히 조절되어 있으며 성격화와 동기 부여도 더 매끄럽다. 연기도 덜 과장되어 있고 사회 문제 역시 덜 쉽게 해결된다. 그러나 〈스미스 씨, 워싱턴에 가다〉에서 보여 준 내러티브와 테크닉의 균형은 〈존 도우를 만나요〉에서는 두드러져 보이지 않는다. 스티븐 핸조Stephen Handzo가 지적했듯이 "〈스미스 씨, 워싱턴에 가다〉가 카프라 영화의 원형이라면 〈존 도우를 만나요〉는 초기 영화들의 형식의 풍부함이 정형formula과 의례로 굳어져 버린 카프라식 가부키Capracorn Kabuki다"(Handzo, 1972: 12).[8]

당시의 평자들도 〈스미스 씨, 워싱턴에 가다〉라는 원형이 이제 친숙한 내러티브 유형으로 고착됐음을 알아차렸다. 〈뉴욕 타임스〉의 비평가 보슬리 크로더Bosley Crowther는 1941년 〈존 도우를 만나요〉의 평에 이렇게 적고 있다. "사실 이번이 존 도우를 처음 소개하는 게 아니다. 카프라는 이미 롱펠로 디즈와 제퍼슨 스미스라는 이름으로 그를 소개한 바 있다. 독자들도 그들이 각각 도시와 워싱턴에 간 친구라는 걸 기억할 것이다. 그는 정직하고 올곧은 친구다(곧잘 당황해하고 앞뒤가 맞지 않는 때도 있지만 항상 진지하다). 그는 사람들이 기본적으로 선하다고 믿으며 원칙을 위해선 강하게 싸울 수 있는 용기를 갖고 있다"(Crowther, 1941: 12).[9]

크로우더는 카프라 3부작 중 〈존 도우를 만나요〉를 제일 높이 평가했다. 그는 이렇게 주장했다. "이 영화는 카프라와 리스킨이 이제껏 만든 민주주의 주제의 영화 중 가장 성공적이며 가장 신랄한 작품이다. 이 영화는 또한 익명의 시민에게 바쳐진 빛나는 선물이기도 하다." 그러나 미국의 시민들은 〈디즈 씨, 도시에 가다〉나 〈스미스 씨, 워싱턴에 가다〉만큼 이 선물을 사지 않았다. 따지고 보면 〈존 도우를 만나요〉의 신통찮은 흥행 성적은 카프라의 폭넓은 인기와 미국적 이데올로그*American ideologue*로서의 그의 지위가 이제 종말을 고하기 시작했다는 신호였다.

〈존 도우를 만나요〉는 사회 의식이 담긴 1930년대의 스크루볼 전통과 로맨틱 코미디 일반에 그 뿌리를 두고 있긴 하지만, 결코 코미디도 아니며 스크루볼 로맨스물도 아니다. 카프라는 여기서 우리에게 낯익은 얘기를 다시 한 번 하고 있다. 꿍꿍이 속이 있는 한 여기자(바버라 스탠윅)가 순진하고 정직한 작은 읍내의 시골뜨기(게리 쿠퍼)를 속여 유명 인사가 되게 하지만 나중에 그 착한 사나이에게 마음을 뺏기면서 자신의 잘못을 뉘우친다. 그러나 카프라와 리스킨은 로맨스를 사회 정치적 갈등을 전달하기 위한 도구로서만 이용한다. 둘의 로맨스는 내러티브가 진행됨에 따라 무대 뒤로 사라져 간다.

존 도우가 유명 인사가 되는 것은 갑부 친척이나 상원 의원의 갑작스런 죽음이 아니라, 공황의 영향으로 앤 미첼이 신문 기자직을 곧 잃게 되는 상황에서 비롯된다. 조만간 자신이 해고될 것이란 사실을 통지받고 울화통을 터뜨리면서 그녀는 존 도우라는 이름으로 편지를 쓴다. 편지에서 그녀는 미국인의 삶의 방식이 사회적으로나 정신적으로 타락했음을 한탄하며 다가오는 크리스마스 이브에 자살하겠다고 으름장을 놓는다. 신문에 게재된 이 편지가 큰 사회적 반향을 불러일으킴으로써 그녀는 일자리를 잃지 않는다. 하지만 이제 그녀는 편지의 필자를 만들어 내야 한다. 여기에 롱 존 윌러비가 등장한다. 그는 팔을 다쳐 야구 투수를 그만둔 떠돌이 시골 청년인데 또 다른 사회의 낙오자인 '대령'(월터 브래넌)과 함께 열차를 타고 가는 중이었다. 대령은 아마 그가 등장하지 않았다면 이미 낯익은 캐릭터들밖에 없었을 이 영화에서 흥미로운 역할을 맡는다. 그는 입이 무겁게 마련인 주인공의 대변인 노릇을 하는 것이다. 미첼은 윌러비가 신화 속 인물처럼 돼 버린 도우 역을 맡기에 적합하다고 확신한다. 그녀의 본래 의도는 순수한 것이었지만, 그녀의 원고를 좌지우지하는 파시스트적인 기업가(노튼 역의 에드워드 아놀드)는 도우가 점점 더 유명해지자 이를 이용해먹기 시작한다. 여러 언론 네트워크와 자신이 직접 거느린 경찰력이 회사의 뒤를 받치고 있는 노튼은 전국적인 존 도우 클럽과 협회를 만든다. 그의 의도는 제3의 정당을 만들어 그 도시뿐만 아니라 미국 전체를 지배하는 것이다. 대령은 롱 존에게 지금의 명성과 재산이 결코 좋은 결말을 낳지 못할 것이라고 반복해 경고한다. 그리고 한 대목에서 충격적이고 (적어도 할리우드적 기준으로는) 통렬한 비판을 반계몽적 자본주의에 가한다.

그래, 청바지 차림으로 동전 한푼 없이 걸어가 보라구. 넌 바람처럼 자유롭지. 누구도 널 괴롭히지 않아. 수많은 사람들이 갖가지 용무를 지니고 네 곁을 지나쳐 가지. 신발, 모자, 자동차, 라디오, 가구 그리고 그 외 모든 것과 관계된 용무 말이야. 그들은 다 훌륭하고 사랑스런 사람들이야. 널 그냥 내버려 두거든. 그렇잖아?

그런데 네가 돈을 쥐고 있으면 어떻게 되겠어? 그 훌륭하고 사랑스런 사람들이 다 잡놈으로 변하지. 그 많은 잡놈들이라니! 그들은 너에게로 슬며시 다가와서 무언가를 팔려고 할 거야. 그들은 긴 발톱을 가지고 있지. 네 목을 조를 거야. 넌 목을 빼내려고 꿈틀거리다 소리를 지르지. 넌 그들을 밀어 내려고 안간힘을 쓰지만 너에겐 이제 기회가 없어. 넌 그들에게 잡혀 있거든.

네가 맨 먼저 알아야 할 것은 네가 무언가를 소유하고 있다는 거야. 예를 들어 차 같은 것 말이지. 지금 네 인생 전부가 그 많은 물건들 때문에 엉망이 돼 버렸어. 면허 요금과 번호판과 휘발유와 오일과 세금과 보험과 신분증과 편지와 청구서와 펑크 난 타이어와 도로 통행증과 오토바이 탄 경찰과 법정과 변호사와 벌금과 그 외에도 수없이 많은 걸 넌 가지고 있지. 그래서 지금 어떻게 돼 있어? 넌 옛날처럼 자유롭지도 행복하지도 않아. 그 모든 걸 감당하려면 돈이 있어야 하니까 말이야. 넌 다른 친구들이 하는 대로 따라가고 있어. 그래서 이젠 네가, 바로 너 자신이 잡놈이 된 거야.

카메라와 관객에게 직접 던져지는 대령의 이 대사는 롱 존이 결국 정체성의 위기를 맞게 될 것임을 효과적으로 예고한다. 롱 존은 위기가 다가오고 있음을 눈치채지 못하는데 그가 위기에 직면할 때쯤 대령은 그의 곁을 떠나 자유로운 거리로 되돌아간다. 도우/윌러비는 자신이 이용당해 왔으며 사회 경제적 규범이란 게 사랑과 정직과 성실 같은 전통적 가치와는 거의 무관한 '잡놈들helots'의 공동체만을 만든다는 사실을 깨닫자, 그가, 아니 미첼이 약속한 자살을 하겠다고 결심한다. 이제 문제는 어떻게 이 대중의 영웅을 자살하지 않도록 설득하느냐가 된다. 사회의 고유한 갈등과 모순들을 효과적으로 부각시키긴 했지만 카프라가 이 영화에서 내러티브의 출구를 어떻게 마련하느냐를 두고 골치를 썩인 건 전혀

두 세계 사이에서: 카프라의 3부작에서 중재적인 인물이 있다면 그것은 틀림없이 도회적 직업과 자수 성가형 영웅에 대한 헌신 사이에 놓여 있는 여성일 것이다. 〈존 도우를 만나요〉에서 기자인 바버라 스탠윅은 완벽한 '잡놈'인 노튼(에드워드 아놀드)과 순수한 민중적 영웅인 롱 존 윌러비(게리 쿠퍼) 사이의 균형을 잡는다.

놀랄 일이 아니다. 그 이전의 영화들에서 카프라가 갈등을 정교하게 포착하는 솜씨는 점점 향상되어 왔는데, 이 영화에서는 쉽게 해결될 수 없는 갈등을 만들어 버린 것이다.

카프라는 영화의 촬영 대본이 완성되기 전에 이미 〈존 도우를 만나요〉 제작에 들어갔다. 카프라와 리스킨은 제작 중에 몇 가지 다른 종결 장면을 만들었다. 자신의 인민주의적인 성향을 유례 없이 과시하려는 듯, 처음에 카프라는 여러 개봉관에 다른 종결 장면을 가진 〈존 도우를 만나요〉를 배포했다. 아마도 미국의 존 도우들이 자기의 감각에 가장 맞는 결말을 선택하리라. 그러나 외관상으론 어떤 종결 장면도 선택받지 못했다. 카프라는 출연진과 스태프들을 다시 불러모아 마지막 장면을 찍어 처음 배포된 필름에 덧붙였다. 이렇게 해서 나온 결말인, 주인공이 앤 미첼과 그 밖의 사람들에게 설득당해 건물에서 뛰어내리지 않고 자신의 인생을 '민중'을 위해 헌신할 것을 결심하는 것은, 사실상 거의 모든 면에서 실패였다. 내러티브에서 사회적 불공정성과 모호성은 여전히 남아 있다. 노튼은 여전히 막강한 힘을 소유하고 있으며, 롱 존은 그 상황에서 자기 자신의 역할의 의미를 이해하기 시작한 것도 아니다. 단지 하나의 기적만이 존 도우/윌러비의 분열된 자아의 딜레마를 해결했을 뿐이다.

카프라는 기적에 의존하는 데서 더 나아가지 못했다. 전후 카프라의 인민주의 선언이라 할 만한 〈인생의 낙원〉(1946)에서도 자살을 결심한 또 다른 대중적 영웅(조지 베일리 역의 제임스 스튜어트)이 그의 수호천사에 의해 삶이 아름다운 것임을 확신하게 된다. 신의 개입으로 이 영화의 갈등을 해결하면서, 카프라는 분명한 어조로 그가 그토록 애정을 가지고 탐구한 미국 사회의 모순이 영원히 존재하며 화해될 수 없는 것임을 인정한다. 카프라의 영화들은 도시화와 산업화로 인해 점증하는 고통을 통해 미국인의 삶의 초상을 매우 일관성 있게 감각적으로 그려 낸다. 그의 이 작업은 핵무기 시대의 여명기까지 계속된다. 카프라는 보통 사람들과 그들의 가치관의 선함에 대한 믿음이 있었지만 그 초상은 전적으로 낙관적일 수만은 없었다. 카프라가 사회 문제의 복잡성을 차츰 분명히 이해하게 되었고 그 문제들을 해결하기가 (내러티브상으로 그리고 이데올로기적으로) 점점 어려워져 간 탓이다.

카프라 영화가 점차 비관적으로 변했다는 핸조와 그 밖의 비평가들의 주장에 동의하든 그렇지 않든 간에, 혹은 그의 시각이 점점 정교해지고 복잡해졌으며 이에 따라 더욱 모호해졌다는 데 동의하든 그렇지 않든 간에, 그 통찰력 자체에는 경탄하지 않을 수 없다. 카프라의 영화들은 대단히 생명력이 높다. 〈인생의 낙원〉과 3부작 같은 영화들은 할리우드에서 만들어진 영화 가운데 가장 의미 있는 문화적 기록물에 속하는 것으로 평가받는다. 카프라의 이력이 할리우드의 그것과 절묘하게 일치하고 있다는 점도 확연하다. 전후에 그의 인기가 하락한 것은 할리우드 고전기의 점진적 쇠락을 반영한다. 이런 점에서 카프라의 영화들은 미국인의 삶에 대한 진정으로 선명하고 솔직한 할리우드의 마지막 축복에 속한다.

프랭크 카프라와 로버트 리스킨의 필모그래피(1930~1950)

	카프라	리스킨
1930	유한 여인 *Ladies of Leisure*	
	비가 오든 햇볕 나든 *Rain or Shine*	
1931	비행선 *Dirigible*	위법자 *Illicit*
	기적의 여인 *Miracle Woman*	기적의 여인
	백금발의 여인 *Platinum Blonde*	백금발의 여인
1932	금지 사항 *Forbidden*	
	미국의 광기 *American Madness*	미국의 광기
1933	옌 장군의 쓰디쓴 차 *The Bitter Tea of General Yen*	
	하룻동안의 숙녀 *Lady for a Day*	하룻동안의 숙녀
1934	어느 날 밤에 생긴 일 *It Happened One Night*	어느 날 밤에 생긴 일
	브로드웨이 빌 *Broadway Bill*	브로드웨이 빌
1935		마을 전체의 이야기
1936	디즈 씨, 도시에 가다 *Mr. Deeds Goes to Town*	디즈 씨, 도시에 가다
1937	잃어버린 지평선 *Lost Horizon*	잃어버린 지평선
1938	당신은 그걸 가져갈 수 없어 *You Can't Take It with You*	당신은 그걸 가져갈 수 없어
1939	스미스 씨, 워싱턴에 가다 *Mr. Smith Goes to Washington*	진정한 영광 *The Real Glory*
1941	존 도우를 만나요 *Meet John Doe*	존 도우를 만나요
1944	오래된 레이스 *Arsenic and Old Lace*	야윈 사나이, 고향에 가다 *The Thin Man Goes Home*
1946	인생의 낙원 *It's Wonderful Life*	놀라운 도시 *Magic Town*
1948	결합의 상태 *State of the Union*	
1950	성공이야 *Riding High*	성공이야

• 〈성공이야〉는 카프라 / 리스킨의 1934년작 〈브로드웨이 빌〉의 리메이크. 카프라의 1961년작 〈포켓 가득 찬 행복〉은 리스킨과 1933년에 만든 〈하룻동안의 숙녀〉의 리메이크.

chapter 7

The Musical 뮤지컬

음악이 있는 곳에 사랑이 있다.

— 〈나와 여자 친구를 위해〉에서 식당의 벽 낙서 가운데

"우리는 처음에는 단지 꿈으로 시작한다 — 그러나 종결에선 쇼를 보여 준다."

— 〈밴드 웨건〉에서 잭 뷰캐넌

뮤지컬 영화는 우리의 문화 형식 중 널리 사랑받으면서도 실제로는 가장 덜 이해되고 평가받는 대중적인 형식이다. 전혀 새로운 (미국 고유의) 이 장르는 1920년대 후반과 1930년대 초반에 보드빌, 뮤직 홀, 극장 등에 뿌리를 두고 나타난 뒤, 1940년대에는 놀라운 예술적, 문화적 표현의 경지에까지 도달했다. 오늘날 우리가 '뮤지컬 코미디'라고 부르는 것은 대중 연극과 상업 영화에서 동시에 발전했으며 이 둘은 서로에게 영향을 미치며 상대 영역을 비옥하게 했다. 뮤지컬 장르에 최초로 자극을 준 것은 뉴욕시의 음악과 연극에 대한 깊은 관심이었다. 그러나 형식이 발전해 가며 브로드웨이는 할리우드의 막대한 예산과 높은 임금에 경쟁이 되지 않았다. 할리우드의 그런 예산과 급료는 영화의 대량 배급 시스템과 전국적인 관객 동원으로 가능했다. 그래서 뮤지컬은 브로드웨이 극장가에서뿐 아니라 동네 영화관에서도 볼 수 있는 표준적인 엔터테인먼트가 되었다. 그리고 뮤지컬 코미디가 그 뿌리를 영화에 내렸다는 사실이 아마 더욱 중요할 것이다. 이 매체는 프레드 아스테어와 그의 무리들의 놀라운 마력을 계속 재발견되게 할 수 있기 때문이다. 영화는 필름과 인간의 감성이 계속 유지되는 한 무제한으로 재평가될 수 있는 매체인 것이다.

1927년은 초기 뮤지컬 발전에 가장 중요한 연도다. 이 해에 무대에서는 최초의 뮤지컬 연극으로 간주되는 〈쇼 보트Show Boat〉가 선보였다. 〈쇼 보트〉는 뮤지컬 '레뷰revue'* 혹은 뮤지컬 노래와 코미디가 서로 아무 관계 없이 뒤섞인 의사 코미디와도 대립되는 것이다. 또 이 해는 미국 영화사에서 유성 영화가 처음 출현한 연도로도 기록된다. 워너브러더스

* 뮤지컬 노래가 연속적으로 나오는 것을 말한다.

사의 〈재즈 싱어The Jazz Singer〉가 그것인데, 이 영화는 할리우드의 최초의 뮤지컬이기도 하다. 〈재즈 싱어〉는 뮤지컬, 토키라는 사실에도 불구하고 영화로는 대단한 작품이 아니었다. 하지만 영화 뮤지컬의 여러 중요한 단서들을 보여 주었다. 이 장르의 생명격인 스타 시스템이 바로 여기서 시작됐고(알 졸슨이 주역을 맡았다), 연기자가 카메라/관객에게 직접 말하는 것 등을 통해 관객의 잠재적인 참여도 끌어냈다. 영화 제목이 암시하듯 이 장르는 재즈나 스윙 같은 대중적인 음악 형식과 밀접한 관계를 발전시켰다. 〈재즈 싱어〉의 성공으로 이듬해에 알 졸슨과 워너사는 다시 팀을 이루어 〈노래하는 바보The Singing Fool〉를 발표했는데, 이 영화는 그들의 1927년 히트작을 약간 세련되게 수정한 것에 불과했다.

만일 할리우드의 영화 제작자들이 뮤지컬 영화의 미래에 대해 어떤 의심을 품었다면, 그 의심은 1929년 MGM의 〈브로드웨이 멜로디 Broadway Melody〉로 완전히 사라질 수 있었다. 최초의 '100% 토키, 100% 노래'로 구성된 이 뮤지컬 영화는 당시의 흥행 기록을 깼고(당시 영화관은 이미 사운드 장비를 구비하고 있었다), 1928~1929년 아카데미 작품상도 받았다(1927~1933년까지는 시상이 연도 단위가 아니라 8월 1일부터 다음 해 7월 31일까지의 기간을 대상으로 실시됐다). 이 영화의 성공은 여러 사실에서 기인하는데, 기본적으로는 뮤지컬 넘버musical number*를 '무대 뒤' 하위 플롯과 연결한 데 있다. 성공 윤리라는 미국적 주제를 깔고 있는 〈브로드웨이 멜로디〉는 보드빌 쇼를 그만두고 뉴욕에서 '일류'가 되기를 꿈꾸는 자매의 노력을 묘사한다. 이 소녀들은 영화가 전개되면서 백스테이지 멤버의 일원

* 뮤지컬 영화 속의 모든 노래를 지칭한다.

"당신은 아무것도 듣지 못했어요*You ain't heard nothing yet*": 〈재즈 싱어〉에 나오는 알 졸슨의 이 유명한 대
사는 할리우드에서 토키의 탄생을 알린 것이기도 하지만 동시에 뮤지컬 영화의 탄생을 알린 것이기도 하다.

이 된다. 영화의 클라이맥스인 쇼를 위해 그녀들이 준비하는 모든 과정은 바로 프로덕션 넘버*production number*의 리허설이 되고, 얽히고설킨 로맨스의 구실이 된다. 1930년대 뮤지컬의 상투적 내러티브 장치인 무대 뒤의 로맨스는 연기자들에게 형식적, 감성적 틀을 제공한다. 연기자들은 쇼의 성공을 위한 바로미터나 되듯 연기한다. 이 영화의 제목은 뉴욕 연극 무대 뮤지컬에 빚지고 있음을 암시한다. 그러나 무대 뒤 신데렐라의 성공 이야기라는 개발은 할리우드 영화 제작의 산물이다.

〈브로드웨이 멜로디〉는 아서 프리드*Arthur Freed*의 데뷔작으로도 기록된다. 그는 이 영화의 음악을 작곡하고 가사를 썼다. 프리드는 MGM에 머무르면서 그 영화사의 가장 세련되고 성공적인 뮤지컬들을 제작했다. 〈세인트루이스에서 만나요*Meet Me in St. Louis*〉(빈센트 미넬리, 1944), 〈욜란다와 도둑*Yolanda and the Thief*〉(빈센트 미넬리, 1945), 〈해적*The Pirate*〉(빈센트 미넬리, 1948), 〈부활절 행진*Easter Parade*〉(찰스 월터스, 1948), 〈춤추는 대뉴욕*On the Town*〉(스탠리 도넌·진 켈리, 1949), 〈파리의 미국인〉(1951), 〈사랑은 비를 타고〉(1952), 〈밴드 웨건〉(1953) 등이 그것이다. MGM의 2차 세계 대전 이후의 이런 업적은 프로듀서인 프리드가 (빈센트 미넬리, 스탠리 도넌, 진 켈리 등의 감독들과 더불어) 뮤지컬 영화의 프로덕션 넘버와 내러티브 틀을 제공하는 스토리와의 복잡한 관계를 이해하고 있었다는 것을 암시한다. 일부 비평가들은 뮤지컬의 하위 플롯이 단지 프로덕션 넘버들을 써먹기 위해 억지로 만든 것이라고 간주하고 주의를 기울이지 않았다. 따라서 그들은 이 장르의 형식적, 감성적 매력의 핵심을 놓치는 실수를 범했다. 모든 장르

---

* 뮤지컬 영화 속의 쇼 공연물의 노래를 말한다.

영화와 모든 할리우드 영화는 정도의 차이는 있지만 유토피아에 대한 약속을 담고 있다. 일상의 현실과 스크린에 투사된 상상 사이의 근본적인 긴장에서부터, 영화의 '현실적' 갈등과 '이상적' 해결 사이의 더욱 복잡한 내러티브의 긴장까지 영화는 질서가 잘 잡힌 공동체라는 유토피아적 비전을 제시한다. 뮤지컬에서 현실의 유토피아로의 이행이라는 전략은 플롯에서도 확인된다. 성공적인 쇼와 주요 연기자들 간의 결합이라는 방향으로 진행되는 뮤지컬의 내러티브는 유토피아적 결말을 예견케 한다. 이런 종결은 연기자들이 노래하고 춤추기 시작할 때 언제나 예견된다.

따라서 백스테이지 뮤지컬 내에서, 혹은 정교한 프로덕션 넘버로 끝나는 그 어떤 뮤지컬 내에서 대상과 환상 간의 긴장, 사회 현실과 유토피아 간의 긴장은 최소한 연기의 다른 두 가지 수준에서 해결된다. 첫째는 완벽한 쇼를 제작하는 과정에서 다양한 문제들이 스스로 해결되는 플롯 구조를 통해서다. 둘째는 연기자들이 사람 사이의 갈등을 넘어서 음악과 율동으로 자신을 표현할 때의 내러티브 자체 내에 있는 수많은 순간을 통해서다. 노래와 춤이 스토리의 갈등과 직접 관련되는 '통합된' 뮤지컬에서조차도 이런 유토피아적 모티브는 모든 뮤지컬 넘버가 담고 있는 개별적 자율성 때문에 계속 유지된다. 그리고 그 넘버들이 그런 갈등을 마법적으로 해결하는 클라이맥스의 뮤지컬 제작을 형성해 가기 때문에도 그러하다. 그래서 뮤지컬 장르의 기본적인 모순은 정적이고 일차원적인 캐릭터들이 카메라/관객을 잊고 친숙한 사회적 갈등을 연기하는 드라마적 스토리와 그 캐릭터들이 자신들의 입장을 동적인 엔터테이너로 인식하고 카메라/관객에게 직접 연기하는 뮤지컬 프로덕션 넘버 간의 내러티브상의 차이에서 유래한다. 이런 형식적인 대립은 미국인의 구애 의식 *courtship rite*과 엔터테인먼트라는 개념에 집중한 이 장르의 사회적 관심

을 강조한다(Altman & Feuer).[1]

🎥 뮤지컬의 성숙: 〈42번가〉와 〈1933년의 황금광들〉

이런 모티브는 〈브로드웨이 멜로디〉의 막대한 성공에 영향을 받아 제작
된 1930년대 초반의 100여 개 뮤지컬에서 관습화됐다. 1933년이 되자 할
리우드의 뮤지컬은 중요한 두 영화, 즉 〈42번가42nd Street〉와 〈1933년의
황금광들〉로 성숙의 징후를 보이기 시작했다. 두 영화 모두 워너사가 제
작했고, 버스비 버클리의 화려한 안무로 영화화됐다. 버스비 버클리는
브로드웨이 뮤지컬 감독 출신인데 그의 작품은 1930년대를 통해 이 장
르를 지배했다. 〈42번가〉와 〈1933년의 황금광들〉 속의 정교한 프로덕션
넘버는 딕 파웰과 루비 킬러 간의 무대 뒤 로맨스라는 틀로 짜여져 있다.
두 영화 모두 '성공하려는' 코러스 걸의 악착같은 노력을 묘사한다. 로이
드 베이컨Lloyd Bacon이 감독한 〈42번가〉는 뮤지컬의 관습화된 형식을 담
고 있는데, 악착같은 예비 스타는 뮤지컬이 대단원을 이루는 바로 그때에
주역도 따내고 남자 주인공의 애정도 얻게 된다.

음악 시퀀스에서 보여 준 버클리의 음악적 연출과 비상한 카메라워
크는 이 영화의 뛰어난 요소 중 하나다. 그가 행한 가장 중요한 혁신은 무
대 전면에 고정돼 있던 카메라를 자유롭게 움직였다는 사실이다. 버클리
는 움직이는 카메라moving camera를 단 하나 사용했는데(간혹 오버헤드 카메
라로 보완하기도 했다), 이는 뮤지컬 넘버에 실제로 참가하는 것이 된다. 유동
적이고 다이내믹한 카메라는 이후의 뮤지컬에 표본이 됐는데, 1930년대
할리우드 뮤지컬에서 가장 중요한 형식의 발전은 아마 이것일 것이다. 이

무대 뮤지컬의 제작 과정과 그 제작자(워너 백스터, 가운데)가 사랑에 빠지는 것을 보여 주는 〈42번가〉는 백 스테이지 뮤지컬의 공식을 공고히 했다. (합창 단원 중에 루비 킬러와 진저 로저스가 있는 것을 알겠는가?)

는 공연 시퀀스에 독특한 영화적 차원을 부여했지만 연극 무대에서는 절대로 흉내낼 수 없는 것이었다.

머빈 르로이의 탁월한 연출로 만들어진 〈1933년의 황금광들〉 속의 대담하고 냉소적인 무대 뒤 이야기는 이 영화를 보통 가볍게 만들어진 당시 공황 시대 뮤지컬과는 비교도 되지 않을 최고의 수준으로 끌어올렸다. 이 영화는 예비 스타가 큰 동전을 걸친 채 '우리는 부자예요*We're in the Money*'라는 불경스런 프로덕션 넘버를 부르는 장면으로 시작된다. 우리는 이 장면이 경찰에 의해 부도를 이유로 중단될 때, 이게 바로 공연 리허설이라는 사실을 알게 된다. 이런 아이러니컬한 서두로 시작해 스토리는 '돈을 벌려는' 코러스 여성 멤버들(이들 중엔 킬러, 조운 블론델, 진저 로저스도 있다)이 직업을 구하려고 노력하는 것으로 진행된다. 실업부터 매춘에 이르기까지의 여러 사회 경제적 문제가 영화의 변덕스런 분위기 아래 숨어 있다. 이런 문제들은 뮤지컬의 '현실 도피적' 수사학과는 상반되는 숨은 주제를 제공하고, 사회에 대해 상당 부분 언급하는 컨텍스트를 만들어 낸다. 이는 '잊혀진 남자를 기억하세요*Remember My Forgotten Man*'라는 확실히 반유토피아적인 노래를 부를 때 절정을 이룬다. 이율배반적으로 보이지만 비관조의 블루스 발레가 나오는 마지막 장면은 여성 단원들이 무대로 복귀하고, 직업을 얻었다는 사실을 확인하는 것이다. 그래서 배우들이 합류해 들어간 사회적 환경은 여전히 고통스런 무질서의 상태에 머무르고 있음에도 불구하고, 이 영화의 결말은 그들이 취업과 음악적 표현에 관련된 급박한 갈등을 해결했음을 나타내고 있다.

워너사와 버스비 버클리의 협력으로 만들어진 두 영화가 발표된 후 1933년의 1편에는 미치지 못하는 〈황금광들〉의 속편을 포함해서, '사실적' 무대 뒤 이야기를 담은 뮤지컬 시리즈가 쏟아져 나왔다. 워너사의

1930년대 초반 갱스터 영화가 1934년 되살아난 제작 규정 때문에 조정됐듯이 뮤지컬도 그랬다. 비윤리적 성공 이야기를 다룰 때 섹스와 폭력은 두 장르의 사회적 주제가 근본적으로 재조정되는 지점으로까지 순화됐다. 실제로 제작 규정 때문에 워너도 파라마운트, MGM, RKO사와 보조를 맞춰야 했다. 이들 영화사들은 공황 당시의 구애 의식과 엔터테인먼트라는 주제를 더욱 가볍고 더욱 환상적인 수법으로 다뤘다.

MGM은 1939년의 〈오즈의 마법사*The Wizard of Oz*〉(빅터 프레밍Victor Fleming)와 〈품 속의 연인들*Babes in Arms*〉(버스비 버클리)을 필두로 1940년대에 들어 이 장르를 지배했다. 그러나 1930년대 중반부터 후반까지는 프레드 아스테어와 진저 로저스가 나오는 RKO사의 뮤지컬이 우세했다. 〈탑 햇*Top Hat*〉(마크 샌드리치Mark Sandrich, 1935), 〈춤추는 함대*Follow the Fleet*〉(마크 샌드리치, 1936), 〈스윙 타임*Swing Time*〉(조지 스티븐스, 1936), 〈춤출까요?*Shall We Dance*〉(마크 샌드리치, 1937) 등이 그 대표작이다. 이 영화들은 워너에서 버클리가 만든 뮤지컬의 화려한 무대 연출, 동적인 카메라워크 등은 갖추지 못하고 있지만, 아스테어와 진저 로저스의 상호 보완적인 재능과 개성은 RKO사의 뮤지컬을 질적으로 다른 것(후세에 더욱 많이 모방됐다)으로 만들었다. 뮤직맨 아스테어의 활기와 독창성은 파트너 로저스의 현명함, 다재다능, 가정 지향성과 완벽하게 균형을 이뤘다. 그리고 이 커플의 음악적 구애 의식은 1930년대 후반 할리우드 뮤지컬 코미디의 관습이 됐다.

아스테어와 로저스의 캐릭터와 구애 의식은 모방될 수 있다 하더라도 스타 그 자체는 그렇게 될 수 없다. 뮤지컬 역사에서 그 어떤 연기자도 아스테어가 갖고 있는 가수, 댄서, 배우 그리고 스타적인 페르소나로서의 총체적인 재능에 필적되는 재능을 갖고 있진 못했다. 뮤지컬이 다른 장르

진저 로저스와 프레드 아스테어가 〈스윙 타임〉(1936)에서 타이틀 넘버를 추는 장면. 이들은 구애와 음악을 일관된 내러티브 경험으로 통합한 최초의 낭만적 커플이다.

보다 더욱 스타 시스템에 의존하기 때문에 앞의 재능 중 스타적인 페르소나는 가장 중요하다. 특정한 가치, 태도, 행동 등을 포함하는 아이콘으로서 배우의 위치는 그 어떤 영화적 형식보다 더 중요하다. 탐정으로서의 보가트, 갱스터로서의 캐그니와 로빈슨, 스크루볼 코미디 커플로서의 그랜트와 헵번 그리고 영웅적 서부 사나이로서의 웨인조차도 뮤지컬 스타들이 갖고 있는 생래적인 의미 작용에는 근접하지 못한다. 아스테어를 필두로 로저스, 진 켈리, 주디 갈런드 등은 모두 춤과 노래를 할 줄 안다. 뮤지컬 배우들의 개성이 점점 더 중요해지는 주요한 이유는 당연히 드라마와 공연에 요구되는 재능과 관련 있다. 이 장르가 스토리와 음악 사이, 그리고 현실과 환상 사이의 균형에 의해 조작되듯이 주요 캐릭터들은 자신들의 드라마적인 퍼스낼리티를 뮤지컬 연기자로서의 재능과 균형을 맞추고 연관시켜야 한다.

🎥 프레드 아스테어와 통합 뮤지컬의 부상

할리우드 뮤지컬에 끼친 프레드 아스테어의 영향은 과대평가된 게 아니다. 사실 나는 이 장르가 1930년대 후반과 1940년대에 고전의 경지에까지 도달할 수 있었던 전적인 이유로 프레드 아스테어의 등장을 들고 싶다. 뮤지컬 영화가 그리는 세상은 실제 장소라기보다는 어떤 태도를 청각적으로 또 시각적으로 표현한 곳이다. 프레드 아스테어는 바로 그런 태도를 갖고 있다. 그는 세상이 음악 리듬과 품위로 이루어진 놀랍고도 로맨틱한 곳이라고 믿게 만든다. 또 연기와 춤으로 개인의 의사를 막힘 없이 표현할 수 있다는 것도 믿게 한다. 이런 태도는 〈재즈 싱어〉는 물론이고 다른 뮤지컬에도 분명히 보이지만, 스토리와 연기가 연결된 것은 1930년 대 중반이 되어서부터다. RKO의 아스테어의 영화, 그 이후 MGM의 그의 뮤지컬(아스테어와 진 켈리가 함께 나오거나 아니면 둘 중 한 명은 나왔다)을 보면 주인공의 태도는 단지 그가 연기자로서 무대에 설 때만 나타나는 게 아니다. 그 태도는 공동체 전체와 그곳의 모든 거주자들에게 영향을 미치는 세계관으로까지 받아들여진다. 마이클 우드가 관찰한 바에 따르면, 이 장르는 음악이 들어 있는 영화와는 구별되는 것으로, 음악으로 무엇을 말해야 하는가 하는 쪽으로 점차 발전해 갔다(Wood, 1975: 152).[2]

아서 프리드가 훗날 MGM의 최고 뮤지컬 감독이 된 빈센트 미넬리를 할리우드로 데려온 1940년 당시, 미넬리는 뮤지컬 영화에 대해 별로 좋지 않은 인식을 갖고 있었다. 뮤지컬은 스토리가 담고 있는 세계를 공연과 연기와 통합하지 못했기 때문이었다. 미넬리는 이렇게 말했다. "그 분야는 넓게 열려 있는 것 같았다. 단 한 사람을 빼고는 카메라 앞이나 뒤에서 나에게 깊은 인상을 준 뮤지컬 탤런트는 거의 없었다. 스토리는 여전히 공허했다. 그러나 프레드 아스테어의 춤곡만은 1930년대 후반 뮤지컬에서 유일하게 돋보이는 것이었다." 미넬리는 버클리가 워너에서 만든 뮤지컬 속의 '현란한 효과'에도 깊은 인상을 받지 못했다고 불평했다. "그의 장치는 독창적이었다. 하지만 그런 장치는 스토리나 작품의 현실성과는 전혀 연관이 없는 것이었다. 당시의 모든 뮤지컬과 마찬가지로 버클리의 뮤지컬도 무대 뒤 이야기를 조잡하게 다룬 것이었다. 노래들은 플롯에 통합되지 못했다"(Minnelli, 1974: 117).[3]

미넬리는 그 특유의 비꼬는 말투로 문제를 과장한 면이 없지 않다. 뮤지컬 영화의 드라마적 '현실'과 연기적 '현실' 간의 통합은 초기 뮤지컬에서도 발견된다. 〈1933년의 황금광들〉에서 딕 파웰이 아파트의 열린 창문으로 얼굴을 내민 코러스 걸들에게 세레나데를 연주하는 장면 등이 대표적 예이다. 그러나 이런 시퀀스는 1930년대 후반 아스테어의 영화들보다는 훨씬 통합성이 떨어지는 것이었다. 예를 들어 〈1940년의 브로드웨이 멜로디*Broadway Melody of 1940*〉(노먼 타로그Norman Taurog, 1940)에는 무대 뒤 환경이 로맨스라는 하위 플롯을 위해 설정되지도 않았고, 뮤지컬 넘버들도 리허설이나 무대 공연을 위해 예정된 게 아니었다. 아스테어는 '당신에게서 눈을 뗄 수 없어요 *I've Got My Eyes on You*'라는 노래를 텅 빈 극장의 무대에서 부르는데, 그의 사랑의 대상인 미래의 파트너(엘레너 파월)가 이를 엿듣게 된다. 뮤지컬 속 남자의 두 역할(연인과 연기자)은 그래서 영화의 두 가지 내러티브 전략(남자가 여자에게 구애하는 로맨스와 뮤지컬 쇼)과 연결돼 있는 것이다. 그러나 그 이후에 만들어진 아스테어가 '길을 따라 내려가며' 춤추고 지나가는 사람들에게 노래로 인사하는 장면으로 시작되는 〈부활절 행진〉 같은 뮤지컬에서는 비로소 아스테어의 두 역할이 서로 분리할 수 없게 된다.

통합된 뮤지컬, 다시 말해 인생은 음악이라는 전략은 뮤지컬을 무대 뒤 포맷이라는 굳어진 틀에서 상당 부분 벗어나게 했다. 그러나 주요 캐릭터들은 연기자로 계속 출연했고, 내러티브는 최종적으로 음악적 쇼를 벌이는 것으로 유지됐다. 하지만 1940년대 이후 몇몇 뮤지컬에는 아무 곳에서나 뮤지컬 넘버를 부르던 초기의 경향이 나타났다. 〈세인트루이스에서 만나요〉(1944)에서의 '전차 노래*Trolley Song*' 시퀀스와 〈해적〉(1948)에서 '광대가 되어라*Be a Clown*'가 나오는 마지막 시퀀스는 통합 뮤지컬이라 할지라도 '쇼'라는 기본적인 볼거리를 놓치지 않는다는 사실을 보여 준다. 그 쇼가 무대 공연으로서, 아니면 음악적인 공동체의 '자연스런' 표현으로서 나타나든 말이다.

이런 두 시퀀스가 약간 자의적으로 동기화돼 있다 할지라도, 그것들은 연기자들(앞 영화의 갈런드, 뒤 영화의 갈런드와 켈리)의 태도와 잘 조화돼 있다. 이 장면은 또한 존 벨튼John Belton이 뮤지컬의 특성을 '환상적 분위기atmosphere of illusion'라고 명명했던 사실과도 잘 조화를 이룬다(Belton, 1977: 36).[4] 이런 분위기는 연기자들의 태도와 재능에서뿐만 아니라 무대와 세트 디자인, 음악 작품, 아트 디렉션, 그리고 감독의 전체적인 전략에서 나오는 것이다. 이 전략은 백스테이지 뮤지컬과는 여러 면에서 구별된다. 백스테이지 뮤지컬에서 공연과 스토리는 서로 명백하게 구별됐고, 배우들에게 공연과 스토리 사이를 왔다갔다하게 함으로써 태도의 변화를 강요했다. MGM의 전성기 시절의 천재 청년이었던 스탠리 도넌Stanley Donen(그는 특히 〈춤추는 대뉴욕〉, 〈사랑은 비를 타고〉, 〈언제나 즐거워〉의 감독으로 유명한데, 앞 영화는 모두 진 켈리와 공동 감독했다)은 무대 뒤와 백스테이지 뮤지컬 사이의 차이를 이렇게 묘사했다.

> 버스비 버클리류 뮤지컬의 변화는 '리얼리즘'으로의 진행에 있다. 모든 것은 무대 위에서 일어나고, 당신은 그것이 무대 위에서 일어나고 있다고 충분히 믿는 데까지 상상력을 중지시킨다. [……] 당신은 항상 음악이 어디에서 나오는지를 안다. 그 누구도 에른스트 루비치나 아스테어나 르네 클레르가 했던 것처럼 초현실주의적 뮤지컬로 비약하지 않는다. 우리가 했던 것은 리얼리즘이 아니라 비현실로의 지향이었다. [……] 오페라가 당신이 말하는 하루하루의 현실성과 다른 자기 고유의 현실성을 갖고 있듯 뮤지컬도 그렇다(Donen, 1977: 28).[5]

🎥 내적 논리와 환상적 분위기

도넌이 지적했듯 할리우드 뮤지컬의 독특한 현실성은 관객의 실제 세상 경험이나 워너 스타일의 무대 뒤 장치라는 강요된 리얼리즘에서 나오는 게 아니다. 그 현실성은 로맨틱하고 환상적인 미국 대중 음악의 특성과 구애 의식, 그리고 그런 의식에 관련된 사람들의 태도에서 나온다. 모든 뮤지컬은 일정 수준까지는 통합성을 갖고 있다는 점에서, 드라마적 스토리와 음악적 공연을 견고한 내러티브 맥락 속에 결합시키고 있다. 그러나 음악 자체는, 갑자기 노래(리허설, 쇼, 기타)를 부르기 위해서는 합리적인 동기가 필요한 그런 사람들이 사는 현실적인 혹은 최소한 그럴 듯한 세상을 창조하기보다, 이런 후기 뮤지컬 속 주요 배우들의 태도, 가치, 품행을 결정하는 것 같다. 뮤지컬 장르가 발전해 감에 따라, 내러티브의 내적 논리를 위해 뮤지컬은 지속적으로 환상과 인위적 장치의 토대를 강화시키면서, 그리고 내러티브 범위와 시각적, 음악적 표현 범위를 확장시키면서 그럴 듯함*plausibility*을 희생시켰다.

예를 들어 〈언제나 즐거워*It's Always Fair Weather*〉(1955)의 첫 장면은 2차 세계 대전 유럽 전승 기념일 행사의 콜라주와 돌아온 병사들에 대한 음악적 찬미를 표현하고 있다. 콜라주 부분은 전투 장면으로 플래시백 되고, 이 영화의 '환상적 분위기'는 폭탄이 음악의 템포에 맞춰 폭발하는 것을 우리가 아는 바로 그 순간 설정된다. 이런 현실감이 떨어지는 장면 뒤에 우리는 세 명의 술 취한 병사들(진 켈리, 댄 데일리, 마이클 키드)이 MGM의 뉴욕 시 모형을 가로질러 발끝으로 춤추며 돌고 나오는 것을 보게 된다. 이 영화와 또 다른 영화들은 초기 백스테이지 뮤지컬이 그랬던 것과 같이 환상적 비논리를 위장하기보다는 그것들을 개발하고 증대시켰다.

현실과 환상은 뮤지컬 영화에서는 상대적일 뿐 아니라 오해하기 쉬운 개념이다. 위는 버스비 버클리가 〈1935년의 황금광들Gold Diggers of 1935〉에서 뮤지컬 넘버를 연출하는 것이고 아래는 스탠리 도넌이 〈춤추는 대뉴욕〉을 연출하는 것이다. 역설적이게도 버클리 영화는 백스테이지적인 줄거리 탓에 보다 '현실적인' 것으로 비치고 〈춤추는 대뉴욕〉은 유토피아적인 환상담으로 비친다. 그러나 실제로 후자는 뉴욕에서 로케이션 촬영된 영화다.

초현실적 장치를 이용하는 이 장르의 전략에 대해 영화 스스로 언급한 예는 많다. 〈욜란다와 도둑〉에서 사기꾼으로 나오는 프레드 아스테어는 순진한 상속녀에게 자신이 그녀의 수호천사라고 설득하는 장면에서 자신이 무대 디자이너로, 또 조명 감독으로 나와 연기한다. 〈사랑은 비를 타고〉에서 진 켈리는 데비 레이널즈를 아무 소리가 나지 않는 텅 빈 무대로 데려간 뒤 조명과 바람을 일으키는 기계(바로 인위적인 기술)를 조작하여 사랑의 노래를 위한 '무대를 만들어' 낸다. 〈밴드 웨건〉에서 무대 감독의 기발한 효과 장치(무대 위 폭발 장면, 움직이는 계단 등)는 마지막에 연기자들을 무대에서 도망가게 만든다. 〈파리의 미국인〉에서 진 켈리는 음악 감독으로 출연하는데, 파리 인구의 절반이 '나는 리듬을 느껴요*I Got Rhythm*'라는 노래에 참여하도록 한다.

　뮤지컬의 발달사를 보면, 초기에 몇몇 영화들은 분명히 판타지를 위해 뮤지컬의 잠재력을 개발했다. 예를 들어 모리스 슈발리에가 출연했고 재닛 맥도널드를 스크린에 데뷔시킨 에른스트 루비치의 〈러브 퍼레이드 *The Love Parade*〉(1929)는 권태에 빠진 귀족이 자신의 아내인 실바니아의 여왕과의 관계를 회복하려는 노력을 그리고 있다. 당시의 파라마운트의 다른 뮤지컬처럼 이 영화는 매끄러운 시각 스타일을 보이고, 이국적이고 동화 같은 공간에서 사건을 벌이며, 유럽 스타일의 맛과 위트를 보여 준다. 그러므로 이 영화는 백스테이지 뮤지컬과는 확실히 달랐다. 이런 판타지 뮤지컬의 영향은 1930년대, 특히 재닛 맥도널드와 넬슨 에디가 출연한 MGM의 뮤지컬 '오페레타*operetta*'(〈행실 나쁜 마리에타*Naughty Marietta*〉[로버트 레너드Robert Lenard, W. S. 반 다이크, 1935], 〈로즈 마리*Rose Marie*〉[W. S. 반 다이크, 1936], 〈황금 서부의 여자*The Girl of the Golden West*〉[로버트 레너드, 1938], 〈초생달*New Moon*〉[로버트 레너드, 1940] 등)에 강하게 남아 있다. 그런데 이들 영화의 대부분은 음악과 드라마 간의 균형을 깨뜨렸던 것이다. 그러나 전통적인 오페라 형식에 빗진 이 영화들 속 음악의 우세한 위치는 뮤지컬 오페레타를 당시의 주류 뮤지컬과 확실히 구별 지었다. 당시 뮤지컬들은 대중음악과 춤에 의존했고 공황 시대 미국의 냉혹한 현실을 일부러 외면했다.

도넌은 이렇게 주장했다. "만일 당신이 루비치나 클레르의 뮤지컬과 〈7인의 신부Seven Brides for Seven Brothers〉(스탠리 도넌, 1954)나 〈사랑은 비를 타고〉 같은 유형의 영화들 사이의 광범위하고 일반적인 차이점을 지적한다면 그것은 에너지에 있다. 그 에너지는 첫째는 미국, 둘째로는 춤과 관련이 있는 것이다"(Donen, 1977: 27).[6] 오페레타는 연기가 딱딱하고 카메라가 동적이지 못하다는 점에서 1930년대 뮤지컬에 비해 덜 영화적인 것 같다. 그래서 백스테이지 뮤지컬이나 같은 시대의 아스테어-로저스의 로맨스 뮤지컬보다 매력이 떨어졌다. 결론적으로 통합적이고 자기 반영적인 뮤지컬, 특히 MGM의 〈욜란다와 도둑〉, 〈해적〉 등은 오페레타와 무대 뒤 영화 모두에서 어떤 장점들을 차용한 것 같다. 백스테이지 뮤지컬에서는 춤과 다이내믹한 영화 제작 기술을 차용하며 '사실적' 내러티브 컨텍스트라는 한계를 남겼고, 오페레타에서는 통합된 뮤지컬 로맨스와 판타지의 논리를 차용하면서 유럽식 매너, 고정된 카메라, 그리고 춤에 대한 노래의 우위라는 문제를 남겼다.

다른 장르와는 달리 이미 살펴본 대로 뮤지컬은 현실적인 사회적 갈등이나, 심리적으로 더욱 개연성 있는 인물을 다루는 쪽으로 진화하지는 않았다. 음악 자체의 리얼리즘이나 개연성을 제외했을 때 말이다. 영화 제작자와 관객이 점점 세련돼 감에도 불구하고 스토리와 음악 간의 균형은 유지됐다. 프로덕션 넘버를 위한 내러티브 틀을 제공하는 스토리, 캐릭터, 그리고 태도의 중요성을 이해하려면 스토리와 음악 간의 균형을 잃어버린 몇몇 영화, 예를 들어 화려하고 재주만 가득 찬 〈지그펠트 폴리스 *Ziegfeld Follies*〉(1945)를 끝까지 앉아 보기만 하면 된다. 스토리는 내러티브도 없는 그 어떤 음악적 레뷰보다 관객을 음악적 경험의 세상에 더욱 직접적으로 끌어들인다. 백스테이지 뮤지컬에서 기초가 잡힌 편집이나 카메라 기술(숏/리버스 숏, 시점 등)은 영화 관객을 중심 캐릭터들(연인들/연기자들)뿐 아니라 캐릭터들의 공연을 보고 있는 상상 속의 극장 관객과도 동일시시킨다. 더욱 효과적인 것은 통합 뮤지컬에서 공동체 구성원들이 함께 부르는 노래들이다. 앞에서 예를 들은 '나는 리듬을 느껴요,' '전차 노래' 시퀀스가 그렇다. 이런 시퀀스들은 영화 관객을, 단순히 상상 속 극장의 관객과 연결하는 게 아니라, 그보다는 모든 사람이 음악을 하는 놀라운 지역의 '주민들*folks*'과 연결시키는 것이다.

🎥 구애 의식으로서의 뮤지컬

뮤지컬은 연기자와 관객을 친밀한 관계로 이끌었다. 그 관계는 구애 의식, 사랑, 그리고 결혼 등 '무대 이외의 장소*offstage*'에서의 연기자의 갈등으로 강화된 것이다. 이 장르의 가장 상투적 갈등인 로맨스(이 로맨스 관계는 반드시 갈등을 겪게 된다)는 다이내믹하고 거리낌없는 성격의 영웅(보통은 남자, 경우에 따라 여자, 예를 들어 〈담대하게 살며*Living in a Big Way*〉[그레고리 라 카바, 1947], 〈신사는 금발을 좋아해*Gentlemen Prefer Blondes*〉[하워드 혹스, 1953] 등이 그렇다)을 제시한다. 그는 재능 있고 가정 지향적인 여자를 만나 사랑에 빠질 때는 자신의 거침없는 생명력을 일부 타협한다. 뮤직맨의 매력 요소는 독특한 스타일이다. 그는 에너지, 우아함, 그리고 리듬을 갖고 있다. 이런 특성은 사회적 상식에 그가 저항할 수 있게 한다. 그는 재능이 많고 자기 중심적이며 거리낌없고 잔꾀를 부리지 않으며, 숙달된 연기자이고 이기적인 어린이다.

뮤직맨은 자신의 파트너를 음악적으로 또 성적으로 이끈다. 사실 〈품 속의 연인들〉, 〈부활절 행진〉, 〈브로드웨이의 바클리가〉는 '스벵갈리 *Svengali*'*로서의 영웅에 대한 암시를 담고 있다. 그 영웅은 공연하기 위해 여자 주인공을 가르치기 때문이다. 뮤지컬 파트너에게 춤과 노래를 가르치며 그는 인생 자체에 대한 해방된 태도도 전달한다. 특히 여성이 배우려고 하지 않을 때 그는 단지 가르치기 위해 아주 적극적인 방법까지 동원한다. 예를 들어 〈해적〉에서 순회 공연을 하는 연기자인 세라핀(진 켈리)은 사회 범절과 곧 치를 결혼식 등을 이유로 음악과 성적 표현에 대한 자신의 잠재력을 억제해 온 아름다운 낯선 여자(주디 갈런드)를 강제로 무대에 세우기 위해 최면을 건다. 〈스윙 타임〉에서 무정부적인 프레드 아스테어는 진저 로저스를 만나 그녀를 억압적인 분위기에서 해방시키기 위해 공기도 잘 안 통하는 수용소 같은 스튜디오에서 기꺼이 춤 교습까지 받는다.

뮤직맨은 자신의 음악적 기질을 표현하는 데는 전문가이지만 자신의 사회적, 성적 경향은 반드시 여성 파트너에 의해 세련화돼야 한다. '좋은' 여자는 남자를 잘 길들이는 여성이라는 할리우드의 묵시적인 요구에 맞게, 여자 주인공은 결국에는 사회적 상식의 구속으로 남자를 끌어들인다. 진 켈리(〈나와 여자 친구를 위해〉에서)와 프레드 아스테어(〈부활절 행진〉에서)

---

* 이기적 의도로 남을 지배하려는 사람을 말한다.

는 모두 주디 갈런드에게 키스하고 "왜 당신은 나와 사랑에 빠졌다고 말하지 않소?"라는 똑같은 대사를 하기 전 얼마 동안은 스벵갈리 역을 한다. 뮤직맨은 표현력이 풍부한 자신의 성격에 심하게 빠져 들기 때문에 커플 간의 성적 (그리고 확대하면 결혼까지) 함축을 종종 잊어버린다. 그들의 관계는 항상 음악적일 뿐만 아니라 사회적이고 성적이다. 그리고 뮤지컬의 클라이맥스에서 둘이 결합된다는 사실은 쉽게 예상할 수 있다. 노래와 춤의 한판으로 끝내면서 내러티브는 공연자/연인을 음악적이고 로맨스적 에너지라는 단일한 단위로 통합한다.

쇼로 끝나는 뮤지컬에서 이상적인 커플은 대개 돈이 많거나 매력 있는 조연들과 사랑의 갈등을 겪는다. 조연들은 뮤지컬의 유토피아적 이상을 꿈꾸는 주연들의 관심을 분산시킨다. 영화의 초반부에서 이상적인 커플이 맺어지지 않고, 각자가 다른 파트너와 연결되어 있는 것은 쇼로 끝나는 뮤지컬의 정형이다. 가정 지향적인 여성이 뮤지컬의 사회적 주제를 통제하기 때문에 남자 주연의 '다른 여자'가 여자 주연의 '다른 남자'보다 내러티브에 더욱 중요한 캐릭터로 작용한다. 뮤직맨은 대개 할리우드식의 요부에 의해 종종 혼란을 겪는다. 그녀는 남자를 유혹하고 남자의 본능을 자극하는 윤리적으로 문제 있는 캐릭터다. 그녀는 바람기 있는 코러스 걸(《브로드웨이의 바클리가》의 게일 로빈슨, 《부활절 행진》의 앤 밀러)일 수도 있고, 바람둥이를 찾아다니는 돈 많은 후원자(《파리의 미국인》의 니나 포치)일 수도 있다. 그러나 어떤 상황에 등장하든 그녀는 여자 주인공의 미덕을 강조하는 대조된 역에 머무를 뿐이다.

백스테이지 뮤지컬에서 갈등을 겪는 로맨스는 성공 이야기라는 주제보다 더욱더 내러티브에 긴장을 유발한다. 물론 스타 시스템 자체가 연기자들이 '실현하려는' 꿈에 대한 어떤 의심도 제거한다. 이는 연기자들이 가진 바로 그 재능 때문으로 할리우드 뮤지컬에서의 그들의 역할은 분명히 영화의 무대 뒤 하위 플롯을 가능하게 한다. 〈품 속의 연인들〉에서 미키 루니와 주디 갈런드가 큰 성공을 거둘 것이라는 사실과 〈부활절 행진〉에서 갈런드가 아스테어의 파트너 자리를 차지할 것이라는 사실에 어떤 의심을 품을 수 있는가? 아스테어의 제자이자 동료(조지 머피)가 본의 아니게 아스테어를 대신해 주요 역을 맡는 〈1940년의 브로드웨이 멜로디〉에서조차 아스테어가 머피에게 배역을, 그리고 주연 여자에게 어떻게 구애하는가를 가르칠 때 결국 아스테어가 그 역과 여자 모두를 차지할 것이라는 사실은 분명하다.

임박한 쇼와 커플 간의 사랑은 내러티브를 음악적 해결로 급진시킨다. 마이클 우드에 따르면 "음악은 쇼가 순회 공연을 갖는 쪽으로 진행되고, 마지막에는 쇼 자체의 존재를 위협하던 모든 분쟁을 종결짓는 것으로서의 쇼를 찬미한다"(Wood, 1975: 154).[7] 쇼는 캐릭터 간의 갈등을 빚는 태도와 라이프스타일을 통합하고 중재한다. 그렇게 함으로써 공연을 통해 그들의 자연적(음악적), 문화적(결혼) 결합을 찬미한다. 백스테이지 뮤지컬이나 쇼 지향적인 뮤지컬에서 이런 발전은 분명해졌다. 다시 말해 이는 내러티브가 정형화된 음악적 찬미로 결말지어진다는 것이다. 후기의 많은 통합 뮤지컬도 이런 전략을 사용한다. 스토리는 공동체의 이벤트 혹은 사회적으로 인가된 축제(결혼, 퍼레이드, 전시회, 연회 등) 등에 의해 풀려 나간다. 이런 곳으로 커플을 함께 데리고 가서 음악적 표현을 할 수 있도록 한다. 〈욜란다와 도둑〉과 〈파리의 연인Funny Face〉(스탠리 도넌, 1957)에서는 결혼식, 〈해적〉에서는 재판, 〈부활절 행진〉과 〈뮤직맨The Music Man〉(모튼 다코스타Morton Dacosta, 1962)에서는 퍼레이드, 〈세인트루이스에서 만나요〉와 〈박람회State Fair〉(월터 랭Walter Lang, 1962)에서는 박람회가 나온다. 친

숙한 문화적 의식은 음악의 배경으로 등장하고, 그것은 공동체를 이상화
된 유토피아적 세상으로 변모시킨다.

쇼에 모티브를 제공하는 이런 공동체 의식의 아주 두드러진 사례 중
하나가 클라이맥스에서 예술 학교 학생들의 무도회가 나오는 〈파리의 미
국인〉(1951)이다. 심미적인 파리인들에게 무도회는 그 계절의 가장 초점
이 되는 의식에 속한다. 무도회는 또 진 켈리와 레슬리 캐런의 초현실적
이고 꿈 같은 발레 장면의 내러티브 컨텍스트를 제공한다. 뮤지컬로 끝나
는 화려한 마지막 20분 장면에서 연인들을 갈라 놓았던 갈등은, 조지 거
슈인의 음악을 배경으로 그들이 프랑스 그림과 문화에 경의를 표하는 데
서 해결된다. 남자와 여자뿐 아니라 고급 및 대중 예술까지 공존하는 이
뮤지컬의 마지막 장면은 뮤지컬 장르(그리고 할리우드)의 가장 위대한 영화
업적 중 하나다. 이런 클라이맥스가 최고 20분까지 어떤 방해도 받지 않
고 공연이 계속되는 것으로 끝났던 1930년대 〈황금광들〉과 〈브로드웨
이 멜로디〉 시리즈의 클라이맥스와 크게 다르지 않다는 사실은 흥미롭
다. 그러나 초기의 이런 백스테이지 뮤지컬은 내러티브의 긴장이나 복잡
성이 떨어져 있었다. 무대 위의 쇼 자체가 캐릭터와 갈등을 결정했기 때
문이다.

뮤지컬의 지리적 관습에 따르면 현대의 대도시는 약속의 땅이며 아
마추어 연기자에겐 성공의 발판을 제공하는 곳이다. 또 〈브로드웨이의
연인들*Babes on Broadway*〉(버스비 버클리, 1941)에서 '엄마'가 미키 루니에게
경고한 대로 악의 소굴이기도 하다. 〈나와 여자 친구를 위해*For Me and My
Gal*〉(버스비 버클리, 1942)에서 주디 갈런드가 "그들이 파리를 보고 난 뒤에
는 어떻게 그들을 농촌에 묶어 둘 수 있겠어요"라고 노래 부르는 것처럼
파리같이 크고 이국적인 도시가 간혹 연관될 때도 있지만, 미국인들의

성공 윤리는 보통 뉴욕과 관련돼 있다. 뉴욕의 나쁜 평판은 〈세인트루이스에서 만나요〉에서 중요한 요소로 작용한다. 이 영화에서 투티 스미스(마거릿 오브라이언)는 "뉴욕에 가느니 차라리 거지로 살겠다"고 선언한다. 사실 이 영화의 첫 번째 드라마적 갈등은 투티 아버지의 승진과 뉴욕으로의 이사에 중심을 두고 있다. 그리고 다시 역설적으로 가장의 사업 성공은 금세기 초 중서부 지방 공동체의 서민적 안전에서 가족들을 몰아내는 위협이 된다. MGM의 간부들은 이런 스토리 진행에 제동을 걸었다. 그러나 프로듀서 아서 프리드는 뉴욕/세인트루이스 대립 관계가 더욱 매력 있는 드라마적 갈등을 제공한다며 그들을 설득했다. 휴 포딘Hugh Fordin이 묘사한 제작 이전의 스토리 관련 회의를 살펴보자.

> 집단적으로 또 개인적으로 소, 매닉스, 캐츠, 콘, L. K. 시드니 등 회의석상의 기사들knights은 부정적인 의견을 피력했다. 플롯도 없고 액션도 없으며 갈등도 없다는 이유에서였다. 프리드가 갑자기 끼여들었다. "갈등이 없다고? 그 사람들은 자신들의 행복을 위해 싸우고 있어! 적이 어디 있냐고? 적은 바로 뉴욕이야! 더 이상 뭘 원하지?"(Fordin, 1975: 73).[8]

투티의 가족은 세인트루이스에 남고, 다른 모든 사람들과 함께 세계 박람회를 찬미한다. 그들 모두가 느끼는 즐거움을 자매인 로즈는 이렇게 말한다. "그것을 보기 위해 기차를 타거나 호텔에 머무를 필요도 없어. 바로 우리의 고향에서 열리기 때문이지."

대도시에서 가능한 직업적 성공이나 로맨스보다 전통, 가족, 농촌에 근거한 가치에서 '행복'을 느낀다는 〈세인트루이스에서 만나요〉는 특이한 뮤지컬 하위 장르의 전형이다. 이런 전형은 멀리 〈할렐루야Hallelujah〉

(킹 비더King Vidor, 1929)에서도 발견되고, 〈오즈의 마법사〉(1939), 〈하비 걸즈〉(1945), 〈여름 휴가Summer Holiday〉(루벤 마물리안Rouben Mamoulian, 1948), 〈7인의 신부〉(1954), 〈오클라호마〉(1955), 〈뮤직맨〉(1962), 〈박람회〉(1963) 등에서도 발견된다. 찰스 F. 알트만Charles F. Altman은 이런 뮤지컬은 전통적인 가치를 찬미하고 민속적인 춤과 음악을 사용한다며 '포크 뮤지컬 folk musical'이라고 명명했다.[9] 아서 프리드는 알트만의 의견과 같다. 그리고 〈하비 걸즈〉를 드라마보다는 뮤지컬로 만들기 위해 다음과 같은 요구를 했다. "나는 이것을 음악으로써 제작하는 데 매력을 느꼈다. 내가 믿는 바에 따르면 음악만이 품위 있는 방법으로 로맨스와 미국 서민의 질을 영속화할 수 있기 때문이다"(Fordin, 1975: 153).[10]

성적인 구애 의식이 가족과 공동체적 관심에 종속돼 있다는 점에 있어서, 할리우드의 포크 뮤지컬은 쇼 뮤지컬과 다르다. 두 양식 모두 자연스럽고 동적인 음악적 표현을, 잠재적으로 억압적인 사회 공동체에 통합시킨다. 가정 지향적인 여성은 이런 의식의 수호자격이다. 그녀는 노래와 율동으로 자기 자신을 표현하는 법을 배우면서 사회 범절의 한계를 따른다. 결국 뮤지컬 커플의 결합은 사랑 이야기의 해결 그 이상으로 중요하다. 이 장르의 형식적, 문화적 대립 요소들 — 대상/이미지, 현실/환상, 스토리/공연, 노동/유희, 고정/움직임, 억제/표현, 공동체/개인, 특히 남성/여성 — 은 클라이맥스에 나오는 쇼를 통해 해결된다. 이 쇼는 대립 요소 간의 이상적인 결합을 무제한적으로 확장된 신화적 시간으로 투사한다.

뮤지컬에서 성적인 구애 의식은 반드시 갈등으로 나타난다. 영화 전체를 통해 커플 간의 관계를 복잡하게 만드는 갈등이 공연이 끝나는 순간 마법처럼 풀린다는 것을 믿게 하는 어떤 이유도 쇼 자체 말고는 우리에게 주어져 있지 않다. 어쨌든 갈등의 대립적인 속성 때문에 장르의 내러티브 전략이 발전한다는 것은 분명하다. 뮤지컬을 끝맺는 로맨틱한 사랑의 찬미는 결국 영화의 종결 순간 이후를 생각할 수 없게 한다. 한 예외를 살펴보자. 빈센트 미넬리의 초기 MGM 뮤지컬의 하나인 〈욜란다와 도둑〉(1945)에서는 클라이맥스의 결혼 축하 장면 다음 짧은 에필로그가 뒤따른다. 여주인공(루실 브레머)의 수호천사는 브레머의 새 남편(사기꾼에서 개심한 아스테어)에게 약 5년 후 그들 부부가 자신들 곁에 아이들을 두고 찍은 사진을 보여 준다. 아스테어는 눈살을 찌푸리고 사라진 천사 쪽으로 고개를 돌린다. 그리고 어깨를 움찔하고는 자신의 새 신부를 포옹하고 가정에서의 삶을 시작한다.

음악적 통합보다는 사회적 통합을, 다시 말하면 뮤직맨의 타협을 강조하며 영화를 끝맺는 이런 에필로그의 효과는 이상적인 커플의 이미지를 현재의 시간으로 투사하는 것이다. 이렇게 해서 에필로그는 이후에 영원히 행복할 것 같은 결혼-쇼라는 전략을 뒤집는다. 관객이 결혼이라는 사회적 결합을 넘어 음악적 결합을 강조하는 것을 더 좋아한다는 사실을 미넬리가 재빨리 알아차렸다는 것은 아주 흥미롭다. 그의 후속 뮤지컬 로맨스인 〈해적〉(1948)은 아주 다른 종류의 에필로그로 끝맺는다. 〈해적〉의 계속되는 성적인 싸움(진 켈리와 주디 갈런드 사이에서)과 사람의 정체를 혼동한다는 하위 플롯은 음악적 찬미와 로맨틱한 결합으로 발전하는 클라이맥스의 재판 장면에서 해결된다. 이것이 영화의 마지막 장면 같다. 그러나 미넬리는 재판에서 장면을 끊고 켈리가 카메라/관객 쪽으로 바라보며 말하는 얼굴을 화면에 꽉 차게 클로즈업한다. 그는 "최고는 아직 남았어"라고 말한다. 그 말과 더불어 스크린은 갈런드와 켈리가 힘에 넘친 '광대가 되어라'라는 노래를 부르는 장면으로 급진전된다. 그리고 무

대안적 결말: 빈센트 미넬리가 연출한 〈욜란다와 도둑〉(위)과 〈해적〉의 결말은 내러티브적인 절정에서 음악을 사용하는 것이 얼마나 중요한가를 보여 준다.

대 장면 다음의 타이틀 카드는 그들 둘이 순회하는 뮤지컬단을 조직했음을 우리에게 알린다. 〈욜란다와 도둑〉의 에필로그처럼 이런 시퀀스는 커플의 결합을 스토리가 담고 있는 세계 이상으로 투사한다. 그러나 〈욜란다와 도둑〉의 에필로그와는 달리 이것은 커플 간의 결혼이라는 결합보다 공연자로서의 결합을 강조하며, 축하를 벌이는 관습적인 쇼 자체를 무제한적인 미래로 확장하는 기능을 한다.

뮤지컬 영화의 결말은 고유한 스타일과 매력으로 '여자를 얻은' 뮤직맨 캐릭터의 개인주의적이고 꾸밈없는 표현이라는 이상을 강조한다. 영화의 결말 전략은 성적인 결합, 결혼으로서의 결합 또 공연자로서의 결합이 공연이 끝나는 순간 캐릭터들의 자연스러운 성격을 훼손시킬지도 모른다는 그 어떤 예상도 뒤집는다. 뮤지컬의 쇼-피날레의 완결을 보기가 상당히 어렵다는 사실은 아주 중요하다. 클라이맥스에 나오는 쇼가 영원히 공연되는 브로드웨이 쇼이든, 순회를 멈추지 않는 뮤지컬단이든, 아니면 노래하고 춤추기를 그치지 않는 유토피아적 공동체이든 그것은 결국 우리뿐만 아니라 캐릭터/공연자의 시각에서 바라보는 모든 것에 관한 뮤지컬인 것이다. 개인의 즐거움과 공동체의 통합을 표현하면서, 뮤지컬 쇼는 내러티브 형식의 문화적 갈등과 대립 관계를 해결할 뿐만 아니라 그러한 형식이 존재해야 하는 이유를 증명한다.

MGM의 프리드 사단: 작가로서의 스튜디오

오늘날 영화광들은 뮤지컬 영화의 발전에 내가 쌓은 공적을 지적하고 있지만 사실 나는 맹세코 아무것도 한 게 없다. 진정한 혁명적인 작업은 아서 프리드에서 나왔다. 한 인간 이상인 그는 그것을 실현했다. 그는 창조적인 사람들에게 특별한 자유를 주었다.

— 빈센트 미넬리, '프리드 사단'[11]

프로듀서로서의 아서 프리드에 대한 나의 평가는 이렇다. 그의 가장 뛰어난 능력은 재능을 알고, 재능을 인식하고, 그리고 그런 재능을 자기 주위에 두는 것이다 …… 그는 스타일을 알았다. 그가 스타일을 가진 게 아니다. 그는 그것을 보는 안목을 가졌다. 그는 무엇을 해야 하는지를 결정해야 했다. 그가 그것에 도장을 찍었다. 이 나라의 대통령처럼.

— 어빙 벌린[12]

(아서 프리드의) 머릿속에만 '사단unit'이 있었지 실재한 것은 아니다. 그리고 내 생각으로는 '프리드 사단'이라는 것이 존재했다면 바로 그런 이유 때문이다.

— 스탠리 도넌[13]

할리우드 뮤지컬은 다른 어떤 영화 형식보다 더욱더 영화 산업의 집단적 제작 시스템에 의존했다. 성공적인 뮤지컬은 반드시 다양한 개인, 즉 감독, 스크립터, 촬영 감독, 편집자는 물론 연기자, 작곡가, 작사가, 무대 디자이너, 미술 감독, 음악 감독, 안무가 등의 합쳐진 재능을 요구한다. 뮤지

뮤지컬

컬 작가로서 두 영화 감독, 즉 버스비 버클리와 빈센트 미넬리가 자주 칭송되는 것은 놀랄 일이 아니다. 두 감독은 제작의 다양한 분야에서 뛰어난 솜씨를 보였는데, 버클리는 안무가, 프로듀서, 음악 감독으로 미넬리는 미술 감독, 의상 디자이너, 무대 공연 프로듀서로서도 수완가였기 때문이다. 그러나 복잡한 제작 과정 때문에 감독의 개인적인 책임이 강화되고 동시에 이완돼야 하는 것이 할리우드 뮤지컬에 요구된다는 사실은 이율배반적이다. 감독은 견고한 내러티브를 만들기 위해서는 다양한 기능을 효과적으로 통합해야 하고, 그러므로 수많은 다른 기술자들에게 반드시 의존해야 하기 때문이다.

앞에서 밝힌 대로 뮤지컬 장르는 MGM의 놀랄 만한 작품들이 쏟아져 나왔던 2차 세계 대전 이후에 창의적이고 대중적인 지평에 이를 수 있었다. MGM의 작품 중 주목해야 할 뮤지컬은 다음 표와 같다.

이 작품들은 브로드웨이 무대작(〈쇼 보트〉, 〈애니여, 총을 들어라〉)과 보드빌 레뷰(〈지그펠트 폴리스〉)를 각색한 것까지 포함한 것이다. 그런데 더 중요한 작품은 이른바 황금 시절에 제작된 순수 할리우드 뮤지컬이다. 먼저 이 작품들은 각색한 것보다 더욱 영화적이고 내러티브의 복잡성도 갖고 있다. 그리고 MGM의 통합된 쇼 뮤지컬은 스토리와 공연, 스타일과 본질, 대사와 음악, 춤과 노래 사이의 견고한 균형을 보여 준다. 할리우드 뮤지컬 영화 중에서 이것들은 단연 빼어나다.

MGM 전성기 시절에 있어 선두에 꼽아야 할 감독은 의심할 여지없이 빈센트 미넬리이다. 고품위의 형식(특히 발레와 서양 고전 음악)을 당시로는 서민적인 것으로 인식되던 매체로 통합시킨 시각적 표현과 그 세계에 대한 감각은 그의 작품들을 다른 것과 확실히 구별 지었다. 그 작품들이 처음 제작될 때나 수년에 걸쳐 인기를 누릴 때도 마찬가지였다. 그러나 미

MGM의 주요 뮤지컬

1944	세인트루이스에서 만나요 *Meet Me in St. Louis*
1945	욜란다와 도둑 *Yolanda and the Thief*
1946	지그펠트 폴리스 *Ziegfeld Follies* 하비 걸즈 *The Harvey Girls*
1947	브루클린에서 일어난 일 *It Happened in Brooklyn* 구름이 걷힐 때까지 *Till the Clouds Roll By*
1948	부활절 행진 *Easter Parade* 해적 *The Pirate* 여름 휴가 *Summer Holiday*
1949	춤추는 대뉴욕 *On the Town* 야구장으로 데려가 주오 *Take Me Out to the Ball Game* 브로드웨이의 바클리가 *The Barkleys of Broadway*
1950	애니여, 총을 들어라 *Annie Get Your Gun* 서머 스톡 *Summer Stock*
1951	쇼 보트 *Show Boat* 파리의 미국인 *An American in Paris* 왕실의 결혼 *Royal Wedding*
1952	사랑은 비를 타고 *Singin' in the Rain* 뉴욕의 미녀 *The Belle of New York*
1953	밴드 웨건 *The Band Wagon* 케이트 키스해 주오 *Kiss Me Kate* 릴리 *Lili*
1954	브리가둔 *Brigadoon* 7인의 신부 *Seven Brides for Seven Brothers*
1955	언제나 즐거워 *It's Always Fair Weather* 숙명 *Kismet*

넬리의 작품들, 특히 〈세인트루이스에서 만나요〉, 〈욜란다와 도둑〉, 〈해적〉, 〈파리의 미국인〉, 〈밴드 웨건〉 등을 돌아보면 MGM의 황금기에 끼친 그의 개인적인 능력이 약간은 과도하게 평가됐다는 것을 알 수 있다. 그러나 많은 특질들이 그에게서 연유됐다(그리고 잘 발달됐다)는 것은 분명하다. 전쟁 이후 미넬리의 MGM 동료들인 도넌, 켈리, 찰스 월터스Charles Walters가 감독한 영화에서, 그리고 심지어는 MGM에서도 영화를 만들었던 버스비 버클리의 1940년 이후의 영화, 특히 〈나와 여자 친구를 위해〉, 〈야구장으로 데려가 주오Take Me Out to the Ball Game〉 등에서도 그런 경향은 발견된다.

뮤지컬 영화의 창작은 협동적인 제작 과정, 예술과 산업의 공생이라는 이유로 감독뿐 아니라 프로듀서에게서도 영향을 받는다고 인식된다. 아서 프리드의 경우에 있어 이것은 분명한 사실이다. 그는 MGM의 가장 대중적이고 높은 평가를 받은 뮤지컬의 대부분을 제작했다(이 장 마지막의 작품 목록을 참조하라).

다른 많은 뮤지컬 프로듀서와는 달리 프리드는 비즈니스맨이나 사업가로서 훈련을 받지 않았다. 그는 작곡, 작사부터 시작했다. 경력을 쌓아 가며 그는 이 장르의 표현의 영역에 대한 감각적이고 세련된 개념을 발전시켰다. 프리드의 반복된 제작 성공은 그의 음악적, 영화적 감각이 자신의 경영, 실무, 재정 수완으로 보완됐다는 것을 말해 준다. 다른 어떤 할리우드 영화 제작자보다 프리드는 산업과 예술이라는 이 매체의 대립적인 두 영역 모두에서 업적을 쌓았음을 입증했다.

프리드의 창조적인 공적과 조직적인 경영 능력은 MGM의 뮤지컬을 연구한 휴 포딘의 《엔터테인먼트의 세계The World of Entertainment》와 미넬리의 자서전 《나는 분명히 기억한다I Remember It Well》에서 이미 검증됐다. 나는 MGM에서 프리드가 제작한 몇몇 뮤지컬을 점검하며 이런 연구를 보완하려 하며, 뮤지컬 장르에서 최상의 것으로 위치지어진 그의 뮤지컬을 돋보이게 하는 형식, 내러티브, 주제의 특질을 논의해 보고자 한다. 서로 다른 감독(미넬리, 도넌-켈리, 찰스 월터스)들에 의해 연출되고, 다른 연기자들(아스테어, 로저스, 켈리, 갈런드, 오스카 레반트, 프랭크 시내트라, 댄 데일리 등)이 나오고, 다른 내러티브 전략(무대 뒤, 판타지, 통합 로맨스)을 사용한 영화들을 살펴볼 것이다. 이런 영화들을 하나로 묶을 수 있는 단일한 요소가 있다면 그것은 바로 프로듀서 아서 프리드이며, 그가 영화에서 내보인 독특한 시각이다. 프리드 사단의 많은 제작물이 MGM의 황금기를 분석하는 데 인용되겠지만, 특히 다음의 작품에 집중할 것이다.

해적	빈센트 미넬리, 1948, 진 켈리와 주디 갈런드
부활절 행진	찰스 월터스, 1948, 프레드 아스테어와 주디 갈런드
브로드웨이의 바클리가	찰스 월터스, 1949, 프레드 아스테어와 진저 로저스
춤추는 대뉴욕	진 켈리와 스탠리 도넌 공동 감독, 1949 / 1950, 진 켈리, 프랭크 시내트라, 앤 밀러 등
파리의 미국인	빈센트 미넬리, 1951, 진 켈리와 레슬리 캐런
사랑은 비를 타고	스탠리 도넌과 진 켈리, 1952, 진 켈리와 데비 레널즈
밴드 웨건	빈센트 미넬리, 1953, 프레드 아스테어와 시드 채리스

🎥 통합 로맨스와 유토피아로의 약속

뮤지컬 쇼 제작과 미국의 구애 의식 간의 통합은 1930년대 후반 아스테어와 켈리가 출연한 RKO 제작물과 당시의 뮤지컬 오페레타에서 시작됐는데, 이는 1940년대 중반 뮤지컬 장르의 주요한 내러티브 전략이었다. 흉내낼 수 없을 정도로 훌륭한 아스테어와 로저스 팀이 10년간 헤어져 있었던 시대, 또 MGM이 뮤지컬 장르를 지배했던 1940년대에 뮤지컬의 근본인 내러티브 구조에 중요한 발전이 진행됐다. 무대 지향적인 극장에서의 쇼가 더 이상 중심 캐릭터들의 태도, 자세, 로맨스의 성격 등을 지배하지 않았다. 캐릭터들의 구애 의식 자체가 쇼 제작 여부를 결정했다. 연기자로서의 연인들의 신분이 더 이상 그들을 재능이 특별나다는 이유로 세상의 다른 사람들로부터 분리시키지 않았다. 뮤지컬 넘버는 더 이상 스토리의 사회적 현실과 성적 갈등에서 '도피하는' 것으로서 기능하지 않았다. 뮤지컬 스토리와 쇼 사이의 (드라마의 캐릭터와 뮤지컬 공연자 사이의) 결렬로 내러티브는 점점 견고하고 통합된 쪽으로 나아갔다. 클라이맥스를 쇼로 결말짓는 것은 여전히 유효했다. 그러나 쇼-결말의 내러티브는 가상의 극장 관객을 위해 단순히 '쇼를 여는' 것이 아니었다. 현재도 뮤지컬은 엔터테이너들을 돋보이게 할 뿐만 아니라 구애 의식, 로맨틱한 사랑, 그리고 유토피아로의 약속을 찬미하고 있다.

심지어 MGM 황금기의 백스테이지 뮤지컬(〈부활절 행진〉, 〈브로드웨이의 바클리가〉, 〈밴드 웨건〉)조차도 전쟁 동안이나 그 이전에 제작된 뮤지컬보다 음악적으로 더욱 통합돼 있고, 내러티브도 더욱 복잡했다. 〈부활절 행진〉과 〈브로드웨이의 바클리가〉는 모두 직업적인 연기자들(앞의 작품에는 아스테어와 갈런드, 뒤의 작품에는 재결합한 아스테어와 로저스)과 무대 뒤라는 하위 플롯을 담고 있다. 그러나 이 작품들이 선배격인 백스테이지 뮤지컬과 다르다는 것은 바로 제시된다. 두 작품 모두에서 최초의 완결된 뮤지컬 넘버는 리허설이나 무대 공연에서 나오지 않고, '실제 생활' 상황에서 캐릭터가 느끼는 기분을 통합된 음악으로 표현한 데서 나온다. 즉 프레드는

다시 만나다: 프레드와 진저는 10년에 이르는 독자적인 활동을 마감하고 〈브로드웨이의 바클리가〉에서 다시
함께 출연했다. 이혼–재결합 뮤지컬인 이 영화는 이들이 1930년대 RKO에서 만들었던 백스테이지 뮤지컬의
후계작이라 할 수 있다.

'길 위'를 지나가는 사람들에게 즐거운 부활절을 노래하고, 이어 베이스 드럼에 맞춰 춤춘다. 〈브로드웨이의 바클리가〉에서 프레드와 진저는 승강이를 벌이고, 이어 자신들의 아파트에서 '당신을 남과 바꿀 수 없어요 *You'd Be Hard to Replace*'라는 노래를 부르며 화해한다. 〈브로드웨이의 바클리가〉의 오프닝 크레딧이 나오는 시퀀스에서는 이미 결혼하여 큰 성공을 거둔 연기자들이 우리에게 소개된다. 크레딧이 진행되는 동안 우리는 프레드와 진저가 성공적인 공연을 완결짓는 것을 보게 되고, 그리고 클라이맥스에 관습적으로 나오는 쇼와 주인공들의 결합이 이미 완결됐음을 알게 된다. 스크루볼 코미디에서 이혼–결혼이 변주되듯 이 장르의 결말 방식(쇼/결합)이 이제는 출발 방식으로 쓰이는 것이다.

〈부활절 행진〉, 〈브로드웨이의 바클리가〉 모두에서 아스테어는 우리에게 익숙한 역으로 출연하는데, 그는 음악적 표현의 육체적, 정신적 가치의 세계로 여성 파트너를 소개하는 전문 엔터테이너다. 〈부활절 행진〉의 후계자–히로인(갈런드)은 프레드의 과거 파트너가 혼자 스타가 되겠다고 떠난 이후 그가 데려온 미시간 출신 웨이트리스다. 〈브로드웨이의 바클리가〉의 남녀 관계는 더욱 복잡하다. 진저는 '정통적'인 무대에 서기 위해 프레드와 뮤지컬 코미디계를 떠나지만 곧 그녀는 자신이 드라마 배우가 아니라는 것을 알게 된다. 결국, 늘 성실한 프레드가 그녀의 감독처럼 행동하고 전화로 그녀를 훈련시켜 공연을 돕는다. 영화의 마지막에서 진저가 "더 이상 연극은 안 한다"고 약속할 때 프레드는 "그렇다면 우리는 음악에 맞춰 즐기기만 하면 되지"라고 응답한다. 그러면서 두 사람은 자신들의 아파트에서 춤추기 시작하고, 이는 무대 위 공연인 '맨해튼 다운비트*Manhattan Downbeat*' 피날레 디졸브로 이어진다. 프레드의 자연스런 천성은 우위를 차지하게 되고, 뮤지컬 코미디는 무대 드라마보다 우월한 것으로 비쳐진다. 또 뮤지컬 쇼 자체는 뮤지컬 커플의 사랑의 결합에 대한 표현으로 재확인된다.

〈부활절 행진〉도 사랑 만들기와 쇼 만들기가 서로 연관되고 있다는 점에서 유토피아를 투사하는 것이다. 〈브로드웨이의 바클리가〉에서 진저를 쇼 만들기로 재차 끌어들이는 것처럼 이 영화에서 프레드는 갈런드를 음악적으로 가르치는데, 이런 것이 프레드를 일종의 뮤지컬 장르 수호자처럼 보이게 한다. 그는 이런 역으로 인생은 '음악에 맞추면 즐거울 수 있다'는 사실을 각각의 파트너에게, 그리고 결국에는 관객에게 확신시켜 준다. 〈부활절 행진〉과 〈브로드웨이의 바클리가〉는 주요 연기자들이 영화 마지막에 무대 위라는 특별한 장소에 나타나긴 하지만, 초기 백스테이지 뮤지컬과는 성격이 아주 다른 것이다. 이런 1940년대 후반의 영화들이 아마 1950년대의 통합 뮤지컬 로맨스(〈춤추는 대뉴욕〉, 〈파리의 미국인〉, 〈사랑은 비를 타고〉 등)의 출현을 예고했는지도 모른다. 그러나 그 영화들은 백스테이지 뮤지컬 관습은 하루 아침에 폐기 처분되는 게 아니라는 사실도 보여 줬다.

이국적인 배경(카리브해의 섬)을 사용한 판타지 뮤지컬 〈해적〉에서조차도 감독 미넬리는 '광대가 되어라'라는 노래로 영화를 끝맺는, 정도는 약하지만 무대 공연을 통한 통합 방식을 선택했다. 영화 초반부에 여주인공(갈런드)은 지나치게 과보호하는 아주머니에게 이렇게 저항한다. "현실 세계와 꿈의 세계가 다르다는 것은 나도 알아요. 그리고 혼동하지도 않을 거예요." 미넬리의 전략은 이것의 정반대다. 이 영화에서 현실과 상상은 너무 심하게 '뒤섞여' 있어 서로 분간하기조차 어렵다. 미넬리의 내러티브의 임무 수행자는 진 켈리(세라핀 역, 전세계로 순회 공연하는 뮤지컬단의 리더)다. 그는 갈런드의 잠재 의식 속에 있는 음악/섹스에 대한 의식을 자꾸 자극한다. 이것이 그녀로 하여금 점차 꿈으로 '현실 세계'를 압도하고 재규정하도록 한다. 켈리는 빙글빙글 도는 거울을 이용해 갈런드에게 최면을 건다. 그녀는 스스로 자신을 숨기는 처녀 같은 여자에서 다이내믹하고 공격적인 연기자로 변한다. 얼마 후에는 음악적/성적 공연을 통해 심지어 갈런드의 백일몽이 투사된다. 그녀의 각성된 상상력은 명백히 에로틱한 칼춤 발레를 투사하는 것이다.

그러나 더욱 중요한 것은 이 영화의 종결인 '광대가 되어라' 시퀀스다. 결국 이런 무대 지향적인 에필로그는 〈브로드웨이의 바클리가〉를 종결짓는 '맨해튼 다운비트'처럼 쇼로 끝나는 뮤지컬의 관습에 미적인 경의를 표한 것이다. 두 영화 모두에서 마지막 노래들은 두 가지 내러티브 목적을 갖고 있다. 그 노래들은 로맨틱한 스토리의 에필로그로 기능하는데, 연인들의 통합-결합 이후 불려지고, 그런 사랑 이야기가 가능한 세상 '밖' 어딘가에 존재하는 극장 무대에서 공연된다. 하지만 이런 노래들은 결코 에필로그가 아니다. 스토리의 면에서 보면 이 노래들은 종결 액션*falling action*이지만 내러티브의 지배적인 전략이 쇼를 여는 것인 뮤지컬 장르의 측면에서는 일종의 최고점인 것이다.

〈브로드웨이의 바클리가〉의 프로덕션 넘버의 반 이상이 무대 위에서 공연되기 때문에, 그리고 디졸브 장면(하나의 시퀀스가 다른 시퀀스에 의해 시각적으로 오버랩된다)이 아파트에서 연인들이 마지막 곡 '맨해튼 다운비트'를 부르며 결합하는 것과 연결돼 있기 때문에 내러티브의 분열은 심각한 것이 아니었다. 그러나 〈해적〉의 내러티브 전략은 영화 종결에서의 분열을 강조하려는 것 같다. 켈리가 직업적인 공연자를 연기하고 있음에도 불구하고, 프로덕션 넘버의 대부분은 공간적으로 또 태도적으로 사랑 이야기에 잘 통합돼 있다. 프로덕션 넘버들은 사랑 이야기 속에서 형성된 감정을 표현하고, 사랑 이야기의 실제 세상 속에서 그렇게 한다. 그래서 우리는 전략의 갑작스런 변화에 제대로 대비한지 못한다. 클라이맥스의 재판을 보다가 갑자기 종결 노래인 '광대가 되어라' 시퀀스를 보기 때문이다.

〈해적〉의 로맨틱한 갈등은 갈런드와 약혼하고 켈리를 악명 높은 해적으로 고발한 악당 월터 슬레잭(돈 페드로 역, 지방의 명문가)이 켈리의 재판에서 스스로 자신이 진짜 해적임을 드러낼 때 해결된다. 재판 시퀀스는, 마을 사람들이 켈리와 갈런드의 결합을 찬미하고 슬레잭/페드로를 공격하는 것을 롱 숏으로 찍은 장면으로 종결된다. 그리고 켈리는 카메라/관객에게 (극단적인 클로즈업 숏에서) "최고는 아직 남았어"라는 사실을 알린다. 다시 말해 뮤지컬 장르의 기본적인 기능인 쇼 만들기를 재확인하고, 켈리와 갈런드의 다이내믹한 마지막 듀엣 곡을 소개하는 것이다. 이 시퀀스는 스토리와는 전혀 관련 없는 것이다. 무대 공연의 마지막 장면이 어디서, 언제 실제로 보여질지 우리가 모르기 때문이다.

🎬 뮤직맨의 진화: 프레드 아스테어와 진 켈리

사실 이런 비통합적인 에필로그는 켈리의 모든 작품을 통해 볼 때 일반적인 요소는 아니다. 켈리의 뮤지컬은 아스테어의 뮤지컬보다 스토리와 공연을 더욱 효과적으로 통합한다. 이는 먼저 그들의 상이한 음악적 개성 때문이기도 하며, 뮤지컬 장르 내러티브의 진화된 복잡함 때문이기도 하다. 우아하고 객관적인 태도를 취하는 직업적인 연기자로서 아스테어는 현실 세계의 사회적, 성적 갈등으로부터 도피할 수 있었던 반면, 켈리의 뮤직맨은 '우리와 다름없는 사람'임이 분명하다. 켈리는 교양 있는 인물보다는 자연스런 인물을 연기한다. 그의 음악적 표현은 사회의 복잡성을 초월하기보다는 그 복잡성을 재정의하고, 해결하려는 노력을 나타낸다. 예를 들어 묘기를 부리듯 세레나데를 부르고 공동체의 여성들을 성적인 긴장에서 완전히 풀어 놓는 〈해적〉에서의 '니나' 곡은, 켈리의 뮤지컬 페르소나를 형성할 뿐만 아니라 인생은 음악이라는 그의 태도를 투사한다. 이런 전략은 켈리의 후기 뮤지컬에서 더욱 친숙하다. 그의 '트레이드 마크'가 된 많은 공연에서 켈리는 실제로 그런 태도를 길거리에서 펼쳐 보인다. 예를 들어 〈파리의 미국인〉에서의 '나는 리듬을 느껴요,' 〈사랑은 비를 타고〉에서의 타이틀 곡, 〈언제나 즐거워〉에서 롤러 스케이트를 타고 부르는 '나는 나 자신을 좋아해요*I Like Myself*' 등이 그렇다. 이런 시퀀스에서 켈리는 사회 영역과 음악 영역을 아주 효과적으로 교직한다. 혹은 그는 최소한 그렇게 하려고 했다. 아스테어는 이렇게까지는 하지 못했다.

아스테어는 항상 자신만의 자족적 음악적 현실을 자기 뜻대로 창조할 수 있다는 자신감을 갖고 있었던 것 같다. 반면에 켈리는 음악을 통해 현실로부터 도피하는 것만으로는 충분치 않다고 말하려 했던 것 같다. 그는 현존하는 세계를, 춤추고 노래하는 것이 걷고 말하는 것만큼이나 자연스런 환상적인 세상으로 재창조하려 했다. 레오 브로디Leo Braudy는 두 사람의 음악적 개성을 이렇게 묘사한다.

> 프레드 아스테어라는 인물은, 춤은 완벽한 형식이며 자신에게 충분한 자유를 허용하는 동작의 명확한 표현이라는 사실을 드러낸다. 동시에 그 자유는 최상의 힘을 포함한다. 진 켈리라는 인물은, 춤의 진정한 목적은 과도함을 파괴하는 것이고 어떤 새로운 합*systhesis*을 획득하기 위해 모든 형식의 허식을 공격하는 것이라는

사실을 드러낸다. [……] 아스테어는 사회적 형식을 엄격함을 위해 흉내냈는지도 모른다. 그러나 켈리는 그 형식들을 폭발시키려 한다. 아스테어는 개인적 에너지와 양식화된 형식 사이의 관계를 정화한다. 반면에 켈리는 자신의 에너지가 더욱 잘 연기되는 새로운 형식을 찾으려 한다. 아스테어는 무대 위나 방 안에서 춤춘다. 그러면서 그는 폐쇄 공간과 극장의 아이디어를 확장하고 동시에 유지한다. 반면에 켈리는 길거리나 자동차의 지붕 혹은 탁자 위에서 춤춘다. 그렇게 함으로써 그는 춤의 힘을 배제하고 있는 것 같은 세상에 춤의 힘을 부여한다(Braudy, 1972: 147~149).[14]

나는 아스테어의 영화를 보고 있으면, 그가 약속하는 유토피아를 실현하기 위해 프레드 아스테어가 되고 싶어 하는 것을 느낀다. 반면 진 켈리는 자신이 음악적으로 표현하려는 것을 우리가 이해한다면 사회적 현실과 유토피아적 환상 사이의 간극은 연결될 수 있다는 사실을 주장하는 것처럼 느껴진다. 물론 우리 중 그 누구도 프레드 아스테어처럼 할 수는 없다. 그는 공감보다는 외경심과 경이감을 느끼게 한다. 반대로 켈리가 연기하는 뮤직맨은 비록 아스테어처럼 착각을 불러일으키거나 환상적으로는 보이지 않는다 할지라도 상대적으로 공감이 가고 매력적이다. 이런 차이점은 로맨틱한 하위 플롯에도 적용된다. 아스테어의 뮤지컬은 단순히 로맨틱한 갈등을 그리는 경향이 있다. 그 갈등의 궁극적인 결과는 크레딧을 보면 분명해진다. 즉 이는 아스테어의 세련된 수준에 맞게 연기하는 진저 혹은 주디(혹은 그 누구라도)의 문제다. 켈리의 뮤지컬 속에 들어 있는 성적인 갈등은 상대적으로 더욱 복잡하고 그의 역설적인 캐릭터에 밀접하게 관련돼 있다. 사회적 정체성과 음악적 정체성을 합일하려는 켈리의 노력은 로맨스에 관련된 그의 이해와 직접적으로 연결돼 있다.

아스테어의 특별한 능력이 그를 (그리고 종국적으로 그의 파트너를) 세속적인 현실에서 끌어 내기 때문에 아스테어의 페르소나는 그 어떤 상황에서도 확실하게 드러나는 것 같다. 그러나 켈리는 사회적 현실을 자신의 음악적 성향에 맞서 조절하려는 욕망 속에서 자신을 종종 사회적 관계와 성적 관계의 최악의 적으로 드러낸다. 켈리가 처음 출연한 영화인 MGM 제작의 〈나와 여자 친구를 위해〉(1942)에서조차도, 보드빌 출신 동료 연기자들과 켈리의 관계, 징병위원회와 그와의 관계, 그리고 단속적인 파트너였던 주디 갈런드와 그와의 관계는 혼란스럽고 격렬한 것으로 나타난다. 종결에서의 인위적인 공연-결합조차도 켈리의 사회적 자아와 음악적 자아를 통합하지 못한다.

2차 세계 대전 기간은 켈리에게는 도제의 시기였다. 아스테어에게는 공황 시절이 도제의 시기였다. 1940년대 후반이 되자 켈리의 스타성은 상승하기 시작하고, 아스테어의 스타성은 쇠락하기 시작했다. 물론 그들의 음악적 개성 사이의 차이점은 그들의 인격뿐만 아니라 시대와 역사의 상이함에도 기인한다. MGM이 지배했던 뮤지컬 장르의 스타가 아스테어에서 켈리로 이전되는 것은 다른 장르의 발전과도 일맥상통한다. 켈리의 재능있고 불안정한 뮤직맨/부적격자는 영웅적이고 자의식이 없던 선배들과는 다른 심리적인 서부 사나이, 각성한 형사와 일부 연관이 있다. 아스테어의 완전하게 형성된 페르소나조차도 전후 기간의 이런 미묘한 변화에 영향을 받는다.

예를 들어 〈밴드 웨건〉은 무대 뒤 이야기로 돌아간 것인데, 이는 아스테어를 위해 기획된 영화로서 미넬리가 1953년에 감독했다. 이 작품에서 아스테어는 브로드웨이 쇼로써 컴백을 시도하는 전성기를 지난 뮤지컬 영화 스타를 연기한다. 이 영화의 초반부 곡들은 자의식적이고 복잡한 캐릭터인 켈리의 영향을 반영하고 있다. 첫 번째 곡은 저명 인사로서의 위치를 잃어버린 아스테어의 낙담을 묘사한다('나 혼자서 나의 길을 가련다 *I'll go my way by myself'*). 곧바로 밝은 분위기의 구두닦이 곡이 뒤따른다. 아스테어와 뚱뚱한 구두닦이들은 42번가 아케이드의 윙윙거리는 소리와 불빛을 배경 삼아 외경심에 사로잡힌 행인들을 위해 힘에 넘친 곡을 연기한다. 이런 꾸밈없는 노래와 춤은 아스테어보다는 켈리에게서 더 잘 상상되는 것이다. 그러나 〈밴드 웨건〉은 결국 전통적인 무대 지향적인 쇼 뮤지컬로 전개된다. 마지막 곡들은 오락적이긴 하지만, 상상력은 부족한 레뷰 형식을 표현하고 있는데, 이는 아스테어의 초기 뮤지컬에서 익히 봐왔던 것들이다.

🎥 1950년대 초반의 켈리의 페르소나

〈밴드 웨건〉은 1950년대에 프리드 사단에서 아스테어가 작업했던 유일한 뮤지컬이다. MGM에 관련된 한 1950년대는 켈리의 시대였다. 그는 미넬리가 감독한 뮤지컬 히트작(〈파리의 미국인〉[1951], 〈브리가둔*Brigadoon*〉[1954])에 주연으로 나왔고, 스탠리 도넌과 공동 감독한 3편의 명작(〈춤추는 대뉴욕〉[1949년 말 완성], 〈사랑은 비를 타고〉[1952], 〈언제나 즐거워〉[1955])에도 주연으로 출연했다. MGM의 모든 전후 뮤지컬 가운데 이 장르에 가장 큰 영향을 미친 작품은 아마 〈춤추는 대뉴욕〉일 것이다. 프리드 사단이 제작한 그 어떤 영화보다 이 작품은 통합 뮤지컬 로맨스의 요점을 정확히 표현하고 있다. 이 영화를 위해 프리드는 도넌과 켈리의 불확실한 감독 재능에 레너드 번스타인의 음악, 세드릭 깁슨의 미술, 콤든과 그린의 각본(그들의 1944년 무대 공연작을 각색), 그리고 가장 중요한 요소로 생각되는 해롤드 로슨의 로케이션 촬영을 결합시켰다.

이 영화의 플롯 라인은 아주 간단하다. 세 명의 해군(켈리, 프랭크 시내트라, 줄스 먼신)은 뉴욕에서 24시간의 자유 시간을 갖게 되는데, 그들은 세 명의 여성들(앤 밀러, 베라 엘런, 베티 가렛)과 팀을 이룬다. 남자들은 여자들을 위해 스벵갈리 역을 맡는다. 그럼으로써 여자들은 자신들을 음악적으로 표현하고, 자신들의 많은 문제를 잊을 수 있다. 일에 지친 택시 드라이버와 발레 수업 비용을 벌기 위해 벨리 댄스를 추는 사람, 그리고 전쟁으로 야기된 성적 무관심에 고통받고 있는 사람이 그들이다. 도넌 자신의 말에 따르면 이 영화의 일반적인 전략은 "사람들이 살려고 하지 않는 인생이라는 것이 얼마나 달콤한 것인가, 그리고 이 모든 것은 24시간 안에 들어 있다"는 사실을 보여 주는 것이다(Donen, 1977: 29).[15]

이 영화에서 놀랍고도 혁신적인 사실은 주요 연기자들(6명 모두)이 뮤지컬 넘버가 나올 때뿐만 아니라 내러티브 전체를 통해 인생을 즐긴다는 것이다. 이 영화의 유토피아적인 환경은 역사적 망상에 관련된 허구도 아니고(〈세인트루이스에서 만나요〉, 〈부활절 행진〉), 혹은 사춘기적 향수도 아니며(〈야구장으로 데려다 주오〉), 이국적인 환상의 땅도 아니다(〈욜란다와 도둑〉, 〈해적〉). 대신에 유토피아적 환경은 현대의 대도시에서 발견된다. 내러티브는 가장 친숙한 도시가 음악적 연기와 표현이 펼쳐지는 광대한 지역으로 점차 변모해 가는 것을 그린다. 캐릭터들이 박물관에서부터 지하철을 지나 고층 빌딩으로까지 도시의 여러 지역을 춤을 추며 지나가는데, 이런 영속적인 동작에 의해 뉴욕의 친밀감은 증대된다. 〈춤추는 대뉴욕〉은 힘이 충만한 연기 그리고 켈리와 도넌의 동적인 연출에 의한 활기 덕택에 유토피아 선언을 하는 것처럼 보인다. 마치 콘크리트와 강철로 된 도시에 폭넓은 음악적

거리로 나서다: 프랑크 시내트라, 줄스 먼신, 진 켈리가 〈춤추는 대뉴욕〉에서 '뉴욕, 뉴욕'을 부르고 있다.

삶을 투입하는 것 같다. 도넌은 자신의 이 영화에 대해 이렇게 말했다.

우리는 뮤지컬 영화에서 완전히 새로운 어떤 것을 시도했는데, 그것은 모두 〈춤추는 대뉴욕〉에 들어 있다. 브루클린의 해군 군항에 있는 진짜 배에서 생생하게 살아 있는 사람들이 하선하고, 노래를 부르고 춤을 추며 뉴욕으로 향한다. 우리는 급속한 컷을 아주 많이 사용했다. 라디오시티의 옥상에 있다가 곧바로 지하실로 갔다. 멀베리 스트리트에서 바로 3번가로 컷하기도 했다. 그럼으로써 디졸브는 점차 인기를 잃어 갔다. 이것이 바로 뮤지컬의 역사를 다른 어떤 것보다 더 변화시킨 것 가운데 하나다(Fordin, 1975: 269).[16]

그럼으로써 〈춤추는 대뉴욕〉은 통합 장르 뮤지컬에 새로운 차원을 부가했는데, 즉 연인/연기자와 또 그들의 환경과 관련된 리듬과 로맨스를 찬미했다. MGM의 전후 도시 생활에 대한 최대의 경의는 1년 후에 발표된 빈센트 미넬리의 〈파리의 미국인〉에서 발견된다. 진 켈리가 화면 밖 대사로 놀라운 도시에 대해 소개하는("이 별은 파리라고 불리지") 영화의 도입부부터 우리는 감수성 예민한 로맨스에 이상적인 환경인 현대의 도시 유토피아로 안내된다. 연인들, 화가들, 작곡가들, 연예인들 심지어 '리듬을 느끼는' 길거리의 서민들까지 이들 모두는 현대 도시의 전염성 높은 음악적 분위기에 감염돼 있다. 〈파리의 미국인〉의 로맨스 갈등은 아주 흥미로운데, 화가가 되기를 갈망하는 켈리("만일 네가 파리에서도 그림을 그리지 못한다면……")는 파리판 프레드 아스테어(프랑스의 뮤직홀 연기자 출신으로 배우가 된 조르주 게타리)와 대립 관계에 있다. 둘은 모두 후계자 레슬리 캐런과 사랑에 빠졌다. 이런 갈등은 니나 포치에 의해 더욱 복잡해진다. 그녀는 미국인 미술 후원자로, 그녀에게 별 관심을 보이지 않는 켈리로부터 환심을 사기 위해 그의 화가 경력을 재정적으로 뒷받침한다. 직업에 관련된 켈리의 엘리트 의식(화가로서)과 게타리의 무대 지향적인 세련된 음악 공연은 예술적 표현의 두 개의 다른 양식을 대표한다. 그리고 이것은 결국 켈리와 캐런 간의 더욱 '자연스럽고' 꾸밈없는 사랑/발레의 2인무로 병치된다. 독일 점령기에 게타리가 캐런의 식구들을 돌봐 준 대가로 캐런이 게타리에게 헌신한 이후, 두 사람 간의 음악적, 감정적 관계는 은밀하게 싹튼다. 그러나 사랑은 모든 것을 정복한다. 종결에서의 켈리와 캐런의 짝짓기는 세련됐지만 기본적으로 정적인 '진지한 예술가'의 제안보다는 꾸밈없는 음악적 표현이 더 우위에 있음을 강조하고 있다.

연인 간의 영원한 결합은 현란한 '파리의 미국인 발레'에서 실현된다. 켈리와 캐런은 뒤피, 툴루즈 로트렉, 르느와르, 그리고 다른 프랑스의 대가들 그림을 본떠 제작한 화려한 세트 속에서 춤춘다. 클라이맥스의 이 시퀀스는 켈리의 직업적 갈등도 중재한다. 다시 말해 음악과 춤은 켈리의 인간적, 예술적 표현의 기본적인 수단이며, 그것은 고급과 대중에 관계 없이 모든 예술 형식을 통합하는 환경 속에 존재한다는 것이다. 그래서 이 영화의 지배적인 두 가지 대립 요소, 즉 켈리의 이상적인 연인이 니나 포치냐 레슬리 캐런이냐, 켈리 스스로가 갈등을 느끼는 화가와 뮤직맨에 대한 충동 등은 로맨스 결말과 서로 관련되어 있다. 뮤지컬 중 가장 산뜻하고 낙관적인 이 뮤지컬에 만일 진정한 어떤 주제적 대립 요소가 표현돼 있다면, 이는 미술 후원가 니나 포치와 게타리의 완고한 직업주의에 대한 이 영화의 태도에서 찾을 수 있다. 즉 니나 포치는 켈리의 화가로서의 명성을 돈으로 사려고 한다. 또 무대 지향적인 게타리의 음악적 페르소나는 켈리가 자신의 '자연스런' 음악적 주장을 분명하게 표현하는 법을 배워감에 따라 점차 쇠락한다. 화가가 되고 싶어하는 켈리의 마음은 처음에는 게타리의 음악적 성향과 대립된다. 그러나 종국에는 켈리의 더욱 자연스런(즉 비직업적) 음악적 표현이 게타리의 계산되고 잘 훈련된 연기와 대응을 이루는 것이다.

인간적이고 자연스런 음악적 표현에 대한 이 영화의 찬미는 캐런의 캐릭터에 의해 강조된다. 그녀는 대중 앞에서는 전혀 공연해 보지 않았으며, 비록 켈리와는 (은밀히) 춤춰 봤지만 연애를 하면서도 게타리와는 단 한 번도 춤추지 않은 어린이 같은 앳된 여성이다. 뮤지컬 장르의 역사 중 가장 고도로 세련됐고 가장 잘 연기된 프로덕션 넘버 가운데 하나인 클라이맥스의 발레 시퀀스가 켈리의 상상 속에서 벌어진다는 사실은 중요하다. 그럼으로써 이 시퀀스는 초반부에서 켈리와 캐런이 연주했던 곡들의 즉각성, 천진난만함과 어떤 유사성을 유지하고 있다. 그 곡들의 대부분은 센 강 다리 아래서 연기된 단순한 2인무였다. 켈리의 몽상 속의 춤은 로맨스를 찬미하는 것이 아니다. 오히려 그것은 캐런이 예술 학교의 무도회를 게타리와 함께 떠날 때 시작되었다. 그러나 몽상이 끝났을 때 게타리는 켈리와 캐런이 서로 애정을 갖고 있음을 깨닫는다. 게타리는 자신에 대한 캐런의 의무를 면제해 준다. 그럼으로써 그녀는 켈리와 함께 자신의 자연스런 성향을 좇을 수 있었고, 이 영화는 예상됐던 종결-결합으로 끝날 수 있었다.

🎥 〈사랑은 비를 타고〉와 〈밴드 웨건〉: 직업적인 것에서 자연스러움으로

〈파리의 미국인〉은 통합의 로맨스 뮤지컬이다. 그러나 이 영화의 드라마적 긴장은 자신의 천성으로 돌아가고 자신의 자연스런 욕망과 직업적인

욕망을 해결하는 켈리 주변에 몰려 있다. 이런 내러티브 전략은 〈사랑은 비를 타고〉에서도 나타난다. 이 영화에서 주인공은 유성 영화로의 전환 기에 놓인 무성 영화의 스타를 연기한다. 〈파리의 미국인〉에서처럼, 처음에 켈리는 자기 자신과 영화 속 연인이라는 자신의 직업에 대해 의기 소침해 있다. 그의 영화사는 켈리가 남자 주인공으로서의 이미지를 계속 유지하고, 자신의 상대역으로 나오는 혐오스럽고 목소리가 끔직한 여자 스타 리나 라몬트(진 하겐 분, 귀에 거슬리는 목소리 연기를 탁월하게 했다)와의 공적인 관계도 계속 이어 가길 요구한다. 〈파리의 미국인〉에서 진 켈리가 단지 레슬리 캐런을 만남으로써 자신의 자연스런 음악적 성향을 조절할 수 있었듯이, 이 영화에서도 켈리는 후계자 – 연인 / 연기자 데비 레이널즈와 친해지면서 자신이 음악적 재교육을 받아야 함을 자극받는다. 켈리의 로맨스뿐만 아니라 그의 직업적 발전을 측정하는 잣대는 바로 켈리와 하겐이 출연하는 새 영화 〈결투하는 기사〉다. 이 영화는 켈리와 그의 영화사에는 최초의 유성 영화다. 그런데 켈리, 레이널즈 그리고 켈리의 짝패 도널드 오코너는 이 끔직한 로맨틱 멜로드라마를 마법적으로 히트 뮤지컬 코미디로 변형시킨다.

이런 변형은 레이널즈가 활동 사진의 미적 통합성을 인식한 이후에 일어난다. 켈리가 영화 입문을 보드빌과 스턴트 연기 등을 통해 실현한 반면, 레이널즈는 '정통' 연극 무대를 염원한다. 그녀는 켈리를 처음 만났을 때 이렇게 말한다. "나는 영화는 별로 보지 않아요. 한 편만 보면 다 본거나 마찬가지죠. 그래요, 영화는 대중을 위한 것이에요." 무성 영화 연기에 대한 그녀의 불신을 켈리도 어느 정도 느끼게 된다. 비록 불안해하고 있던 켈리가 그녀의 의견을 전적으로 받아들이지는 않지만 말이다.

결국 유성 영화의 출현이 아니라 뮤지컬 영화 자체의 발전이 켈리와

1950년대 초가 되면 진 켈리(《사랑은 비를 타고》)와 프레드 아스테어(《밴드 웨건》)의 구두닦이 시퀀스)는 거의 모든 것에서 노래하고 춤출 구실을 찾는다.

레이널즈를 결합시키고, 그들의 직업적인 활동에 정당성을 부여한다. 켈리가 부르는 '사랑은 비를 타고' 타이틀 곡은 레이널즈와의 결합뿐만 아니라, 〈결투하는 기사〉를 구해 낸 그들의 아이디어를 찬미하는 것이다. 〈결투하는 기사〉는 레이널즈가 하겐의 목소리를 더빙하고, 음악과 코미디 대사를 첨가함으로써 되살아났다. 아이디어의 떠오름과 켈리와 레이널즈 간의 짝짓기는 동일한 시퀀스에서 일어난다. 이것이 레이널즈의 아파트 바깥에서 켈리가 보여 주는 현란한 물 웅덩이 춤의 동기가 됐다. 그래서 뮤지컬 영화 만들기로 중심 캐릭터들이 전이하는 것은 그들의 로맨틱한 결합만큼이나 '자연스럽다.' 그리고 그들이 공유하는 꾸밈없는 표현은, 켈리의 상대역 여자 스타는 그들처럼 적응하지 못한다는 사실로 강조된다.

영화는 뮤지컬 코미디로 변형된 〈결투하는 기사〉가 성공적으로 개봉하는 것으로 종결된다. 상영이 끝난 뒤, 관객은 리나 라몬트가 스크린 앞에서 직접 공연해 주기를 요구한다. 그러나 켈리와 오코너는 레이널즈의 재능(스크린과 무대 위 모두에서의 진짜 목소리)을 공개하기로 음모를 꾸민다. 리나가 노래하지 못한다는 사실 혹은 발음을 정확하게 하지 못한다는 사실은 인생 자체에 대한 그녀의 태도가 확장된 것이다. 〈파리의 미국인〉에서의 귀족 미망인 니나 포치처럼 리나 라몬트는 최악의 의미로 프로적이다. 다시 말해 그녀는 탐욕적이고, 자기 중심적이며, 음모적이고, 감수성도 없으며, 자신의 감정도 전달하지 못한다. 그녀는 사랑에 대한 혹은 진정한 인간 관계의 가능성을 갖고 있지 못하다. 그리고 확대하자면 자기 자신을 음악적으로 표현하지 못한다.

리나의 영예에서의 추락과 켈리의 상대역으로서의 레이널즈의 부상은 음악적 표현이 인간 상호 간의 관계와 로맨틱한 사랑의 토대임을 강조한다. 이 영화와 또 다른 많은 MGM의 통합 뮤지컬에서, 특히 1950년 이후의 켈리의 영화에서 음악적 재능과 연기는 교육된 자질보다 자연스런 자질을 대표하는 것이다. 〈춤추는 대뉴욕〉 이후의 뮤지컬 영화에서 커플이 직업적인 연기자로 묘사되는 경우는 드물었다. 그들은 어떤 분야의 예술가일 수도 있다. 그러나 그들의 음악적 성공은 기본적으로 자신들의 직업적 활동을 자연스런 음악적 본능과 균형을 맞출 수 있느냐에 달려 있었다.

한때 아스테어가 몇 개의 통합 넘버들을 연기했던 레뷰 형식을 차용한 〈밴드 웨건〉에서조차도 로맨스는 이런 '자연스런' 음악적 표현에 의존해 있다. 아스테어와 그의 상대 배우(시드 채리스)는 운명지어진 드라마 뮤지컬이 하기 싫어 리허설에서 몰래 빠져 나온다. 그들은 팀으로서 함께 춤출 수 있는 방법을 찾는다. 그들은 잘못 운명지어진 쇼에서 연기하는 데 대해 불편함을 느낄 뿐만 아니라 자신들의 능력에도 문제가 있다고 여긴다. 채리스는 발레를 그만두고 뮤지컬을 하려고 한다. 아스테어는 자신의 추락된 경력을 다시 세우기 위해 뮤지컬로 컴백하려 한다. 리허설에서 이들 커플이 도주한 사실은 로맨스의 함의뿐만 아니라 직업적 함의도 갖고 있다. 그들이 서로 음악적으로 관계지으려는 것은 감정적, 성적 관계의 필수 요소이기 때문이다. 이들의 짝짓기는 두 사람이 어둡고 외로운 센트럴 파크에서 갑자기 2인무를 추기 시작할 때 확인된다. 이는 〈파리의 미국인〉에서 켈리와 캐런이 밤에 춤추던 것을 떠올리게 한다. 후계자로서 여성의 역할은 이 영화에서 특히 중요하다. 여성의 역할은 '아마추어' 연기자의 태도의 순수함과 타협되지 않은 성적, 음악적 충동을 강조할 뿐만 아니라, 뮤직맨의 가슴에 있는 순수함과 자연스러움을 다시 불태우는 것이다.

MGM 뮤지컬의 놀랄 만한 특징 중 하나는 그것들이 진실로 설득력이 있다는 사실이다. 우리는 영화관을 나서며, 캐릭터들이 많은 리허설을 통해 각본대로 연기했다기보다는 그들의 자연스런 성향을 표현했다고 믿는다. 우리가 보통 연기자/연인들의 순수한 정신과 동기를 '믿는' 것은 프리드 사단 뮤지컬들의 내러티브가 복잡함을 갖고 있고, 로맨스와 음악적 연기를 믿을 수 있게 통합했기 때문이다. 공교롭게도 극장 안에 우리가 있다는 사실은, 우리가 연기자들의 직업적 능력과 계산된 장치를 이미 알고 있음을 암시한다. 하지만 이런 뮤지컬들의 내러티브 내부의 논리는 (그리고 이 뮤지컬들의 선배격인 무대 뒤 작품들도 마찬가지로) 상식과 개연성을 아주 효과적으로 배제하고 있다. 클라이맥스의 쇼가 무대 지향적인 프로들의 생산물이든, 유토피아 환경에 있는 연인들의 '자연스런' 표현이든지 간에, 영화 내에서 쇼를 만드는 전략은 우리들로 하여금 통합된 내러티브 자체에만 반응하게 한다. 다시 말해 직업적인 엔터테이너로서의 캐릭터들에 대한 우리들의 친숙함을 잊도록 하는 것이다.

제인 퓨어Jane Feuer가 할리우드 뮤지컬에 대한 신뢰할 만한 그녀의 연구에서 지적한 대로, 이런 영화들은 할리우드 뮤지컬의 기술적으로 복잡한 성질을 효과적으로 '인간화시킨' 내러티브 장치의 시스템을 발전시켰다. 이런 장치들은 상업 예술을 민중 예술로 보이게 한다. 꾸밈없고 어려운 것 같지 않은 음악적 사랑의 표현, 세련된 연기를 단순한 리허설로 위장하기, 아마추어-후계자의 성공, 이기적이고 실리적이기보다는 공동체적이고 미적인 동기를 가진 무대 뒤 인물 집단 등, 이런 내러티브 장치들은 뮤지컬 영화 제작의 경제적, 산업적 제약을 '지워 버린다'고 퓨어는 주장한다. 이 점은 특히 통합 뮤지컬 로맨스에서는 사실이다. 이런 뮤지컬들은 주인공을 비직업인으로 캐스팅하기 때문이다. 그렇기는 해도 우리는 통합 로맨스 뮤지컬 속의 스타들을 오랫동안 잊지 못한다. 켈리, 아스테어, 갈런드, 채리스와 그들의 동료들이 보여 준 빛나는 연기는 우리들로 하여금 스토리에서뿐만 아니라 통합된 뮤지컬 넘버 속에서도 축적된 스타 시스템의 효과를 생각하게 한다(Feuer, 1978: 10~61).[17]

🎥 캐릭터, 연기자, 그리고 정체성의 위기

〈파리의 미국인〉 오프닝 시퀀스에서 우리는 친숙한 진 켈리의 목소리를 듣는다. 그는 자신이 미국 군인 출신이며, 조국에서 추방됐고, 이름이 제리 멀리건인 화가라고 우리에게 소개한다. 이런 도입부는 켈리/멀리건이 자신의 비좁은 아파트를 침실에서 예술가의 스튜디오로 아주 멋있게 변형시킬 때, 현란한 댄스-코미디 형식으로 진행된다. 이 시퀀스가 끝날 즈음 켈리는 자신이 스케치한 초상화를 바라보는데, 카메라는 초상화를 클로즈업하기 위해 다가가고 멀리건은 헝겊 조각으로 캔버스/카메라에 그려진 자신의 이미지를 지워 버린다. 이런 화려하고 압축적인 도입부는 중심 캐릭터와 그의 고유한 갈등을 아주 효과적으로 제시한다. 갈등은 이런 것들이다. 미술 대 춤, 노동 대 유희, 미국 대 파리, 현실 대 유토피아, 전쟁 대 전후, 긍정적 자아상 대 부정적 자아상 등이다. 그리고 이런 대립 요소들은 한 가지 분명하고 중요한 사실에 집중돼 있다. 다시 말해 자신을 제리 멀리건이라고 부르는 이 캐릭터는 자신이 실제로는 진 켈리라는 사실을 전혀 인식하고 있지 못한다는 점이다.

프리드 사단의 모든 뮤지컬, 특히 진 켈리가 나오는 뮤지컬은 중심 캐릭터가 자신의 허구적인 정체성을 조금씩 포기하고, 나중에는 발군의 뮤

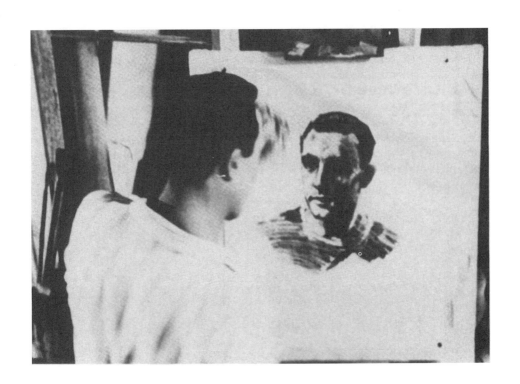

〈파리의 미국인〉의 오프닝 시퀀스를 프레임 확대한 사진. 화가인 제리 멀리건은 자화상을 지워 버린 다음 자신의 참된 정체성을 찾아 나서 결국 가수이자 댄서인 진 켈리가 된다.

지컬 스타 페르소나로서의 인물로 점차 발전하는 과정을 다룬다. 이런 갈등에서 해결로의 진행은 '순회 공연을 가지려는' 노력과 마찬가지로 자기 인식을 향한 움직임이다. 뮤지컬 장르의 주요 연기자와 그들의 독특한 음악적 재능이 대중에게 친숙해짐에 따라 내러티브는 더욱 개인적인 요소에 집중했다. 초기 뮤지컬들, 특히 무대 뒤 영화들도 이런 전략을 사용했다. 비록 연기자들의 새로 발견된 음악적 정체성이, '설명됐고' 그럼으로써 무대 지향적인 쇼를 벌이는 논리에 의해 가려져 있었다 할지라도 말이다. 이런 내러티브 기술은 후기 뮤지컬에서의 상대적으로 더욱 복잡하고 매력적인 종결에서 사용된다.

자의식은 쇼 속의 허구적인 쇼가 결국에는 뮤지컬 영화 그 자체와 같은 것이 되는 〈사랑은 비를 타고〉와 〈밴드 웨건〉에서처럼 거의 패러디가 된다. 두 영화 모두는 성공적인 무대 위 뮤지컬 공연으로 종결된다. 무대 위 뮤지컬의 제목은 그 뮤지컬을 담고 있는 영화 제목과 동일한 것이다. 그리고 〈사랑은 비를 타고〉의 마지막 시퀀스에서 우리는 진 켈리와 데비 레이널즈가 영화와 동일한 제목의 쇼를 홍보하는 벽보 광고판을 바라보는 모습을 본다. 그 광고판에는 그들의 모습이 그려져 있는데, 이런 종류의 내러티브 에필로그는 음악적 짝짓기와 결혼으로서의 짝짓기를 강조하는 것이다.

〈파리의 미국인〉의 내러티브 전략은 자기 인식으로의 진보를 더욱 관습적인 방법으로 다룬다. 제리 멀리건과 그의 연인/파트너는 종국에 자신들의 역할 수행, 영혼 찾기, 드라마 갈등 등을 하지 않는다. 그리고 그들은 내러티브를 실제인 것처럼 인식한다. 다시 말해 쇼는 그들의 음악적 재능을 위해 있는 것이다. 이런 사실이, 뮤지컬이 내러티브-드라마 컨텍스트 없이도 기능할 수 있다는 것을 주장하는 것은 아니다. 비록

MGM의 많은 레뷰와 무대 지향적인 연극적 각색물들, 특히 〈지그펠트 폴리스〉, 〈애니여, 총을 들어라〉, 〈쇼 보트〉 등이 처음 상영될 때 상당히 성공적이었지만 말이다. 그러나 이런 영화들은 그리 오래 가지 못했다. 음악과 내러티브를 결합시키는 형식적, 미적 특질을 개발해 내지 못했기 때문이다. 그러나 통합 뮤지컬은 대상과 이미지 간의 긴장, 현실과 환상 간의 긴장을 조작했고, 그럼으로써 통합 뮤지컬은 할리우드 영화 가운데 가장 영화적인 것 중 하나가 됐다. 통합 뮤지컬의 연기자들은 자신들의 정체성을 드라마 속의 배우에서 관객에게 직접 표현하는 엔터테이너로 항상 이동시켜야 했기 때문이다. 통합 뮤지컬은 또한 할리우드 내러티브 가운데 형식적으로 가장 자기 반영적이다.

이런 현실과 환상 간의 긴장과 커플의 드라마적 정체성과 연기자적 정체성 간의 긴장은 스토리 자체 내에서 발전된다. 통합 뮤지컬의 플롯은 어떤 캐릭터의 잘못된 정체성이나 변질된 정체성과 연관돼 있다. 이런 식의 갈등 해결은 궁극적으로 캐릭터의 '진짜' 정체성을 인식하게 했다. 즉 할리우드의 스타이고 정점에 선 뮤지컬 공연자로서의 정체성 말이다.

〈해적〉에서 주디 갈런드가 연기한 마누엘라는 혼동된 성적 정체성과 상상적 정체성을 반드시 해결해야 한다. 그녀는 해적 마코코의 전설에 대한 환상을 가짐으로써 그 문제를 해결할 수 있다. 갈런드의 잠재적인 연인 켈리/세라핀과 슬레잭/돈 페드로는 그녀의 상상 속에 모두 나타난다. 켈리는 엔터테이너이고 숙녀들에게 상냥한 남자로 갈런드의 주목을 끌 수 있는 유일한 방법이 해적처럼 행동하는 것이라는 사실을 인식하고 있다. 진짜 마코코인 슬레잭은 자신이 해적질한 노획물들을 모두 이용해 공동체 내에서 존경받는 시민이 되고자 한다. 그러기 위해서는 그는 자신의 신분을 숨겨야 한다. 별 매력 없는 슬레잭과 갈런드와의 약혼은 그녀의 가족들에 의해 성사된다. 슬레잭이 해적-연인에 대한 갈런드의 로맨틱한 환상을 충족시키지 못함은 분명하다. 이런 환상은 그녀의 백일몽에서 아주 분명하게 묘사된다. 꿈 속의 '칼춤 발레'에서 켈리는 그녀의 이상화된 상대자로 나온다. 종결 부분에서 켈리와 슬레잭의 신분이 드러난다. 갈런드는 자신의 잘못된 현실 — 드라마적으로는 슬레잭에게 얽매이는 것과 음악적으로는 자신의 음악성이 억제되는 것 — 로부터 해방된다. 그럼으로써 그녀는 켈리와 더불어 음악적, 성적 충족을 달성한다. 그순간 잘못된 정체성은 풀린다. 화면은 마지막 곡인 '광대가 되어라'로 이어진다. 갈런드의 변모는 비록 그녀가 직업적인 훈련이나 경험은 없었을지라도 거의 완벽히 자연스럽게 묘사돼 있다. 그리고 영화의 종결에서 켈리와 함께 무대 위에서 보여 주는 그녀의 역할은 통합 뮤지컬의 세상 내에서는 논리적인 것이었다.

그런데 〈해적〉에서의 정체성의 위기는 중심 캐릭터들과 스타급 연기자들 모두를 통합하기 위해 작용한다. 이것은 아주 정교하게는 아니지만 〈욜란다와 도둑〉에서도 일어난다. 여기에서 아스테어는 사기꾼(조니 리그스)으로 나온다. 그는 백만장자 상속녀(루실 브레머)의 돈을 훔치기 위해 그녀의 수호천사로 자신을 위장한다. 브레머의 '진짜' 수호천사가 끼어들고, 그 천사는 아스테어의 신분을 드러나게 하며, 그가 브레머를 사랑하고 있음을 인식하도록 한다. 아스테어의 두 가지 정체성(사기꾼 남자와 수호천사)은 플롯의 수준에서 작동한다. 그러나 이런 이중성은 더 넓은 내러티브 수준(캐릭터와 연기자로서)에서 볼 때 아스테어의 두 가지 정체성의 해결/인식에 우연히 통합된다.

〈부활절 행진〉, 〈브로드웨이의 바클리가〉, 〈밴드 웨건〉에서 보여 준 아스테어의 뛰어난 음악적 개성은 그 자체가 내러티브상으로 주어진 것이다. 그는 이런 영화들에서 직업적인 엔터테이너를 연기한다. 정체성의 위기는 아스테어의 후계자-파트너에 집중돼 있다. 즉 〈부활절 행진〉에서 갈런드는 순진한 미시간 출신 여자 '한나'에서 파트너인 '주아니타'로, 종국에는 연기자-파트너-연인 주디로 변모한다. 〈브로드웨이의 바클리가〉에서 진저 로저스는 드라마 여배우 경력을 쌓기 위해 아스테어를 떠났다가 결국 '음악에 맞춘 즐거운' 삶으로 돌아온다. 〈밴드 웨건〉에서 채리스, 잭 뷰캐넌, 그리고 모든 무대 뒤 인물들은 집단적인 정체성의 위기를 경험하는데, 아스테어 자신이 그 문제를 푼다. 그는 《파우스트》를 뮤지컬로 각색한 작품에 그들을 모두 끌어모으고, 그 작품을 대성공을 거두는 레뷰로 만들어 낸다. 실제의 아스테어 자신과 가장 유사한 정체성의 위기를 보이는 뮤지컬은 〈밴드 웨건〉이다. 작품 속 캐릭터의 허구적 경력의 쇠락은 아스테어의 현실 삶에서의 쇠락을 반영한다. 그는 나이 들고, 무대 뒤 형식에서 멀어진 뮤지컬 장르의 진보로 실제로 쇠락해 가고 있었다. 이런 쇠락은 아스테어/헌터로 하여금 자신의 상대적으로 뛰어난 본성을 무시하게 하고, 뷰캐넌의 뮤지컬 〈파우스트〉의 배역을 맡도록 한다. 연극이 대실패를 했을 때 아스테어는 뮤지컬 단원들을 보다 친숙한 영역으로 다시 이끄는 과정에서 일시적으로 빗나갔던 자신의 정체성을 회복한다.

프리드 사단에서 만든 켈리가 나오는 뮤지컬은 이와 반대다. 허구 속 캐릭터의 위기는 공연 그 자체로 예외 없이 통합된다. 켈리의 갈등은 직업적인 엔터테이너(〈해적〉이나 〈사랑은 비를 타고〉에서 처럼)로서의 역할에 관련돼 있거나 상대적으로 덜 자기 반영적인데, 그 갈등은 훈련된 직업적인 자아와 '자연스런' 음악적, 성적 자아 간의 분열에 연관돼 있다. 켈리가 직업적인 뮤직맨을 연기하지 않는 뮤지컬 ― 〈춤추는 대뉴욕〉의 해군 병사, 〈사랑은 비를 타고〉에서의 무성 영화 배우, 〈언제나 즐거워〉에서의 도박과 싸움 흥행업자 — 속에서의 그의 사회적 역할은 노래하고 춤추는 연인으로서의 자신의 역할과 처음에는 대립되다가 결국에는 종속된다. 켈리의 뮤지컬 페르소나로서의 뛰어남에 대한 인식이 직업적으로 혹은 성적으로 동기화됐든 간에 내러티브 전략은 같다. 즉 그는 캐릭터에서 연기자로, 배우에서 뮤지컬 스타로 변모한다. 연기자의 음악적 정체성에 대한 이런 인식은 세 가지의 중요한 내러티브 기능을 수행한다. 즉 그런 인식은 스토리와 연기를 단일한 전체로 통합한다. 그리고 이는 스타들로 하여금 자신들이 가장 잘할 수 있는 것을 하도록 한다. 마지막으로 이는 예술과 경험, 대사와 음악, 프로와 아마추어, 노동과 유희의 형식적 종합인 뮤지컬 영화의 개인적 가치와 공동체적 가치를 찬미한다.

🎥 통합의 의식/엔터테인먼트의 의식

프리드 사단의 모든 뮤지컬은 엔터테인먼트에 대한 그럴 듯한 '변명' 기능을 갖고 있다. 이런 기능은 〈브로드웨이의 바클리가〉나 〈밴드 웨건〉에서처럼 스토리 자체와 결합돼 있다. 이 영화들에서 드라마 갈등은 '진정한 예술'과 '단순한 엔터테인먼트' 사이의 대립 요소에 집중돼 있다. 〈브로드웨이의 바클리가〉의 도입부에서 고지식하고 고급 취향적인 무대 감독은 이런 말로 진저 로저스를 부추긴다. "너는 뮤지컬 코미디로 소모되고 말았어. 너는 위대한 드라마 여배우가 될 수 있었는데." 〈밴드 웨건〉의 초반부에서 무대 감독-프로듀서-배우인 잭 뷰캐넌은 '뮤지컬 코미디와 드라마 간의 예술적 차이'를 무시하며 의문을 품는 아스테어에게 이렇게 말한다. "자네는 보잘것없는 뮤지컬 코미디와 의미 있고 품격 있는 도덕적 음악극 사이에서 선택할 일만 남았네." 이런 반동적인 태도를 가진 무대 지향적인 엘리트주의자들은 각각의 작품 속에서 악역으로 나온다. 연기자들의 사랑 만들기와 뮤지컬 쇼 만들기가 극장 무대와 스크린을 다이내믹한 인간적 표현을 담은 생생한 캔버스로 변모시킬 때, 우리는 엘리트들의 예술 형식이 얼마나 생기 없는 것인가를 알게 된다.

이런 긴장은 몇 개의 통합 뮤지컬 로맨스, 특히 〈파리의 미국인〉과 〈사랑은 비를 타고〉에서 볼 수 있다. 켈리가 연기한 예술적이고 동시에 불안정한 캐릭터는 두 영화 모두에서 자기 확신에 찬 뮤지컬 연기자로 변모된다. 이런 변모는 그의 후계자-파트너와의 관계에 의해 동기화된다. 〈사랑은 비를 타고〉는 무성 영화 배우에서 뮤지컬 영화 연기자로 켈리가 변모하는 것을 그리면서 이 장르의 가치를 인식한다. 그러나 〈파리의 미국인〉에서의 순수한 음악적 엔터테인먼트에 대한 찬미는 더욱 교묘하게 발전된다. 화가 제리 멀리건은, 그가 더욱 자연스럽고 로맨틱한(즉 음악적인) 표현 수단을 위해 직업적 경력을 물리칠 때 뮤직맨 진 켈리로 변모된다. 켈리의 캐릭터가 사랑과 음악을 통해 자신의 뛰어난 페르소나를 인식하면, 그의 (그리고 캐런의) 직업적 미래의 문제는 이미 내러티브의 문제가 되지 않는다. 클라이맥스의 발레와 연인들의 결합은 예견할 수 있는 쇼-피날레를 제공할 뿐만 아니라 그들의 결합을 무시간성의 유토피아 세계로 투사한다.

사실 1950년 이후 MGM의 대부분 뮤지컬은 통합된 유토피아 공동체를 창조했다. 그 공동체 내에서는 현실 세상의 관심거리는 마법적으로 사라지고, 연기자와 관객은 함께 로맨틱한 사랑과 음악적 표현의 자유로운 특성을 찬미한다. 초기의 백스테이지 뮤지컬의 전략은 관객이 집단적

뮤지컬 장르에서 대중 예술과 엘리트 예술의 결합은 '파리의 미국인 발레'에서 그 정점에 도달한다. 여기서는
조지 거슈인의 음악과 프랑스의 회화, 진 켈리의 모던 댄스와 발레 그리고 빈센트 미넬리의 미장센이 결합되어
20여 분에 이르는 음악적으로나 시각적으로 완벽한 시퀀스를 이뤄 낸다.

으로 뮤지컬 영화 만들기에 참여하는 것을 강조했다. 그러나 그것은 동시에 무대 지향적인 프로들의 활동으로서의 음악과, 꾸밈없고 '자연스런' 표현 양식으로서의 음악 간의 차이점을 강조했다.

프리드 사단의 뮤지컬은 스토리와 연기, 캐릭터와 연기자, 현실과 환상을 엮으며 항상 그런 차이점을 상쇄시키려 했다. 그러나 아마도 가장 중요한 것은 이런 뮤지컬들이 뮤지컬 속의 세상을 우리 자신의 세상과 통합했다는 점이다. 통합의 수사학은 우리들을 행동으로 끌어들일 뿐만 아니라, 음악적 엔터테인먼트의 세상으로 끌어들인다. 그리고 뮤지컬 장르의 기본적인 쇼 만들기 기능을 잊지 않는다 할지라도, 우리가 보는 스크린 속에 그려진 캐릭터들/연기자들의 세상에 우리들을 몰입시킬 수 있다면 완벽한 행복감을 느낄 수 있을 것이다.

아서 프리드의 필모그래피

(프리드의 제작 작품. 연도는 개봉된 해가 아니라 제작된 해임.)

1939	품 속의 연인들 *Babes in Arms*
1940	리틀 넬리 켈리 *Little Nellie Kelly*
	연주를 시작하라 *Strike Up the Band*
1941	브로드웨이의 연인들 *Babes on Broadway*
	아가씨 착하게 행동하세요 *Lady Be Good*
	파나마 해티 *Panama Hattie*
1942	하늘의 오두막집 *Cabin in the Sky*
	나와 여자 친구를 위해 *For Me and My Gal*
1943	최선의 첫인상 *Best Foot Forward*
	뒤베리는 숙녀였다 *Dubarry Was a Lady*

1957	지지 *Gigi*
	실크 스타킹 *Silk Stockings*
	지하 세계 *The Subterraneans*
1959	벨은 울린다 *Bells Are Ringing*
1961	광장의 불빛 *Light in the Piazza*

• 본문 속의 연도는 개봉 연도임.

chapter 8

The Familiy
가족 멜로 드라마
Melodrama

나는 미국인이 아니다. 나는 아메리칸 멜로드라마의 풍습 같은 것은 전혀 존재하지 않는 세상에서 이곳으로 왔다. 그러나 나는 항상 멜로드라마라고 불리는 영화들에 매혹되었다. 미국에서…… 미국적 의미에서 멜로드라마는 드라마와 연결된 영화의 원형 그 이상이다.

— 더글러스 서크[1]

"당신은 나를 정상적인 삶에 맞추려고 하는 것 같은데, 무엇이 정상이오? 당신 삶이? 만일 가치의 문제라면 당신의 그건 냄새나는 것이오. 악질이고 소시민적이고 뚱보에다 잘난 체하는 존재 아니요. 당신이 유일하게 신경 쓰는 것은 당신이 벌지 않은 월급 봉투와 매일 밤 집으로 가져 갈 예쁘장한 물건 정도지."

— 〈거미집〉(1935)에서 환자가 정신과 의사에게

🎥 스타일로서의 멜로드라마, 장르로서의 멜로드라마

어떤 면에서 보면 할리우드의 모든 영화는 '멜로드라마적'이라고 말할 수 있다. 용어를 엄격하게 해석하면 멜로드라마는 음악*melos*과 드라마 *drama*가 결합된 내러티브 형식들을 가리키는 것이다. 할리우드가 드라마에 일정한 공식이 되는 청각의 차원을 제공하고, 감정을 강조하기 위해 배경 음악을 사용하기 시작한 것은 저 멀리 '무성 영화' 시대에까지 이른다. 악기(보통 오르간이나 피아노)로 직접 반주하는 것은 극장에서 영화를 틀던 초기 때부터 표준적인 관행이었다. 그러나 할리우드 영화와 내러티브 형식이 발전함에 따라, 또 대중 소설, 라디오 연속극, 연애담 등에서 기본 요소를 차용하고, 대중 연애 소설에서 다른 형식들을 빌려 옴에 따라 '로맨틱 멜로드라마'라는 용어는 더욱 특별한 의미를 갖게 됐다. 일반적으로 말해 '멜로드라마'는 순수한 개인(보통 여자)이나 커플(보통 연인)이 결혼, 직업, 핵가족 문제들과 관련된 억압적이고 불평등한 사회 환경에 의해 희생되는 대중적인 연애 이야기를 다루는 것이다.

실제로 영화 멜로드라마의 점증적인 발전은 로맨틱 스크루볼 코미디의 발전과 비슷한 과정을 보인다. 초창기 영화 시절 '코미디'는 내러티브가 있는 영화 양식이었는데, 이는 '로맨틱 코미디'로 발전했고, 연애 갈등이 성적 혹은 가족적 약호 속에서 다뤄짐에 따라 스크루볼 코미디 장르로 발전했다. 이와 유사하게, 무성 영화 제작 시 멜로드라마 양식은 연애 이야기를 담는 내러티브로 점차 조절되어 갔으며, 특정한 형식과 이데올로기적 요소가 일치했기 때문에 멜로드라마 양식은 다른 것과 구별되는 독특한 정형을 띠게 됐다. 우리는 사회적 멜로드라마를 사회적 코미디의 도치형으로 살펴봄으로써 이런 유추를 확대할 수 있다. 연애 혹은 스크루볼 코미디의 캐릭터들은 사회적인 예의범절을 비웃는 반면, 멜로드라마에서 그들은 사회적 관습에 지배당한다. 코미디는 무정부적인 연인들이 자신들이 속한 사회 분위기와는 다르게, 자족적인 결혼 커플로 결합되는 반면, 멜로드라마는 주인공들이 궁극적으로 사회적, 가족적 전통의 구속에 투항하는 것을 그린다.

　　무성 영화 멜로드라마의 거장은 그리피스다. 그는 〈세상의 중심 *Hearts of the World*〉(1918), 〈꺾어진 꽃송이*Broken Blossoms*〉, 〈순수한 수지 *True Heart Susie*〉(1919), 〈동부 저 멀리*Way Down East*〉(1920), 〈폭풍의 고아들*Orphans of the Storm*〉(1922) 같은 영화에서 스타일, 분위기, 실체들을 구축했다. 이런 영화 속에는 사회적인 성차별의 문제와 기시Gish 자매*가 겪는 곤경 등이 연극적인 팬터마임으로 그려졌다. 내러티브 전략은 희생자의 순결한 고통이 강조되는 쪽으로 설정됐다. 즉 롱 테이크 촬영, 심각한 내러티브 진행, 근심에 찬 여자 주인공의 빈번한 클로즈업(보통 멍한 눈동자로 하늘을 쳐다보는 모습), 우울한 분위기의 음악 등이 그것이다. 그리피스의 확실한 후계자는 프랭크 보제이지Frank Borzage였다. 그는 처음에는 무성 영화를 만들었지만(가장 유명한 것은 1927년 작품 〈제7의 천국*Seventh Heaven*〉), 초기의 유성 멜로드라마들인 〈무기여 잘 있거라*A Farewell to Arms*〉(1932), 〈남자의 성*Man's Castle*〉(1933), 〈위대한 영광*No Greater Glory*〉(1934) 등으로 더욱 잘 알려져 있다. 존 스탈John Stahl 감독도 무성과 유성 멜로드라마를 모두 만들었다. 하지만 더 큰 성공을 거둔 것은 〈어제만 해

---

*　릴리언 기시와 도로시 기시 자매로 〈국가의 탄생〉 같은 그리피스의 초기 영화에 주로 출연했다.

도*Only Yesterday*〉(1933), 〈똑같은 인생*Imitation of Life*〉(1934), 〈마음의 등불 *Magnificent Obsession*〉(1935), 〈내일이 오면*When Tomorrow Comes*〉(1939), 〈그 녀를 천국으로*Leave Her to Heaven*〉(1945) 같은 유성 로맨틱 영화들이다.

사랑으로 모든 것을 극복하는 연인들의 곤경을 그리는 영화는 1940 년대에는 친숙한 것이 되었다. 그러나 멜로드라마의 개념은 영화사들이 세련화에 몰두하고 있던 내러티브 형식에 주로 적용되었지만, 여전히 드 라마적 분절과 음악적 구두점에도 적용되었다. 2차 세계 대전 이후에야 비로소 할리우드 영화 제작자들은 멜로드라마의 내러티브 영역과 정서 적 힘을 실제로 시험했으며, 고통스럽고 엄격히 양식화된 사회 환경 속에 놓인 연인들의 근심을 영화로 보여 주기 시작했다. 이 시대를 지배했던 감독은 막스 오퓔스였다. 그는 조국 독일에서 추방당한 감독으로, 할리 우드에서의 작업 이후 다시 유럽으로 돌아가기까지 아주 격렬한 로맨틱 멜로드라마 3편, 즉 〈미지의 여인으로부터의 편지〉(1948), 〈포획*Caught*〉 (1949), 〈무모한 순간*The Reckless Moment*〉(1949)을 만들었다. 유연한 카메라 워크와 세심하게 짜여진 세트로, 억압적인 사회에서 물질적 함정에 의해 침몰당하고 압도당하는 사랑을 탁월하게 그리는 것이 오퓔스의 개성이 었다.

오퓔스의 작업은 1940년대 후반 두 명의 신참 할리우드 감독들인 독 일에서의 또 다른 추방자 더글러스 서크와 브로드웨이 뮤지컬 무대 디 자이너 출신인 빈센트 미넬리에 의해 계승됐다. 미넬리의 2차 세계 대전 이후 멜로드라마들(〈시계*The Clock*〉[1945], 〈언더커런트*Undercurrent*〉[1946], 〈보 바리 부인*Madame Bovary*〉[1949], 〈악인과 미녀*The Bad and the Beautiful*〉[1953])은 서크의 멜로드라마(〈여름의 폭풍우*Summer Storm*〉[1944], 〈충격 방지*Shockproof*〉 [1948], 〈언덕 위의 천둥*Thunder on the Hill*〉[1951], 〈내가 바라는 것*All I Desire*〉[1953])

와 마찬가지로 할리우드 멜로드라마의 발전된 시각 스타일과 음울한 분위기를 강화시켰을 뿐 아니라, 당시의 멜로드라마를 가장 생산적이고 매혹적인 것으로 기능하게 한 내러티브와 주제에 맞는 관습을 구체화시켰다. 전쟁 이후 사회적 멜로드라마와 통합 장르 뮤지컬이 동시에 발전했다는 사실은 흥미롭다. 특히 두 장르는 사회적 조건에 대해 극단적으로 다른 개념을 표상하고 있었는데 말이다. 또 미넬리의 경우와 같이 이런 다른 두 개념이 한 감독에 의해 실현됐다는 사실은 더욱 흥미롭다.

🎥 1950년대 멜로드라마: 장르의 성숙

할리우드 멜로드라마가 서크, 미넬리, 니콜라스 레이Nicholas Ray 그리고 다른 감독들이 성공적으로 개발할 수 있었던 그런 수준의 영화로 등장한 시기는 1950년대 중반이었다. 멜로드라마 장르 발달사에 있어 가장 재미있는 점은 고전적인 시기와 매너리즘 시기가 본질적으로 서로 구분되지 않는다는 사실이다. 산업에 기초한 다양한 요소들과 여러 외부적인 문화현상 등으로 멜로드라마는 이 기간에 일종의 균형 상태에 도달했기 때문이다. 이 균형 상태는 또한 일군의 영화 제작자들이 과거 멜로드라마 장르를 성격 지었던 피상적이고 친사회적인 주제와 상투적인 연애 내러티브를 전복시키고, 그것에 대항하기 시작한 것과 거의 동일한 시기에 일어났다. 이 기간에 다른 어떤 장르 영화도, 심지어 '반웨스턴anti-Westerns'조차도 미국적 시각을 그렇게 복잡하고 역설적으로 묘사하지 못했으며, 관객 대중의 기본적인 가치와 태도를 찬미하면서 동시에 심각하게 질문하지도 못했다. 중요하고 성공적인 멜로드라마 작품은 다음과 같다.

1954	언제나 마음은 청춘 *Young at Heart*(고든 더글러스)
	마음의 등불 *Magnificent Obsession*(더글러스 서크)

1955	거미집 *The Cobweb*(빈센트 미넬리)
	에덴의 동쪽 *East of Eden*(엘리아 카잔)
	이유 없는 반항 *Rebel Without a Cause*(니콜라스 레이)

1956	언제나 내일은 있다 *There's Always Tomorrow*(더글러스 서크)
	피크닉 *Picnic*(조슈아 로건)
	하늘이 허락한 모든 것 *All That Heaven Allows*(더글러스 서크)
	자이언트 *Giant*(조지 스티븐스)
	실물보다 큰 *Bigger Than Life*(니콜라스 레이)
	차와 동정 *Tea and Sympathy*(빈센트 미넬리)

1957	바람에 사라지다 *Written on the Wind*(더글러스 서크)
	무덥고 긴 여름 밤 *The Long, Hot Summer*(마틴 리트)
	페이튼 플레이스 *Peyton Place*(마크 롭슨 Mark Robson)

1958	뜨거운 양철 지붕 위의 고양이 *Cat on a Hot Tin Roof*(리처드 브룩스)
	타락한 천사 *The Tarnished Angels*(더글러스 서크)
	너무 많이 너무 빨리 *Too Much, Too Soon*(아트 내폴리언 Art Napoleon)

1959	피서지에서 생긴 일 *A Summer Place*(델머 데이브즈)
	달려온 사람들 *Some Came Running*(빈센트 미넬리)
	슬픔은 그대 가슴에 *Imitation of Life*(더글러스 서크)

1960	테라스에서 *From the Terrace*(마크 롭슨)
	산 중의 집 *Home From the Hill*(빈센트 미넬리)
	가시 덤불 *The Bramble Bush*(대니얼 페트리 Daniel Petrie)

영화 멜로드라마는 1960년대까지 살아남았다. 그러나 뉴 할리우드와 케네디 정부의 뉴 프론티어 정책의 형식적, 이데올로기적 영향은 이 장르의 발전에 영향을 미쳤다. 1960년대 들어 멜로드라마는 상업 TV에 사실상 통합되었다. '낮 시간대 드라마'인 연속극(애정물)뿐 아니라 황금 시간대 가족 드라마에서도 멜로드라마가 방송됐다. 〈페이튼 플레이

스〉(베스트셀러, 극영화)와 이 영화의 후속편인 1961년작 〈페이튼 플레이스 2*Return to Peyton Place*〉의 성공은 TV 방송 최초의 황금 시간대 드라마 연속극 〈페이튼 플레이스〉를 출범시켰다. 이 드라마는 1960년대 중반부터 말까지 방송됐고, 말엽에는 1주일마다 3시간 30분 분량으로 방영됐다.

멜로드라마의 내러티브 공식 — 가족 구성원 간의 상호 관계, 작은 마을의 억압적인 환경, 미국의 사회적 남녀 차별에 대한 집착 등 — 은 아이젠하워 시대를 거쳐 인권 운동, 베트남, 성 해방, 여성 운동의 시대에도 살아남았다. 그렇기는 하지만 1950년대 멜로드라마의 독특한 정신은 시간이 지나면서 사라졌다. 1950년대의 이 장르와 관련해서 아주 재미있는 사실 중 하나는 오늘날 비평의 역설적인 태도다. 즉 1950년대 주부 관객 사이에서 아주 인기 있었던 '여성용 최루 영화,' '여성용 영화,' '손수건 영화'들이 최근 들어 모더니스트, 페미니스트, 마르크스주의 비평가들 사이에서 즐겨 다뤄지는 영화가 됐기 때문이다. 연애물 최루 영화의 초기 성공은 도시 근교 가정주부들의 감수성을 자극하는 이 영화들의 집합적 힘을 반영하는 것이다. 그러나 최근의 분석가들은 1950년대 멜로드라마는 할리우드가 만든 그 어떤 영화들보다 사회에 대한 자의식이 깊으며, 반미국적인 영화에 속한다고 주장한다. 예를 들어 토머스 엘새서Thomas Elsaesser는 더욱 효과적인 할리우드 멜로드라마는 "체제 전복적이거나 아니면 도피주의적인 것 둘 중 하나로 기능하는데 이 두 범주는 주어진 역사적, 사회적 컨텍스트에서 항상 상대적이다"라고 주장한다(Elsaesser, 1972: 4).[2] 주장의 요점은 이렇다. 이전의 영화, 대중 문학, 라디오 연속극 등에서 내러티브와 사회적 관습의 기초를 확립한 2차 세계 대전 이후의 할리우드 멜로드라마는 과거와 다른 그 무엇으로서 수면 위로 떠올랐다는 것이다. 한편으로는, 관객에게 정숙하고 오랫동안 고통받는 여주인공의 공식화된 초상이 비쳐진다. 그녀의 아메리칸 드림에 대한 불굴의 믿음은 결국 로맨틱한 사랑과 도시 근교의 가정으로 보상받는다는 것도 공식화된 것이다. 그러나 겉보기에는 도피주의적인 이런 영화 속에서 엘새서는 "도피주의를 지탱하는 이데올로기에 대한 통렬한 비판을 공식화하는" 이 장르의 숨어 있는 기능을 발견했던 것이다(Elsaesser, 1972: 13).[3]

그래서 영화 멜로드라마에 대한 비평적 반응은 광범위하고 대립적인 영역까지 포함하게 됐다. 비평적 반응은 원인과 역사적 전망에 따라, 수동적이고 단순한 관객을 위한 친사회적인 정신적 양식으로 서술되기도 하고, 이와는 아주 상반되게 미국의 가치, 태도, 행동에 대한 날카롭고 자의식 깊은 비평으로 나타나기도 한다.

멜로드라마의 폭넓은 인기와 피상적인 단순함은 관객과 비평가들이 그것의 겉모습 너머를, 그리고 테크니컬러로 채색된 눈에 익은 공동체와 또 예상하기 쉬운 '해피 엔딩' 너머를 살피는 것을 차단시켰다. 그러나 할리우드의 지각 있는 몇몇 감독들, 특히 서크, 미넬리, 니콜라스 레이는 이 장르가 아이러니컬하고 모호한 시각을 갖고 있는 것으로 인식했다. 2차 세계 대전 이후의 웨스턴, 뮤지컬, 범죄 장르 영화에 대한 앞 장에서의 분석이 지적했듯 멜로드라마 혼자서 이런 장르 영화들이 초기에 신봉했던 많은 이데올로기적 전통을 뒤집은 것은 아니다. 앤드루 다우디 Andrew Dowdy는 저서 《1950년대 영화Films of the Fifties》('미국인의 마음 상태 The American State of Mind'라는 적절한 부제가 붙어 있다)에서 장르 영화는 친숙함과 내재된 친사회적 기능 때문에 '진지한' 사회 드라마보다 더욱 효과적으로 미묘한 사회 문제를 다룰 수 있다고 주장한다. 또한 "아주 의식 있는 '진지한' 영화에서 대중 관객을 지루하게 만드는 그런 주제들도, 웨스턴이나 스릴러 같은 친숙한 분위기 안에서 조심스럽게 다뤄지기만 한

다면 수용될 수 있다"라고 그는 말한다(Dowdy, 1973: 72).[4]

　1950년대의 영화, 특히 장르 영화의 수면 아래 무엇인가가 분명히 진행되고 있었던 것으로 보인다. 1950년대를 반추하는 최근의 유행은 그 시대의 안정, 번영, 그리고 넓게 퍼져 있던 낙관주의를 투사하며 깊은 향수를 불러일으키는 경향이 있다. 그러나 당시의 문화적 기록을 아주 꼼꼼하게 바라보는 사람들은 쉽고 경쾌해 보이는 그 시대의 단순함을 넘어 완전히 황량한 모습까지 간파할 것이다. 다우디가 관찰했듯, "만일 우리가 문화적 변화를 측정할 수 있는 그런 영화만 갖고 있다면, 1950년대의 영화는 순수의 상실로 어둡게 훼손되고 비웃음거리가 된 미국의 이미지를 우리에게 줄 것이며, 미국은 전쟁 기간에 경험한 그 어떤 것보다 더욱 강렬한 공포의 희생물로 나타난다"(Dowdy, 1973: 62~63).[5]

　영화사가이자 비평가인 마이클 우드는 1950년대 영화에 대해 다우디와 같은 의견을 갖고 있다. 그는 저서 《영화 속의 미국America in the Movies》에서 1950년대에 깊은 관심을 보인다. 우드는 조슈아 로건Joshua Logan과 윌리엄 인지William Inge의 1956년 걸작 〈피크닉Picnic〉에 대한 자신의 변해 가는 인상을 이렇게 말했다. "그 영화의 소외와 고독 아래 흐르는 '집요하고 은밀한 히스테리'는 영화가 처음 상영될 때는 대체로 눈에 띄지 않았다. 그러나 지금은 내러티브 곳곳에서 그 히스테리가 '나타나고' 있는 것 같다. 1950년대에 이런 성질은 당시 영화의 다른 점을 주목해 강조했기 때문에 가려져 있었다. 그러나 우리는 그 영화들의 희망 없고 광적인 태도를 볼 수 있고, 분노와 악의에 가득 찬 말들을 들을 수 있다. 이것이 바로 대중 영화에 대해 내가 제안하는 기능이다. 대중 영화들은 정면으로 쳐다볼 수도 없고 그렇다고 완전히 부인할 수도 없는 그런 것들을 — 우리들이 보지 않으려 해도 — 보도록 한다"(Wood, 1975: 163).[6]

1950년대 관객이 보지 않으려고 애썼던 것들은 미국적 이데올로기의 본질과 구조가 극단적으로 변화하고 있다는 사실이다. 반미활동조사위원회와 매카시, 앨저 히스Alger Hiss*와 로젠버그 부부,** 한국 전쟁과 냉전, 스푸트니크호의 발사와 핵 파괴의 위협, 성별 구분에 대한 사회적 기준의 변화와 전후의 '베이비 붐' 등 이런저런 사건들은 미국의 기본적인 가치들을 다시 점검하게 했다. 다시 말해 미국인의 집단적인 꿈이 악몽으로 변하는 징후들을 보이기 시작했던 것이다.

🎥 내러티브 초점으로서의 가족

미국의 가부장적 질서와 부르주아적 사회 질서의 가장 명확한 표상인 중산층의 핵가족은 변형의 과정을 걷고 있었고, 이는 할리우드의 1950년대 멜로드라마의 중심 주제가 됐다. 2차 세계 대전과 '한반도 분쟁'은 남자들을 군대로 또 외국으로 내몰았고, 여자들을 가정에서 끄집어 내 직장으로 내보냈다. 1950년대 중반이 되어서야 남자들은 아주 낯설어진 관료적 직장으로 돌아왔다. 그리고 여자들은 가족들을 양육할 가정으로 돌

---

*   매카시즘이 맹렬한 위세를 떨칠 때 소련 스파이 혐의를 받은 미국의 고급 공무원이다. 히스는 하버드대를 나와 변호사로 활동하기도 했으며 이후 국무성 관리일 당시 소련 스파이 혐의로 피소당했다. 훗날 무혐의로 밝혀졌다.

**   에델 그린글래스 로젠버그Ethel Greenglass Rosenberg와 줄리어스 로젠버그Julius Rosenberg는 미국의 핵무기 관련 비밀을 2차 세계 대전 중에 소련으로 넘겼다는 혐의로 1953년 사형당했다. 이는 미국 역사상 처음 스파이 혐의로 민간인을 사형 집행한 사례다.

아가고픈 욕구와 노동을 계속하는 문제 사이에서 고민했다. 더욱 증대된 사회의 유동성, 도시 근교로의 이동, 교육 기회의 향상 등은 가족을 뿌리째 흔들었다. 그리고 이런 현상들은 예로부터 있던 '세대 차'를 과거 그 어느 때보다 더욱 즉각적이고 시급한 문제로 부각시켜 긴장감을 유발했다. 전쟁 이후의 지배적인 지적 유행은 프로이트 정신분석학과 실존주의 철학이었다. 이 지적 사조들은 가족 제도와 사회 제도가 개인의 특별한 욕구를 충족시키지 못하는 데서 생긴 개인의 소외를 강조했다.

이런 다양한 문화적 요소들은 대중 영화 속에서 융합됐다. 대중 영화의 내러티브와 기술이 독특한 스타일의 멜로드라마 세계에 적합한 수준으로 발전하는 동안 가족 멜로드라마는 구체적인 모습을 갖추기 시작했다. 제프리 노웰 스미스Geoffrey Nowell-Smith는 이렇게 말한다. "멜로드라마라고 알려지기 시작한 장르나 형식은 형식의 역사 자체(비극의 발전, 리얼리즘 등)와 부르주아의 출현과 관련된 사회적 결정 요인들, 또 가족 사이에서 구체화된 심리적 결정 요인들과의 결합에서 생긴 것이다"(Nowell-Smith, 1977: 113).[7] 1950년대 멜로드라마가 핵가족 단위와, 확대하면 미국의 친숙한 공동체(보통 작은 마을) 내부의 가족에 집중했기 때문에 등장인물들의 화면 내 배치와 무대 설정은 다른 통합 장르의 그것보다 훨씬 강하게 관습화됐다. 이런 낯익은 사회적 구조는 관객들에게 매우 현실감 있게 느껴졌고, 이 장르의 인위적인 프레임워크 내에서 명백하게 스타일화됐다. 바로 이것이 가족 멜로드라마의 도상iconography에 독특한 차원을 부가했다. 이 점이 멜로드라마가 고유의 내러티브 정형을 가진 것으로서는 비평가들 사이에서 별로 주목받지 못했던 이유를 설명할 수 있을 것이다.

가족 단위는 두 가지 근본적인 이유로 이 장르에서 중요한 캐릭터들과 환경에 이상적인 장소를 제공하는 것 같다. 첫째, 미리 설정된 자리 배치constellation다. 배치된 각각의 배역들(엄마, 아빠, 아들, 딸, 그리고 어른, 청소년, 어린이, 유아 등)은 그 역할 자체가 넓은 사회적 의미를 수반한다. 둘째, 사회 계급(아버지의 직업과 수입, 가옥의 형태와 위치 등)에 의해 공동체를 한정짓는 구역이다. 가족은 사회적 집단뿐 아니라 '자연적' 집단을 대표한다. 또 자체 내에서, 자체에 의해 자급자족하는 사회다. 그러나 멜로드라마에서는 이런 이상은 고도로 구조화된 사회 경제적 환경 내의 가족의 위치에 의해 훼손된다. 그래서 자급자족하는 인간 공동체로서의 가족의 정체성은 부정되며 더 넓은 사회적 공동체에 의해 결정된다. 첨예한 계급 의식, 겉모습에 따른 소문과 판단, 사라지는 가치나 그 무엇에 대한 반동적인 집착 등이 존재하는 미국의 작은 마을은 확대된 그러나 도착적인 가족을 표상한다. 그런 가족 속에서 인간적인 요소들(사랑, 정직, 사람 간의 접촉, 관용)은 억압적인 사회 인습들로 고착되거나, 아니면 그 자체가 완전히 사라지고 만다.

1940년대를 통해 진화된 미국 가족의 이미지는 다음과 같은 명백하게 낙관적인 영화들을 보면 아주 흥미롭다. 〈나의 계곡은 푸르렀다How Green Was My Valley〉(존 포드, 1941), 〈의혹의 그림자Shadow of a Doubt〉(알프레드 히치콕, 1943), 〈인생의 낙원〉, 〈우리 생애 최고의 해〉(두 작품은 1946년) 같은 영화들은 우리들이 핵가족에 대한 문화적 자신감을 점차 잃어 가는 것에 상당 부분 의존하고 있다. 〈이중 배상〉(1944)과 〈밀드레드 퍼스 Mildred Pierce〉(1946) 같은 느와르 스릴러도 이런 주제를 발전시켰다. 이 영화들은 전쟁 동안이나 전쟁 이후의 미국 여성들의 역할 변화를 탐구했다. 그리고 고통스런 중산층 라이프스타일에 불만을 품은 검은 옷을 입은 미망인이 어떻게 거기에서 빠져 나오는가를 보여 준다. 여주인공들(앞의 영화에선 바버라 스탠윅, 뒤는 조운 크로포드)은 권태로운 남편과 교외의 초라한 집에서 필사적으로 탈출하려 한다. 그녀의 불만족에 대한 동기는 자세히 설명돼 있지 않다. 그러나 아무것도 필요치 않다. 즉 중산층의 폐소공포증과 그곳에서 탈출하려는 엄마의 욕망만이 당연한 것으로 취급돼 있다. 그러나 이 영화들은 느와르 스릴러물이며, 분명한 의도로 관객을 고양시키려 하거나 전통적인 가치들을 재강조하려는 영화에서 그런 불만족을 설명하기는 더욱 어렵다.

〈세인트루이스에서 만나요〉(1944)와 〈신부의 아버지〉(1950)를 살펴보자. 두 영화는 할리우드의 (그리고 감독 빈센트 미넬리의) 영화 가운데 작은 마을의 가족을 보다 성공적으로 또 달콤하게 찬미한 것에 속한다. 이 영화들은 순박한 여주인공(앞은 주디 갈런드, 뒤는 엘리자베스 테일러)의 구애와 사랑의 약속을 추적하는데, 그녀들의 아버지가 가족과 직업 사이에서 고민하기 때문에 이야기는 복잡해진다. 두 영화 모두에서 이런 갈등은 다이내믹한 '악몽' 시퀀스를 통해 명백해진다. 그 시퀀스는 스토리의 표면상 억눌려 있던 가족과 공동체의 안정에 대한 가슴 깊은 곳에 자리한 불안을 시시각각으로 지적하며 강조한다.

〈세인트루이스에서 만나요〉에서 마거릿 오브라이언(갈런드의 여동생 역)은 가족의 세속적 성공과 아버지의 뉴욕 전근에 몹시 화가 나 진짜로 일순간 미친듯이 행동한다. 그녀는 밤에 미친듯이 밖으로 뛰어나간 뒤 눈사람 '가족'을 부서 버린다. 〈신부의 아버지〉에서 스펜서 트레이시는 딸의 임박한 결혼에 대해 고통받던 중 초현실적인 악몽을 꾼다. 꿈 속의 결혼식에서 그는 부적격, 고독, 절망의 이미지로 표현된다. 이는 미넬리의 슬로 모션 카메라, 가파른 각도의 시각적 표현, 인상 깊은 배경 등으로 강조된다. 하지만 두 영화 모두 해피 엔딩이다. 1950년 중반이 돼서야 미넬리는 어둠과 꿈의 논리 아래서 자신의 문화적 전복성을 끄집어 낸다.

2차 세계 대전 이후, 결혼, 가정, 그리고 가족의 전통적 이미지는 더욱 자기 비판적인 반성을 겪게 된다. 1950년대 가족 멜로드라마의 등장과 더불어, 미국의 가족은 이제 조역이 아니라 주역으로 부상했다. 영화는 더 이상 외부의 복잡한 문제(범죄, 전쟁, 어떤 사회적 사건)를 강조하기 위해 단순하게 가족의 갈등과 가족 간의 상호 관계를 이용하지는 않았다. 대신 갈등의 근본으로서 가족이란 사회 제도 자체에 초점을 맞췄다. 이런 강조점의 이동에서 재미있는 모순이 발생한다. 즉 가족의 위기는 내러티브의 지배적인 갈등이지만 그 갈등의 해소는 현존하는 사회적 구조, 즉 가족 내부에서 발견되어야 한다는 것이다. 질서의 장르와는 다르게 멜로드라마의 사회적 갈등과 대립은 반대 세력의 하나를 폭력적으로 제거한다고 해서 해결될 수 있는 게 아니다. 또 통합 장르와도 다르게 멜로드라마의 사회적 현실이 뮤지컬이나 스크루볼적인 태도에 의해 마술적으로 변형되는 것도 아니다. 사실 코미디 경향의 영화에서 주연으로 나오는 속박받지 않는 유형의 인물들은 멜로드라마의 공동체에서는 더욱 불안에 사로잡힌 억압받는 구성원으로 자주 등장한다. 뮤지컬과 스크루볼 코미디에서 중요한 특징인 자유로운 스타일의 연기나 개성 있는 표현들이 가족 멜로드라마에서는 개인의 사회 경제적인 정체성을 형성하는 단순한 수단일 뿐이다.

🎥 〈언제나 마음은 청춘〉과 〈피크닉〉: 여성 세계의 남성 틈입자-구원자

그런 대비는 일관성이 없고 우연으로 가득 찬 1954년의 아이러니컬한 영

화 〈언제나 마음은 청춘Young at Heart〉(고든 더글러스)에 잘 드러나 있다. 이 영화는 뮤지컬에서 멜로드라마의 영역까지 포함하고 있다. 터틀 가족이 이 영화의 초점이다. 홀아비 음악 교수가 재능 있고 결혼 적령기에 있는 딸 셋을 키우며 산다(도리스 데이와 도로시 멀론이 딸로 나오는데, 이런 캐스팅이 이 영화의 장르적 분열 증세를 보이는 것이다). 영화는 아버지가 자신의 두 딸과 함께 거실에서 고전 음악을 연주하는 장면으로 시작된다. 셋째 딸(멀론)이 들어와서 봅이라는 남자 친구와의 약혼 사실을 알린다. 그는 약간 뚱뚱하지만 그 마을에서 사업가로는 인정받는 사람이다. 셋째 딸의 행동은 노처녀 신분과 결혼과의 타협이라는 문제를 공개적으로 드러나게 하고, 영화의 나머지 부분은 딸들 각자의 구애와 결혼을 추적하는 것으로 돼 있다. 같은 마을에서 자란 멀론의 약혼자는 대도시 출신의 상냥한 작곡가(알렉스 역의 기그 영)와 대칭항을 이룬다. 그 작곡가는 뮤지컬을 배우려고 터틀 가정으로 들어왔다. 그의 아버지와 터틀은 한때 친한 친구였다. 알렉스의 세련된 위트와 재능은 처음에는 터틀 가정의 분위기를 깨뜨린다. 그러나 내러티브가 진행됨에 따라, 그는 열심히 일하고 책임감도 있으며 또 약간은 무뚝뚝한 가부장적인 터틀의 명백한 계승자임이 분명해진다.

알렉스와 로리(데이)는 결국 약혼에 이른다. 그러나 약혼하기 얼마 전에 알렉스는 뮤지컬 곡을 편곡하는 데 도움을 받으려고 옛 친구 바니(프랭크 시내트라)를 부른다. 그는 철저하게 반영웅적인 인물이다. 그는 중산층의 환경을 조롱한다("국가의 중추는 바로 이런 가정이지. 실 잣는 기계는 어디 있지?"). 그리고 '자기에게 내재된 운명'이 작곡가로서의 성공을 가로막는 것에 대해 괴로워한다. 바니는 별일도 하지 않고 담배를 입술에 대롱대롱 문 채 피아노 옆에 앉아 간혹 구슬픈 노래나 부르곤 하지만 로리는 그에게 사랑을 느낀다. 결국 그녀는 잘못 맺어진 연인 바니와의 사랑의 도피를 위해 결혼식 날 알렉스에게 등을 돌린다(결혼식은 터틀의 집에서 열릴 예정이었다. 사회적, 가정적 의식의 장소로서 집의 가치가 더욱 강조돼 있다).

이때부터 내러티브는 빠르게 진행된다. 알렉스는 대리 아들로서 또 '훌륭한 패자'로서 이 가정에 머문다. 바니가 술집에서 피아노를 연주하며 살아갈 때 그의 뮤지컬이 성공을 거둔다. 로리는 음악적 재능을 포기하고 가정주부로서 살아간다. 그리고는 임신을 한다. 그녀가 바니에게 부모가 된다는 사실을 말하기 전에 그는 자살을 하려고 했다. 그러나 자신이 아버지가 된다는 사실을 알자 기적 같은 변화가 일어난다. 화면은 디졸브되고 1년 후 바니의 미완성 곡(우리는 이 노래를 그가 로리를 만나던 날 처음 들었다)은 히트하고, 이 가정의 모든 일은 잘 되어 간다.

결론적으로 말해, 〈언제나 마음은 청춘〉 같은 유형의 영화에 대한 서술로, 내러티브 유지에 필요한 정서적, 지적 역전에 대한 설명을 이끌어 낼 수는 없다. 영화 자체의 내부적 도식, 즉 고유한 가치 체계, 인물 설정, 미장센 등이 일관성이 없고 단절로 가득 차 있으며, 너무 논리가 맞지 않아서 이 영화의 내러티브는 혼란스럽고 자기 모순적인 충동의 혼합물에 머무르고 말았다. 특히 비논리적인 부분은 결말이다. 즉 중심 인물들은 현존하는 사회-가족-결혼 시스템에 희생되거나 아니면 적대적임을 우리는 충분히 보아 왔다. 그러나 어찌된 일인지 낭만적인 사랑과 부모가 된다는 사실이 마술적으로 가족의 근심과 낙담을 가정의 축복으로 변모시켜 버린다. 또 불일치는 캐스팅으로 증대됐다. 도리스 데이의 활기차고 단순한 열정적 성격은 시내트라의 힘없고 폐쇄적이며 신경질적인 성격과는 전혀 양립되지 않는다. 가치와 태도(뿐만 아니라 그들의 스크린상에 구축된 개성까지)가 너무 딴판이어서 그들 가정에서의 결혼, 노래의 성공, 그리고 아기의 탄생이 그들의 차이점을 융화시키기에는 적절하지 않은 것 같다. 감

가족 멜로드라마

독 고든 더글러스Gordon Douglas는 보다 모순되고 중립적인 시각을 가짐으로써 이런 결점들을 자산으로 교정시킬 수 있었을 것이다. 그러나 그는 직설적이고 자의식 없이 내러티브를 전개했다. 내러티브의 요소들을 가능한 한 '리얼리즘적으로' 다뤘던 것이다.

그렇지만 장르를 특징짓는 많은 기본 요소들이 〈언제나 마음은 청춘〉에는 집중돼 있다. 이 요소들은 논리적인 불일치를 자산으로 전환시킨 보다 효과적인 영화의 출현을 기대케 했다. 여성들이 주도하는 가정에서의 나이 든 가부장, 근심 많은 자녀들이 아버지／연인／남편을 찾는 작업, 가족을 다시 거듭나게 하여 안정시키는 남성 틈입자-구원자, 사회적인 상호 작용의 장소로서 가정 그 자체, 성적으로는 해방시키고 사회적으로는 속박하는 결혼의 모호한 기능 등 이런 특질들은 반복된 사용을 통해 세련화되며 논리적이고 일관성 있는 복잡한 멜로드라마로 통합되어 갔다.

고든 더글러스 영화의 내러티브의 후계라고 할 만한 영화는 〈피크닉〉이다. 감독 조슈아 로건은 1956년 윌리엄 인지의 퓰리처상 수상작인 드라마를 각색해 무대에서 스크린으로 옮겼는데, 대단한 성공을 거두었다. 앞의 영화처럼 〈피크닉〉도 결혼, 미혼 여성으로서의 신분과 순결 등의 문제에 몰두해 있는 여성들의 공동체를 다룬다. 그 문제는 남성 틈입자-구원자에 의해 혼란을 겪게 되고 더욱 부각된다. 플롯은 캔자스 주의 작은 마을이 노동절에 추수 감사 축제를 벌이는 것을 중심으로 하고 있다. 영화는 옛 대학 동창 앨런(클리프 로버트슨)을 찾으러 이 마을에 와 화물 열차에서 내리는 방랑자 할(윌리엄 홀든)을 따라간다. 할의 친구 찾기는 '선택된 트랙'에서 시작된다. 그곳에서 그는 한 무리의 여성들을 만나 그들이 경계심을 완전히 풀어 놓을 만큼 접근하는 데 성공한다. 그들은 매지(킴 노박, 우리는 나중에 그녀가 앨런의 여자임을 알게 된다), 그녀의 과부 엄마와 여동생, 이들 집에서 하숙하는 노처녀 교사(로즈메리 역의 로잘린드 러셀), 그리고 영리한 이웃 노인 포츠 부인(버나 펠튼, 그녀의 병든 모친은 2층에 산다) 등이다.

이들 네 세대에 이르는 독신 여성들은 복잡하고 매혹적인 등장인물들의 배치와 태도를 구축하고 있다. 미의 여왕인 매지와 책만 읽는 소년 같은 여동생(수잔 스트라스버그)은 서로 상대방의 독특한 매력을 부러워한다. 매지가 '예쁜 여자'라는 자신에 대한 평판을 스스로 깎아 내리면, 그녀의 엄마는 앨런(이 지역의 명문가 집안에 속한다)을 유혹하기 위해 성적 매력을 더 가꾸라고 부추긴다. 이는 자신의 딸도 거래의 대상으로 삼는다는 것을 의미한다. 안정된 성격의 가모장격인 포츠 부인은 너무 늙고 교활해서, 이 공동체의 여성들은 그녀의 판단을 잘 따르지 않는다. 하지만 그녀는 항상 여성 집단 사이의 불협화음을 진정시킨다. 이런 그룹의 주변인은 로즈메리다. 날카롭고 신경증적인 노처녀인 그녀는 오래된 남자 친구 하워드(아서 오코넬)를 붙잡는 데만 몰두해 있다. 로즈메리는 자신의 성적 좌절감과 노처녀 신분의 불안을 끊임없이 부인하는데, 이는 전체 그룹에도 영향을 미친다. 즉 그녀의 마음속에 숨어 있는 히스테리가 다른 모든 여자들에게 영향을 미치는 것이다.

이런 배치의 중심 인물은 매지다. 그녀보다 나이 많은 여자들은 성적 매력과 결혼에 대해 각자가 갖고 있는 다른 개념을 매지에게 투사한다. 그녀의 엄마(수년 전에 남편은 그녀를 버렸다)는 섹스를 사회적 지위 향상을 위해 교환할 수 있는 재화라고 간주한다. 로즈메리는 사회에서 주목받지 못하는 노처녀의 입장을 이해한다. 그러나 결혼은 외로움의 피난처이고 자연스런 인간 관계의 기회라고 간주하는 것 같다. 집 주변에 할('진정한 남

〈피크닉〉에서 배역의 위치: 매지(킴 노박, 그네에 탄 사람)와 틈입자–구원자 할 카터(윌리엄 홀든, 서 있는 사람)는 이 내러티브 세계의 중심에서 빛을 발한다. 이들을 둘러싸고 있는 사람들은 매지의 어머니(베티 필드), 그녀의 귀족적인 구혼자(클리프 로버트슨. 등을 돌리고 있다), 그녀의 이웃 할머니 포츠 부인(버나 펠튼), 노처녀 교사와 그녀의 애인(로잘린드 러셀과 아서 오코넬) 그리고 매지의 여동생(수잔 스트라스버그) 등이다(왼쪽부터).

자')이 있어 기쁘다는 사실을 적극적으로 인정하는 유일한 여성이 포츠 부인이다. 이 여자들 중 가장 로맨틱한 그녀는 진정한 사랑이란 사회적 환경을 잊는, 잊어야 하는 것이라고 제안한다.

노동절 피크닉에서 매지는 예상대로 추수의 여왕으로 추대됐다. 이는 예상됐던 앨런의 청혼으로 더욱 축복받는다. 사회화와 결혼이라는 관점에서 볼 때 휴일의 페스티벌은 여주인공에게는 입문 의식인 셈이다. 피크닉 날 아침 할의 도착, 매지에 대한 그의 명백한 성적 호감, 그리고 직업을 구하려고 앨런에게 도움을 요청하러 왔다는 사실 등은 영화 전편을 통해 증대되는 사회적, 성적 긴장을 형성한다. 할과 매지는 앨런을 이용해 자신들의 사회 계급을 향상시키고자 하는 점에선 같은 입장이다. 상대방에 대한 '자연스런' 호감 때문에 서로에게는 음모를 꾸미거나 이기적인 행동을 하지 못한다 할지라도 말이다.

영화 전편에서 할은 단 한 번 여자들 곁을 떠나는데, 바로 앨런을 만나기 위해 그의 집으로 갈 때다. 앨런은 이 공동체의 경제와 농업의 원동력인 자기 가족의 곡물 저장소로 할을 데려 간다. 앨런은 거대한 곡물 창고의 지붕 위에서 캔자스의 밀밭을 바라보며(이 고장을 지배했던 자기 아버지와 비슷한 이미지가 보인다), 할에게 직장을 약속한다. 그러나 매지에 대한 자신의 의도도 분명히 한다. 앨런도 노동절 축제에 참가할 계획이었으며 매지에게 구혼하고 할을 제압하기 위해 사회 경제적 장애를 뛰어넘으려고 한다.

내러티브 저변을 흐르던 많은 사실들이 피크닉에서 수면 위로 떠오른다. 즉 매지는 니올라*Neewollah*(Halloween을 거꾸로 쓴 것)의 여왕으로 등극하고, 통과 의식으로 달빛 아래서 할과 육감적인 춤을 춘다. 술에 취한 로즈메리가 당황하여, 자신의 성적 매력과 여성스러움을 내세우며 그들 사이에 끼어들었지만, 피크닉 나온 다른 사람들의 이목만 집중시키는 추한 장면을 연출하고 만다. 할은 공동체의 평온을 깨뜨렸다고 비난받는다. 그는 꿈 같은 불꽃놀이의 빛, 일본식 등불, 그리고 둥근 보름달 아래서 수많았던 사회적, 성적 긴장을 없애 버린 것이다. 여기에서 감독 로건과 촬영 감독 제임스 웡 호James Wong Howe는 자연주의풍의 스타일에서 벗어나, 내러티브에 인위적이고 양식화된 시각적 분위기를 만들기 위해 카메라 앵글에 변화를 주고, 카메라를 움직이며 조명을 사용하기 시작한다. 종결 시퀀스는 다음 날 아침 햇빛 아래서 진행된다. 그럼으로써 공동체의 신경증은 다시 잠재 의식의 세계로 돌아간다. 이런 밤과 낮의 구분은 이 영화의 내러티브와 주제의 핵심으로서의 피크닉 자체의 중요성을 더욱 강조한 것이다.

〈피크닉〉은 두 개의 결혼 약속으로 종결된다. 로즈메리와 하워드 그리고 매지와 할 사이의 약속이다. 피크닉을 다녀온 후 두 커플은 중서부 지방의 작은 마을의 고유한 방식 그대로 결혼식을 올렸고, 메뚜기 울음과 기적 소리를 음악 삼아 캔자스의 밤으로 차를 타고 달려갔다. 스크린 시간[영화 등장 시간]으로 로즈메리와 하워드의 관계는 매지와 할의 관계와 거의 같은 양으로 나타난다. 이제 관객은 두 커플 간의 극단적으로 다른 결혼관을 비교할 수 있다. 즉 나이 든 쪽 커플은 젊은 쪽 커플에서 발견되는 로맨틱한 순박함이나 성적인 즐거움은 공유하지 않는다.

이 영화의 마지막 종결 시퀀스의 초점은 매지에게 맞춰 있다. 이는 그녀의 임박한 결혼 소식을 들은 엄마와 포츠 부인의 반응에 초점을 맞추면서 진행된다. 매지의 엄마는 자신과 매지의 아버지가 저질렀던 똑같은 실수를 반복하지 말라고 경고한다. 반면 포츠 부인은 로맨틱한 사랑의 무모함을 받아들인다. 두 연인이 같은 방향으로 가는데 다른 교통 수단을 이용하는(할은 화물 열차에 올라타 먼저 떠나고, 매지는 버스를 타고 따라가겠다고 약속한다) 이 영화의 종결 이미지는 두 사람 사이의 모호한 결합을 강조한 것이다. 이는 이상화된 성적 결합을 의미하면서, 동시에 그들 부모를 함정에 빠뜨렸던, 사회의 똑같은 그 덫으로의 충동적인 도피를 의미한다. 그러나 억압적인 공동체에서의 탈출 가능성과 흘든과 노박이 갖고 있는 캐릭터 특성들을 고려해 보면 결말의 '해피 엔딩'적인 성격은 더욱 강화되는 듯하다. 비록 우리가 그런 결말을 '이후에도 영원히'라는 식으로 논리적으로 미래에 투사할 수는 없지만.

🎥 미망인-연인 변주

〈피크닉〉에서는 연인들이 자신들의 환경을 어쨌든 탈출했기 때문에, 그들의 결혼이 사회적 제도일 뿐만 아니라, 자연스럽고 인간적인 결합이라고까지 믿을 수 있다. 이런 믿음은 진짜로 '자연스런 남자'인 틈입자-구원자 할에 의해 보강된다. 그는 시간을 초월한 공간에 존재하는 것 같다. 할은 공동체 바깥에서 공동체를 발전시켰다. 이것이 그의 인간적이며 성적 매력의 정수이자 토대다. 결혼이 공동체로부터의 해방이라는 시각은 1950년대 가족 멜로드라마에서는 아주 보기 드문 것이었다. 당시의 멜로드라마는 공동체 내부에서, 부부의 입장을 강화하는 것으로서 결혼이라는 사회 의례를 주로 묘사했다. 이 사회 의식이 부부에게 공동체로부터의 탈출을 제공하는 식으로 묘사되는 경우는 드물었다.

더욱 친숙한 내러티브 전략은 청소년기를 지난 딸의 구애를 추적하는 것과 마찬가지 혹은 그 대신에, 미망인 어머니의 구애를 추적하는 것이다. 〈언제나 마음은 청춘〉, 〈하늘이 허락한 모든 것 *All That Heaven*

Allows〉, 〈페이튼 플레이스〉, 〈페이튼 플레이스 2〉, 〈피서지에서 생긴 일 *A Summer Place*〉, 〈슬픔은 그대 가슴에*Imitation of Life*〉 그리고 많은 다른 1950년대 영화들이 중년 여자의 구애를 다루고 있다. 주로 미망인이나 이혼녀들인 그들은 성인으로서의 입장과 가족 내에서의 고정된 역할 때문에 억압적인 환경으로부터 탈출할 수 있는 가능성은 별로 없다. 〈피크닉〉에서 아이들이나, 가족이 있는 가정 그리고 공동체 내에서 다른 중요한 지위 등의 짐에서 벗어나 있는 매지는 앞에 예를 든 영화의 여성들에게는 부인되는 자유를 갖고 있다. 가족 멜로드라마의 청교도 윤리 환경 내에서 그런 자유는 여성의 처녀성과 밀접히 관련돼 있다. 즉 직접적이든 비유적이든 여주인공이 남자에 의해 한번 '소유되고 나면' 그녀는 자신의 주도권, 자립성 그리고 결과적으로 개인적인 정체성까지 포기한다.

그때부터 그녀의 삶은 자신이 복종한 남성에 의해, 더 넓게는 남성 지향적인 가부장 사회에 의해 결정된다. 일반적으로 이런 영화의 전략은 섹스 파트너로서의 여주인공의 역할이 어머니와 가정주부로서의 역할을 반격하는 것을 의미한다. 이런 대립은 이제 막 성인 여성이 된 딸의 역할에 의해 강화된다. 그녀의 사랑에 대한 망상은 결혼이라는 사회의 덫으로 어머니와 똑같이 자신을 몰아간다. 앞에 예를 든 최루 영화 중 〈마음의 등불〉만이 유일하게 어머니와 딸의 대립 관계를 갖고 있지 않다. 비록 이 영화가 다른 영화들과 마찬가지로 사회적으로 규정된 어머니로서의 역할과 인격적으로 또 성적으로 새로 눈 뜬 정체성 사이에 사로잡힌 중년 여인을 묘사하고 있지만 말이다. 많은 비평가들이 지적했듯이 여주인공의 선택은 자생력이 거의 없다. 즉 연인-구원자에 주로 관련된 최후의 결정에 관계 없이 여주인공은 자신의 운명이 과거의 연인이 아닌 새 연인의 가치에 의해 결정되는 것을 허용하며 하나의 함정을 다른 함정과 교환할 뿐이다.

과거 연인의 환영은 계속해서 여주인공에게 나타나고, 그녀의 연애를 방해한다. 환영은 보통 그녀의 자녀들과, 계급이 같았던 그들 부부 가정의 모습을 가장한 채 나타난다. 예를 들어 〈하늘이 허락한 모든 것〉에는 최근에 미망인이 된 어머니이자 가정주부 캐리(제인 와이먼)가 나오는데, 그녀의 사춘기를 지난 자녀들과 클럽 친구들, 그리고 그녀의 중산층 가정 환경 등은 죽은 남편의 복사판 같은 남자(콘래드 네이글)와 결혼하기를 강요한다. 공동체에는 놀랄 일이지만 그녀는 자신보다 나이가 적고 하층 계급 출신인 자기 집 정원사 론(록 허드슨)과 사랑에 빠진다. 진실한 사랑과 사회적 인습 사이의 갈등을 강조하기 위해 감독 더글러스 서크는 시각적, 주제적 대립항들로 구성된 정교한 패턴을 구축했다. 이 패턴은 여주인공의 연인과 죽은 남편의 라이프스타일을 대조하는 것이다. 그러나 마지막에 여주인공은 금욕적이고 초월적인 정원사와 죽은 부르주아 남편 사이에서 앞으로 그녀의 삶을 통제할 한 남자를 선택한다. 와이먼은 물론 사랑과 록 허드슨이라는 '올바른' 선택을 한다. 그러나 이런 선택은 론이 사고로 부상을 입었을 때 그녀가 간병한 바로 이후에 결정된다. 이렇게 함으로써 서크는 해피 엔딩을 두 가지 차원에서 슬며시 약화시킨다. 즉 내러티브의 논리 안에서의 우연한 사건(론의 사고)에 의해서만 여자 주인공은 자신에게 짐을 진 역할에서 빠져 나오는 게 가능하다. 그리고 더 넓은 주제적 차원에서 보면, 그녀는 다른 지배적인 가부장을 받아들이는 것을 통해서만 한 명의 가부장으로부터 가까스로 탈출할 수 있는 것이다.

캐리의 론과의 결혼이 그녀의 첫번째 결혼, 즉 같은 계급끼리의 결혼이 그랬던 것보다 덜 억압적이고 덜 비인간적이며, 그래서 결국 결혼하지 않는 것보다 긍정적이라고 주장하기는 어렵다. 〈피크닉〉에서의 할처럼,

론은 여주인공을 함정에 빠뜨린 작은 마을의 공동체 외부에서 자기 고유의 가치 체계를 만든 틈입자－구원자 모습을 구현했다. 그러나 이것이 '생계 부양자'와 가부장이라는 그의 역할을 바꾸지는 못한다. 뿐만 아니라 그는 캐리의 전남편과 마찬가지로, 자신 고유의 공동체 내에서 '사회화'되기 때문이다.

서크 영화에 나오는 구원자의 모호한 입장은 아이러니를 즐겨 다루는 감독의 성향 때문이며 억압적인 중산층의 환경을 아주 효과적으로 묘사할 줄 아는 그의 능력에서 연유한다. 빈센트 미넬리와 마찬가지로 서크는 형식적인 기술과 표현력이 풍부한 무대 장치의 대가였다. 그의 영화 세계, 즉 친숙하고 기술적으로 화려하고 시각적으로 스타일화된 곳에는 정서적으로 매우 비슷한 인물들이 함께 모여 산다. 그들은 우리들 세상에는 존재하지 않는 사회 현실 속에서 활동한다. 서크와 다른 주요한 멜로드라마 감독들이 이해한 것처럼, 이런 화려한 로맨틱 영화에서 '리얼리즘적'인 내러티브 전략은 미학적으로 또 이데올로기적으로 역효과를 낼 수 있고, 관객의 사회 현실에 관련된 영화의 명백한 이상화를 훼손할 수 있다. 서크의 성공은 그가 사용하는 음악, 카메라워크, 캐스팅(서크 영화를 명확하게 기억 나게 하는 배우가 바로 록 허드슨이다), 무대 디자인, 분장(특히 캐릭터들과 그들의 환경을 '약호화'하는 색채의 사용), 그리고 다른 형식적 영화 장치들과 깊이 관련돼 있다.

다른 감독들은 스타일을 갖는 것보다 리얼리즘의 길을 선택했다. 미국 중산층을 드러내 놓고 찬미하는 그들의 영화는 오랫동안 혹독한 비판을 받았다. 예를 들어 마크 롭슨의 〈페이튼 플레이스〉는 〈하늘이 허락한 모든 것〉의 스토리와 매우 흡사했다. 그래도 이 영화는 수년 동안 사람들 사이에서 거론됐는데, 주된 이유는 관객이 영화의 주제를 심각하게 받아들이도록 강요했기 때문이다. 서크는 이런 모욕적인 수준까지 구차하게 행동하지 않았다. 앤드루 새리스는 이렇게 지적했다. "가장 모호한 영화에서조차도 서크는 어리석은 것들을 피하려 하지 않았다. 대신에 함축이 풍부한 형식의 발전을 이루어, 형식이 내용을 해설하는 그의 예술은 어리석은 것들을 초월한다"(Sarris, 1968: 110).[8] 〈페이튼 플레이스〉는 틈입자-구원자가 공동체로 들어와 어머니에게 구애를 한 이후 독신 여자와 그녀 딸의 생활 속에서 일어나는 낭만적인 사건들을 추적한다. 〈하늘이 허락한 모든 것〉이 기본적으로 미국의 사회 경제적, 물질적 가치들을 다루고 있는 반면, 이 영화는 결혼과 섹스에 관련된 미국의 금기들에 초점을 맞춘다. 론의 캐릭터는 헨리 데이비드 소로Henry David Thoreau*와 마르크스의 합일체synsthesis인 반면, 이 영화의 구원자는 프로이트 박사와 벤저민 스포크Benjamin Spock 박사**의 혼합체amalgam다. 사실 〈페이튼 플레이스〉에서 공동체의 위기는 신임 고등학교 교장이 성교육 과정을 개설하려고 하는 데서 생긴다. 캐리는 자신의 물질적 가치 체계를 버리려고 노력하는 데 반해, 이 영화의 여주인공(콘스탄스 매켄지 역의 라나 터너)은 대도시에서의 유부남과의 간통이라는 자신의 깨끗하지 못한 과거에서 생긴 성적 콤플렉스를 해결하려고 노력한다.

---

* 소로는 초월주의 경향을 띤 미국의 19세기 작가이자 철학자다. 대표작 《월든Walden》(1854)은 2년 2개월에 걸친 숲에서 혼자 생활한 기록을 쓴 것이며, 그의 사상은 이후 시대의 작가, 사상가 등에게 큰 영향을 주었다.
** 미국의 유명한 소아과 의사인 스포크가 쓴 《유아와 육아 상식》은 1946년 처음 출간된 뒤 전 세계적인 베스트셀러가 되었다. 그는 2차 세계 대전 이후 태어난 베이비붐 세대의 부모들에게 큰 영향을 끼쳤다.

콘스탄스는 (멜로드라마의 윤리적 요구 즉 확실한 응징에 합당하게) 지독한 대가를 치른다. 그녀는 일생을 통해 죄책감에 시달리며 사회적, 성적 병리 현상을 겪고, 자신의 비합법적인 딸 앨리슨의 존재로 고통받는다. 서크가 자신의 영화에서 계몽적 자본주의와 반계몽적 자본주의의 대립 요소들의 망을 구축했듯, 〈페이튼 플레이스〉는 보다 자유로운(적어도 1950년대 기준을 적용하면) 태도로 성적 금기를 반박했다. 공동체는 억압적인 방법에 관련된 과오를 배운 뒤 미국의 꿈을 이룰 수 있다는 것을 이 영화는 암시한다.

그러나 이 영화의 유토피아적인 비전과 이후에도 영원히 행복할 것 같은 산뜻한 종결이 바로 파멸의 원인이다. 전혀 합리화될 가능성이 없는 이런 것들이 내러티브 논리를 깨기 때문이다. 서크가 우연한 사건(론의 사고)으로 플롯을 해결함으로써 이런 점을 피해 갔던 반면, 〈페이튼 플레이스〉에서 롭슨은 의식이 벌어지는 시퀀스(작은 마을에선 센세이셔널한 재판)에 지나치게 의존한다. 이 의식에서 비로소 공동체는 집단적인 의견에 도달하고 가치와 신념의 체계를 다시 조절한다. 클라이맥스에 나오는 재판은 간통, 강간, 근친상간 그리고 스토리 전체를 통해 언급됐던 다른 나쁜 짓 등 다양한 행위를 공개화한다. 하지만 근본적으로 착한 이곳 시민들은 응징을 초월한 진실의 가치와 이해의 가치를 인정하는 용기를 갖는다. 한 의사는 "우리 모두는 서로서로의 소문의 포로"라고도 말한다. 공동체는 과거에 '겉모습이 감정보다 더 중요시됐다'는 사실을 인식한다. 그러나 사람 간의 관계를 정직하게 맺음으로써 앨리슨이 말한 대로 '사랑의 계절'에 도달한다. 만일 강요되고 자의적인 이런 종결의 특성이 1편에서 분명하게 보이지 않으면, 유토피아적 공동체와 적절한 해피 엔딩이 얼마나 쉽게 파멸에 도달할 수 있는가를 인식하기 위해 속편인 〈페이튼 플레이스 2〉를 보면 금방 알 수 있다.

🎥 명문가 변주

가족 멜로드라마의 내러티브상의 주제적 핵심에는 미국의 신화가 그랬던 것처럼 가족을 안정시키고 그 가족을 더 큰 공동체로 통합시키는 이상적인 남편/연인/아버지에 대한 메타포적인 탐색이 있다. 할리우드의 신화는 남편과 연인을 본질적으로 대립하는 것으로 묘사하는 경향이 있다. 즉 사회 경제적 안정과 정서적, 성적 만족 중에서 반드시 하나를 선택해야 하는 것이 여자의 딜레마다. 그녀의 딜레마는 1950년대 멜로드라마 가운데 명문가 변주라고 이름 붙일 수 있는 영화에서 더욱 강조됐다. 예를 들어 〈바람에 사라지다*Written on the Wind*〉, 〈무덥고 긴 여름 밤*The Long, Hot Summer*〉, 〈자이언트*Giant*〉, 〈뜨거운 양철 지붕 위의 고양이*Cat on a Hot Tin Roof*〉, 〈테라스에서*From the Terrace*〉, 〈산 중의 집*Home from the Hill*〉 등이 그런 영화다. 이런 멜로드라마들은 다음 세대의 행동, 태도의 특성들을 추적한다. 드라마의 갈등은 대립되는 결혼관에 기초한다. 즉 결혼은 가족의 비합리적인 요구로부터의 해방 수단이며, 동시에 명문 가족을 영속화할 수 있는 유일한 길이기도 하다.

　가족의 위치는 공동체 내에서의 역할에 의해 강화된다. 그 가족은 공동체의 경제와 사회적 환경을 직접적이든 또는 방관하는 방법으로든 통제하고 있다. 〈피크닉〉에서도 이런 모티브는 살짝 드러나 있다. 즉 앨런은 '가족 사업'을 계승할 것이고, 그래서 공동체의 사회 경제적 원동력은 그의 캐릭터에 따라 많은 긴장을 유발할 것이다. 그러나 연인들이 앨런으로부터 또 그의 아버지의 부로부터 도주하는 것 같은 일은 계급에 묶인 명문가 변주 멜로드라마의 연인들에게 불가능한 일이다. 〈무덥고 긴 여름 밤〉의 바너가, 〈바람에 사라지다〉의 해들리가, 〈자이언트〉의 베네딕트가는 이데올로기적으로 당연히 도피할 수 없는 것으로 구축돼 있다. 다시 말해 그들 명문가들은 자신들 주위에 있는 사회 경제적 환경을 창조한다. 이런 영화들이 일반적으로 대토지 소유 계급의 개념이 20세기까지 통했던 남부 지역을 배경으로 하고 있다는 사실은 중요하다. 〈뜨거운 양철 지붕 위의 고양이〉의 경우, 드라마의 행위는 명문 가족의 대저택과 대토지 내에서만 이루어진다. 공동체의 범위와 가족의 대토지 범위가 동일한 〈바람에 사라지다〉, 〈자이언트〉, 〈무덥고 긴 여름 밤〉 같은 영화에서 드라마의 행위는 더 큰 사회 공동체로 확대된다. 〈바람에 사라지다〉에서 마을과 대토지는 해들리가라는 이름을 같이 쓴다. 그 가족의 서명은 자동차, 석유 굴착기, 도로 표지판 등 곳곳에 있다. 이는 해들리가 구성원들 자체의 행위와 태도에 상당한 무게를 부여한다.

이런 변주에 있어서 등장인물들은 나이 든 가부장(때때로 죽음에 임박한) 주위에 배치되어 역할을 바꾼다. 가부장의 아내는 이미 죽었거나, 아니면 계승자로 적절하지 못한 아들이나 성적으로 좌절된 딸을 둔 주변적인 캐릭터로서만 기능한다. 봉건 군주제의 계승자를 찾으려는 가부장의 노력은 버릇없고 무능한 자신의 아들과 물리적 힘, 지적 능력, 자립심에 있어서도 가부장과 맞먹는 인물인 틈입자–구원자 사이에 갈등을 낳는다. 아들이 물려받는 재력과 권력을 경영하지 못한다는 사실과 딸의 성적 혼란은 대칭된다. 이상화된 틈입자가 끊임없이 그 딸의 성적 매력을 입증하고, 가족의 개념을 넘어선 개인의 정체성을 발전시키는 데 도움을 주지만 말이다. (이런 관습에 대한 재미있는 변주는 〈뜨거운 양철 지붕 위의 고양이〉에서 발견된다. 이 영화에서 폴 뉴먼과 잭 카슨은 가부장 벌 아이브스에게 고통당하는 부적격자 아들로 나오고, 엘리자베스 테일러가 틈입자–구원자 역으로 나온다. 그녀의 '진정한 사랑'은 뉴먼의 성적 혼란을 안정시키고, '아버지*Big Daddy*'의 확실한 후계자로서 그의 역할

명문가와 그 토지: 〈자이언트〉에서 베네딕트가의 저택은 풍경을 지배한다. 이 장면은 이 가문이 텍사스에서 가지고 있는 사회적, 경제적 지배력이 얼마나 대단한가를 적절한 시각적 메타포로 보여 준다.

을 재확인시킨다.)

그래서 이런 영화들은 계승자와 한 세대에서 다음 세대로의 권력 이양과 관련된 모든 것을 찾으려는 가부장의 노력을 강조한다. 구원자는 스크루볼 코미디의 많은 캐릭터들과 비슷한 방식으로 행동하며, 돈 많은 귀족이 가치와 태도를 회복하는 데 종종 도움을 준다. 그 가치와 태도가 바로 가부장의 재력을 유지하게 했다. 가부장의 아들이 계승자로 부적절하다는 것은 그가 앞에서 지적한 그런 가치와 태도를 갖고 있지 않다는 사실로 드러난다. 그리고 가부장과 딸뿐 아니라 아들도 틈입자의 구원자적인 능력에 종종 덕을 본다. 버릇없고 고통받는 아들 역은 명문가 변주 멜로드라마의 흥미로운 점 중 하나다. 이 아들 역은 예를 들어 잭 카슨(《뜨거운 양철 지붕 위의 고양이》), 토니 프랜시오사(《무덥고 긴 여름 밤》), 로버트 스태크(《바람에 사라지다》) 같은 배우들에게 그들의 경력에 있어 가장 강렬하고, 보상을 받는 기회를 제공했다. 그래서 이런 멜로드라마들은 여성용 최루 영화와 마찬가지로 실제로는 남성용 '최루 영화'였다.

아버지의 부 때문에 아들이 부적격자가 되었음에도 불구하고, 이런 영화들은 사회 경제적 권력의 부패한 영향력을 검증하지도 않고, 그런 부에 대한 분명한 비난도 하지 않은 채 종결된다. 스크루볼 코미디에서처럼 가부장은 보통 구원자적 인물에 의해 재교육되고, 인간적으로 변한다. 결국 이런 진보적인 계몽주의는 가족 내의 다양한 갈등을 해결하고, 고통받던 아들이 아버지의 애정 속으로 돌아가게 한다. 예를 들어 〈무덥고 긴 여름 밤〉에서 나이 들고 퇴폐적인 윌 바너(오슨 웰스)는 남자 계승자의 부재와 '자신의 불후의 업적'을 항상 한탄하고 애석해 한다. 그의 유일한 아들 조디(프랜시오사)는 불쌍하게도 자신감이 없으며 능력도 없다. 그는 아버지에게 이렇게 묻는다. "그것(계승자)을 찾으러 어디로 갈 거예요,

나이 든 가부장과 대리 후계자: 〈무덥고 긴 여름 밤〉에서 벤 퀵(폴 뉴먼)과 윌 바너(오슨 웰스)는 적대적인 관계를 형성한다. 그러나 이 집안의 문제 해결은 바너 딸의 결심과 명문가 체제의 미래에 달려 있다.

아버지, 만일 지금 소유하고 있지 않다면요?" 틈입자-구원자 벤 퀵(폴 뉴먼)은 마지막에 윌에게 많은 손자(즉 많은 잠재력이 있는 진짜 계승자)를 약속하며 가부장에게 반항적이었던 딸(조운 우드워드)과 결혼한다. 또 벤은 가부장이 마지막으로 "나는 아마 영원히 살 것이다"라고 말하게 함으로써, 아들 조디가 자기 스스로의 가치를 찾을 수 있도록 돕는다.

이런 가벼운 종결로 내러티브 내부 논리의 긴장은 심각해진다. 다시 말해 현존하는 사회적, 가족적 구조는 문제로, 또 궁극적인 해결로서 동시에 기능한다. 그리고 문제 해결을 위해 중요하게 동기화된 유일한 것은 구원자적 인물의 영향뿐이다. 그러나 문제 자체가 너무 급박하고 친숙하고 강렬해서 내러티브가 암시한 대로 쉽게 풀려지진 않는다. 그런데 일반적으로 말해 가족 멜로드라마는 내러티브에 드러난 것이나 얽혀 있는 것 등의 수준에서 보면 미국적 이데올로기를 비판하는 것처럼 보인다. 그러나 가족 멜로드라마의 문제 해결은 문화적 현상 유지를 변함 없이, 하지만 믿기에는 곤란하게 재강조하고 있다.

하지만 간혹 〈바람에 사라지다〉처럼 가족적, 사회 경제적 관습을 뒤집는 것이 영화 전편을 통해 유지되는 작품도 있다. 서크의 1957년 작품인 이 멜로드라마에서 가부장은 딸의 섹스에 관련된 스캔들을 알자마자 죽는다. 다음 차례로 그 딸은 그녀가 사랑했던 유일한 남자를 잃고, 고통받던 아들은 자살한다. 그럼에도 불구하고 서크는 적당한 해피 엔딩으로 종결짓는다. 구원자(록 허드슨)는 해들리가의 아들(스태크)을 살인했다는 혐의를 완전히 벗은 뒤, 죽은 그 아들의 미망인(로렌 바콜)과 함께 해들리가를 떠난다. 이런 자의적이고 모호한 종결은 해들리가 전체를 파괴했던 사회적, 가족적 긴장을 해결하는 데는 별 역할을 하지 못한다. 비록 그 종결이 주인공들에게는 우연한 탈출을 제공했을지라도.

🎥 니콜라스 레이, 빈센트 미넬리, 그리고 남성용 최루 영화

나이 든 가부장과 고통받는 부적격자인 아들은 중산층 가족을 다룬 영화에서도 간혹 나오지만 역시 명문가 변주 멜로드라마에서 주로 등장했다. 그러나 〈이유 없는 반항*Rebel Without a Cause*〉, 〈실물보다 큰*Bigger Than Life*〉, 〈차와 동정*Tea and Sympathy*〉, 〈에덴의 동쪽*East of Eden*〉, 〈거미집*The Cobweb*〉 같은 영화들은 중산층 미국인 '아버지'의 역할을 한 세대에서 다음 세대로 넘기는 것을 중심 갈등으로 삼고 있다. 이런 작품에서는 가부장의 근심과 고통받는 아들의 불안정성은 가족의 부나 명문가의 부조리한 삶이 그 원인이라고 할 수는 없다. 결과적으로 이런 영화들은 등장인물들과 대다수 관객이 모두 잘 알고 있는 미국 중산층의 이데올로기를 더욱 직접적으로 비판하는 경향을 띠고 있다. 고통받는 아들을 가장 잘 묘사한 배우는 제임스 딘이다. 그는 〈이유 없는 반항〉에서 자신의 거세된 아버지(짐 베이커스)가 자기 힘으로 설 수 있게 용기를 북돋우기도 하고, 〈에덴의 동쪽〉에서 무정하기만 한 아버지(레이먼드 메세이)의 사랑을 얻으려고 노력하기도 하며, 영혼이 담긴 눈길과 번민하는 제스처로 남성 성인 사회의 기대에 부응하려 하지 않거나, 부응할 수 없는 아들의 이미지를 구축했다.

딘이 출연한 영화가 아들에게 초점이 맞춰 있는 반면, 〈거미집〉이나 〈실물보다 큰〉 같은 작품들은 중산층의 남편/연인/아버지의 곤경을 검증하는 직접적인 남성용 '최루 영화'들이다. 이 멜로드라마들은 선의의 가부장을, 바로 자신의 좋은 의도 때문에 혼란을 겪고 무기력해진 희생자로 왜소화시키는 사회적 억압에 대한 고발을 견지한다. 니콜라스 레이의 작품 〈실물보다 큰〉의 주인공(에드 애버리 역의 제임스 메이슨)과 빈센트 미

아버지의 삶: 니콜라스 레이가 만든 두 편의 남성 최루 영화는 미국 가정에서의 남성의 역할에 내러티브 초점을 맞추었다. 〈실물보다 큰〉(위)에서 제임스 메이슨의 코르티손 남용은 그로 하여금 과도한 부권 환상을 갖게 해 그의 가정을 공포로 몰아넣는다. 〈이유 없는 반항〉에서 제임스 딘은 그의 아버지(짐 베이커스)가 행동하도록 하기 위해 문자 그대로 그를 끌어내야만 한다.

넬리 작품 〈거미집〉의 주인공(스튜어트 매카이버 역의 리처드 위드마크)은 모두 전문 관료이거나 공동체의 봉사자다. 즉 애버리는 초등학교 교사며, 매카이버는 정신병원 원장이다. 이 영화들은 더글러스 서크의 영화들처럼 인위적인 갈등을 발전시킨다. 그 갈등들은 가족들이 외면했던 갈등에 의해 강화되고 최종적으로 압도당한다.

〈실물보다 큰〉에서 우리는 희생된 주인공을 만난다. 그는 학교에서의 일과를 마친 뒤 급하게 옷을 갈아입고, 단지 몇 시간이라도 '생계를 꾸리기' 위해 택시 운행 관리자로 일한다. 에드는 과로에 현기증까지 느끼지만, 강한 자존심 때문에 자신의 아르바이트나 지병에 관해 아내에게 말하지 않는다. 그러나 아내는 남편의 소재 불명의 시간을 수상히 여겨, 혹시 그가 지루하고 판에 박힌 그들의 생활에서 탈출하려는 음모를 꾸미지나 않는지 의심한다. 급기야 에드는 쓰러진다. 그는 1950년대의 만병통치약인 코르티손으로 자신의 육체의 병을 치료하려고 그 약을 남용한다. 가족과 사회 내에서의 자신의 역할이 그에게 주지 못했던 힘, 의무감, 자긍심 등을 그 약은 주기 때문이다. 내러티브가 진행됨에 따라 에드는 매우 편집광적으로 변해 자신의 가족, 자신의 동료, 그리고 자신의 사회 환경을 신랄하게 비판한다. 감독 레이는 에드의 반사회적 행동이나 정신병적인 신경질을 유발하는 원인으로서 코르티손에 초점을 두지는 않는다. 결국 우리는 미국 중산층의 가치와 태도에 대해 아주 괴상한 비판을 가하는 에드의 캐릭터에 흥미를 갖게 된다. 학부모와 교사 협회에서의 에드의 신랄한 비판("우리는 윤리라고는 쥐꼬리만큼도 없는 종족들을 기르고 있다")과 아들이 축구공을 잘 받을 수 있을 때까지 식사를 못하게 하는 것 등은 바로 억압받는 좌절된 부모에게서 발견되는 신경증이다. 이 신경증은 아버지의 과거의 실패와, 만성이 된 불안뿐만 아니라 그런 불안의 사회적 토대까지 강조한다. 또 현재의 상태를 변화시키지 못하는 남자의 무능도 강조하고 있다.

에드의 가족들이 뭔가 잘못돼 가고 있다고 느끼는 동안 — 아들은 엄마에게 "아빠가 바보처럼 행동하는 것 같지 않아요?"라고 귓속말을 하기도 한다 — 그는 사회적 관습에 대해 입에 발린 칭찬을 늘어놓기 때문에 다른 사람들은 그의 심적 상태의 심각성을 인식하지 못한다. 중요하게 다뤄지는 이런 무관심은 이 영화의 전복적인 분위기를 강조한다. 그런 분위기 속에서 에드 주위의 사람들은 그의 신경질적인 폭발을 의심스런 눈길로 바라볼 수도 있다. 그러나 그들은 에드의 행동을 스트레스를 해결하는 그만의 방식으로 받아들인다. 미국의 가족과 교육 시스템 그리고 계급 구조에 대한 에드의 비판은 과거의 실패를 벌충하고 아들을 같은 계급의 숙명에서 구해 내기 위해 아브라함-이삭 방식*의 '희생'을 하기로 결정할 때까지 점점 커지고 격렬해진다. 텔레비전 볼륨을 최대로 높인 상태에서 아내와 말싸움을 한 이후 — "신은 아브라함을 말렸다"고 아내는 주장하고, 에드는 "신은 잘못했다"고 응수한다 — 에드는 희생 의식을 실행할 준비를 한다. 에드의 부르주아 가정을 황폐화시킨 초등학교 체육 교사(월터 매소)와의 주먹 싸움이 이런 재난도 막고 에드를 병원에 다시 가게 해 결국 완쾌시킨다. 이 영화의 아이러니컬한 에필로그에는 가족들이 에드의 입원실에서 눈물의 재결합을 하는 장면이 나온다. 의사는 이전과 똑같은 코르티손으로 처방을 한다. 단 엄격한 이용법을 지시한다. 이런 종결에 관련된 내러티브의 교묘한 솜씨를 살펴보자. 결국 이 영화의

---

* 신의 요구에 따라 아버지 아브라함이 아들 이삭을 희생양으로 바치려 했던 것을 의미한다.

진정한 문제 제기는 만병 통치약의 위험에 관련된 게 결코 아니다. 그보다는 에드가 약 먹은 상태에서 비난할 수 있었던 사회, 가족적 환경을 문제 삼고 있는 것이다. 마지막에 에드의 이상한 행동은 없어진다. 그러나 그의 그런 행동에 동기를 부여했던 사회적 조건은 없어지지 않은 채로 여전히 남는다.

레이의 영화는 사회에 대한 비판을 위장하기 위해 플롯 외면에 어떤 장치를 개발한다는 점에 있어서 서크의 영화를 생각나게 한다. 빈센트 미넬리의 남성용 최루 영화, 특히 〈거미집〉, 〈차와 동정〉, 〈산 중의 집〉, 〈낯선 곳에서의 2주Two Weeks in Another Town〉(1962) 등도 이런 내러티브 전략을 따른다. 미넬리는 정신병원(〈거미집〉)이나 대학 캠퍼스(〈차와 동정〉), 아니면 외국에 위치한 할리우드 영화 제작소(〈낯선 곳에서의 2주〉)에서 불안에 사로잡힌 가족의 관계를 점검하는데, 그의 멜로드라마는 결국 이상적인 가족 찾기를 추적하는 것이다. 보통 그는 주인공의 '자연적' 가족을, 주인공의 직업 환경과 관련된 인위적인 그룹과 대비한다. 예를 들어 〈거미집〉에서 리처드 위드마크는 자신의 가족(글로리아 그래엄이 역을 맡은 아내 카렌과 두 자녀)과 대리 가족 사이에서 고통받는 정신과 의사(스튜어트 매카이버)를 연기한다. 대리 가족은 정신병원의 보조원 멕(로렌 바콜)과 사춘기의 정신 이상자인 예술가 스티브(존 커)로 구성돼 있으며, 이를 매카이버가 대리 가족으로 간주하는 것이다. 매카이버와 멕은 치료 요법의 하나로 스티브에게 정신병원 도서관의 커튼을 디자인하라고 요구한다. 그러나 그 일은 이미 카렌과 정신병원의 위엄 있는 척하는 여직원(릴리언 기시)이 하기로 했던 사실을 그들은 알지 못하고 있다. 이런 상투적인 플롯은 가족, 사회, 직업에 관련된 복잡한 갈등 망을 형성한다. 그러나 이 중 어떤 것도 만족스럽게 해결되지 않는다. 이 영화의 종결에서도 도서관에는 커튼이 쳐 있지 않기 때문이다.

가족 상호 관계에 관한 강조는 매카이버가 프로이트주의 정신과 의사라는 사실로 증대된다. 영화 초반부에서 스티브는 매카이버에게 "왜 당신은 나의 오이디푸스 콤플렉스나 악질 아버지는 분석하지 않나요?"라고 묻는다. 이 질문에 대해 정신과 의사 매카이버는 "나는 네 아버지가 아니야. 그리고 네 아버지가 했던 것처럼 너를 저버리지도 않겠어"라고 응답한다. 매카이버가 직장에서 대리 아버지로서 기능하는 만큼 그의 가족에 대한 감정은 점점 사라진다. 그는 아내와 대화하지도 않으며 성관계도 갖지 않는다. 그리고 자녀들에게는 정말 이상한 사람으로 비쳐진다. 이는 그의 딸이 학교에서 장래에 무엇이 되고 싶은가를 질문받았을 때 "아빠 환자 중 한 명"이라고 대답한 사실에서도 알 수 있다.

병원의 어린이들에게 직업상의 아버지로서의 역할을 할 때, 매카이버는 확실히 더 나은 보상을 받는다. 그는 멕과의 동료애를 발전시키고, 이는 최종적인 성적 결합으로 절정을 이룬다. 미넬리는 적절한 시간에 이 화면을 사라지게 함으로써 제작 규정의 한계 내에서 최대한으로 이 장면을 보여 준다. 매카이버와 멕의 관계는 스티브에 대한 그들의 헌신에 기초한 것이다. 매카이버는 멕에게 이렇게 말한다. "우리가 이 일을 성공시키면, 그는 우리가 좋은 부모라는 사실을 알게 될 거야." 영화의 종결 부분에서 스티브는 회복의 조짐을 보인다. 그러나 이것이 두 사람의 헌신에 의해서 가능해진 것만은 아니다.

현대 사회의 '불안정한' 특성에 대항하는 미넬리의 대변인 스티브는 이 영화에서 중요한 사회 비판자 역을 맡고 있다. 그는 좌절된 예술가이며 버려진 아들이라는 사실을 철석같이 믿고 있다. (그의 친아버지가 자신을 버렸을 뿐만 아니라, 1년 전 어머니의 죽음이 자신의 정신질환을 유발했다는 비밀을 그는 영화 중간쯤에서 멕에게 털어놓는다.) 비판자로서의 스티브의 역할은 그가 정신과의 환자라는 사실을 우리가 알기 전에 이미 구축되었다. 매카이버의 아내가 그에게 차에 타라고 요구하는 영화의 오프닝 시퀀스에서 두 사람은 예술과 예술가에 관해 대화를 하기 시작한다. 레너드 로즈먼의 불길하고 맥박이 뛰는 듯한 음악을 배경으로 스티브는 이렇게 쓸쓸히 말한다. "예술가는 죽은 뒤에 더 잘됩니다. 그들이 그렇게 골치 아픈 자들은 아니지만…… 사람들은 반 고흐가 미쳤다고 합니다. 스스로 목숨을 끊었기 때문이죠. 반 고흐는 살아 있을 때 자기 그림들을 팔 수 없었어요. 그러나 지금 그의 그림은 3000만 달러를 호가합니다. 과거에 그의 그림들이 그렇게 형편없진 않았어요. 또 지금 그의 그림들이 그렇게 훌륭한 것도 아닙니다. 그렇다면 누가 미쳤나요?" 나중에 그들이 병원 마당에 도착했을 때 스티브는 주장한다. "여기 있는 모든 사람들은 병명을 갖고 있어요. 이게 바로 당신이 내가 누구였는지 몰랐던 이유요. 당신은 의사와 환자를 구별할 수 없을 것입니다." 카렌은 "할 수 있다"라며 "환자들은 회복될 것"이라고 대답한다.

이 말이 궁극적으로 내러티브를 지배한다. 스티브의 '회복' 가능성과 자기 자신에 대한 굴복 가능성은 기본적으로 공동체에 대한 부정적인 시각을 바탕으로 영화 전체를 통해 병치돼 있다. 그 공동체에 스티브는 자신이 통합되는 것을 희망했다. 스티브가 상대적으로는 '안정된' 개인으로 보이지 않지만, 영화 초반부에서 매카이버에게 화를 낼 때의 깊은 통찰력은 자신의 '치료'의 가치에 대해 진정한 의문을 제기하는 것이었다. 영화 초반부의 대화로 진행되는 치료 시간에서 스티브는 매카이버와 그의 라이프스타일에 대한 통렬한 비판을 쏟아 낸다. "당신은 나를 정상적인 삶에 맞추려고 하는 것 같은데, 무엇이 정상입니까? 당신 삶이? 만일 가치의 문제라면 당신의 그건 냄새나는 것이오. 악질이고 소시민적이고 뚱보에다 잘난 체하는 존재 아니오? 당신이 유일하게 신경 쓰는 것은 당신이 벌지 않은 월급 봉투와 매일 밤 집으로 가져 갈 예쁘장한 물건 정도지.”

이것은 불안정한 사춘기 소년의 히스테릭한 지껄임이 아니다. 매카이버의 인간적, 직업적 능력의 악화가 그런 비판을 들을 만하다는 사실을 알 수 있기 때문이다. 또 스티브가 ‘회복’할 수 있을 것이라는 사실도 알 수 있다. 그는 사회 자체가 잘 되어 가고 있지 않다는 사실을 이해한 것 같기 때문이다. ‘정상적’인 누구도 보여 주지 않는 바로 그 이해 말이다.

매카이버와 멕은 결국 그들의 결합을 가로막는 사회적 장애에 굴복한다. 그리고 매카이버는 부부 관계 개선을 위해 더욱 더 열심히 일할 것이라고 아내에게 건성으로 맹세하며 가정으로 돌아간다. 미넬리 자신이 자의적인 그런 종결을 받아들였다. 그는 이렇게 인정했다. “정직하지 않은 것 같았다. 우리는 의사와 보조 요원 간의 일반적이지 않은 결합을 설정했기 때문이다. 그렇지만 종결은 당시의 영화 규정 한도 내에서 최선을 다한 것이었다”(Minnelli, 1974: 295).[9] 물론 그것은 암묵적인 미국 윤리 규정의 반영을 말하고, 미넬리는 영화 내에서 제기된 문제는 풀려야 한다는 것에 분명히 신경을 곤두세웠음을 의미한다. 그러나 매카이버가 사려 깊고 일에 도움을 주는 멕 대신에 울며 매달리는 질투심 많은 카렌과 머무르기로 결심한 것은 친사회적인 문제 해결 방식을 드러내는 것이다. 〈거미집〉의 결말은 매카이버와 미넬리 모두에게 통합의 행위라기보다는 투항의 행위인 것이다.

🎥 스타일화, 사회 현실, 그리고 비평적 가치

〈거미집〉은 개인의 정체성의 위기를 추적하는 전형적인 할리우드 멜로드라마다. 가정과 직장으로 양분된 개인의 집착은 혼동과 불안에 대한 이성적인 토대를 제공한다. 재능 있는 감독들은 플롯과 인물의 성격화, 그리고 일관된 스타일화 등을 통해서 이런 대립성과 모호성을 개발하는 법을 배웠다. 이 장에서는 멜로드라마의 무대 장치, 플롯, 그리고 캐릭터에 관련된 관습에 가장 많은 주목을 했다. 결국 이런 것들의 공식적인 배치가 멜로드라마 영화의 가장 중요한 특질일 것이다. 서크의 영화 중 가장 성공적이었으며 가장 명백하게 스타일화된 멜로드라마인 1959년 리메이크 작품 〈슬픔은 그대 가슴에〉에 대해 비평가 모이라 월시Moira Walsh는 이렇게 말했다. "잘난 체하고 사치스러우며 내용이 과도하게 복잡한 할리우드의 테크니컬러 제작 영화 중 최악의 본보기다." 그녀는 이 영화에 대한 비난을 멈추지 않았다. "환상과 현실을 혼동하는 경향을 띤 것 중 완벽한 예다. 대중 문화를 연구하는 진지한 학생들은 이 영화가 인간성을 파괴하는 데는 최상이라고 간주하기도 한다"(Walsh, 1959: 314).[10] 독일의 비평가이자 영화 감독이고, 몇 편의 서크 영화를 리메이크했던 라이너 베르너 파스빈더Rainer Werner Fassbinder는 이 영화와 관련해서 이렇게 말했다. "삶에 관한, 그리고 죽음에 관한 위대하고 미친 영화다. 그리고 미국에 관해서도." 파스빈더의 주장에 따르면 "자연스러운 것은 하나도 없다. 결코. 영화 전체 속에 전혀 없다"는 것이 바로 이 영화라는 것이다(Fassbinder, 1975: 24).[11]

돌이켜보면 비평가들의 고급 취향적인 근시안은 그리 놀랄 일은 아니다. 플로베르, 디킨스, 그리피스를 연구하는 현대 비평가들도 그런 멜

내러티브 균열과 해피 엔딩: 〈슬픔은 그대 가슴에〉의 마지막 장면을 프레임 확대한 사진. 이 영화의 명백히 작위적인 결말은 1959년 당시 비평가들을 당황하게 했다. 서크는 후에 해결책deus ex machina이 관객들로 하여금 인물들의 태도와 행동에 미치는 사회적 조건의 영향에 대해 더 잘 알게 해 준다고 말했다.

로드라마 작가들이 무엇을 했는지를 제대로 이해하지 못한다. 〈슬픔은 그대 가슴에〉의 엄청난 성공, 비평가들과 학자들이 이 영화에 대해 새롭게 흥미를 가진다는 사실은 멜로드라마가 본질적으로 관객의 몰입과는 다른 수준에서 작동한다는 것을 암시한다. 멜로드라마들은 낭만적이고 뻔한 환상의 영역에서부터 그 낭만을 영속화시키는 문화에 대한 신랄한 고발의 영역에까지 걸쳐 있다. 모이라 월시는 환상과 현실의 혼동을 지적하는 데는 정확했다. 그러나 엄밀히 말하자면 멜로드라마 안에서 혼란스러워하는 사람은 영화 감독이 아니고 바로 등장인물들이다. 사실 서크의 인기는 미국 사회 현실에 관련된 '자연스럽지 않은' 면을 드러내는 능력, 그리고 현실 그 자체가 어떻게 집단적인 문화적 환상이 되는가를 영화적으로 분명하게 보여 주는 능력 등에 밀접하게 연관돼 있는 것 같다.

개봉된 지 10년이 더 지난 후 〈슬픔은 그대 가슴에〉에 대해 토론을 벌이며 서크는 자신의 내러티브 전략과 고전주의 드라마를 대조하면서 이렇게 말했다. "그리스 드라마에는 등장인물들이 빠져 있는 곤경에 대한 진정한 해결은 제시되지 않는다. 단지 데우스 엑스 마키나*deus ex machina* 만이 있을 뿐이다. 그것이 지금 해피 엔딩이라 불려지는 것이다"(Halliday, 1972: 132).[12] 사회의 문화적 혼동을 분명히 보여 주는 서크의 이런 능력은 가장 순진한 관객조차도 개인적, 가족적, 사회적 정체성을 형성한 사회적 조건의 특성을 곰곰이 생각하게 한다. 그는 모호한 해결을 제시한다. 그래서 관객은 그 해결을 아주 다양한 방식으로 받아들일 수 있는 것이다.

1950년대 멜로드라마의 더욱 매혹적인 사실 중 하나는 그 드라마들이 관객들로부터 뽑아 낸 폭넓은 정서적, 지적 반응이다. 이 장르를 친사회적인 속임수의 형식으로 간주할 것인지, 아니면 미국 이데올로기에 대한 진정한 비판으로 간주할 것인지 하는 것은 우리 자신의 태도, 선입견,

기대 등에 달려 있다. 의심할 여지없이 할리우드 멜로드라마 영화의 대다수는 문화적 현상 유지에 대한 명백한 찬미로서 설계됐다. 그러나 1950년대 가족 멜로드라마들 특히 서크, 미넬리, 레이의 영화들(조슈아 로건과 마크 롭슨의 일부 작품도 경의를 표할 만하다)은 이 장르를 형식 및 영화적 예술의 수준, 또 복잡한 주제를 가진 수준으로까지 분명히 확장시켰다. 이런 점은 다른 멜로드라마에서는 특징적인 것이 아니었다. 이 영화들이 상당히 예술적인 것으로 기능하고, 냉전 시대 미국과 아마도 더욱 중요하게는 죽음 같은 고통에 놓여 있던 할리우드 자체에 대한 문화적 기록물로서도 기능한다는 것은 더욱 중요한 점이다. 억압적인 이데올로기적 환경, 사회 정치적 안전에 대한 허구적 믿음, 그리고 내러티브와 영화적 표현에 대한 할리우드의 발전된 단계 등 이 모든 것은 인습적이고 불안정한 1950년대 미국의 모습을 생산한 가족 멜로드라마에서 하나로 합쳐진다. 세월이 흐름에 따라 1950년대 미국의 모습은 더욱 명확하게 카메라의 초점에 잡혔던 것이다.

더글러스 서크와 가족 멜로드라마: 할리우드 바로크

만일 다른 게 그러지 못한다면, 시간이 더글러스 서크의 가치를 입증해 줄 것이다.

— 앤드루 새리스, 《미국 영화*The American Cinema*》[13]

"일이 밝혀져 가는 게 재미있다."

— 〈슬픔은 그대 가슴에〉에서 로라 메레디스(라나 터너)

독특하고 복잡한 더글러스 서크의 천재성이 이해되기 시작한 것은 세월이 지난 뒤 할리우드 영화를 연구한 학도들에 의해서였다. 서크가 은퇴한 지 10여 년이 지난 다음에 쓰인 앤드루 새리스의 예언적 주장은 사실 당시의 주류 비평에 거스르는 것이었다. 그때는 서크도, 그의 화려하고 깔끔한 멜로드라마도 거의 잊혀질 무렵이었다. 1950년대 후반부터 서크의 유럽 동료들은 그를 찬미하기 시작했지만, 미국 비평가들은 '일토당토 않은 이야기'(서크 자신의 표현)에 대부분 주목하지 않았다. 서크가 1950년부터 1959년까지 유니버설 영화사에 재직하며 감독한 영화는 무려 21편이었다(이 장의 마지막에 있는 서크의 영화 목록 참조). 비평이 유보된 것은 아마도 서크가 만든 여성용 최루 영화들의 막대한 성공 때문일 것이다. 특히 중년층, 중산층, 대중적 취향의 유부녀 관객에게 아주 인기 있었던 점이 비평을 더욱 더 유보시켰다. 그러나 그의 재능은 결국 응분의 대접을 받으며 찬미된다. 서크에 관련된 비평 목록은 특히 1970년대에 엄청나게 늘어났다.

미국 비평가들에게 인정받기까지는 앤드루 새리스의 도움이 컸다. 그러나 서크 작품의 최고 비평가는 바로 자신이었고, 그는 가장 확신에 찬 자기 영화의 옹호자였다. 많은 유럽 출신 영화 감독들(서크는 독일에서 추방된 사람)과는 비슷한 반면에 할리우드의 동료들과는 명백히 대조적인 서크는 미학과 드라마 이론에 대해 뛰어난 이해력을 갖고 있었다. 또 그는 영화의 역사와 비평에 관련된 실용적인 지식도 겸비하고 있었다. 이를테면 프랑수아 트뤼포, 장뤽 고다르, 잉그마르 베리만Ingmar Bergman, 피에로 파올로 파졸리니Pier Paolo Pasolini, 라이너 베르너 파스빈더처럼 서크는 자신의 작업과 영화를 세밀하게 분석했다. 바로 이 작업 덕분에 관객과 비평가 모두는 서크 영화의 영역과 복잡성을 잘 이해할 수 있었다.

존 핼러데이Jon Halliday와의 1970년 인터뷰(서크가 할리우드와 미국을 떠난 지 10년도 더 지난 뒤)에서, 서크는 자신의 마지막 영화 〈슬픔은 그대 가슴에〉에서 그가 어떻게 주제에 접근했는가를 이렇게 설명했다. "내가 기억하는 바에 따르면 (제작자) 로스 헌터가 책을 한 권 건네주었다. 내가 읽지 못한 책이었다. 몇 쪽을 넘기고 난 뒤, 나는 이런 종류의 미국 소설은 환멸만 준다는 느낌을 받았다. 스타일, 문장, 내러티브 태도 등 모두가 내 집중력을 방해하는 것 같았다"(Halliday, 1972: 134~135).[14] 만일 단 한마디로 지난 수년간에 걸친 서크 영화에 대한 대중적 인기와 비평적 혼란을 설명하는 게 있다면 바로 이것이다. 영화 감독으로서, 또 1950년대의 여성용 최루 영화의 뛰어난 내레이터로서 서크가 갖고 있는 흥미는 다른 많은 멜로드라마 감독들과 근본적으로 다른 '스타일과 태도'에 기초하고 있다는 것이다. 소설의 내레이터가 미국의 성공 윤리와 로맨틱한 사랑, 그리고 핵가족 제도를 찬미하며 실제로 주제를 심각하게 다루고 있다는 사실을 알아보기 위해서는 1933년 발표된 패니 허스트의 유치한 원작인 베스트셀러 소설 《똑같은 인생》의 몇 쪽만 읽어 보면 된다. 서크는 주제를 허스트와는 완전히 다르게 인식했다. 다시 말해 미국의 꿈을 찬미하는 게 아니라 그것을 분명하게 비판했다.

지금은 미국 이데올로기에 가장 비판적이라고 간주되고 있지만, 스타일과 스토리 간의 균형을 맞추는 데 있어서 서크의 내러티브 태도는 아주 세련됐기 때문에 그의 영화들, 특히 〈마음의 등불〉(1953), 〈하늘이 허락한 모든 것〉(1956), 〈바람에 사라지다〉(1957), 〈슬픔은 그대 가슴에〉(1959) 등은 1950년대에 유니버설 영화사의 최고 흥행 작품에 속했다. 〈마음의 등불〉은 감독인 서크와 그가 발굴한 배우 록 허드슨의 이름을 영화 산업 지도에 올라가게 했다. 이 영화는 1954년 상영된 할리우드 영화 중 일곱 번째로 많은 수익을 올렸고, 이 영화를 계기로 제작자 로스 헌터는 테크니컬러로 만든 매끄러운 '여성 영화'에 주력하기 시작했다. 데뷔 이후 약 5년 동안 어떤 주목도 받지 못하던 록 허드슨은 1950년대 후반부터 1960년대 초반까지 최고의 흥행 스타로 인기를 누렸고, 서크는 유니버설의 스타 감독으로 인식됐다. 서크의 마지막 영화 〈슬픔은 그대 가슴에〉는 1959년 발표된 할리우드 영화 중 흥행 4위를 기록했는데, 유니버설 영화사로서는 역대 최고의 성적이었다. 그러나 여전히 일반 관객을 제외하고는 서크의 작업에 주목하는 사람은 드물었다. 할리우드의 다른 감독들과 마찬가지로 서크도 정신분열증 같은 비평의 대상이 돼야 했다. 포드, 혹스, 히치콕만이 예외적인 감독들이었다. 이들도 아주 대중적인 장르 영화를 만들었다. 그렇지만 그들이 만든 영화들은 처음 상영될 때보다 더욱 우수한 것으로 끊임없이 재평가됐고, 별 주목을 받지 못한 것도 열정적으로 재해석됐다. 그들과 서크를 구별짓는 중요한 다른 점은 바로 이것이다. 즉 포드, 혹스, 히치콕은 자신들의 대중적(다시 말해 재정적) 성공을 독립 제작의 발판을 마련하는 데 투자했고, 그럼으로써 이후에는 감독의 통제권을 아주 굳건하게 세울 수 있었다. 그러나 서크는 메이저사와의 계약에 따라 영화를 만들었고, 비로소 스스로 영화를 만들 수 있게 된 바로 그때 그는 은퇴했던 것이다.

그렇지만 서크가 자신의 영화를 직접 통제한다면 그 특유의 재능은 훼손될지도 모른다. 그는 역경 속에서 성장한 드문 감독 중 한 사람이다. 그의 최고 작품도 실제로는 말도 안 되는 시나리오로, 비인간적인 작업 조건 아래서 이루어졌다. 스튜디오 시스템에 대한 서크 자신의 향수 어린 회고를 들어 보자. "할리우드라는 이 썩은 곳에는 부인할 수 없는 매력이 있다. 필름의 통제권을 쥔 채 주위 상황과, 또 말도 안 되는 스토리와 싸워 가며 세트 위에 존재하는 기쁨 말이다. 이런 꿈 같은 이상한 매력은 카메라와 동료들에 의해 실현된다"(Halliday, 1972: 134~135).[15] '작가'란 감독이라는 입장과 영화 재료(스크립트, 배우, 기술자 등) 사이의 긴장에서 감독다운 개성(혹은 서크의 말을 빌리자면 '내러티브 태도')을 드러내는 사람이라는 새리스의 주장에 동의한다면, 더글러스 서크는 할리우드 '작가'의 최고봉이라고 말할 수 있다.

스튜디오 제작 시스템 속에서 서크는 아주 성공적으로 작업했기 때문에 '서크 영화'의 모든 아이디어는 흥행 보증 수표 같은 것이었다. 유니버설 영화사에서의 서크의 '제작 사단'에는 놀라운 일관성이 있다. 〈마음의 등불〉, 〈하늘이 허락한 모든 것〉, 〈바람에 사라지다〉, 〈슬픔은 그대 가슴에〉를 만들며 서크는 동일한 동료들을 기용했다. 즉 촬영 감독 러셀 메티Russell Metty, 음악 감독 프랭크 스키너, 무대 디자이너 러셀 고스먼, 미술 감독 알렉산더 골리첸, 분장 디자이너 빌 토머스 등이 그들이다. 그는 또 소규모 전문 회사에서 공급하는 배우, 특히 록 허드슨과 제인 와이먼을 주로 기용했다.

품격 있는 서크 멜로드라마의 특징적인 스타일은 제작 사단 전체의 재능을 조합하는 (실제로는 지휘하는) 그의 조정 능력에도 일정 부분 기인한다. 그는 제작 사단의 능력을 파악하고 있었다. 그런 전문가들로 구성된 서크의 사단은 영화의 스토리가 아니라(작가가 스토리를 구성하고, 촬영 이후 편집자가 그것을 조합한다) 스타일을 만들어 냈던 것이다. 카메라 작동, 조명, 음악, 세트, 미술, 의상까지 이 모든 것은 서크 멜로드라마의 개성 있는 모습과 느낌을 제공하는 데 기여했다. 그리고 영화 제작에 있어서 이런 역할들은 〈바람에 사라지다〉를 제외하고는 프로듀서 로스 헌터의 지휘 아래 조직됐다(〈바람에 사라지다〉의 프로듀서는 앨버트 저그스미스).

주제 강조로서의 내부 프레이밍: 서크는 자신의 캐릭터들, 특히 여성들이 사회 환경에 갇혀 있을 뿐 아니라 삶의 물리적 조건에도 갇혀 있음을 자주 보여 주었다. 제인 와이먼(《하늘이 허락한 모든 것》, 왼쪽)과 수잔 코너(《슬픔은 그대 가슴에》)가 비슷한 틀에 갇혀 있음을 알 수 있다.

🎥 스타일리스트 서크

스토리와 스타일 간의 차이점은 아무리 강조해도 지나치지 않다. 스토리를 재미있게 이야기하며, 그 이야기를 스타일화하고, 그가 말한 '내러티브 태도'를 유지하는 게 서크의 재능이다. 서크는 대부분 영화 비평가들이 '영화 예술'을 주제에 따라, 특히 문학적 접근법으로 구분짓는다는 것을 잘 알고 있었다. 그러나 영화 예술의 창작자로서 그는 멜로드라마를 '기능'하게 하는 것은 바로 형식이고 스타일이라고 믿었다. 서크는 자신의 초기 멜로드라마의 장점을 다음와 같이 묘사했다.

> 마음속에서 서서히 나는 멜로드라마에 관련된 아이디어를 구성해 나갔다. 미국 영화에서 거의 완벽한 수준에 도달한 그 멜로드라마라는 형식 말이다. 형식이 완전해질 때까지 미국 영화들에서 찾았다. 그 영화들은 단순하면서도 완벽하게 다른 그 무엇이었다. 예술성이라곤 전혀 없었다. 이것이 엘리자베스 시대에 대한 나의 연구와 연결되었다. 그 때는 예술을 위한 예술의 시대였고, 셰익스피어가 있었다. 내가 보기에 그는 멜로드라마에 스타일과 기호와 의미를 주입한 멜로드라마 작가였다. 엘리자베스 시대와 할리우드 시스템 사이에는 놀랄 만한 유사성이 있었다(Sirk, 1977~8: 30).[16]

서크 스타일에 근본이 되는 것은 카메라 움직임과 조명의 사용이다. 이 두 가지는 촬영 감독 러셀 메티의 지휘 아래 진행됐다(서크는 메티에 대해 "우리는 사물을 똑같은 방법으로 봤다"라고 말한다). 많은 다른 영화 감독들이 멜로드라마는 현존하는 사회 조건을 '반영하고,' '표현하는' 것이므로 가능한 한 사실적으로 다뤄야 한다고 주장했을 때, 서크는 자신의 영화 재료를 형식화하는 쪽을 선택했다. 즉 재료 자체의 기능에 주목하라는 입장이었다. "카메라는 자신 고유의 눈으로 사물을 본다"라고 서크는 주장했다. "인간의 눈은 찾아내지 못하는 사물을 카메라는 본다. 그리고 결국 당신은 당신의 카메라를 신뢰하게 될 것이다"(Halliday, 1972: 86~87).[17] 서크는 자연을 그대로 반영하지 않고, 삼자적 입장에서 보는 카메라의 시각을 조정하는 법을 배웠다. 그리고 그는 세트와 배우들에게 정상과는 다르게 조명을 비추는 법도 배웠다. 그는 말했다. "브레히트가 말한 대로, 당신은 이것이 현실이 아니라는 것을 잊어서는 안 된다. 이것은 영화다. 당신이 지어내는 그런 이야기다"(Sirk, 1977~8: 30).[18]

서크는 브레히트의 관객 '소격*alienation*' 개념에 동의했다. 이는 양식화를 통해 관객과 주제 사이에 거리를 두는 것을 의미한다. 브레히트는 독일에서 리얼리즘 연극의 전통 속에서 작업하며 이 개념을 발전시켰다. 그리고 서크는 할리우드에서 사회적 멜로드라마의 리얼리즘적 전통에 이 개념을 적용시켰다. 서크가 이 전략을 신뢰한 이유는, 그렇게 함으로써 멜로드라마 장르가 지지하는 사회적 조건을 관객이 더욱 정확하게 인식할 수 있을 것이라는 데 있었다. 또 전통도 관객의 기대에 상당히 의존하게 된다고 믿었다. 관객들은 낭만적인 사랑과 결혼(문화적 현상 유지)에 대한 멜로드라마의 투명하고 현실적인 찬미를 수용하는 법을 배웠기 때문에, 계산된 스타일상의 장식은 이런 멜로드라마의 영속적인 투명성을 흐리게 할 수 있는 것이다. 관객들은 자신들이 보고 있는 것이 인위적으로 설계된 현실이며, 오직 이런 인위적인 세상에서만 '사회적 문제들'이 산뜻하게 해결된다는 사실을 상기하는 그 순간 친사회적 픽션은 의문의 대상이 된다.

그런 내러티브 전략은 스토리와 스타일 사이, 또 감정적인 몰입과 지적인 거리 두기 사이의 정교한 균형을 요구한다. 이 균형은 브레히트 자신 도 할리우드에 머물렀을 때 실현하지 못했다. 서크는 영화 멜로드라마에 들어 있는 리얼리즘의 수준과 정서적인 동일시를 알고 있었다. "카메라 가 여기에선 중요하다. 영화에는 감정이 중요하기 때문이다. 카메라의 움 직임은 그것이 연극에서는 존재할 수 없는 데서 알 수 있듯 곧 감정이다" (Halliday, 1972: 43).[19] 따라서 서크에게 카메라는 상반된 기능을 하는 무기 였다. 먼저 카메라는 세상을 기계적으로 기록하고, 관객이 카메라가 투사 하는 현실과 동일시할 수 있도록 돕는 도구다. 또 카메라는 세상을 왜곡 하고 해석하고 어둡게 하고 양식화할 수 있도록 조작할 수 있는 도구이 며, 그렇게 함으로써 감독의 시각에 맞게 현실을 재창조할 수 있다.

서크는 이런 방식으로 카메라와 조명을 조작했을 뿐만 아니라 실제 로는 영화 제작 예술에 관련된 모든 면, 다시 말해 장식, 분장, 세트, 배우, 심지어는 스토리까지 조작했다. 그러나 내러티브의 기본적인 한 가지 '경 향'은 항상 유지됐다. 이는 그가 말한 대로 자신이 만든 모든 영화에 일관 되게 적용됐는데, 즉 낭만적인 사랑은 사회적 환경에 의해 결정되고 조절 된다는 것이다. 서크는 멜로드라마가 사회를 해석하는 데는 특별나게 비 옥한 토양이라는 것을 알았다. "단순한 러브 스토리가 아니라, 사랑을 조 건짓는 사회적 환경을 묘사할 수 있기 때문이다. 사랑 이야기가 들어 있 는 사회의 구조는 사랑 그 자체만큼 중요하다"(Halliday, 1972: 52).[20] 서크는 시급한 러브 스토리에 대해서는 항상 해결책을 제시했다. 그러나 그 스토 리와 대립되는 사회적 조건은 해결하지 않은 채 남겨 두었다. 그 조건이 바로 영화의 종결 부분에 어떤 자의적인 사건이 제시될 때까지 연인들의 결합을 방해하는 것이다. 그는 관객이 동일시할 수 있는 모든 기대에 도 전하며 종결을 만족스럽지 않은 채로 남긴다. 그래서 서크의 '행복하지 않은 해피 엔딩'은 관객들로 하여금 '영화가 끝난 이후까지 더 생각하게' 한다.

🎥 〈하늘이 허락한 모든 것〉

〈하늘이 허락한 모든 것〉의 내러티브 진행을 살펴보자. 이 영화는 작은 마을의 사진 엽서를 잇따라 보여 주는 것으로서 시작한다. 이어서 세 명의 마을 사람을 소개한다. 즉 매력적인 중년 미망인이며 어머니인 캐리 스콧(제인 와이먼), 캐리의 이웃이며 클럽 친구인 사라(애그니스 무어헤드), 그리고 핸섬하고 젊은 캐리의 정원사 론 커비(록 허드슨)가 그들이다. 오프닝 시퀀스에서 이들은 자신들이 놓여 있는 상황을 암시하는 색깔의 옷을 입고 나온다. 사라는 어두운 푸른 색 옷을 입고 있는데, 이는 그녀가 이 마을에 타고 온 웨건 승용차와 같은 색이다. 캐리와 그녀의 2층집은 담갈색, 즉 중립적인 회색이다. 론의 카키색과 갈색은 그가 일하는 땅의 환경, 즉 '자연'을 반영한다. 서크가 의상으로 표시한 컬러 약호는 재료들이 어떻게 주제적 의미와 연결되는지 보여 준다. 내러티브를 따라 이런 계산된 전략들이 전개되며, 이것은 결국 주요 등장인물들이 대사나 연기로 보여 주는 것만큼 많은 정보를 제공한다.

캐리는 자신감 충만한 정원사와는 상반되는 인물이다. 론의 라이프 스타일은 캐리의 사춘기 자녀들과 캐리 친구들 사이에서 웃음거리(그는 나무의 모판을 마을 바깥에서 키운다)가 되지만, 그것은 반면에 캐리를 익사시키 듯 위협하는 사회적 늪으로부터는 론이 해방돼 있음을 나타낸다. 허드슨 이 연기한 론 커비는 억압적인 사회 환경에는 그다지 신경 쓰지 않는 전형적인 틈입자-구원자다. 이 점이 여주인공과 관객 모두에게 이데올로기적인 해답으로 비친다. 서크가 말한 바에 따르면 "멜로드라마에서는 성격을 이리저리 변경하는 사람들과 반대되는 유동하지 않는 캐릭터를 확보하는 게 유리하다." 록 허드슨은 서크의 영화에서 그런 인물을 자주 연기했다. 사실 허드슨의 육체미와 별로 움직이지 않는 연기 방식을 개발한 것은 명백한 단점을 내러티브에서 자산으로 전환시킨 서크의 능력을 보여 주는 좋은 예다. 서크는 허드슨에게서 존 웨인과 유사한 특질들을 발견했다. 스크린 페르소나가 개별적인 배역을 압도하는(그래서 결정하는) 배우가 존 웨인이었다.

물론 고정화, 단순화, 스타일의 불변경에는 항상 위험이 따른다. 배우들이 마음대로 조종할 수 있는 유일한 종류의 스타일은 개성 가운데 하나를 선택하는 것이기 때문이다. 그러나 고정화가 때로는 위대성에 도움이 된다는 사실을 잊어서는 안 된다. 고정화는 당신 자신의 동상이 되는 것이다. 웨인은 자신을 고정화시켰기 때문에 위대한 배우다. 그는 동상이 되었다. 여기에도 작가 이론이 적용된다. 그는 자신의 모든 것에 아주 일관된 필적을 남겼기 때문이다. 나는 그를 보는 게 즐겁다. 그는 영화 속의 암호이며 기호였기 때문이다(Halliday, 1972: 71~72).[21]

웨인에 대한 서크의 묘사가 반론(배우로서 웨인의 영역은 허드슨의 영역보다 분명히 위대했다)을 일으킬 수 있지만, 위의 인용문은 멜로드라마에서 발전된 허드슨의 스타성을 강조하고 있다. 허드슨이 연기한 이데올로기적으로 '일관성 있는' 론 커비는 아름다운 육체와 순수한 '자연스런' 본능을 가진 이상형 인물, 즉 주제에 맞춘 캐릭터다. 다른 모든 등장인물들과는 다르게 그는 자신과 세상에 관련된 일들을 정확히 이해한다. 허드슨의 캐릭터는 미국의 가치에 대해 이 장르가 내린 해석을 의인화한 것이다. 그는 현존하는 사회 환경에 영향을 받지 않으며, 그래서 신화적인 어떤 존재로 보인다. 론 커비의 내러티브의 역할은 고정된, 일차원적 위치에 머물러 있지만, 영화 속의 '분열적인' 다른 캐릭터들 덕분에 그는 전체 내러티브에서 더욱 돋보인다. 〈하늘이 허락한 모든 것〉에는 분열적인 인물들이 아주 많이 나온다.

론과 캐리는 사랑에 빠진다. 캐리에게는 그들의 사랑이 자신의 억압적인 세상으로부터 도망쳐야 한다는 것을 의미한다 해도 말이다. 캐리는 자신에게 고정된 정체성과는 다른 정체성을 새로 만들려고 노력한다. 그러나 그녀가 이 세상에 함께 살고 있다고 당연하게 여겨 온 사람들인 그녀 가족과 친구들은 그런 시도를 반대한다는 것을 캐리는 알고 있다. 론은 캐리에게 자신이 갖고 있는 '대안적인' 라이프스타일을 주입하려고 모든 노력을 아끼지 않는다. 그래서 그들의 연애는 서로 다른 가치 체계 간의 줄다리기 게임이 된다. 이런 식이다. 사회 복지에 종사하는 캐리의 단순한 딸이 프로이트를 인용하면, 론은 소로를 인용한다. 캐리는 숨막힐 듯 격식 차린 사교 클럽의 칵테일 파티(그녀 친구의 술 취한 남편이 집적거리기도 한다)에 참석한 뒤, 마음 맞는 친구들끼리 론의 농촌풍 집에서 포도주를 마시고 노래를 부르며 흥겹게 노는 파티에 참석한다. 캐리의 아들이 프린스턴대학에서 경영학을 공부하는 반면, 론의 가장 친한 친구는 전원에서 살기 위해 매디슨가*에서의 격심한 경쟁 생활을 그만둔다. 캐리는 창문마다 그림이 그려져 있고, 가구에는 내용물이 꽉 차 있으며, 대리석처럼

---

* 뉴욕의 광고업계 중심가.

캐리 스콧(제인 와이먼)은 자신들의 젠체하는 부르주아 공동체와는 다른 '대안적' 라이프스타일을(소로의
《월든》을 읽고 있다) 앨리다(버지니아 그레이)로부터 소개받는다. 앨리다의 남편은 뉴욕을 떠나 숲에 들어가
사는 사람이다.

빛나는 거울들이 지나치게 많이 걸려 있는 무덤 같은 집에서 산다. 반면에 론은 방앗간을 깨끗하게 재정돈하여 집으로 쓰고 있는데, 빈 공간이 많고 나무를 자재로 사용해서인지 편안한 안식처 같다. 또 커다란 창문은 그 자신의 월든*Walden*을 잘 볼 수 있게 집 전면에 위치해 있다.

〈하늘이 허락한 모든 것〉에 나타난 '대안적인' 라이프스타일은 캐리가 알고 있는 스타일과는 극단적으로 다른 것이다. 론과 캐리 커플은 앤더슨 부부(믹과 앨리다)와 비교된다. 이들은 론과 캐리가 희망하는 이상적인 부부다. 항상 론에게만 들렸던 '다른 목소리'에 믹도 결국 귀 기울인다. 믹은 농촌에서 더욱 합리적인 생활을 찾기 위해 정신적 억압과 물질적 덫으로 덮여 있던 뉴욕을 떠났다. 그는 농촌에서 나무를 키우며, 별을 볼 수 있게 지붕에 창문이 있는 집에서 살기를 원한다. 캐리는 여전히 수동적이고 복종적이며 의무만 부여된 가정주부에 머물러 있지만, 자신의 현재 라이프스타일을 재정의할 수 있는 척도를 앨리다에게서 찾을 수 있다. 인습적인 생활에도 불구하고 캐리의 라이프스타일이 아내 역으로서는 더 낫다는 것은 분명하다(1950년대 관객에게는 그것이 더욱 진정한 대안이었을 것이다). 론과 그의 생각이 캐리에겐 모두 매력적이었지만, 그녀는 이미 인습화돼 있는 자신의 라이프스타일에서 탈출하지 못한다. 다시 말해 그녀는 자기도 모르는 사이에 각인된, 미국의 꿈에 동의하는 자아상을 지우지 못하는 것이다. 캐리가 빠진 함정은 그녀의 부르주아 가정으로 표현된다. 이를테면 그녀가 안에서 바깥을 바라보는 모습이 반복해서 나온다.

* 소로의 대표작 제목. 그는 매사추세츠주에 있는 작은 연못 월든 근처에 살았는데, 이 책을 발간하며 제목을 그 연못 이름에서 땄다.

그녀가 창문을 통해, 또 칸막이 가구 뒤에서, 그리고 어디에나 있는 거울 속에서 바깥을 바라보는 모습 등이 그것이다. 서크는 자신의 영화 등장인물들에게 "집은 그들의 감옥"이라고 말했다. 이는 "그들 스스로가 선택해서 살고 있는 바로 그 사회에서 감옥살이를 하고 있는 것"을 의미한다(Sirk, 1977~1978: 32).[22]

〈하늘이 허락한 모든 것〉의 문제 해결과 결합은 캐리 자신의 자발성이나 스스로의 깨우침 등이 아니라 신의 행위, 즉 사고에 의해 동기화돼 있다. 급작스런 론의 사고가 캐리의 우유부단을 자극한다. 공동체에서의 평판을 유지하는 것과 속이 좁은 자녀들을 만족시키는 문제를 놓고 곰곰이 고민하다가 캐리는 충동적으로 론의 방앗간으로 차를 몰고 간다. 그러나 결정적인 순간에 그녀는 차를 돌린다. 멀리서 그녀를 바라 본 론은 소리 쳐 부르고, 언덕에서 아래로 떨어져 머리를 다친다. 론과 진정한 사랑이 해내지 못했던 것을 바로 이 부상이 이룬다. 즉 그녀는 론의 곁에 머무르며 그를 돌보겠다고 의사에게 약속하는 것이다. 계급에 묶인 독신 생활이 공허하고 답답한 것임을 캐리가 인식했을 때, 그녀는 그것을 거부하는 쪽으로 내몰렸던 것이다. 그러나 그녀의 마지막 행동이 함축하고 있는 자유도 교묘히 훼손돼 있다. 캐리는 론에게 연인이 아니라 간호사나 어머니로서 갔기 때문이다. 론의 곤경이 캐리의 전통적인 모성 본능에 불을 붙인 것이다.

비평가이자 영화 감독인 라이너 베르너 파스빈더는, 서크의 멜로드라마에서 발견되는 매력적이고 비인습적인 사실 중 하나는 여성들이 실제로 자신들의 사회적 조건을 생각해 보지만 결국 행동으로까지 나아가지는 못한다는 것이라고 지적했다. 서크는 만연돼 있고, 비인간적이며, 궁극적으로는 파괴적인 미국 중산층 이데올로기의 힘과, 사회의 '말 없는 다수'들을 긴장시키고 억압하는 중산층의 굳건한 가치와 태도를 인정하듯 이 영화의 종결에서 두 연인들을 아이러니컬하게 결합시킨다.

🎥 〈바람에 사라지다〉

오늘날에는 우리들에게 〈하늘이 허락한 모든 것〉이 억압적이고 남녀 차별적이며 물질 만능주의적인 미국 중산층을 분명히 고발하는 것으로 비치지만, 당시의 관객들과 비평가들은 이 영화를 단순히 사랑 이야기나 다룬 것으로 읽었다. 영화 구성 요소들을 더욱 강렬하게 양식화하는 서크의 작업(이는 아이러니컬한 해피 엔딩으로 강화됐다)은 1956년 작품에서 아주 명확하게 드러난다. 물론 그것도 오늘날에 와서 읽히지만 말이다. 그러나 적어도 그는 당시 관객의 반응에 별로 놀라지 않았다. 그때 "미국인들은 안전하다고 느꼈고, 자신감에 차 있었으며, 그들이 이룩한 업적과 편안한 제도 속에서 안주하고 있었기 때문이다"(Halliday, 1972: 98).[23] 〈하늘이 허락한 모든 것〉보다 1년 뒤에 제작된 걸작 〈바람에 사라지다〉의 형식과 주제에 대한 서크의 구상에는 몇 가지 의문이 제기된다. 비록 관객은 전복성을 띤 이 영화의 요소들에 좋은 반응을 보였지만 말이다. 서크 자신도 두 영화를 이렇게 비교했다. "단순히 〈하늘이 허락한 모든 것〉과 〈바람에 사라지다〉 간의 다른 점을 살펴보자. 〈하늘이 허락한 모든 것〉에는 사회의 여러 층위가 아직 의혹의 그림자에 의해 영향받기 전인 것으로 제시된다. 그러나 〈바람에 사라지다〉에서는 생활의 조건이 묘사되고 있으며, 여러 각도에서 예견되고 있다. 그것은 부패해서 무너지고 있는 오늘날의 미국 사회와 다르지 않다"(Halliday, 1972: 116).[24]

〈바람에 사라지다〉는 완벽한 명문가 변주 멜로드라마다. 이 영화는 서크 영화 중 가장 복잡하게 등장인물들을 배치하고 있다. 버릇없고 퇴폐적인 아들을 둔 텍사스 주의 석유 재벌 재스퍼 해들리(로버트 키스)는 남성과 여성 구원자 - 틈입자 두 사람을 항상 나란히 놓고 비교한다. 구원자는 루시 무어(나중에 루시 해들리가 된다) 역의 로렌 바콜과 미치 웨인 역의 록 허드슨이다. 이 둘은 내러티브에서 '유동하지 않는' 인물로 나온다. 두 사람이 갖고 있는 그들의 확고한 자신감은 해들리가는 물론이고 거의 모든 곳에서 주변에 전달된다. 미치는 고통받는 남성 상속자 카일 해들리(로버트 스태크)가 곤경에 빠지지 않도록 항상 돌보며, 그리고 색욕적인 딸 메릴리(도로시 멀론, 이 역으로 아카데미상 수상)의 성적인 유혹을 거절하며 해들리 집안에서 어릴 때부터 살아왔다. 반면에 여성 구원자 바콜은 카일과 결혼함으로써 해들리 집안의 인물이 됐다. 그녀는 가족 간에 갈등을 일으키는 촉매가 되고, 결국 명문 해들리가를 몰락시키는 촉매로도 기능한다.

어떤 면에서 보면 〈바람에 사라지다〉는 관객이 탐정이고, 미국의 부패한 지배 계급이 악당인 괴상한 탐정 이야기일 수도 있다. 이 영화는 플래시백 장면으로 보여 주는 수수께끼 같은 범죄로 시작된다. 주제곡("믿을 수 없는 연인의 키스가/바람 위에 쓰여 있네")을 배경으로 오프닝 크레딧이 나오고, 이어서 침실 창문을 통해 미치와 루시(카일의 아내일 때)가 함께 있는 모습이 보인다. 그리고 카메라는 메릴리의 창문으로 이동한다. 커튼이 쳐져 있고, 짙은 그림자가 드리워져 있어 그녀의 눈만 겨우 보인다. 이어 급격한 로 앵글로 카메라는 저택을 비춘다. 카일이 스포츠카를 요란하게 몰며 프레임 안으로 들어올 때 저택은 가려져 희미해진다. 비틀거리며 집안으로 들어가는 카일은 술에 아주 취해 있다. 총성이 울리고(화면 밖에서), 비틀거리며 나오는 그의 손에 총이 쥐어져 있다. 그리고는 땅바닥에 쓰러져 죽는다. 당연히 우리의 관심은 창문 바로 뒤쪽으로 쏠린다. 바람에 창문 커튼이 휘날리고, 탁상 달력이 뒤쪽(과거)으로 빠르게 넘겨진다.

플래시백으로 보여지는 나머지 이야기의 대부분은 카일의 죽음을 일으킨 그 사건과 관련돼 있다. 간단한 재판 시퀀스가 뒤따르고(미치 웨인은 살인 혐의로 기소됐다), 이어서 에필로그가 나오는 식으로 구성돼 있다. 해들리가 상속자의 죽음을 영화가 시작되자마자 보여 준 이런 플롯 구성은 훌륭한 시도였다. 그래서 결과적으로 서크는 내러티브를 진행하며, 해들리가의 퇴폐와 카일의 죽음의 필연성에 관련된 토대를 집중 점검할 수 있었다. 서크가 지적했다시피 이런 장치로 그는 '희망 없는 상황이라는 주제'를 강하게 주입할 수 있었고, 관객의 관심을 '희망 없는 게 무엇인가가 아니라 희망이 어떻게 없어지는가로,' 다시 말해 플롯이 아니라 구조로 돌릴 수 있었다(Halliday, 1972: 119).[25] 플래시백은 내러티브로 또 형식으로 이런 이점을 확보했다. 즉 우리들에게는 이미 봤던 사건이 일어나도록 한 사회적 환경을 생각해 보게 하며, 그리고 서크에게는 그런 환경을 양식화해서 보여 줘야 한다는 의무에서 벗어나게 했다.

대규모 사업을 경영하는 명문가의 귀족을 묘사하는 가족 멜로드라마의 전형에 맞게 이 영화도 가부장으로 해들리를 등장시켜 묘사하고 있다. 한때 개인적 능력으로 제국을 건설하기도 했던 그는 이제 쇠약해지고 있다. 이제 그런 능력도 사라져 가고, 자녀 중에는 그런 능력을 가진 사람도 없다. 해들리의 소년 시절 친구의 아들인 미치는 〈하늘이 허락한 모든 것〉에 나오는 론 커비의 복사판인 '자연스런' 남자다. 그는 자신을 둘러싸고 있는 계급 차별적인 사회적 조건을 이해가 되지 않을 정도로 의식하지 않는다. 해들리의 아들 카일은 플레이보이이며 아마추어 재벌이다. 그는 비행기를 타고 대륙을 돌아다닌다. 반면 여동생 메릴리는 마을 전체가 집안 토지인 이곳 유전 지대의 술집이나 더러운 소굴 따위를 돌아다닌다. 플래시백 시퀀스는 카일이 스테이크 샌드위치를 사기 위해 미치와 함께 비행기를 타고 뉴욕으로 날아가는 것으로 시작된다. 그곳에서 그들은 루시 무어를 만난다. 용모가 단정하고 자신감에 찬 직장 여성인 그녀는 어쨌든 카일에게 호감을 느꼈고, 그날 밤 그와 결혼한다. 그러나 그녀를 갖고 싶어 하는 미치의 욕망도 그날 밤 싹튼다. 이것이 두 남자 간의 카인-아벨식 관계를 엿볼 수 있게 하는 첫 장면이다.

그럼으로써 서크가 이름 붙인 등장인물들 간의 '즐겁지 않은 회전목마 같은*unmerry-go-round*' 구조가 설정된다. 즉 메릴리는 미치를 사랑하고, 미치는 루시를 사랑하고, 루시는 카일을 사랑하고, 카일은 아무도 사랑하지 않는다. 심지어 그 자신까지도. 플롯에 들어 있는 드라마적인 복잡성은 섹스 문제에도 들어 있다. 메릴리의 문란한 태도(이런 태도로 미치를 골탕 먹인다), 생식 불능 가능성이 높은 카일, 루시가 임신했을 때 미치와 루시에 대한 카일의 의심 등이 그것이다. 미치와 루시는 카일이 윤리적으로 더 타락해 갈수록 서로에게 끌리지만, 안정된 성격의 그들은 서로를 존경하는 거리를 유지한다. 이런 등장인물들 가운데 명목상의 '스타'로서 록 허드슨은 이 영화에서도 정적인 캐릭터를 적절하게 창조해 낸다. 이는 바콜이 연기한, 의지가 강하고 사색적인 루시 무어에 의해 보완된다. 이와 반대로 성격이 불안하고 부적격자로 보이며 지나치게 감정에 얽매이는 카일과 메릴리는 더 동적이며 연민이 가는 캐릭터로 그려져 있다. 그들은 서크가 명명한 바에 따르면 "영화 속의 숨어 있는 주인공들"이다(Halliday, 1972: 98).[26] 멜로드라마에 내재된 드라마의 본질을 따져 볼 때, 미치와 루시 같은 겉에 드러나는 캐릭터들은 여러 단면을 보이는 분열적인 인물들을 돋보이게 하는 기능도 한다. 앞의 캐릭터들 덕분에 뒤 인물

〈바람에 사라지다〉의 '숨은 주인공': 석유 재벌의 딸로 문란한 생활을 하는 메릴리(도로시 멀론)는 '자연스러운' 남자 미치 웨인(록 허드슨)을 유혹한다.

들의 육체적인 행동과 정서적인 매력이 돋보이기 때문이다.

미치와 루시 커플 간의 유일한 긴장은 그들의 본질적으로 다른 라이프스타일과 사회적 배경에서 파생된 것이다. 미치는 〈하늘이 허락한 모든 것〉에 나오는 론 커비의 초월주의적 스타일과 아주 비슷한 반면, 루시는 캐리가 탈출하려고 몸부림쳤던 바로 그 중산층 생활을 원한다. 카일을 처음 만났을 때 루시는 이런 말도 한다. "아마 나는 결혼식이 끝나고 나면, 남편과 할부금과 자식들과 함께 도시 근교에서 살아갈 준비를 할 것이다." 그래서 해들리가는 중산층(루시)의 가치 체계와 무계급(미치)의 가치 체계에 의해 점검된다. 그리고 영화의 마지막 부분에서 미치와 루시가 입장을 달리함으로써 부패한 부에 대한 부정적인 시각은 강조된다. 그런데 〈바람에 사라지다〉에서 중산층 이데올로기는 아주 긍정적인 가치로 기능하며, 부패하고 자기 파괴적인 해들리가의 '올바른' 대안으로 제시되기도 한다. 예를 들어 플래시백의 초반 부분에서 카일과 루시가 격정적인 사랑을 나눌 때, 루시는 자신이 '착한 여자'이며 하룻밤 여자가 아님을 분명히 한다. 결국 그녀는 그날 밤 카일이 결혼이라는 대가를 지불하기로 약속한 뒤 비로소 자신의 처녀성을 양보한다. 결혼을 한 이후 카일은 부르주아적 남편의 전형처럼 행동한다. 술을 끊고 일찍 집에 들어오며, 규칙적으로 일하고 자식을 가질 준비를 한다. 아이러니컬한 시각을 보이는 서크 영화의 전형이 여기서도 나오는데, 카일의 이런 변화는 오래 가지 못한다. 중산층 가족에 대해 카일이 갖는 상반된 동기와 이분법적 해석은 서크의 특기가 동시대 사회 조건에 대한 근본적인 진실들을 고발하는 데 있는 게 아니라, 사회 조건이라는 것이 얼마나 모호하고 상대적인가를 보여 주는 데 있다는 것을 드러내는 것이다. 서크는 해결책을 제시하는 척하며 문화적 모순과 문제들을 분명히 전달하기를 원했다. 서크 영화를 본 뒤 기억에 오래 남는 것은 기계 같은 갈등-해결 구조가 아니라(물론 서크의 플롯 구성 능력은 아주 뛰어나다), 그가 지휘하는 복잡하고 풀릴 것 같지 않는 갈등의 본질이다. 이 영화 속의 갈등도 아주 복잡해서 안정된 성격의 인물들도 상반된 면을 보이곤 한다. 예를 들어 루시는 동기의 순수성은 개의치 않고 결혼했는데, 이는 자신을 물질적인 소유물로, 또 섹스 일용품으로 카일에게 판 것이다. 비슷한 상반됨은 미치와 메릴리 사이에서도 발견된다. 미치는 여동생격인 메릴리를 윤리적인 이유로 단호히 거절하는데, 이런 그의 행동으로 그녀는 복수하듯 문란한 성관계를 갖게 되고, 이런 불일치는 종종 폭력을 유발한다. 연인이 되어 달라는 메릴리의 요구를 미치가 거절하자, 그녀는 미치와 루시 사이에 대해 오빠에게 거짓말을 한다. 이런 거짓말은 카일이 죽을 때 정점에 달했다.

서크는 〈바람에 사라지다〉가 "사회 비판적인 소품으로, 부자와 버릇없는 자와 미국 가족에 관련된 진정한 비판이다"라고 정의하며 "플롯에 폭력이 들어 있기 때문에 그 폭력을 표현하는 힘이 들어 있어야 했다"고 말했다(Halliday, 1972: 116).[27] 이 전략은 카일이 살인을 당하는 장소가 나오는 오프닝 시퀀스부터 분명하게 드러난다. 예를 들면, 자연스럽지 않은 이상한 황혼 조명 속에서 저택을 극심한 로 앵글로 잡은 숏, 엄청난 규모의 장례식이 벌어지는 쪽으로 문이 갑자기 열리는 것, 폭풍이 아름다운 낙엽들을 빙글빙글 돌려 현관 홀에 떨어뜨린 것, 인물에서 인물로 카메라가 이동할 때 갑자기 컷하는 것, 우리가 채 이해하지 못한 논리로 위기를 구축해 가는 것 등등이다. 첫 장면 때부터 가족의 대저택은 내러티브의 중요한 장소로 기능한다. 황혼이나 여명에 볼 수 있는 저택 주변의 유전은 이 영화의 내적인 역동감을 시각적으로 표현한 것이다. 땅 아래 깊은 곳에서 부와 권력의 물을 뿜아내는 수많은 유정탑이 널려 있는 텍사스의 메마른 풍경은 돈과 힘과 섹스에 대한 해들리가의 혼동을 적절하게 은유하고 있다. 조지 스티븐스의 〈자이언트〉(1956)에는 텍사스의 석유에 대한 사실적인 묘사가 단지 아름다운 배경으로만 기능하는데, 이와는 달리 여기서는 환경 자체가 바로 주제와 관련된 갈등으로 기능한다.

카일 해들리를 죽임으로써 해들리 명문가의 몰락을 설정하고 영화를 시작하여 서크는 미장센은 물론이고 캐릭터도 조작할 수 있었다. 그의 조작은 아주 강력하게 수행됐다. 조작은 살인 미스터리의 뒤에 숨어 있어서 관객은 그것을 인식할 수 없었기 때문이다. 루시를 놓고 카일과 미치가 처음으로 정면 대결을 벌이는 플래시백 장면에서 미스터릭한 사건의 진짜 '범죄'는 극단적으로 재정의된다. 내러티브의 지배적인 이슈는 카일 해들리를 죽인 사람이 누구인가가 아니라, 무제한적인 부와 권력에 관련된 미국의 꿈을 죽인 자는 누구인가 하는 것이다. 서크의 전형적인 아이러니컬한 해피 엔딩은 재판 후의 에필로그에서도 나타난다. 즉 메릴리가 미치에게 유리한 증언을 함으로써 미치는 무죄로 풀려나고, 그와 루시는 해들리가를 떠나며, 메릴리는 소멸하는 해들리 제국의 유일한 생존자로 남는다.

메릴리가 나오는 마지막 장면의 이미지로 서크는 이 영화의 복잡한 주제를 암시하고 있다. 미치를 상실한 것과 가족이 존재하지 않는 것 그리고 가족 사업의 책임자로서의 자신의 새로운 역할 등에 낙담해 있는 메릴리는, 커다란 아버지 초상화 밑에 있는 아버지가 쓰던 책상에 앉아 있다. 그녀가 입고 있는 옷은 그림 속의 아버지가 입고 있는 것과 비슷한 보수적인 정장이다. 또 그녀는 아버지가 손에 잡고 있는 바로 그 모형 유정 굴착기를 손에 쥐고 있다. 〈바람에 사라지다〉의 '숨겨진 주인공'으로서의 메릴리의 역할은 이런 식으로 강조돼 있는 것이다. 우리는 그녀의 성적 공격성이 사회적으로 수용 가능한 것(사업)으로 재통합돼 있는 것을 볼 수 있다. 그리고 석유 굴착기가 미치와 죽은 아버지에 대한 그녀의 감정과, 안정된 아버지상이며 동시에 강렬한 사랑의 구원자이기를 바랐던 미치에 대한 그녀의 혼동을 사라지게 했음을 알 수 있다. 기억에 오래 남는 이 장면은 가족적 가치와 인간적 가치의 쇠퇴가 다음 세대에도 계속될 것임을 암시한 것이다. 그리고 이런 함축이 깔려 있다. 여자가 남자의 세계에서 살아남으려면 반드시 남자의 결의를 받아들여야 하고, 남자의 옷을 입을 각오도 돼 있어야 한다는 것이다.

🎥 〈슬픔은 그대 가슴에〉

할리우드에서 만든 서크의 마지막 멜로드라마이자 그의 마지막 영화는 '남자의 세계'에서 살아남으려고 노력하는 이런 공격적이고 자립심이 강한 여성의 모습을 확대하여 아주 효과적으로 보여 준 것이었다. 그 영화는 바로 〈슬픔은 그대 가슴에〉(1958년 제작되고, 1959년 상영됨)인데, 무대 경력을 쌓기 위해 저금한 돈을 모두 갖고 딸과 함께 뉴욕으로 이사한 미망인이자 어머니이며 야심 찬 여배우인 로라 메레디스(라나 터너)에 초점을 맞추고 있다. 〈슬픔은 그대 가슴에〉는 가족 멜로드라마 역사에서 분수령을 이루는 영화다. 먼저 이 작품은 여성의 성공 이야기, 미망인과 딸 사이의 대립 관계를 묘사한 근본적인 여성 영화다. 그리고 이 장르의 주된 관심인 핵가족 제도를 대체할 수 있는 '더욱 심각한' 사회 문제(여기서는 인종주의와 페미니즘)를 제시한 점에서도 그렇다. 결국 당시에 서크는 멜로드라마 내러티브의 한계에 대해 어떤 불만을 느끼기 시작했던 것이다. 라나 터너가 연기한 조각 같고 오랫동안 고통을 당하는 여주인공은 서크 영화에 나오는 희생양 여성들 중 가장 호소력 없고 가장 모호하지 않은 역이었다. 그래서 일부 비평가들(새리스를 포함하여) 사이에서는 이 영화를 도착적인 사회 코미디물로 읽는 경향이 있다.

(터너는 뻔히 예견할 수 있는 연극적 연기가 충분치 않다는 듯, 멜로드라마 장르 영화에 나오는 것 가운데 가장 상투적인 대사를 늘어놓는다. 로라는 흥행주에게 이렇게 말한다. "당신은 나를 계속 깎아 내리려고만 하는데 그렇게 할 수는 없을 겁니다. 루미스 씨, 나는 성공할 수 있어요. 내 방식대로 말이에요." 자신의 배우 경력 초기의 좌절감에 대해서는 "나는 그것들을 내가 원하는 대로가 아닌, 있는 그대로 볼 수 있을 거야"라고 말한다. 또 자신의 스타로서의 성공에 대해서는 "우습지 않니? 너는 해냈어, 하지만 이게 아무 의미도 없다는 걸 알게 될 거야, 그 무엇을 너는 잃어버렸어"라고 한다. 부모로서의 자신에 대해서는 "수지는 내가 갖기를 원했던 모든 것을 가질 수 있어"라고 말한다. 또 자신의 연인에 대해 딸에게 이렇게 말한다. "만일 스티브가 우리 둘 사이에 끼어들면 나는 그를 포기하겠어, 절대 그를 보지 않을 거야.")

서크는 로라 메레디스를 묘사하는 데 아이러니를 너무 과도하게 동원해 자칫 묘사가 패러디로 흐를 뻔했다. 그러나 〈슬픔은 그대 가슴에〉는 '숨겨진 주인공들'에 의해 내러티브 균형이 잘 유지될 수 있었다. 그들은 미망인-어머니-하녀로서 사려 깊고, 강인한 흑인 여성인 애니 존슨 역을 맡은 후아니타 무어, 그리고 밝은 피부를 가진 애니의 딸 사라 제인 역의 수잔 코너다. 사라 제인은 쇼 비즈니스계에서 백인 여성으로 경력을 쌓기 위해 자신의 어머니를 버리고 떠난다. 로라가 그랬던 것처럼 애니도 미망인이 된 이후에는 직업을 갖지 않을 수 없었다. 비록 하녀 역이 가정주부 역을 다시 강화시킨 형태가 됐지만 말이다. 어릴 때부터 사회적, 인종적 곤경에 아주 민감했던 사라 제인은 흑인으로서 산다는 것은 고통

뿐이라는 이유로 어머니처럼 되기를 거부한다("나는 뒤에서 살기 싫어, 왜 우리는 항상 뒤에서만 살아야 해?"). 사라 제인의 어머니와 로라에 대한 비판을 통해서 서크는 인종적(노예로서의 여성) 그리고 사회 가족적(가정주부로서의 여성) 주제를 서로 섞어 놓았다.

〈슬픔은 그대 가슴에〉의 스토리는 다른 두 부분으로 나뉘어 전개된다. 첫째, 2차 세계 대전이 막 종전된 이후를 배경으로, 로라와 애니가 딸들을 데리고 함께 살기로 약속하는 장면으로 시작된다. 애니는 하녀가 되고, 로라가 연기 경력을 쌓으려고 밖에서 고투를 벌이는 동안은 아이들의 '엄마' 역도 한다. 둘째, 1958년으로 뛰어넘어 상투적인 성공 이야기를 몽타주로(로라의 이름에 조명이 집중되고, 열광적인 관객 앞에서 인사를 하며, 잡지 커버에 사진이 실리기도 한다) 보여 준 뒤 직업과 가족 모두에서 성공하려는 로라의 노력을 추적한다. 사라 제인이 어머니로부터 도망가고, 로라와 그녀의 딸 때문에 심한 고생을 한 탓에 애니가 죽음으로써 내러티브는 복잡해진다. 영화의 마지막 부분에 가면, 로라와 사라 제인은 서로의 균형을 잡아 준다. 로라는 사랑이 없는 성공은 무가치하다고 설득한다. 이에 반해 사라 제인은 성공 없는 사랑은 무의미하다고 확신한다. 로라에게 사랑이란 결혼과 무대 경력을 꾸려 나가는 것을 의미한다. 사라 제인에게 성공이란 자신의 흑인 핏줄을 부인하고 따라서 어머니의 사랑도 부인하는 것을 의미한다. 어머니 역할과 직업을 가진 여성으로서의 역할 사이의 균형을 잡을 수 있었던 유일한 캐릭터인 애니가 죽었을 때, 로라와 사라 제인의 세계는 무너져 내린다. 많은 생존자들이 애니의 장례식에 모여들고(재결합은 기대하지도 않았던 사라 제인이 도착해, 흥분한 나머지 발작적으로 자기 어머니 관에 몸을 던질 때 절정을 이룬다), 그들은 가족의 결속을 다시 세울 것을 다짐한다. 그러나 애니는 살아 생전에 그 결속을 유지할 수 없었다. 애니가 죽은 이후 그 가족들이 잘 생존할 것이라는 암시는 어디에도 없다. 서크는 이렇게 말했다.

> 〈슬픔은 그대 가슴에〉와 〈바람에 사라지다〉는 서로 다르기도 하지만, 공통점도 갖고 있다. 그것은 바로 희망 없음이라는 주제의 강조다. 〈바람에 사라지다〉에서 나는 플래시백을 사용했기 때문에 희망 없음이라는 주제를 처음부터 말할 수 있었다. 관객은 결말까지는 정확히 모르지만 말이다. 그러나 그렇게 함으로써 분위기는 조성됐다. 당신은 〈슬픔은 그대 가슴에〉의 해피 엔딩을 믿지 않을 것이다. 아마 믿으려고도 하지 않을 것이다. [……] 모든 것은 잘돼 가고 있는 것 같다. 그러나 그렇지 않다는 것을 당신은 잘 알고 있다. 캐릭터를 구체적으로 추출해 보면 하나의 스토리를 꾸밀 수 있을 것이다. 희망 없음의 순간을 따라가다 보면 말이다. 그러면 당신은 계속 그런 쪽으로 생각할 수 있다. 그러나 중요한 점은 당신은 그렇게 할 필요가 없다는 것이다(Sirk, 1977~1978: 130~132).[28]

서크의 이 말은 브레히트가 주장한 아이러니와 형식적 거리 두기 개념을 지적한 것이다. 다시 말해 인위적인 해피 엔딩(사라 제인이 어머니의 장례식에 나타났다는 것은 자신의 인종적, 가족적 정체성을 수용했다는 것을 의미한다. 또 로라는 어머니의 역할을 잘하기 위해 자신의 무대 경력을 포기하기로 결심한다)은 등장인물들의 가치와 태도가 피할 수 없는 사회적 조건에 의해 결정된다는 것을 봐 왔기 때문에 설득력을 갖기 어렵다는 것이다. 강요된 문제 해결이 낙관적인 결말을 제공할 수도 있다. 그러나 서크의 '내러티브 태도'는 영화가 끝난 뒤에도 관객이 캐릭터들의 곤경을 생각하도록 한다. 사라 제인은 틀림없이 인종적인 편견을 피하기 위해 계속해서 백인으로 행세할 것이며, 직업상의 성공도 추구할 것이다. 로라는 개인적인 만족 혹은 중요한 사회

〈슬픔은 그대 가슴에〉에서 현명하고 참을성 있는 애니(후아니타 무어)는 피부색이 하얀 딸(수잔 코너)이 그녀의 인종적 정체성을 받아들이도록 하지는 못한다. 이 영화는 그런 점에서 수년 후에 벌어질 흑인 자부심 운동을 마치 예견하고 있는 듯하다.

적 정체성을 느낄 수 있는 유일한 역할인 배우의 길을 다시 갈 것임이 너무나 분명하다. 애니의 죽음은 가족을 위해 자신의 삶을 헌신한 여성의 고통을 아이러니컬하게 (슬프다고는 할 수 없어도) 암시한 것이다.

영화 마지막 부분의 '가족의 결합' 장면에는 로라, 그녀의 딸 수지(샌드라 디), '수양 딸' 사라 제인뿐 아니라 로라의 남자 친구 스티브 아처(존 개빈)도 나온다. 그는 열정적으로 로라에게 구혼했다. 그러나 로라는 자신의 무대 경력을 쌓기 위해 그의 청혼을 계속 거절해 왔다. 존 개빈은 출연료를 적게 들인 일종의 록 허드슨 역이었다. 그는 멜로드라마 속의 일관적인 성격을 지닌 마초적인 주인공은 바로 동상 같은 존재여야 한다는 서크의 이론을 다시 입증했다. 그는 정직, 성실, 이해라는 이미지를 영화 속에서 고정화시켰다. 결국 로라도 그의 변하지 않는 사려 깊은 태도를 인정한다. 로라가 스티브의 청혼을 계속 거절하는 장면에 이어, 명성과 부를 얻는 로라의 성공을 묘사하는 몽타주 장면이 뒤따른다. 그리고 이런 시간 경과를 암시하는 몽타주 시퀀스가 끝난 다음 갑자기 스티브는 현재 성공적인 삶을 사는 로라에게 나타난다. 그를 보자마자 로라는 이렇게 말한다. "스티브, 이게 얼마 만이에요. 10년이라…… 그런데 당신은 하나도 변하지 않았어요."

실제로 그렇게 오랜 시간이 흐른 것은 아니다(스크린 시간으로는 10분밖에 되지 않는다). 그리고 아처/개빈은 실제로 '전혀 변하지 않았다.' 그의 분장조차 변한 게 없다. 이런 장면을 보면 이 영화는 패러디의 경계선에 있는 것 같다. 그러나 그런 장면도 표면적인 플롯의 논리를 잘 유지할 수 있도록 기능하고 있다.

이전과 다름없이 서크는 내러티브의 내적 논리와 실제 세계의 개연성 간의 미묘한 균형을 깬다. 그는 종종 우리가 거리를 갖게 하기 위해 그

균형을 한쪽으로 기울게도 하지만, 정서적 참여와 동일시는 유지할 수 있도록 한다. 만일 서크가 픽션의 세계를 깨뜨렸다면, 그것은 스토리의 주제가 갖고 있는 충격을 강조할 때이다. 만일 우리가 중심 인물들과의 동일시를 깨고 그들의 동기, 행동, 태도 등에 의문을 갖는다면, 우리는 중심 인물들의 이데올로기를 결정하고 우리 자신의 삶을 특징짓는 사회 조건을 더욱 잘 인식할 수 있다. 이런 내러티브 전략이 서크의 영화를 다른 것과 구별 지었고, 그의 뛰어난 멜로드라마 작품들은 영화적으로 복잡한 내러티브를 획득했을 뿐만 아니라 진정한 사회 비판 기능도 할 수 있었다.

글을 끝맺으며 내가 주장하고 싶은 것은 이것이다. 멜로드라마뿐만 아니라 할리우드 영화 자체의 독특한 기능에 대해 다른 어떤 미국 감독들보다 깊은 이해를 갖고 있던 사람이 바로 서크였다. 변화하는 문화 속에서의 다이내믹한 내러티브 시스템이라 할 수 있는 할리우드 영화는 미국적 이데올로기의 진화하는 가치와 모순을 점검하는 효과적인 수단을 제공했다(이는 뉴 할리우드 시절에도 마찬가지였다). 상대적으로 융통성이 적은 가족 멜로드라마의 영역에서도 서크는 스타일, 내러티브 태도, 자의식적인 인생관 등을 세련화시켰다. 이는 수동적이고 소비적이며 도피주의적인 오락물보다 더 많은 것을 우리에게 요구하는 것이다. 서크는 자신의 영화를 통해 우리 자신의 사회 환경을 적극적으로 생각해 보고 또 생각해 보기를 요구한다. 서크는 미국적 삶이라는 매혹적 허구에서의 우리 자신의 역할을 결정하는 사회 조건과 인간 조건에서 우리는 절대로 도피할 수 없다는 것을 가르친 것이다.

더글러스 서크의 필모그래피

1935~1937	독일의 영화 제작소인 UFA에서 데틀레프 지어크라는 이름으로 9개 작품을 감독
1939	뵈프이 *Boefji*(네덜란드에서 촬영)

미국 영화(상영 연도가 아닌 제작 연도임)

1942	히틀러의 미친 남자 *Hitler's Madman*(MGM)
1944	여름의 폭풍우 *Summer Storm*(UA)
1945	파리의 스캔들 *A Scandal in Paris*(UA)
1946	유혹 *Lured*(UA). 다시 붙인 제목은 개인 소식란 *Personal Column*
1947	잘 자요, 내 사랑 *Sleep, My Love*(UA)
1948	가볍게 프랑스풍으로 *Slightly French*(컬럼비아)
	충격 방지 *Shockproof*(컬럼비아)
1950	제1군단 *The First Legion*(UA)
	의문의 잠수함 *Mystery Submarine*(이 작품부터 다음 모든 작품은 유니버설에서 제작)
1951	언덕 위의 천둥 *Thunder on the Hill*
	성공한 숙녀 *The Lady Pays Off*
	아빠와 함께 주말을 *Weekend with Father*
	내 여자 친구 본 사람 있나요 *Has Anybody Seen My Gal*
1952	신랑 방은 없다 *No Room for the Groom*
	박람회에서 만나요 *Meet Me at the Fair*
	도시로 데려다 주오 *Take Me to Town*
1953	내가 바라는 것 *All I Desire*
	타자, 코치스의 아들 *Taza, Son of Cochise*
	마음의 등불 *Magnificent Obsession*
1954	이교도의 기치 *Sign of the Pagan*
	라이트푸트 선장 *Captain Lightfoot*
1955	하늘이 허락한 모든 것 *All That Heaven Allows*
	언제나 내일은 있다 *There's Always Tomorrow*
1956	바람에 사라지다 *Written on the Wind*
	전송가 *Battle Hymn*
	막간 *Interlude*

가족 멜로드라마

할리우드 영화 만들기와
미국 신화 만들기

지금까지 할리우드 영화 장르를, 미국 이데올로기를 재조정해 강화하는 형식의 전략으로 보고 논의를 진행했다. 장르는 분명히 하나의 사회적 의례 형식이 될 수 있다. 이 같은 관점에는 이 의식의 형식들이 이른바 동시대 미국인의 신화에 기여한다는 의미가 함축돼 있다. 광범한 대중 호소력과 배급망을 완비하고 있으며, 이상화된 문화적 자아상을 투사하기 위해 애쓸 뿐 아니라 대중적 이야기들을 놓고 끊임없이 재작업하는 할리우드의 '국민 영화*national cinema*'를 논할 때, 상업 영화 제작을 동시대의 신화 만들기의 한 형식으로 진지하게 다룬다는 것은 타당할 뿐만 아니라 필수적이기도 하다.

한 문화 내에서 영화와 신화와의 관계는 영화 비평가와 영화사가, 특히 민담과 영화 장르의 '반복 충동*repetition compulsion*'과 인민주의적 이데올로기에 주목해 온 장르 연구가들에겐 오랜 관심사였다. 상업 영화 감독들이 재장르화하기 오래전에 이미 신화적 지위를 인정받은 웨스턴에 이런 개념들이 가장 빈번히 적용되었다. 그러나 웨스턴 연구는 이 장르를 이전 시대부터 존재해 온 '서부의 신화'로부터 자연스럽게 발전한 고립적 현상으로 취급해 온 경향이 짙다. 이 같은 접근은 두 가지 중요한 요소를 간과했다. 하나는 서부 신화의 발전에 있어서 상업 영화의 역할이며 다른 하나는 웨스턴과 다른 영화 장르들 간의 친족 관계이다. 모든 할리우드 장르들은 스튜디오와 관객의 협력을 통해 세련화되어 왔으며, 사회적 기능과 내러티브 구성에 있어서 근본적 유사성을 보여 준다. 이 때문에 영화 만들기와 신화 만들기에 대한 탐구를 웨스턴 장르에만 한정시켜서는 안 된다.

그러나 가장 영향력 있는 웨스턴 비평가들 중에서도 웨스턴에 신화의 지위를 부여하기를 주저하는 사람들이 있다. 웨스턴의 작가성을 주제로 한 연구서인《서부의 지평선*Horizons West*》의 서문에서 짐 키치즈 Jim Kitses는 이렇게 말한다. "엄격한 고전적 정의에 따른다면 신화는 신의 행위와 관련된 어떤 것이다. 따라서 웨스턴은 신화를 갖고 있지 않다" (Kitses, 1969: 13).[1] 키치즈의 이런 생각은 신화를 '형식'과 '기능'이 아니라 '내용'(신에 관한 전통적 이야기)의 측면에서 취급하는 문학적 신화 개념에서 기인한 것이라고 나는 본다. 하지만 인류학과 신화학의 최근 연구들은 신화가 고전적 신화의 내용과 '범신론적' 이야기를 반복하는 것으로서만 정의될 수 있는 것이 아님을 제시하고 있다. 문화적 기능이란 면을 통해 보면, 신화가 현실의 사회적, 이데올로기적 갈등을 대면해 해결하는 독특한 관념 체계임이 드러난다.

신화에 관한 이러한 개념은 선구적 인류학자이며 문화 분석가인 브로니슬라프 말리노프스키Bronislav Malinowski와 에른스트 카시러Ernst Cassirer에게로 거슬러 올라간다. 말리노프스키는 이렇게 말했다. "신화에는 필수적인 기능이 있다. 신화는 신념을 표현하고 강화하며 약호화한다. 또한 도덕률을 호위하며 강화한다. 그리고 효율성을 보증하며 사람을 인도하기 위한 실행 규칙을 담고 있다"(Malinowski, 1926: 13).[2] 말리노프스키가 주로 '미개' 문화에 관심을 쏟았던 반면 카시러와 다른 학자들은 자신의 개념을 동시대의 문화에까지 확장시켰다. 카시러에 따르면 인간의 신화 만들기 충동은 고유한 개념적, 구조적 특징을 가진 확연한 의식의 심급을 표현한다. 신화에는 '주제'의 균일성은 없다. 단지 경험의 독특한 양식으로 표현되는 기능의 균일성이 있을 뿐이다. 카시러는 저서《국가의 신화*Myth of the State*》에서 이러한 기능이 실제적이며 사회적인 것이라고 주장한다. 즉 이 기능은 사회 구성원들 간의, 그리고 자연과 생명 전체의 통일성과 조화를 증진시킨다는 것이다(Bidney, 1955: 379~392).[3]

훨씬 더 중요한 연구 성과는 구조주의 인류학의 아버지인 클로드 레비스트로스Claude Levi Strauss와, 레비스트로스의 개념을 대중 문학과 다른 대중 문화에 적용시킨 롤랑 바르트Roland Barthes에게서 찾을 수 있다. 인류학과 신화학에 대한 레비스트로스의 주된 공헌은 신화의 문화적 기능이 신화의 '내러티브 구조'와 긴밀히 연관되어 있다는 그의 주장에 있다. "신화의 구조적 연구The Structural Study of Myth"에서 레비스트로스는 이렇게 말한다.

> 신화는 반복 과정을 통해 표면으로 배어 나오는 '외피로 덮인' 구조를 보여 준다. 그러나 이 외피들이 반드시 서로 동일하지는 않다. 신화의 목적이 모순의 극복(모순이 실재한다면 이는 불가능한 목표)을 가능케 하는 논리적 모델을 제공하는 것이기 때문에 이론적으로 무수한 외피들이 나올 수 있으며 각각은 서로 조금씩 다르다(Levi-Strauss, 1972: 193).[4]

이런 점에서 신화 만들기 그 자체는 인간의 경험 ─ 사회적인 것이든 개인적인 것이든, 형이하학적인 것이든 형이상학적인 것이든 ─ 을 확연하고 지속적인 방식으로 구조화하는 기본적인 인간 활동으로 볼 수 있다. 레비스트로스는 신화의 사상을 한 쌍의 문화적 대립항들(한편으론 일반과 특수 사이의, 다른 한편으론 자연과 문화 사이의)을 통해 작동되는 거대한 준거 체계라고 정의했다(Levi-Strauss, 1962: 135).[5] 이 '대립항들'은 그 자체가 인간 존재에 관한 무수한 문제들을 축약한 것이다. 삶 대 죽음, 선 대 악, 개인 대 공동체 등이 그것이다.

한 문화의 신화란, 일상의 갈등을 작동시키고 해결하도록 고안된 이야기들과 이미지들의 망을 발전시키면서 스스로를 향해 발화하는 하나의 결집체다. 레비스트로스가 지적했듯이, "신화에서 발견되는 의미가 있다면 이것은 신화를 구성하는 고립된 개별적 요소가 아니라 이 요소들이 결합되는 방식에서 찾을 수 있다"(Levi-Strauss, 1972: 174).[6] 신화를 구성하는 요소들은 레비스트로스가 '대립항들의 다발*bundles of oppositions*'이라고 명명한 것들로 조합된다. 갖가지 신화들은 이런 대립항이 조합되고 중재되고 해결되는 다양한 방식에 의해 구분된다.

문화적 스토리텔링에 대한 이런 '구조주의적' 접근법은 인간의 신화 만들기 충동이라 말할 수 있는 것에 관한 명료하고 손쉬운 접근법을 제공한다. 이 책의 목적 가운데 하나도 이러한 충동의 동시대적 체현을 탐구하는 것이었다. 분석의 마지막 단계에 이르면 내게는 장르 영화 만들기와 문화적 신화 만들기의 연관이 의미심장하며 직접적인 것으로 비친다. 그 두 활동 사이의 근본적 유사성을 생각해 보라. 사회 전반이 특정한 이야기들을 추출해 세련화하는 방식, 또한 그런 이야기들이 완전히 해결될 수 없는 갈등을 동반하는 (따라서 무한한 변주를 초래하는) 문제의 해결 전략이라는 사실 정형화된 영웅이 그 문제에 내재한 대립적 가치들을 중재하는 경향성, 현존하는 사회적, 관념적 질서를 강화하는 쪽으로 문제를 해결하려는 시도 등의 유사성들을 말이다. 장르 영화들은 미개 문화의 민담과 매우 흡사하게, 위협 요소들을 사회 질서 아래 굴복시킴으로써 사회 질서에 논리적 응집력을 제공한다.

롤랑 바르트는 저서《신화학*Mythologies*》에서 신화 체계의 내적 논리는 사회적 경험을 '자연화*naturalize*'하는 역할을 한다고 지적하고 있다. "신화의 기본 원리는 역사를 자연으로 변형하는 것이다"라는 게 그의 주장이다(Barthes, 1957: 129).[7] 레비스트로스와 마찬가지로 바르트도 신화 만들기를 기본적인 인간 활동으로 간주한다. 그는 오늘날에도 신화가 기독교, 민주주의, 자본주의, 일부일처제 등과 같은 이데올로기와 친숙한 신념 체계로 나타난다고 믿고 있다. 이런 체계들에 의미를 불어넣는 가치들이 엮어져 일상 생활의 망을 구성하고 있기 때문에 이 이데올로기들은 참으로 '자연적'인 것처럼 보이며 지극히 상식적이라서 별다른 설명이 필요 없는 것처럼 보인다. 웨스턴이 소박한 개인주의를 찬미하거나 뮤지컬이 로맨틱한 사랑을 찬미하는 경우 장르의 형식은 신화로 작용한다. 이 신화는 우리의 문화가 자신을 지탱시켜 주는 가치와 신념들을 정화하고 정당화하기 위해 스스로에게 발화하는 갖가지 이야기들 가운데 하나인 것이다. 바르트의 다음과 같은 진술은 영화 장르를 묘사하고 있는 것처럼 보인다. "역사에서 내러티브로 나아갈 때 신화는 효율적으로 작용한다. 즉 신화는 인간 행동의 복잡성을 제거하고 단순화된 핵심을 부여한다. 또한 신화는 모든 변증법들과 즉각 가시화될 수 있는 대상 너머에서 진행되는 일들을 제거한다. 신화는 깊이가 없음으로 해서 모순도 없는 세계를 구성하는 것이다"(Barthes, 1957: 145).[8]

많은 장르 영화들이 — 포드의 웨스턴이든, 미넬리의 뮤지컬이든, 혹은 챈들러 각본의 탐정 영화든, 아니면 더글러스 서크의 멜로드라마든 — 이데올로기적 모순을 제거하기보다는 전면에 내세우며 깊이와 모호성을 지닌 세계를 묘사한다는 것은 부인할 수 없는 사실이다. 그러나 우리의 현재 관심사는 장르 공식의 예술적 조작이 아니라 공식 그 자체의 사회적, 개념적 토대다. 장르 영화가 어디에서 왔고 우리의 문화에 대해, 혹은 우리의 문화 안에서 어떻게 작용하는지를 이해하는 것은 개별적 장르 영화의 예술성을 따지는 일보다 선행되어야 한다.

장르 영화 만들기와 문화적 신화 만들기 사이의 갖가지 연관성을 탐구해 보면 중요한 통찰을 많이 얻을 수 있다. 이러한 접근은 상업 영화,

특히 장르 영화 만들기의 필수적이며 즉각적인 사회적 역할을 다시 고려하게 하고 확인하도록 고무시킨다. 이 접근법을 채택한다는 것은 비평적 태도와 방법을 영화의 대중성과 산업적 성격의 본질에 적용해야 함을 의미한다. 민담을 연구하는 인류학자와 마찬가지로 장르 분석가는 '영화 내용의 형식'을 수집한다는 목적을 가지고 영화를 연구해야 한다. 즉, 대중 영화의 내러티브 구조가 근본적인 사회 문화적 이슈들을 자기 공식에 담아 내는 방식을 탐구해야 한다는 것이다.

　장르-신화 분석에 필요한 두 가지 중요한 고려 사항이 있다. 첫번째는 장르 영화 만들기에 있어서 관객의 역할에 관한 것이다. 할리우드 영화는 전통 민담과는 달리 민중의 즉각적이며 자연 발생적인 표현이 아니다. 직업적으로 영화를 만드는 사람들의 계산된 표현인 것이다. 하나의 영화 장르는 관객이 특정한 영화 내러티브의 반복을 요구할 때 발전된다. 그러나 오리지널 내러티브(장르의 원형)는 협동적 예술 작업의 산물이다. 물론 직업적 영화 제작진도 같은 문화적 의상을 입고 있는 관객의 일원으로부터 떨어져 나온 부류들이므로 인간 존재에 대한 그들의 생각은 본질적으로는 관객과 같다고 볼 수 있다. 하지만 할리우드 영화 제작에서는 채택 가능한 영화 스토리의 성격과 영역에 영향을 미치는 기술적, 경제적, 사회 정치적 제약들이 있어 왔다. 이런 제약들을 고려할 때 상업 영화 만들기에 공통된 역설이 있음을 주목해야 한다. 즉 장르는 관객의 집단적 대응에 의해 '만들어'지지만 영화는 영화 제작진에 의해 만들어진다는 것이다.

　두 번째는 장르의 진화에 관한 것이다. 진화 과정을 거치면서 한 장르의 변주는 영화 제작진과 관객 양자로 하여금, 장르의 사회적 기능과는 구분되는 형식의 문제에 민감하도록 만든다. 형식을 통한 장르의 분장에 대해 — 표현과 구성의 규칙에 대해 — 이처럼 점점 민감해지는 것은 장르가 진화함에 따라 흥미로운 발전 양상을 낳는다. 자기 반영적인 혹은 형식의 면에서 자의식적인 영화들을 낳고, 장르의 필수 요소인 친사회적 위상을 패러디하거나 전복하는 장르 영화들을 낳으며, 외국의 영화 작가들이 장르의 형식상의 특징 그 자체를 본래의 사회적 기능은 개의치 않고 미학적 목적으로 이용하는 경향을 낳는다. 하지만 하나의 장르 영화가 아무리 전복적이고 자기 반영적으로 비친다 하더라도 영화의 성공은 — 그 장르의 성공과 마찬가지로 — 반드시 대중의 호의적 반응의 결과다. 마지막 장에서 지적했듯 가장 스타일상으로 풍부하고 격렬한 멜로드라마들조차도 당대에는 가장 인기 있는 영화들에 속했다.

여러 이유에서 서크의 〈슬픔은 그대 가슴에〉는 이 책을 마무리하는 데 좋은 소재다. 이 영화는 미국 영화의 '고전기'의 폐막을 예고했다. 할리우드 영화 만들기가 지녀 온 기능의 사실상 소멸과 할리우드 스튜디오 시스템의 궁극적 죽음을 알렸던 것이다. 1960년대 초에 이르면 한때 쇄도하던 관객의 수가 뚝 떨어져 전후 최대치의 반으로 줄어들었고, 영화관이라는 '궁전'은 특수한 관객층을 겨냥한 보다 작고 경제적인 극장으로 대체되었으며 외국 영화들이 대량으로 수입되었다. 또한 상업 텔레비전(대다수의 영화 관객을 흡수해 버린)이 미국인의 집단적, 문화적 표현의 주요 미디어로 등장했다.

사실상 미국 영화는 1950년대 말경에 매너리스트 혹은 바로크적인 단계를 거쳤다. 1950년대의 '전복적인' 멜로드라마는 심리적 웨스턴과 자의식적인 뮤지컬 및 광적인 범죄 스릴러물과 함께 2차 세계 대전 이전의 고전기 영화들과는 엄청나게 동떨어진 내러티브, 테크닉, 주제의 새로운 진화 단계를 드러냈다. 전쟁 전의 장르 발전 과정에 있던 작품들을 탐구해 보면 할리우드 고전기의 마지막 시기에 바로크적 걸작들을 낳게 된 계보를 추적할 수 있다. 많은 관객들과 대부분의 비평가들은 이 걸작들의 뛰어난 예술성을 간과했으며 해당 장르들이 지닌 풍부한 잠재력도 파악하지 못했다. 그러나 〈수색자〉, 〈벌거벗은 박차〉 같은 웨스턴, 〈밴드 웨건〉, 〈언제나 즐거워〉 같은 뮤지컬, 〈거미집〉, 〈바람에 사라지다〉 같은 멜로드라마, 〈악의 손길〉, 〈빅 히트〉 같은 탐정 영화들은 현대 미국 문화에서 탁월하며 비교될 수 없는 예술적 성취의 시대가 존재했음을 증언하고 있다. 우리의 엘리트주의적 편향을 자제하고 자세히 살펴보면 이런 영화들이 아이러니, 모호성, 주제의 복잡성, 자의식적 형식 등 내러티브의 예술성에서 참으로 뛰어난 경지를 보여 주고 있음을 간파할 수 있다. 미국 영화의 경이로운 점은 그처럼 철저하게 정형화되고 사회적으로 즉자적인 대중 매체로부터, 다시 말해 점진적으로 진화했을 뿐만 아니라 관객과 직접 접촉함으로써 쉽게 다가갈 수 있지만 형식상으로는 정교한 방식으로 표현된 문화적 수액의 흐름을 채취 가능케 했던 산업으로서의 영화로부터 이 같은 예술적 성취가 이루어졌다는 것이다.

할리우드의 장르 전통은 스튜디오 시스템의 영화 제작자로서의 죽음에도 불구하고 이런저런 형태로 살아남았다. 상업 텔레비전은 재장르화와 이런 대중적 정형 존속의 주된 매체 역할을 해 왔다. 상업 텔레비전은 할리우드의 관객과 내러티브 공식들뿐만 아니라 할리우드의 산업적, 기술적 토대까지 끌어갔다. 그럼에도 불구하고 상업 텔레비전의 프로그램 제작은 스튜디오의 영화 제작과는 본질적으로 다른 측면이 있다. 그중 하나가 텔레비전은 상업적 요구에 — 아마도 기꺼이 — 굴복했으며 이에 따라 텍스트의 미학적 완결성을 타협의 대상으로 삼아 버렸다는 점이다. 텔레비전 프로그램 제작에서의 '상업적 간섭'과 끊임없는 '흐름' 양자가 텔레비전 텍스트를 따로 분리해 내기 어렵게 만드는 것이 사실이다. 더욱이 광범한 네트워크가 관객 분석과 피드백의 정교한 방법들을 발전시킨 게 사실이나 그 주된 기능은 관객이 프로그램 개발에 참여토록 하는 것이라기보다는 광고 수입액을 결정하는 것이다. 말하자면 영화가 관객에게 스토리를 전달하는 반면, 텔레비전은 광고주에게 관객을 전달하는 것이다.

장르 연구의 입장에서 보면 뉴 할리우드는 생산성은 높지만 고도로 복잡한 연구 영역을 제공한다. 스튜디오 시스템의 죽음과 함께 미국 영화는 하나의 응집된 산업에서 느슨하게 결합된 사업 분야의 집합체로 진화해 왔다. 이윤을 내는 영화의 수는 갈수록 줄어들지만 수익 자체는 더욱 더 높아지고 있다. '블록버스터' 영화들(〈대부The Godfather〉, 〈엑소시스트 The Exorcist〉, 〈죠스Jaws〉, 〈스타 워즈〉 등)과 저예산의 선정성 영화exploitation film*가 번성하면서 할리우드 스튜디오가 한때 지배했던 광대한 중간 지대는 사라져 버렸다. 1970년대의 사실상 모든 블록버스터들이 어느 정도 확립된 장르를 직접 채택했지만 이 영화들의 성공은 집단적, 문화적 표현 형식으로서의 영화적 힘보다는 패키지 사업, 프로모션, 갖가지 형태의 판촉 활동에 더욱 많이 의존해 온 것처럼 보인다. 그렇다면 오늘의 영화에 대한 장르 분석은 블록버스터들보다는 선정성 영화에 적용되는 것이 더 적합할 듯하다. 후자가 영화 제작에 대한 '공식 공장formula factory'이란 접근법과 일정한 관객에 대한 고려를 유지해 왔기 때문이다. *

* 특수한 기호를 가진 관객을 대상으로 만들어지는 영화를 지칭하며, 예를 들면 차 충돌 영화, 신체 절단 스릴러물, 소프트 코어 포르노 영화 등이다.

그렇지만 내가 고전기 할리우드의 장르 연구가 오늘의 영화 형식에 전적으로 적용될 수 있다고 주장하는 것은 아니다. 장르 연구는 탐구 대상인 시스템에 따라 변모하는 융통성 있는 작업이어야 한다. 문학에서 확립된 장르 연구 성과를 영화에 적용하려는 노력이 대체로 부적절하다는 것이 1부에서 입증됐듯이 이 책에서 개진된 비평 이론을 뉴 할리우드나 상업 텔레비전에 적용하려는 노력도 마찬가지일 것이다. 장르 연구는 인류에게 공통된 본연의 인간적 충동이 있음을 가정한다. 또한, 이 충동은 그것이 표현되는 특정한 문화와 산업적 환경에 의해 조건지어지며 따라서 이러한 맥락에서 연구가 이루어져야 함을 가정한다.

사회적 조건들 및 개별 영화의 이런 조건들과의 연관을 꽤 먼 역사적 거리를 염두에 둘 때 제대로 파악하고 체계적으로 포착할 수 있다고 말하는 게 유효할 것이다. 우리는 지난 시절 우리 문화의 신화를 대체로 명료하게 인식하고 있지만, 어떤 주어진 시점에서는 우리의 의식적 자각을 넘어선 정신과 실체를 지닌 신화의 공식화 과정 속에 우리가 존재하고 있다. 이 때문에 역사적 거리를 염두에 둔 판단이라도 '역사적 리얼리티'를 제대로 포착할 가능성만큼이나 왜곡할 가능성도 있다. 따라서 '신화'라는 용어 자체에 양면적 개념이 있다고 봐야 한다. 즉 신화는 진실이며 거짓이다. 또한 실재 경험과 인간 조건의 반영이면서 왜곡이다. 결국 그것이 인간 역사의 잔재인 개념과 이미지를 통해 현재라는 벽을 헤쳐 나가는 정식화된 방법이다.

이것이 1950년대 멜로드라마들에 대한 비평적 독해가 시간의 흐름에 따라 매우 크게 일치하지 않는 이유 가운데 하나다. 우리가 지금 동일한 영화 텍스트를, 당시의 관객과 비평가들이 그랬듯이 읽고 있지만 우리의 문화적, 학술적 편향이 가미된 역사적 전망이 이 영화들에 대해 1950

년대 관객과는 본질적으로 다른 관점을 우리에게 부여한다는 것은 의심의 여지가 없다. 우리는 이 영화들이 어떻게 특정한 사회적 이슈들을 예고했는지, 또 아이러니, 모호성, 형식의 스타일화에 관한 우리의 미학적 편향을 이 영화들이 어떻게 수용하는지, 그리고 이 영화들이 이데올로기와 유물론에 대한 오늘날의 지적인 관심을 어떻게 받아들이는지를 이제 파악할 수 있다. 각각의 경우에 이런 특정 영화의 내러티브들이 미국적 신화의 복합적인 작용에 어떻게 참여하고 있는지뿐만 아니라 그것을 어떻게 비평할 수 있는지를 알 수 있다.

하지만 영화 그 자체에 대한 즉자적 경험이 1950년대에나 지금에나 이런 사항들에 공통적인 요소다. 영화 연구의 궁극적 가치는 영화가 우리에게 제공하는 문화적 통찰 — 미학적, 사회학적, 경제학적, 정치학적, 신화학적 — 의 깊이와 넓이의 함수에 있다. 대중 예술을 세밀하게 탐구하면 할수록 우리의 문화, 나아가 우리 자신을 더 잘 이해하게 된다. 그러나 이 세밀한 연구에 동기를 부여하고 그를 지속시키는 것은 개별 영화들 자체의 매력이다. 내가 영화에 아무리 많은 비평적, 학술적 투자를 하더라도, 나는 그 성과의 가치에 대해선 별로 걱정하지 않는다. 모뉴먼트 밸리를 향해 무시간성 속에서 달려가는 서부 사나이를 다시 한 번 벗할 수 있는 시사실 혹은 극장의 친숙한 어둠 안에서, 프레드와 진저가 나를 돌아보며 "춤출까요?*Shall we dance?*"라고 말할 때 내가 중력의 존재나 법칙 따위를 부인할 수도 있음을 알고 있으니 말이다.

1장

1. Tino Balio, *The American Film Industry*, Madison: University of Wisconsin Press, 1976, p.263에서 재인용.

2. 앙드레 바쟁의 "작가 정책La politique des auteurs"은 원래 1957년 〈카이에 뒤 시네마〉에 실린 것으로, 피터 그레이엄Peter Graham의 《뉴 웨이브*The New Wave*》(London: Secker & Warburg, 1968)에 재수록되어 있다.

3. François Truffaut, "A Kind Word for Critics," *Harpers*, October 1972, p.100.

4. 할리우드 스튜디오의 탄생, 발전, 소멸에 대해서는 여러 문헌이 있지만 가장 포괄적인 것은 발리오의 《미국 영화 산업》이다.

5. 문화적 표현의 여러 차원(엘리트 문화, 대중 문화, 대량 문화, 민속 문화 등)에 대한 차이는 다음의 문헌에서 잘 다루고 있다. Russell Nye, *The Unembarrassed Muse*, New York: Dial Press, 1970; George H. Lewis, *Side-Saddle on the Golden Calf*, Pacific Palisades, Cal.: Good-year Publishing Co., Inc., 1972; Stuart Hall & Paddy Whannel, *The Popular Arts*, Boston: Beacon Press, 1964; Dwight MacDonald's seminal essay, "Theory of Mass Culture," in Bernard Rosenberg and David Manning White's anthology, *Mass Culture: The Popular Arts in America*, New York: The Free Press, 1964; Walter Benjamin's "Art in the Age of Mechanical Reproduction," in Gerald Mast and Marshall Cohen's anthology, *Film Theory and Criticism*, New York: Oxford University Press, 1974.

6. Arnold Hauser, *The Social History of Art, Vol. IV: Naturalism, Impressionism, and the*

Film Age, New York: Vintage Books, 1951, p.250.

7. 영화 제작, 배급, 상영 및 소비에 관한 통계는 다음을 참조했다. Christopher H. Sterling & Timothy R. Haight, *The Mass Media: Aspen Institute Guide to Communication Industry Trends*, New York: Praeger Publishers, 1978.

8. 작가 정책에 대한 적절한 논의는 다음의 문헌을 참조하라. 알렉산더 아스트뤽Alexandre Astruc의 "카메라 만년필La camera stylo"과 앙드레 바쟁의 "작가 정책." 이 글들은 그레이엄 의 《뉴 웨이브》에 재수록되어 있다. 영화에서의 '작가성'과 작가주의 이론에 대한 개관으로는 다음의 책을 참조하라. Mast and Cohen, *Film Theory and Criticism*; *Movies and Methods*, Bill Nichols (ed.), Berkeley: University of California Press, 1976; *Awake in the Dark*, David Denby (ed.), New York: Vintage Books, 1977. 개별 감독에 대한 연구로는 다음 문 헌이 특히 유용하다. Andrew Sarris, *The American Cinema*, New York: E. P. Dutton and Co., 1968; Georges Sadoul, *Dictionary of Film Makers*, Berkeley: University of California Press, 1972; 영국영화협회(BFI)와 〈사이트 앤드 사운드〉가 바이킹출판사나 인디애나대학출 판부와 연계해 내고 있는 '시네마 원' 시리즈에도 유용한 작가 연구가 많다. 로빈 우드Robin Wood의 《하워드 혹스*Howard Hawks*》(1968), 제프리 노엘스미스의 《비스콘티*Visconti*》 (1967), 짐 키치즈의 《서부의 지평선*Horizons West*》(1969), 존 핼러데이Jon Halliday의 《서 크가 말하는 서크*Sirk on Sirk*》(1971), 조셉 맥브라이드Jeseph McBride의 《오슨 웰스*Orson Welles*》(1972) 등이다. 이 밖에 로빈 우드의 《히치콕 영화*Hitchcock's Films*》(New York: Castle Books, 1965), 조셉 맥브라이드와 마이클 윌밍턴Michael Wilmington의 《존 포드 *John Ford*》(New York: De Capo Press, Inc., 1974)도 유용하다.

9. Sadoul, *Dictionary of Film Makers*, p.117.

10. 같은 책, p.89.

11. Robert Warshow, *The Immediate Experience*, Garden City, N.Y.: Doubleday & Co., Inc., 1962, p.130.

12. Henry Nash Smith, *The Virgin Land*, Cambridge, Mass.: Harvard University Press, 1950, p.91.

13. Bazin, in Graham, *The New Wave*, pp.142~143.

14. Dwight MacDonald, 앞의 책, p.60.

15. Warshow, 앞의 책, p.130.

2장

1. Paul Rosenfield, "Lucas: Film-maker with the Force," *Los Angeles Times*, June 5, 1977, 'Calendar' section, p.43.

2. Robin Wood, "Ideology, Genre, Auteur," *Film Comment*, Jan.-Feb. 1977, p.47.

3. 1916년 파리에서 처음으로 출간된 소쉬르의 《일반 언어학 강의*Course in General Linguistics*》는 리처드와 페르낭드 드조르주Fernande DeGeorge가 편집한 《구조주의자들: 마르크스부터 레비스트로스까지*The Structuralists: From Marx to Lévi-Strauss*》(Garden City: Doubleday & Co., Inc., 1972)에 중요 부분이 재수록되어 있다. 이 부분은 드조르주가 편집한 책의 62쪽에서 인용한 것이다.

4. 이러한 구별에 대한 촘스키의 명쾌한 설명은 다음을 보라. *Current Issues in Linguistic Theory*, The Hague: Mouton Publishers, 1964.

5. Molly Haskell, *From Reverence to Rape*, New York: Penguin Books, 1974, p.124.

6. Robert Warshow, *The Immediate Experience*, Garden City, N.Y.: Doubleday & Co., Inc., 1962, p.147.

7. Christian Metz, *Language and Cinema*, The Hague: Mouton Publishers, pp.148~161.

8. Henri Focillon, *Life of Forms in Art*, New York: George Wittenborn, Inc., 1942, p.10.

9. Leo Braudy, *The World in a Frame*, Garden City, N.Y.: Anchor Press/Doubleday, 1976, p.179.

10. 뮤지컬 장르의 진화에 대해 더 자세히 알고 싶으면 제인 퓨어의 미발간 학위 논문인 The Hollywood Musical: The Aesthetics of Spectator Involvement in an Entertainment Form, Iowa City: University of Iowa, 1978을 참조하라.

3장

1. 바로 이러한 능력에서 웨스턴의 신화적 기능이 가장 잘 드러난다. 롤랑 바르트가 지적한 대로 신화는 역사를 자연으로 전환시키는 데 기여하며 그리하여 문화적 조건을 '자연스러운 것'으로 만든다(자세한 것은 마지막 장을 참조하라).

2. Peter Bogdanovich, *John Ford*, Berkeley: University of California Press, 1968, pp.99~100.

3. Joseph McBride & Michael Wilmington, *John Ford*, London: Secker & Warburg, 1974, p.181.

4. Andrew Sarris, *The American Cinema*, New York: E. P. Dutton and Co., 1968, pp.46~47.

5. Bogdanovich, *John Ford*, pp.94~95.

4장

1. Robert Warshow, *The Immediate Experience*, Garden City, N.Y.: Doubleday & Co. Inc., 1962, p.131.

2. 같은 책, p.133.

3. Colin McArthur, *Underworld USA*, New York: The Viking Press, 1972, p.55.

4. Stephen Louis Karpf, *The Gangster Film, 1930~1940*, New York: The Arno Press, 1973, pp.59~60.

5. Cobbett Steinberg, "The Codes and Regulations," *Reel Facts*, New York: Vintage Books, 1978, pp.460~461.

6. 같은 책, pp.450~460.

7. 같은 책, p.460.

8. 같은 책, pp.464~467.

9. 같은 책, p.469.

5장

1. Siegfried Kracauer, *Theory of Film*, New York: Oxford University Press, 1960.

2. Michael Wood, *America in the Movies*, New York: Basic Books, 1975, p.51.

3. Paul Schrader, "Notes on Film Noir," *Film Comment*, Spring 1972, p.13.

4. Raymond Chandler, *The Atlantic Monthly*, December 1944, p.59.

5. 같은 책, p.58.

6. Dorothy Gardiner & Kathrine Sorley Walker, *Raymond Chandler Speaking*, Boston: Houghton Mifflin Company, 1977, p.52.

7. Gardiner & Walker, 앞의 책과 Maurice Zolotow의 *Billy Wilder in Hollywood*에 이와 관련된 언급이 나온다. John Henley's Cinema Texas Program Notes on *Double Indemnity*, February 1, 1978에서 인용.

8. James Agee, *Agee on Film*, Vol. I, Boston: The Beacon Press, 1958, p.119.

9. Gardiner & Walker, 앞의 책, p.130.

10. Georges Sadoul, *Dictionary of Film Makers*, Berkeley: University of California Press, 1972, p.178.

11. 같은 책.

6장

1. Georges Sadoul, *Dictionary of Films*, Berkeley: University of California Press, 1972, p.160.

2. Molly Haskell, *From Reverence to Rape*, New York: Penguin Books, 1974, p.93.

3. Louis Black's Cinema Texas Program Notes on *Meet John Doe*, October 24, 1977, p.75 에서 인용.

4. Frank Capra, *The Name Above the Title*, New York: Macmillan Co., 1971.

5. Frank Capra, "'One Man, One Film' — The Capra Contention," *Los Angeles Times*, June 21, 1977, p.12.

6. 1977년 6월 〈로스앤젤레스 타임스*Los Angeles Times*〉의 Calendar Section에서 벌어진 카프라와 데이비드 W. 린텔스David W. Rintels(시나리오작가협회장)의 논쟁을 참고하라. 린텔스는 6월 5일자에 "Someone's Been Sitting in His Chair"란 글을 게재해 논쟁을 개시했다. 그는 이 글에서 다음과 같은 결론을 내렸다. "오늘날 카프라의 이름은 널리 알려져 있지만 리스킨은 그렇지 못하다. 만일 비평가, 영화학자 그리고 프랑스의 지적 속물들이 생각을 달리 먹었다면 일은 다르게 진행되었을 것이다. 그러나 그들은 그렇게 하지 않았다. 리스킨이 자서전을 써서 자신을 홍보했더라면 일은 다르게 되었을지 모른다. 그러나 그는 그렇게 하지 않았다. 카프라는 이렇게 했다. 그는 자신의 삶을 책으로 낸 다음에 제목을 'The Name Above the Title' 이라 붙였다. 이거야말로 최후의 카프라 터치였다." 카프라는 6월 28일자에 "One Man, One Film"이란 글로 이에 반박했고 린텔스의 재반박도 "Someone Else's Guts — The Rintels Rebuttal"이란 제목으로 실렸다. 린텔스는 처음 글에서는 다소 농담조였으나 이번에는 대단히 진지한 어투로 나왔다. 그는 카프라 터치라는 것은 사실은 다른 사람(즉 리스킨)의 내심에서 나온 것이라고 주장했다. 카프라는 다음과 같이 반발했다. "그렇다. 로버트 리스킨은 확실히 위대한 시나리오 작가였다. 적어도 나와 일할 때는. 그는 내 영화를 통해 명성을 얻었다." 카프라는 자기 스타일의 작가 이론으로 자신의 주장을 끝맺고 있다. "원래 소재가 어디서 왔든 간에 그리고 어느 작가가 대본을 썼든지 간에 모든 내 영화는 — 그것이 걸작이든 졸작이든 심지어 쓰레기일망정 — 카프라 영화이다. 거기에는 내 나름의 유머, 철학 그리고 관념이 담겨 있다. 그것은 좋든 나쁘든 간에 내 내심에서 우러나온 꿈, 희망, 불안을 표현하고 있다. 다른 모든 영화 감독과 마찬가지로 내게도 '한 사람에 한 영화*one man, one film*'인 것이다."

7. Andrew Sarris, *The American Cinema*, New York: E. P. Dutton & Co., 1968, p.87.

8. Stephen Handzo, "Under Capracorn," *Film Comment*, November–December 1972, p.12.

9. Bosley Crowther, review of *Meet John Doe* in *The New York Times*, March 13, 1941, p.25.

7장

1. 뮤지컬에 대한 이 장은 찰스 F. 알트먼Charles F. (Rick) Altman과 제인 퓨어에 전적으로 빚지고 있다. 뮤지컬에 대한 나의 기본적인 이해는 1975년과 1976년 아이오와대학에서 이 두 사람과의 학습을 통해 형성된 것이다. 또한 이 두 사람은 이 장에 대해 중요한 조언을 해 주었다.

2. Michael Wood, *America in the Movies*, New York: Basic Books, 1975, p.152.

3. Vincente Minnelli, *I Remember It Well*, Garden City, N.Y.: Doubleday & Co., 1974, p.117.

4. John Belton, "The Backstage Musical," *Movie*, Spring 1977, p.36.

5. 스탠리 도넌의 인터뷰, *Movie*, Spring 1977, p.28.

6. 같은 책, p.27.

7. Wood, 앞의 책, p.154.

8. Hugh Fordin, *The World of Entertainment: Hollywood's Greatest Musicals*, New York: Avon Books, 1975, p.73.

9. Charles F. Altman, "Hollywood Genre: A Semantic / Syntactic Approach," *Semiotexte*, 미출간.

10. Fordin, 앞의 책, p.153.

11. Minnelli, 앞의 책, p.115.

12. Fordin의 책에서 인용, 앞의 책, p.525.

13. "Interview with Stanley Donen," 앞의 책, p.29.

14. Leo Braudy, *The World in a Frame*, Garden City, N.Y.: Anchor Press/Doubleday, 1972, pp.147~9.

15. "Interview with Stanley Donen," 위의 인용한 책에서.

16. Fordin의 책에서 인용, 앞의 책, p.269.

17. "The Relationship of the Spectator to the Spectacle" in Jane Feuer, The Hollywood Musical, 미출간 박사 학위 논문, Iowa City: University of Iowa, 1978, pp.10~61을 참조하라.

8장

1. Jon Halliday, *Sirk on Sirk*, New York: The Viking Press, 1972, p.93.

2. Thomas Elsaesser, "Tales of Sound and Fury: Observations on the Family Melodrama,"

Monogram #4 (1972), p.4.

3. 같은 책, p.13.

4. Andrew Dowdy, *Films of the Fifties*, New York: William Morrow and Co., 1973, p.72.

5. 같은 책, pp.62~63.

6. Michael Wood, *America in the Movies*, New York: Basic Books, 1975, p.163.

7. Geoffrey Nowell-Smith, "Minnelli and Melodrama," *Screen*, Summer 1977, p.113.

8. Andrew Sarris, *The American Cinema*, New York: E. P. Dutton, 1968, p.110.

9. Vincente Minnelli, *I Remember It Well*, Garden City, N.Y.: Doubleday & Co., 197, p.295.

10. Moira Walsh, review of *Imitation of Life*, *America*, May 9, 1959, p.314.

11. Rainer Werner Fassbinder, "Fassbinder on Sirk," *Film Comment*, November–December 1975, p.24.

12. Halliday, 앞의 책, p.132.

13. Sarris, 앞의 책, p.109.

14. Halliday, 앞의 책, p.129.

15. 같은 책, pp.134~135.

16. "Interview with Douglas Sirk," *Bright Lights*, Winter 1977–1978, p.30.

17. Halliday, 앞의 책, pp.86~87.

18. "Interview with Douglas Sirk," 앞의 책, p.33.

19. Halliday, 앞의 책, p.43.

20. 같은 책, p.52.

21. 같은 책, pp.71~72.

22. "Interview with Douglas Sirk," 앞의 책, p.32.

23. Halliday, 앞의 책, p.98.

24. 같은 책, p.116.

25. 같은 책, p.119.

26. 같은 책, p.98.

27. 같은 책, p.116.

28. 같은 책, pp.130~132.

에필로그

1. Jim Kitses, *Horizons West*, Indiana University Press: Bloomington, 1969, p.13.

2. 다음을 참조하라. Bronislav Malinowski, *Myth in Primitive Psychology*, New York: W. W.

Norton & Co., 1926; *Freedom and Civilization*, New York: Rov Publishers, Inc., 1944.

3. 데이비드 비드니David Bidney가 에른스트 카시러Ernst Cassirer의 작업을 분석한 "Myth, Symbolism, and Truth," *Journal of American Folklore* LXVIII, OctoberDecember 1955, pp.379~392를 참조하라. 또 카시러의 다음 책을 참조하라. *An Essay on Man*, New Haven: Yale University Press, 1944; *The Myth of the State*, New Haven: Yale University Press, 1946; *The Philosophy of Symbolic Forms*, New Haven: Yale University Press, 1955.

4. Claude Lévi-Strauss, *The Structuralists*, Richard & Fernande DeGeorge (eds.), New York: Doubleday, 1972, p.193.

5. Claude Lévi-Strauss, *The Savage Mind*, Chicago: University of Chicago Press, 1962, p.135.

6. Lévi-Strauss, *The Structuralists*, p.174.

7. Roland Barthes, *Mythologies*, New York: Hill and Wang, 1957, p.129.

8. 같은 책, p.145.

이 책의 첫 번역본은 1995년 3월에 《할리우드 장르의 구조》라는 제목으로 출간(한나래출판사)되었다. 그해는 세계 영화계가 들떠 맞이한 영화 탄생 100주년이었으며, 한국 영화 문화가 새로운 출발을 알린 해이기도 했다. 〈키노〉, 〈씨네21〉을 비롯한 새로운 영화 매체들이 탄생했으며, 다수의 케이블 영화 채널들이 개국했고, 이듬해부터 부산국제영화제를 시작으로 국제 영화제들이 차례로 태어났으며, 시네마테크 활동이 본격화했다.

한 사람의 한국 관객에게라면 이 변화들의 요체는 '이제 영화를 볼 수 있다'는 것이었다. 오즈와 드레이어와 무르나우와 르느와르와 웰스 그리고 존 포드를 극장에서 혹은 '정품' 화질의 비디오로(그리고 곧 DVD 와 '파일'로) 마침내 만나게 되었다. 이것은 이른바 문화원 세대에게는 꿈 같은 축복이었지만, 동시에 얼마간 서글픈 일이기도 했다. 우리는 20세기가 끝날 무렵에야 비로소 20세기 영화를 만난 것이었기 때문이다. 이미 그때는 '영화의 죽음'으로 종종 수사화된 (20세기) 영화의 정체성 혹은 존재론의 위기가 질문되기 시작한 지 꽤 오랜 시간이 지난 뒤였다. 우리는 영화들과 영화 담론들을 폭식하거나 편식했고, 만성 소화불량 혹은 영양 불균형 상태를 피할 수 없었다.

1990년대 초에 이 책을 만난 것은 역자로선 나름대로 행운이었다. 아주 소수이긴 했지만 당시에도 시네필들은 존재했고, 그들 중 상당수는 유럽 영화와 교양주의적인 영화 담론에 몰두했다. 그들에게 영화는 지적 탐구의 대상이었고 철학적 사유의 실습장이었다. 안드레이 타르코프스키의 〈희생Sacrifice〉이 5만이라는 관객을 모은 전설적 사건도 이런 경향과 무관하지 않을 것이다. 영화와 록 음악이 인문학의 언어로 말해질 수 있다는 건 적어도 한국의 문화 풍토에선 혁신적인 변화였다.

하지만 이 과정에는 무언가 빠져 있었다. 우리가 영화에 최초로 매혹된 것은 그것의 심오한 지성과 통찰 때문이 아니라, 감각적 자극까지 포함한 즐거움 때문이었다. 말하자면 그것이 나의 몸을 사로잡았기 때문이다. 당시의 교양주의적 영화 담론은 미국 영화 혹은 대중 영화를 경시했으며, 영화의 감흥이라는 문제를 제대로 다루지 못했다. 고다르의 이름을 수시로 들먹이면서도, 정작 그를 매혹시켰고 그의 영화가 경배하려 한 미국의 장르 영화에는 관심을 기울이지 않았다.

그 무렵 뒤늦게 영화 공부에 뛰어든 나와 동료들의 영화 교사 노릇을 하던 임재철의 추천으로 이 책을 만났다. 물론 이 책은 고전기 할리우드의 영화 장르에 관한 가장 중요한 저작 가운데 하나다. 장르는 시스템의 공학과 대중의 기호嗜好와 작가적 창의성이 경합하며 연대하는 장이다. 삼자가 끊임없이 자리를 이동하며 긴장과 화해와 합일이 역동하는 이 기묘한 삼각 구도의 활동은 영원한 수수께끼이며 영화라는 매체에 내재한 마술 가운데 하나다. '시스템의 천재성'이라는 표현은 다른 예술 분야에서라면 상상할 수 없는 이 마술에 대한 경탄에 다름 아니다. 장르 접근법은 영화의 이러한 세속성, 불순성, 복합성을 긍정하고 그것을 영화라는 신체의 불가결한 일부로 다루려는 것이다. 이 책은 장르 접근법으로 고전기 할리우드를 해명하려는 야심찬 그리고 성공적인 시도다.

하지만 이 책의 진정으로 좋은 점은 저자 자신이 장르 영화에 대한 매혹을 숨기지 못하는 순진성에 있다. 어떤 대목에선 연구자라는 본분도 잊어버리고 그 매혹에 몰두하는 것이다. 다른 장르 연구가들이 그의 논의를 뛰어넘는다 해도, 이 천진한 열광자의 태도가 전하는 공감의 강도를 뛰어넘긴 힘들 것이다.

고고한 교양주의 담론이 버거웠던 우리에게 이 책이 하나의 출구가 되었던 건 자연스런 일이다. 같은 생각을 공유하고 있던 나와 한창호에게 이 책을 공부하며 번역하는 일은, 과장이 허락된다면, 대안 영화학교를 다니는 것과 같은 것이었다. 영화에 대한 나의 감흥을 이 책은 긍정해 주었고, 그 감흥의 공동체가 영화사의 빛나는 한 시대를 만들어 갔다는 사실을 알게 해 주었다. 무지에 대한 부끄러움이 사라진 적은 없었지만, 번역 작업은 종종 생업마저 내팽개칠 정도로 즐거운 일이었다.

거의 20년 전에 출간되었고 절판된 지 꽤 오래된 이 책이 재출간된다는 소식은 역자에게도 기분 좋은 감상에 젖게 한다. 하지만 이 책이 오늘의 관점에서 냉정한 독서를 필요로 한다는 것도 사실이다.

예컨대 이런 질문이 가능하다. 이 책에서 다뤄진 것처럼 장르들을 평면적으로 비교하는 것이 정당한가. 혹시 이들 사이에 위계가 있는 건 아닐까. 달리 말해 더 원형적인 장르와 파생적인 장르로 나눌 수 있는 건 아닐까(멜로드라마의 시원적 장르 혹은 기본적 양식으로 파악한 베리 랭포드의 《영화 장르》는 이 질문에 대한 하나의 대답이며, 벤 싱어의 《멜로드라마와 모더니티》도 유사한 입장을 취한다).

　그리고 장르의 일생을 일종의 진화론적 방식으로 구분하는 것이 과연 유효한가. 웨스턴처럼 어떤 장르 영화는 초기에 이미 자기 비평을 감행하고 있지 않은가(태그 갤러거는 'Shoot-Out at Genre Corral: Problems in the "Evolution" of Western'에서 이 점을 비판한다). 모든 장르가 형해화하거나 혼종화된 오늘의 대중 영화에 장르 접근 방법이 어떻게 수정 보완되어야 하는가라는 질문 역시 이 책을 읽은 사람들이 제기할 수 있는 정당한 질문이다. (첫 번역본에 보론으로 수록된 짐 콜린스의 '1990년대의 장르성: 절충적 아이러니와 새로운 진정성'은 이 질문에 대한 유용한 하나의 대답이었지만, 저작권 문제로 이 번역본에서는 수록되지 않았다.)

　질문되고 비판적으로 검증되어야 할 몇몇 논점들에도 불구하고, 영화를 생각하고 말하고 쓰는 사람들에게 이 책이 숙독되고 깊이 논의되어야 할 이유는 조금도 줄지 않았다. 영화가 여전히 끝없는 호기심의 대상인 한, 이 책을 읽는 일은 즐겁고도 충만한 일이 될 것이다. 자신이 사랑하는 대상을 자신이 믿는 최상의 방법론으로 해명하는 것. 이것은 영화비평뿐만 아니라 영화학의 윤리라고 생각한다. 이 책은 그런 태도를 잃지 않고 우리에게 영화를 숙고하도록 이끈다. 나는 여전히 이 책 편에 서 있다.

2014. 2

허문영

Ackerman, Dan. "The Structure of the Preston Sturges Film," Cinema Texas Program Notes, April 6, 1976.

Agee, James. *Agee on Film: Reviews and Comments*. Boston: The Beacon Press, 1958.

Alloway, Lawrence. *Violent America: The Movies 1946~1964*. New York: The Museum of Modern Art, 1971.

Almendarez, Valentin. Cinema Texas Program Notes on *Imitation of Life*, November 26, 1975.

Altman, Charles F. "The American Film Musical: Paradigmatic Structure and Mediatory Function," *Wide Angle*, II, January 1978.

——. "Toward a Theory of Film Genre," *Film: Historical-Theoretical Speculations* (The 1972 Film Studies Annual: Part Two).

Andrew, J. Dudley. *The Major Film Theories: An Introduction*. New York: Oxford University Press, 1976.

Anobile, Richard J. *John Ford's Stagecoach*. New York: Avon Books, 1975.

Arnheim, Rudolph. *Film as Art*. Berkeley: University of California Press, 1957.

Balio, Tino (ed.). *The American Film Industry*. Madison: The University of Wisconsin Press, 1976.

Barthes, Roland. *Mythologies*. New York: Hill and Wang, 1957.

——. *S / Z*. New York: Hill and Wang, 1970.

——. *Writing Degree Zero / Elements of Semiology*. Boston: Beacon Press, 1968.

Basinger, Jeanine. "The Lure of the Guilded Cage," *Bright Lights*, Winter 1977–1978.

Baxter, John. *The Cinema of John Ford*. New York: A. S. Barnes, 1971.

———. *The Gangster Film*. New York: A. S. Barnes, 1970.

Bazin, Andre. "The Western, or The American Film par excellence," *What Is Cinema?*, Vol. II. Berkeley: University of California Press, 1971.

———. *What Is Cinema?*, Vols. I, II. Translated by Hugh Gray. Berkeley: University of California Press, 1971.

Belton, John. "The Backstage Musical," *Movie*, Spring 1977.

Bergman, Andrew. "Frank Capra and the Screwball Comedy," in *We're in the Money: Depression America and Its Films*. Evanston: Harper & Row, 1971.

———. *We're in the Money: Depression America and Its Films*. Evanston: Harper & Row, 1971.

Bidney, David. "Myth, Symbolism, and Truth," *Journal of American Folklore*, LXVIII, October–December 1955.

Black, Louis. Cinema Texas Program Notes on *Meet John Doe*, October 24, 1977.

Bogdanovich, Peter. *The Cinema of Orson Welles*. New York: The Museum of Modern Art, 1961.

———. "The Evolution of the Western," *What Is Cinema?*, Vol. II. Berkeley: University of California Press, 1971.

———. *John Ford*. Berkeley: University of California Press, 1968.

Booth, Wayne. *The Rhetoric of Fiction*. Chicago: University of Chicago Press, 1961.

Borde, Raymond & Etienne Chaumeton. "The Sources of Film Noir," *Film Reader* 3, 1978.

Bordwell, David & Kristin Thompson. *Film Art: An Introduction. Reading*, Mass.: Addison-Wesley, 1979.

Bourget, Jean-Loup. "God Is Dead, or Through a Glass Darkly," *Bright Lights*, Winter 1977–1978.

———. "Sirk and the Critics," *Bright Lights*, Winter 1977–1978.

Braudy, Leo. "Musicals and the Energy from Within," *The World in a Frame*. Garden City, New York: Anchor/Doubleday, 1977.

———. *The World in a Frame*. Garden City, New York: Anchor Press/Doubleday, 1976.

Brecht, Bertolt. *Brecht on Theater*. New York: Hill and Wang, 1964.

Brooks, Peter. *The Melodramatic Imagination*. New Haven: Yale University Press, 1976.

Browne, Nick. "The Spectator and the Text: The Rhetoric of Stagecoach," *Film Quarterly*, Winter 1975–1976.

Burch, Noel. *The Theory of Film Practice*. New York: Praeger, 1973.

Buscombe, Edward. "The Idea of Genre in the American Cinema," *Screen* II, March–April 1970.

Byars, Jackie. "Three Films by Douglas Sirk: Subversion or Participation?" Seminar paper, Austin: University of Texas, 1978.

Cassirer, Ernst. *An Essay on Man*. New Haven: Yale University Press, 1944.

——. *The Myth of the State.* New Haven: Yale University Press, 1946.

——. *The Philosophy of Symbolic Forms.* New Haven: Yale University Press, 1955.

Cavell, Stanley. "Leopards in Connecticut," *The Georgia Review*, Summer, 1976.

—— *The World Viewed.* New York: The Viking Press, 1971.

Cawelti, John G. *Adventure, Mystery, and Romance.* Chicago: The University of Chicago Press, 1976.

——. *The Six-Gun Mystique.* Bowling Green, Ohio: Bowling Green University Press, 1971.

Chafe, William H. *The American Woman.* New York: The Oxford University Press, 1972.

Chandler, Raymond. "The Simple Art of Murder," *Atlantic Monthly*, December 1944.

Chomsky, Noam. *Current Issues in Linguistic Theory.* The Hague: Mouton, 1964.

Cohen, Mitchell S. "Villains and Victims," *Film Comment*, November–December 1974.

Corliss, Richard. "Preston Sturges," *Cinema*, Spring 1972.

Crowther, Bosley. "Meet John Doe," *New York Times*, March 13, 1941.

Culler, Jonathan. *Structuralist Poetics.* Ithaca: Cornell University Press, 1975.

Cutts, John. "Oriental Eye," *Films and Filming*, August 1957.

Damico, James. "Film Noir: A Modest Proposal," *Film Reader* 3, 1978.

DeGeorge, Richard & Fernande (eds.). *The Structuralists: From Marx to Levi-Strauss.* Garden City, New York: Doubleday & Co., Inc., 1972.

Donen, Stanley. "Interview with Stanley Donen," *Movie*, Spring 1977.

Dowdy, Andrew. *Films of the Fifties.* New York: William Morrow & Co. 1973.

Durgnat, Raymond. "The Family Tree of Film Noir," *Film Comment*, November–December 1974.

Dyer, John Peter. "The Murderers Among Us," *Films and Filming*, December 1958.

Dyer, Richard. "Entertainment and Utopia," *Movie*, Spring 1977.

Eco, Umberto. *A Theory of Semiotics.* Bloomington: University of Indiana Press, 1976.

Eidsvik, Charles. *Cineliteracy: Film Among the Arts.* New York: Random House, Inc., 1978.

Eisenstein, Sergei. *Film Form.* New York: Harcourt, Brace, and World, 1949.

Elsaesser, Thomas. "Tales of Sound and Fury: Observations on the Family Melodrama," *Monogram*, No. 4, 1972.

Engle, Gary. "McCabe and Mrs. Miller: Robert Altman's Anti-Western," *Journal of Popular Film*, Fall 1972.

Everson, William K. *The Detective in Film.* Secaucus, N. J.: The Citadel Press, 1972.

Fassbinder, Rainer Werner. "Fassbinder on Sirk," *Film Comment*, November–December 1975.

Fell, John. *Film and the Narrative Tradition.* Norman, Oklahoma: University of Oklahoma Press. 1974.

Fenin, George & William K. Everson. *The Westerns: From Silents to Cinerama.* New York: The Orion Press, 1962.

————. "The Western — Old and New," *Film Culture*, Vol. 2, No. 2, 1956.

Feuer, Jane. The Hollywood Musical: The Aesthetics of Spectator Involvement in an Entertainment Form. Ph. D. dissertation, Iowa City: University of Iowa, 1978. MacMillan/British Film Institute, 미출간.

————. "The Self-Reflective Musical and the Myth of Entertainment," *Quarterly Review of Film Studies*, August 1977.

————. "The Theme of Popular versus Elite Art in the Hollywood Musical," *Journal of Popular Culture*, Winter 1978.

Focillon, Henri. *Life of Forms in Art*. New York: George Wittenborn, Inc., 1942.

Fordin, Hugh. *The World of Entertainment: Hollywood's Greatest Musicals*. New York: Avon Books, 1975.

French, Philip. "Incitement against Violence," *Sight and Sound*, Winter 1967–1968.

————. *Westerns: Aspects of a Movie Genre*. New York: The Viking Press, 1973.

Frye, Northrop. *Anatomy of Criticism*. Princeton: Princeton University Press, 1957.

Gabree, John. *Gangsters: From Little Caesar to the Godfather*. New York: Gallahad Books, 1973.

Gardner, Dorothy & Kathrine Sorley Walker (eds.). *Raymond Chandler Speaking*. Boston: Houghton Mifflin Co., 1977.

Giles, Dennis. "Show-Making," *Movie*, Spring 1977.

Graham, Peter (ed.). *The New Wave*. London: Secker and Warburg, 1968.

Gregory, Charles. "Knight without Meaning? Marlowe on the Screen," *Sight and Sound*, Summer 1973.

Gross, Larry. "Apres Film Noir: Alienation in a Dark Alley," *Film Comment*, July–August, 1976.

Guback, Thomas H. *The International Film Industry*. Bloomington: Indiana University Press, 1969.

Hall, Stuart & Paddy Whannell. *The Popular Arts*. Boston: Beacon Press, 1964.

Halliday, Jon. *Sirk on Sirk*. New York: The Viking Press, 1972.

Hampton, Benjamin. *History of the American Film Industry*. New York: Dover Press, 1970.

Handzo, Stephen. "Imitations of Lifelessness: Sirk's Ironic Tearjerker," *Bright Lights*, Spring 1977.

————. "Under Capricorn," *Film Comment*, November–December 1972.

Harcourt-Smith, Simon. "Vincente Minnelli," *Sight and Sound*, January–March, 1952.

Haskell, Molly. *From Reverence to Rape*. New York: Penguin Books, 1974.

Hauser, Arnold. *The Social History of Art,* Vol. IV, *Naturalism, Impressionism, and The Film Age*. New York: Vintage Books, 1951.

Hernadi, Paul. *Beyond Genre*. Ithaca: Cornell University Press, 1972.

Hirsch, E. D. *Validity in Interpretation*. New Haven: Yale University Press, 1967.

Houston, Penelope. "The Private Eye," *Sight and Sound*, Summer 1956.

Jacobs, Lewis. *The Rise of the American Film*. New York: Teachers College, 1968.

Jacobs, Norman (ed.). *Culture for the Millions? Mass Media in Modern Society*. Princeton, N. J.: D. Van Nostrand Co., Inc., 1959.

Jakobson, Roman. *Selected Writings.* Vol. I, *Phonological Studies;* Vol. II, *Word and Language*. The Hague: Mouton, 1962; 1971.

Jameson, Frederic. *The Prison-House of Language*. Princeton: Princeton University Press, 1972.

Jensen, Paul. "Raymond Chandler: The World You Live In," *Film Comment*, November–December 1974.

——. "The Return of Dr. Caligari," *Film Comment*, Winter 1971–1972.

Johnson, Albert. "The Films of Vincente Minnelli," *Film Quarterly*. Part One, Winter 1958; Part Two (Spring 1959).

Jowett, Garth. *Film: The Democratic Art*. Boston: Little, Brown, and Co., 1976.

Kaminsky, Stuart M. *American Film Genres*. Chicago: Pflaum Publishers, 1974.

——. "Little Caesar and Its Place in the Gangster Film Genre," *Journal of Popular Film*, Summer 1972.

Karpf, Stephen Louis. *The Gangster Film: 1930~1940*. New York: The Arno Press, 1973.

Kauffman, Stanley (ed.). *American Film Criticism: From the Beginnings to Citizen Kane*. New York: Liveright Press, 1972.

Kidd, Michael. "The Camera and the Dance," *Films and Filming*, January 1956.

Kitses, Jim. *Horizons West: Anthony Mann, Budd Boetticher, Sam Peckinpah: Studies of Authorship within the Western*. Bloomington: Indiana University Press, 1969.

Knight, Arthur. *The Liveliest Art*. New York: New American Library, 1957.

Kracauer, Siegfried. *Theory of Film*. New York: Oxford University Press, 1960.

Langer, Susanne K. *Problems in Art*. New York: Charles Scribner's Sons, 1957.

Leach, Edmund. *Levi-Strauss*. New York: The Viking Press, 1970.

Lemon, Lee T. & M. J. Reis. *Russian Formalist Criticism*. Lincoln: University of Nebraska Press, 1965.

Lepschy, G. C. *A Survey of Sturctural Linguistics*. London: Farber & Farber, 1970.

Levi-Strauss, Claude. *Myth and Meaning*. Toronto: University of Toronto Press, 1978.

——. *The Raw and the Cooked: Introduction to a Science of Mythology*. Evanston: Harper and Row, 1964.

——. *The Savage Mind*. Chicago: University of Chicago Press, 1962.

——. "The Sturctural Study of Myth," *Journal of American Folklore LXVVIII*, October–December 1955.

Lewis, George H. *Side-Saddle on the Golden Calf*. Pacific Palisades, Calif.: Goodyear Publishing Co., Inc., 1972.

Lowry, Ed. *Art and Artifice in Six Musicals Directed by Vincente Minnelli.* Masters thesis, Austin: University of Texas, 1977.

———. *Notes on Ride the High Country.* Cinema Texas Program, October, 23, 1975.

Maland, Charles J. *American Visions: The Films of Chaplin, Ford, Capra, and Welles, 1936~1941.* New York: The Arno Press, 1977.

Malinowski, Bronislav. *Freedom and Civilization.* New York: Roy Publishers, 1944.

———. *Myth in Primitive Psychology.* New York: W. W. Norton and Co., 1926.

Mast, Gerald & Marshall Cohen (eds.). *Film Theory and Criticism.* New York: Oxford University Press, 1974.

McArthur, Colin. *Underworld U.S.A.* New York: The Viking Press, 1972.

McBride, Joseph & Michael Wilmington. *John Ford.* London: Secker & Warburg, 1974.

McCarty, John Alan. "Sam Peckinpah and The Wild Bunch," *Film Heritage,* Winter 1969–1970.

McConnell, Frank. *The Spoken Seen.* Baltimore: Johns Hopkins University Press, 1976.

McCourt, James. "Douglas Sirk: Melo Maestro," *Film Comment,* November–December 1975.

McBride, Joseph & Michael Wilmington. "The Private Life of Billy Wilder," *Film Quarterly,* Summer 1970.

McLean, Albert F. *American Vaudeville as Ritual.* Lexington: University of Kentucky Press, 1965.

McVay, Douglas. "Minnelli and The Pirate," *Velvet Light Trap,* Spring 1978.

Metz, Christian. *Language and Cinema.* New York: Praeger, 1975.

Meyer, Leonard B. Music, *The Arts, and Ideas.* Chicago: University of Chicago Press, 1967.

Minnelli, Vincente. *I Remember It Well.* Garden City, N.Y.: Doubleday & Co., Inc., 1974.

———. "The Rise and Fall of the Musical," *Films and Filming,* January 1962.

Mitry, Jean. "John Ford," *Interviews with Film Directors.* Andrew Sarris (ed.). New York: Bobbs-Merrill, 1967.

Nachbar, Jack (ed.). *Focus on the Western.* Englewood Cliffs, N. J.: Prentice-Hall, 1974.

Nichols, Bill. *Movies and Methods.* Berkeley: University of California Press, 1976.

Nowell-Smith, Geoffrey. "Minnelli and Melodrama," *Screen,* Summer 1977.

Nye, Russell. *The Unembarrassed Muse.* New York: Dial Press, 1970.

Oliver, Bill. "The Long Goodbye and Chinatown: Debunking the Private Eye Tradition," *Literature/Film Quarterly,* Summer 1975.

Pechter, William. "Movie Musicals," *Commentary,* May 1972.

Perkins, V. F. *Film as Film.* Middlesex, England: Penguin Books, 1972.

Place, J. A. *The Western Films of John Ford.* Secaucus, N. J.: The Citadel Press, 1974.

——— & L. S. Peterson. "Some Visual Motifs in Film Noir," *Movies and Methods.* Berkeley: University of California Press, 1976.

Poague, Leland. *The Cinema of Frank Capra*. New York: A. S. Barnes & Co., 1975.

———. "A Short Defense of the Screwball Commedy," *Film Quarterly*, Summer 1976).

Propp, Vladimir. *Morphology of the Folktale*. Bloomington: University of Indiana Press, 1958.

Rahill, Frank. *The World of Melodrama*. University Park: Pennsylvania State University Press, 1967.

Reichert, John F. "Organizng Principles and Genre Theory," *Genre*, January 1968.

Richards, Jeffrey. "Frank Capra and the Cinema of Populism," *Film Society Riview*. Part One (February–March 1972); Part Two (April–May 1972).

Ricoeur, Paul. *Interpretation Theory*. Fort Worth: The Texas Christian University Press, 1978.

Rodowick, David. Cinema Texas Program Notes on *Bigger Than Life*, November 6, 1978.

Rosenbaum, Jonathan. "Circle of Pain: The Cinema of Nicholas Ray," *Sight and Sound,* Autumn 1973.

Rosenberg, Bernard & David Manning White (eds.). *Mass Culture: The Popular Arts in America*. New York: The Free Press, 1964.

Ross, Lillian. *Picture*. New York: Discus Books, 1952.

Rosten, Leo. *Hollywood: The Movie Colony and the Movie Makers*. New York: Harcourt, Brace, and Co., 1941.

Roth, Mark. "Some Warner's Musicals and the Spirit of the New Deal," *Velvet Light Trap*, June 1971.

Ryall, Tom. "The Notion of Genre," *Screen*, March–April 1970.

Sacks, Arthur. "An Analysis of the Gangster Movies of the Early Thirties," *Velvet Light Trap*, June 1971.

Sadoul, Georges. *Dictionary of Film Makers*. Berkeley: University of California Press, 1972.

———. *Dictionary of Films*. Berkeley: University of California Press, 1972.

Salt, Barry. "Film Style and Technology in the Forties," *Film Quarterly*, Fall 1977.

———. "Film Style and Technology in the Thirties," *Film Quarterly*, Fall 1976.

San Juan, E., Jr. "Notes Toward a Classification of Organizing Principles and Genre Theory," *Genre*, October 1968.

Sarris, Andrew. *The American Cinema*. New York: E. P. Dutton, 1968.

———. "Max Ophüls: An Introduction," *Film Comment*, Summer 1971.

———. "Sarris on Sirk," *Bright Lights*, Spring 1977.

Scheurer, Timothy E. "The Aesthetics of Form and Convention in the Movie Musical," *Journal of Popular Film*, Fall 1974.

Scholes, Robert. *Structuralism in Literature: An Introduction*. New Haven: Yale University Press, 1974.

Schrader, Paul. "Notes on Film Noir," *Film Comment*, Spring 1972.

Sebeok, Thomas (ed.). *Approaches to Semiotics*. The Hague: Mouton, 1964.

Sidney, George. "The Three Ages of the Musical," *Films and Filming*, June 1968.

Simmons, Garner. "The Generic Origins of the Bandit-Gangster Sub-Genre in the American Cinema," *Film Reader* 3, 1978.

Siodmak, Robert & Richard Wilson. "Hoodlums: The Myth and the Reality," *Films and Filming*, June 1959.

Sklar, Robert. *Movie-Made America*. New York: Vintage Books, 1975.

Smith, Henry Nash. *The Virgin Land*. Cambridge: Harvard University Press, 1950.

Smith, James L. *Melodrama*. London: Methuen and Co. Ltd., 1973.

Smith, Robert E. "Love Affairs That Always Fade," *Bright Lights*, Spring 1977.

Sobchack, Thomas. "Genre Films: A Classical Experience," *Literature/Film Quarterly*, Summer 1975.

Solomon, Stanley J. *Beyond Formula: American Film Genres*. New York: Harcourt, Brace and Jovanovich, 1976.

Sontag, Susan. *Against Interpretation*. New York: Dell Publishers, 1966.

Steinberg, Cobbett. *Reel Facts*. New York: Vintage Books, 1978.

Sterling, Christopher H. & Timothy R. Haight. *The Mass Media: Aspen Institute Guide to Communication Industry Trends*. New York: Praeger Publishers, 1978.

Stern, Jane. "Two Weeks in Another Town," *Bright Lights*, Spring 1977.

Stern, Lee, E. *The Movie Musical*. New York: Pyramid Books, 1974.

Stern, Michael. "Interview with Douglas Sirk," *Bright Lights*, Spring 1977.

——. "Patterns of Power and Potency, Repression and Violence: Sirk's Films of the 1950s," *Velvet Light Trap*, Fall 1976.

Taylor, John Russell & Arthur Jackson. *The Hollywood Musical*. New York: McGraw-Hill, 1971.

Todorov, Tsvetan. *The Fantastic: A Structural Approach to a Literary Genre*. Ithaca: Cornell University Press, 1970.

——. *The Poetics of Prose*. Ithaca: Cornell University Press, 1977.

Truffaut, Francois. "A Kind Word for Critics," *Harpers*, October 1972.

Tusca, John. *The Filming of the West*. Garden City, N.Y.: Doubleday & Co., Inc., 1976.

Tyler, Parker. *The Hollywood Hallucination*. New York: Simon and Schuster, 1944.

Ursini, James. *The Fabulous Life and Times of Preston Sturges — An American Dreamer*. New York: Curtis Books, 1973.

Vivas, Eliseo. "Literary Classes: Some Problems," *Genre*, April 1968.

Warshow, Robert. "The Gangster as Tragic Hero," *Partisan Review*, February 1948. Reprinted in *The Immediate Experience*. Garden City, N.Y.: Doubleday & Co., Inc., 1962.

——. *The Immediate Experience*. Garden City, N.Y.: Doubleday & Co., Inc., 1962.

Whitehall, Richard. "Crime, Inc.: A Three-Part Dossier on the American Gangster Film," *Films and Filming*, January, February, March, 1964.

——. "The Heroes Are Tired," *Film Quarterly*, Winter 1966 – 1967.

Whitney, John S. "A Filmography of Film Noir," *Journal of Popular Film*, Nos. 3, 4, 1976.

Williams, Forrest. "The Mastery of Movement: An Appreciation of Max Ophuls," *Film Comment*, Winter 1969.

Wollen, Peter. *Signs and Meaning in the Cinema*. Bloomington: University of Indiana Press, 1969.

Wood, Michael. *America in the Movies*. New York: Basic Books, 1975.

——. "Darkness in the Dance," *America in the Movies*. New York: Basic Books, 1975.

Wood, Robin. "Film Favorites: Bigger Than Life," *Film Comment*, September – October 1972.

——. "Ideology, Genre, Auteur," *Film Comment*, January – February 1977.

——. "Shall We Gather at the River?" *Film Comment*, Fall 1971.

Wright, Will. S*ix Guns and Society: A Structural Study of the Western*. Berkeley: University of California Press, 1975.

Zolotow, Maurice. *Billy Wilder in Hollywood*. New York: G. P. Putnam's Sons, 1977.

Zuckerman, George. "George Zuckerman on Sirk," *Bright Lights*, Spring 1977.

Zugsmith, Albert. "Albert Zugsmith on Sirk," *Bright Lights*, Spring 1977.

이 책에 실린 사진들은 연구와 비평의 목적으로 사용되었습니다. 각 사진에 대해 잘못 기재한 사항이 있다면 사과드리며, 이후 쇄에서 정확하게 수정할 것을 약속드립니다.

Murder, My Sweet © 1944 RKO Radio Pictures: 43(Wisconsin Center for Film and Theater Research/P: private collection), 254(Culver Pictures), 258(Wisconsin Center for Film and Theater Research) | *The Band Wagon* © 1953 Metro – Goldwyn – Mayer(MGM): 53(P), 81(Hoblitzelle Theater Arts Collection), 408(Hoblitzelle Theater Arts Collection) | *The Man Who Shot Liberty Valance* © 1962 Paramount Pictures/The John Ford Production: 58(P), 130(Hoblitzelle Theater Arts Collection), 153(Penguin Photos) | *Little Caesar* © 1931 First National Pictures/Warner Bros. Pictures Inc.: 58(Wisconsin Center for Film and Theater Research), 170(Museum of Modern Art/Film Stills Archive) | *It Happened One Night* © 1934 Columbia Pictures Corporation/A Frank Capra Production: 61(Culver Pictures), 298(Penguin Photos) | *The Public Enemy* © 1931 Warner Bros. Pictures, Inc./Vitaphone Corporation: 61(Culver Pictures), 175(Wisconsin Center for Film and Theater Research) | *Shane* © 1953 Paramount Pictures: 69(Wisconsin Center for Film and Theater Research), 114(Penguin Photos) | *The Searchers* © 1956 Warner Bros./C. V. Whitney Pictures: 98, 145, 157 | *The Westerner* © 1940 The Samuel Goldwyn Company: 105(Wisconsin Center for Film and Theater Research) | *The Shootist* © 1976 Paramount Pictures: 109(Wisconsin Center for Film and Theater Research) | *The Wild Bunch* © 1969 Warner Bros./Seven Arts: 121 | *McCabe and Mrs. Miller* © 1971 David Foster Productions/Warner Bros.: 125(Movie Star News) | *My Darling Clementine* © 1946 Twentieth Century Fox Film Corporation: 136(Museum of Modern Art/Film Stills Archive) | *She Wore a Yellow Ribbon* © 1949 Argosy Pictures: 141(Hoblitzelle Theater Arts Collection) | *Scarface* © 1932 The Caddo Company: 167(Wisconsin Center for Film and Theater Research), 181(Wisconsin Center for Film and Theater Research), 187(Wisconsin Center for Film and Theater Research) | *Dead End* © 1937 The Samuel Goldwyn Company: 194(Hoblitzelle Theater Arts Collection) | *Angels with Dirty Faces* © 1938 Warner Bros./A First National Picture: 199(Robert Downing Collection) | *Bonnie and Clyde* © 1967 Warner Bros./Seven Arts/Tatira-Hiller Productions: 205(P) | *Key Largo* © 1948 Warner Bros.: 208(Wisconsin Center for Film and Theater Research),

211(Culver Pictures) | *White Heat* © 1949 Warner Bros.: 208(Culver Pictures), 216(Culver Pictures) | *Citizen Kane* © 1941 RKO Radio Pictures/A Mercury Production by Orson Welles: 231(P), 233, 238(Museum of Modern Art/Film Stills Archive) | *The Maltese Falcon* © 1941 Warner Bros./First National Picture: 248 | *The Big Sleep* © 1946 Warner Bros.: 258(Culver Pictures) | *The Killers* © 1946 Mark Hellinger Productions/Universal Pictures: 273(Culver Pictures) | *The Big Heat* © 1953 Columbia Pictures Corporation: 276(Penguin Photos) | *Touch of Evil* © 1958 Universal International Pictures(UI): 279(Culver Pictures) | *Chinatown* © 1974 Paramount Pictures/Penthouse: 286(Culver Pictures) | *My Man Godfrey* © 1936 Universal Pictures: 304(Culver Pictures) | *You Can't Take It with You* © 1938 Columbia Pictures Corporation: 309(P) | *Philadelphia Story* © 1940 Metro–Goldwyn–Mayer(MGM): 314(Hoblitzelle Theater Arts Collection) | *Meet John Doe* © 1941 Frank Capra Productions/Warner Bros.: 322, 352(Wisconsin Center for Film and Theater Research) | *Sullivan's Travels* © 1941 Paramount Pictures: 326 | *Hail the Conquering Hero* © 1944 Paramount Pictures: 326 | *Adam's Rib* © 1949 Metro–Goldwyn–Mayer(MGM): 328 | *Mr. Deeds Goes to Town* © 1936 Columbia Pictures Corporation/Frank Capra Productions: 339(Penguin Photos), 345(Wisconsin Center for Film and Theater Research) | *Mr. Smith Goes to Washington* © 1939 Columbia Pictures Corporation: 347(Wisconsin Center for Film and Theater Research) | *The Jazz Singer* © 1927 Warner Bros.: 361(Museum of Modern Art/ Film Stills Archive) | *42nd Street* © 1933 Warner Bros.: 365(Robert Downing Collection) | *Swing Time* © 1936 Radio Pictures/Pandro S. Berman Production: 368 | *Gold Diggers of 1935* © 1935 Warner Bros./First National Pictures: 374(Hoblitzelle Theater Arts Collection) | *On the Town* © 1949 Metro–Goldwyn–Mayer(MGM): 374(Culver Pictures), 403(Culver Pictures) | *Yolanda and the Thief* © 1945 Metro–Goldwyn–Mayer(MGM): 385(Hoblitzelle Theater Arts Collection) | *The Pirate* © 1948 Metro–Goldwyn–Mayer(MGM): 385(P) | *The Barkleys of Broadway* © 1949 Metro–Goldwyn–Mayer(MGM): 393(Hoblitzelle Theater Arts Collection) | *Singin' in the Rain* © 1952 Metro–Goldwyn–Mayer(MGM): 408(Culver Pictures) | *An American in Paris* © 1951 Metro–Goldwyn–Mayer(MGM): 413(P), 420 | *Picnic* © 1955 Columbia Pictures Corporation: 444(Culver Pictures) | *Giant* © 1956 Giant Productions(George Stevens Production)/Warner Bros.: 455(Museum of Modern Art/Film Stills Archive) | *The Long Hot Summer* © 1958 Jerry Wald Productions: 457(Hoblitzelle Theater Arts Collection) | *Bigger Than Life* © 1956 Twentieth Century Fox

인명

영화

Brigadoon → 브리가둔

Bringing Up Baby → 베이비 길들이기

Broadway Melody of 1940 → 1940년의 브로드웨이 멜로디

Broadway Melody → 브로드웨이 멜로디

Broken Blossoms → 꺾어진 꽃송이

Brother Orchid → 오키드 형제

Bullets or Ballots → 총알 혹은 투표

Bullitt → 불리트

Butch Cassidy and the Sundance Kid → 내일을 향해 쏴라

Caged → 감금

Call Northside 777 → 노스사이드 777로 다이얼을 돌려라

Casablanca → 카사블랑카

Cat on a Hot Tin Roof → 뜨거운 양철 지붕 위의 고양이

Caught → 포획

Cheap Detective, The → 싸구려 탐정

Cheyenne Autumn → 샤이엔족의 가을

Chinatown → 차이나타운

Christmas in July → 7월의 크리스마스

Cimarron → 시머론

Citizen Kane → 시민 케인

Clock, The → 시계

Cobweb, The → 거미집

Conversation, The → 컨버세이션

Cornered → 궁지에 몰려

Covered Wagon, The → 포장마차

Cowboys, The → 카우보이들

Crossfire → 십자포화

Culpepper Cattle Company, The → 컬페퍼 소몰이 회사

D. O. A. → D. O. A.

Dark Alibi → 검은 알리바이

Dark City → 어두운 도시

Dark Mirror, The → 어두운 거울

Dark Passage → 어두운 통로

Dead End → 막다른 골목

Design for Living → 인생 설계

Destry Rides Again → 데스트리, 다시 말을 타다

Diary of a Chambermaid → 하녀의 일기

Dinner at Eight → 8시의 만찬

Dirty Harry → 더티 해리

Dodge City → 닷지 시티

Double Indemnity → 이중 배상

Easter Parade → 부활절 행진

East of Eden → 에덴의 동쪽

Easy Living → 쉬운 인생

El Dorado → 엘 도라도

Falcon Takes Over, The → 매의 점령

Fallen Angel → 전락한 천사

Farewell, My Lovely → 안녕, 내 사랑

Farewell to Arms, A → 무기여 잘 있거라

Father of the Bride → 신부의 아버지

First Legion → 제1군단

Follow the Fleet → 춤추는 함대

For Me and My Gal → 나와 여자 친구를 위해

Fort Apache → 아파치 요새

42nd Street → 42번가

From the Terrace → 테라스에서

Frontier Marshal → 서부의 보안관

Front Page, The → 1면

Funny Face → 파리의 연인

Furies, The → 분노

Gentlemen Prefer Blondes → 신사는 금발을
좋아해

Giant → 자이언트

Gilda → 길다

Girl Crazy → 여자에 미친 사람

G-Men → FBI 요원

Gold Diggers of 1933 → 1933년의 황금광들

Gold Diggers of 1935 → 1935년의 황금광들

Good News → 희소식

Grapes of Wrath, The → 분노의 포도

Great McGinty, The → 위대한 맥긴티

Great Moment, The → 위대한 순간

Great Northfield Minnesota Raid, The → 미
네소타 대습격

Great Train Robbery, The → 대열차 강도

Gumshoe → 형사

Gunfighter, The → 백주의 결투

Hail the Conquering Hero → 정복자 영웅을
찬미하라

Hallelujah → 할렐루야

Hamlet → 햄릿

Harper → 하퍼

Harvey Girls, The → 하비 걸즈

Has Anybody Seen My Gal → 내 여자 친구 본
사람 있나요

Hearts of the World → 세상의 중심

Here Comes Mr. Jordan → 조단 씨가 왔어요

Here Comes the Groom → 신랑이 여기 왔네

High Noon → 하이 눈

High Sierra → 하이 시에라

His Girl Friday → 여비서

Hitler's Madman → 히틀러의 미친 남자

Hole in the Head → 엉뚱한 일

Holiday → 휴일

Home from the Hill → 산 중의 집

House on 92nd Street, The → 92번가의 집

How Green Was My Valley → 나의 계곡은 푸
르렀다

How the West Was Won → 서부 개척사

Imitation of Life → 슬픔은 그대 가슴에

Informer, The → 밀고자

In Name Only → 이름만으로

Iron Horse, The → 철마

I Shot Jesse James → 나는 제시 제임스를 쏘았
다

It's Always Fair Weather → 언제나 즐거워

It's a Wonderful Life → 인생의 낙원

It Happened One Night → 어느 날 밤에 생긴
일

I was a Male War Bride → 병사의 현지 남편

Jazz Singer, The → 재즈 싱어

Jesse James → 제시 제임스

Johnny Apollo → 조니 아폴로

Johnny Guitar → 자니 기타

Key Largo → 키 라르고

Kid Galahad → 키드 갈라하드

Killers, The → 살인자

Kiss Me Deadly → 키스 미 데들리

Kiss Tomorrow Goodbye → 내일이여 안녕

Klute → 클루트

Lady Be Good → 아가씨 착하게 행동하세요

Lady Eve, The → 이브라는 여인

Lady for a Day → 하룻동안의 숙녀

Lady from Shanghai → 상하이에서 온 여인

Lady in the Lake → 호수의 여인